U0791940

高等职业教育财务会计类富媒体智能型
精品系列教材

Enterprise
Financial
Accounting

企业
财务会计

陈强 严瑾 主编

东北财经大学出版社
Dongbei University of Finance & Economics Press
大连

图书在版编目（CIP）数据

企业财务会计 / 陈强，严瑾主编．—大连：东北财经大学出版社，2022.11

（高等职业教育财务会计类富媒体智能型 · 精品系列教材）

ISBN 978-7-5654-4265-0

Ⅰ.企…　Ⅱ.①陈…②严…　Ⅲ.企业管理-财务会计-高等职业教育-教材　Ⅳ.F275.2

中国版本图书馆CIP数据核字（2021）第140991号

东北财经大学出版社出版

（大连市黑石礁尖山街217号　邮政编码　116025）

网　　址：http://www.dufep.cn

读者信箱：dufep@dufe.edu.cn

大连日升彩色印刷有限公司印刷　东北财经大学出版社发行

幅面尺寸：185mm×260mm　字数：501千字　印张：23

2022年11月第1版　2022年11月第1次印刷

责任编辑：王天华　周　慧　责任校对：尚玉影

封面设计：冀贵收　版式设计：原　皓

定价：52.00元

教学支持　售后服务　联系电话：（0411）84710309

如有印装质量问题，请联系营销部：（0411）84710711

高等职业教育会计专业富媒体智能型·精品系列教材
编委会

总　序

教育工作者对教材历来是情有独钟的，但究竟什么是职业化教材，教育界至今为止依然是仁者见仁、智者见智。不过有一点人们还是取得了比较一致的共识：教材是课程内容的载体，是课程与教学体系的重要组成部分。从一般意义上讲，教材是根据课程标准或大纲的规定，对每个教学活动的内容进行选择，并按一定的逻辑顺序加以组织的教学媒体。国内著名职业教育专家姜大源教授认为，“教材是课程的记录，更应该是课程的设计，体现教学设计思想”。教材更多地表现为一种媒介、一种工具、一种资源。人们常讲，教材是教学相长的纽带，是教师授课取材之源，也是学生求知解惑之本。现代高校有四大功能，即人才培养、科学研究、社会服务、文化传承与创新。《中华人民共和国高等教育法》明确规定，人才培养是高等学校的第一要务，而教材在人才培养过程中则扮演着十分重要的角色，其地位是由教材本身所具有的特性决定的。正因如此，教育部长期以来高度重视教材建设，这可从教育部定期组织开展的国家规划教材遴选与立项、国家精品课程、国家专业教学资源库、国家精品开放课程——资源共享课等配套教材建设，以及下发的《关于“十二五”职业教育教材建设的若干意见》《关于深化职业教育教学改革 全面提高人才培养质量的若干意见》《关于建立职业院校教学工作诊断与改进制度的通知》《高等职业教育创新发展行动计划（2015—2018年）》等文件中得到进一步的印证。

随着大数据、“互联网+”时代的到来，各种信息化手段正在改变传统课堂教学和学习方式，这给高等职业教育改革与发展带来重大机遇和挑战。翻转式学习、混合式教学、合作学习、微课、慕课、SPOC、智慧课堂等已经深深影响着教育领域，“一场颠覆性的教育革命正在上演”，当然也包括我们的职业教育。未来的教材是什么样子？这是摆在每一位高等职业教育工作者面前亟待解决的非常重要的课题。显然，正确的态度应该是直面挑战、担当有为，积极拥抱教育新时代的变化并融入其中。有鉴于此，如何创新会计人才培养模式、构建科学的会计课程体系、保证高职会计教育质量，对会计教材建设无疑提出了新的更高的要求。做好教材建设，不外乎要解决以下问题：什么是职业化教材？教材与一般类图书有什么区别？教材有哪些功能？当前教材建设需要考量哪些影响因素？遵循哪些路径和方法？面对大众创业、万众创新，如何弘扬“工匠”精神、打造智慧教育平台、构建中高职内容衔接的教材？文化育人如何走进教材？教材能否割断历史？大数据、“互联网+”及线上线下教育、慕课、翻转课堂等，以其前所未有的开放性和透明度，提供了一种全新的知识传播和学习方式，传统的纸质教材还有无用武之地？碎片化和颗粒化资源的开发与广泛应用，从悄然无声发展到“井喷”阶段，职业化教材如何实现新常态？面对诸如此类的问题，应秉承什么样的理念并采取什么样的方法加以解决，确实是一件颇费脑筋的事，但我们又不得不面对。科学研究的基本规律告诉我们，干任何事，都要做好顶层设计，教材建设也不例外。做好顶层设计，确定科学的方法和路径，是探究事物本质的唯一选择。从“知其然”到“知其所以然”，既是一切事物认知的合理路径，也是精准开发职业化特色教材的有效途径。事实上，上述问题在很大程度上反映了职业教育界尤其是一线广大教师对教材建设认识的不到位。这也从另一个侧面印证了当前职业化教材存在的诸多问题。很显然，一场教育革命正在悄悄发生。谁会意识到一种全新的商业教材模式正在形成？谁会意识到互联网的力量会改变教材的呈现方式？谁会意识到多媒体资源会逐步取代传统的纸质教材？谁会拥有如此敏锐的先见之明呢？

可喜的是，国内不少出版社高屋建瓴、审时度势，已经快速地行动起来去应对这种变化，东北财经大学出版社就是其中杰出的代表。东北财经大学出版社早在2015年1月就向教育部申报了一项课题，即“财经高等职业教育富媒体智能型教材开发系统工程——‘纸媒与数字、产与教、教与学、学与训、训与评’融合型智能教材及个性化学习解决方案”，随后开始策划组织开发一套“高等职业教育会计专业富媒体智能型·精品系列教材”，包括《会计基础》《初级会计实务》《成本核算与管理》《财务管理》《会计信息化操作》《审计》《企业纳税实务》《税法》《财务报表分析》《会计综合业务训练》《管理会计实务》《财经法规与会计职业道德》《中小企业内部控制与风险管理》等，先后参加研讨的院校有江苏财经职业技术学院、北京财贸职业学院、浙江金融职业学院、北京经济管理职业学院、江苏经贸职业技术学院、济宁职业技术学院、浙江商业职业技术学院、顺德职业技术学院、长沙民政职业技术学院、江西财经职业技术学院、天津职业大学、淄博职业学院、长春金融高等专科学校、重庆城市管理职业学院、四川财经职业学院、内蒙古财经大学职业学院等。

也许有人会问，富媒体智能型教材是不是近几年悄然流行的电子教科书呢？针对这个问题，国内学者杨九诠如是说：对新生中的教科书来说，教育“语法”与信息“语法”之间紧密的共同构成、流畅的相互表达，才是它的“BASIC语言”。持续的教育教学改革和学习技术进步，多少让人联想到“空中加油”。从信息技术的角度看，电子教科书包括软件和硬件两部分。硬件部分可以通过投入慢慢实现，但对于软件部分，要防止技术至上倾向，这一倾向可能慢工出细活，更可能慢工出错活。电子教科书的软件设计是一项“灵魂工程”，是“以人为本，全面实施素质教育”理念统领下的更先进的教育、更先进的学习。我们发现有些软件还是按照传统教学模式开发的，长的是钛合金的心脏，流的是应试教育的血液。这一方面需要制定符合国家教育改革和课程改革精神的电子教科书相关标准，另一方面有赖于区域和学校的体现先进教育教学理念的数字化教学实践的积累。如此看来，与传统纸质教材相比，电子教材应用还面临哪些困难？还有哪些坎要迈过？还有哪些理念需要更新？这些问题，在做好开发新的职业化教材顶层设计时是无论如何不能熟视无睹的。

富媒体智能型教材是传统媒体与新媒体融合的教材产品，它是基于多年纸媒教材的开发与教学实践，以及交互式网络课件的开发经验，结合对PC、App应用特征和移动学习的深入研究、应用实践，按照“纸质教材+数字课程”的一体化设计思路，将传统E Learning“网络课件”的开发技术与立体化、交互式“电子书”——线上互动内容和纸质教材——通过二维码嵌入微课、慕课的开发技术相融合。富媒体智能型教材具有六大特征：教材研发以体现未来岗位需求为导向；教材本质体现“真实应用”；教材支撑以信息化、数字化为依托；教材架构以“翻转课堂”为核心；教材精髓体现“因地制宜”“因材施教”；教材形式是“纸媒”与“数字媒体”的融合体等。富媒体智能型教材在我们的教育教学模式发生深刻变革的今天，能真正实现“融合式”教学和个性化学习。

千锤百炼出真知。本套教材由国内示范高职院校直接从事会计教学的领军人才担任主编，教材特色较为明显，既解决教师“如何教”的问题，又解决学生“怎样学”的问题；既能让学生学知识、学技能，更能让学生学会做人。现在呈现在读者面前的是一套“暂时”让我们满意的教材，因为它凝聚了近几年高职会计教学改革的最新成果，问题导向、案例分析、碎片化资源和二维码技术贯穿于教材的始终，为学习者提供完美的学习体验；版面设计精致、双色印刷，提高了教材的品质和阅读的愉悦感。当然，教材开发绝不是一蹴而就、一朝一夕之事，而是一项复杂的系统工程，需要政策导向、校企联动、多方参与，实现螺旋式上升。建设一套好的并富有创新性的教材，需要不断地吸取营养、去伪存真、精雕细琢、潜心打磨、团队合作。应该说，这种探索与合作精神是值得赞赏的，但教材建设只有起点，没有终点，永远在路上。我们真诚地期待由东北财经大学出版社出版的“高等职业教育会计专业富媒体智能型·精品系列教材”能为我国高职会计专业新一轮改革提供一个范式。本套教材的作者们是否在建设职业化会计教材升级版方面开了个好头，应留给专家、学者和广大师生去评判。

程淮中

前　言

欢迎选用双证融合（课政、课证）、质量保证、资源丰富的优质教材——《企业财务会计》学材及其配套的《企业财务会计能力测试与业务实训》习材。

编者本着立德树人的教育根本目的，坚持“德技并修、工学结合”，坚持产教融合，校企双元开发，基于“课政证岗融合，做学教训一体”理念，以最新专业目录要求，以国家颁布的税法和企业会计准则为准绳，以培养学生会计职业岗位能力和取得初级会计专业技术资格、1+X职业技能等级证书为依据，以会计信息生成为主线，以完成实际会计工作任务的逻辑顺序为依据整合、序化教材内容，科学设计教材内容，精心编写了“课政证融合”的一体化教材。本书既能满足学校财务会计课程的教学需要，又有助于学生通过“初级会计实务”科目的考试，实现了“课政证融合”。

本书具有以下特点：

（1）财务业务一体化。打破传统财务会计下自成一体形成的“信息孤岛”，将企业的业务流程、财务会计流程、管理流程有机整合，通过“任务布置”进行“信息驱动”，通过“任务实施”让学生了解该笔业务是如何产生的，财务需要什么原始凭证，具体业务流程又是如何实施的，增强学生的职业体验（注：例题中未特别说明的公司为一般纳税人）。

（2）内容取舍证书化。初级会计职称考试相对难度较大、考点较多，本书在满足教学需求的同时，关注学生考证的需要及会计实务操作技能的培养，通过“做中学”培养学生分析问题及解决问题的能力。

（3）职业判断趣味化。每个项目均设有“案例分析”板块，选取反映当前经济和社会热点问题的真实案例；前置的“请思考”栏目，让学生带着问题边读边思考。此外，在本书配套的实训教材中，每个单项实训均以审核原始单据真伪为起点，以生产业务为主线，提高学生的职业判断能力。

（4）教学服务数字化。考虑到不同学生对知识点的需求不同，我们在书中添加了二维码。学生在学习之余，如果想细化学习内容，可以通过手机扫描相应的二维码查看详细的教材知识点。同时作为教育部职业教育“财务管理”专业资源库立项建设项目子项目“企业会计实务”“初级会计实务”等课程，在智慧职教平台建有相关数字课程（智慧职教—MOOC学院—陈强—企业会计实务、智慧职教—MOOC学院—陈强—初级会计实务、智慧职教—MOOC学院—陈强—会计基础），丰富的配套资源既能解决学生“如何学——自主学习”，又能解决教师“如何教——线上线下混合式教学”；既能让学生学知识、学技能，更能让学生学会做人，同时有助于学生获取初级会计专业技术资格考试证书以及相关1+X职业技术等级证书。

本书既可作为高等职业教育财务会计课程的教学用书，也可作为初级会计师资格考试的培训用书，还可作为财会工作者和经营管理人员的参考用书。

本书由浙江商业职业技术学院陈强教授总负责。陈强教授和温州科技职业学院严瑾副教授担任主编，浙江省会计领军人物、浙江晨龙锯床股份有限公司周杰高级会计师担任副主编，浙江经贸职业技术学院朱明副教授、山西财贸职业技术学院吴征老师、泉州职业技术大学郑伟清老师、杭州领航商务服务有限公司谢益参与编写。本书在编写过程中得到了诸多企业、银行界专业人士的指导和帮助，以及东北财经大学出版社的大力支持，并借鉴了财务会计方面的图书、报纸和杂志的有关观点，在此一并表示感谢。

由于编者水平有限，书中疏漏之处在所难免，敬请广大读者提出宝贵意见，以便今后修改和完善。

编 者

2022年10月

目 录

项目一

财务会计认知

【学习目标】

1. 了解财务会计是怎样一种商业语言
2. 了解财务会计对商业决策的影响
3. 掌握财务会计这一商业语言的基本元素和语言规则
4. 掌握会计信息使用者及会计信息质量要求
5. 能够根据会计信息质量要求判断会计信息的有用性
6. 身心健康并具有劳动精神、工匠精神和诚实守信、爱岗敬业的职业素养

【政策依据】

《中华人民共和国会计法》
《企业会计准则——基本准则》
《企业会计准则——应用指南》
《会计基础工作规范》

思政引导

华为公布2021年财务数据

华为公司于2022年3月28日在深圳总部举行2021年经营财报发布会，财报用一句话总结：收入少了，钱赚多了。2021年，华为收入为6 368亿元人民币，同比下降28.6%；净利润为1 137亿元，同比上升75.9%。

虽然公司2021年收入有所下降，但是盈利能力和现金流获取能力都在增强，公司应对不确定性的能力也在不断提升。得益于主营业务的盈利能力提升，2021年华为经营现金流有较大增长，达到597亿元人民币；资产负债率降低到57.8%的水平，整体的财务结构的韧性和弹性都在加强。

分板块来看，2021年，华为在运营商业务领域实现销售收入2 815亿元人民币，同比下降7%。华为助力全球运营商部署了领先的5G网络，据第三方报告的显示，在瑞士、德国、芬兰、荷兰、韩国、沙特阿拉伯等13个国家，华为承建的5G网络用户体验均为最佳。

在数字化转型浪潮下，华为业务取得快速增长，实现销售收入1 024亿元人民币，同比增长2.1%。面向政府、交通、金融、能源以及制造等重点行业，华为发布了11大场景化解决方案，成立了煤矿、智慧公路、海关和港口等“军团”，整合资源高效服务客户。全球700多个城市、267家世界500强企业选择华为开展数字化转型，服务与运营伙伴数量增长到6 000多家。

以上这些供投资者决策的信息主要来源于财务会计。财务会计用一种商业语言为商业决策提供了经济决策信息。因此，保证数据的真实性与可靠性就显得尤其重要。诚信是会计职业道德的核心和会计工作之魂，财务人员被誉为资本市场的“经济警察”，证券市场的“看门人”，保证会计信息的真实性正是会计领域的目标。在大数据时代，希望你能沉下心学习专业知识，强化专业技能，努力成为德智体美劳全面发展，具有“劳模精神和工匠精神”的复合型高素质会计人才，加油吧！

资料来源：搜狐财经. 华为发布2021年财报，孟晚舟回国后首次公开亮相［EB/OL］.［2022-03-30］. https：//www.sohu.com/a/533903058_128794.

思考：企业财务报告数据的使用者有哪些？通过企业提供的财务数据，我们可以从中获取哪些信息？这些财务数据又该如何解读呢？

项目导读

2021财年，阿里巴巴数字经济体的交易额（GMV）为8.119万亿元，主要包括中国零售市场GMV 7.494万亿元，以及跨境及全球零售市场和本地生活服务GMV 0.625万亿元。这一利好消息来源于2021财年财务报表，2021财年收入为7 172.89亿元，同比增长41%，若不考虑合并高鑫零售的影响，同比增速为32%。第一季度收入为1 873.95亿元，同比增长64%，若不考虑合并高鑫零售的影响，同比增速为40%，增长较上季度有所加速。2021年3月，中国零售市场移动月活跃用户9.25亿户，单季增加2 300万户，季度环比为3个季度以来最高点。2021财年，消费者在阿里巴巴中国零售市场的年均花费达到9 200元。此外，在中国零售市场内各消费水平的人群均呈现出高留存率。上述各种数据除了来源于股市、销售部门的统计外，供投资者投资决策的信息主要来源于财务会计。财务会计用一种商业语言为商业决策提供了信息。

任务一 会计语言认知

一、会计是什么

在商品经济社会，会计与商业活动及其管理是密不可分的。会计为企业管理者和投资者的商业管理和商业决策提供信息服务。

（一）商业活动与决策

商业活动，即供求双方以买卖方式使商品流通的经济活动。商业活动使资源能够在生产和消费之间进行转换，从而使企业通过对资源的生产加工、销售来获取利润成为可能。例如，纺织企业将棉花加工成线，用线生产出布匹销售给服装厂，服装厂将布匹加工成服装销售给消费者，这个过程就是商业活动。商业活动的目的是获取最大化的收益。商业活动的主体可以是企业，也可以是政府、社会组织或机构。本书涉及的是以企业为主体的商业活动，即企业的购买、销售和交换等活动。企业进行商业活动的目的是使股东权益最大化。为了实现这一目的，企业必须进行大量的商业决策。

商业决策，是指企业依据当前市场信息和对未来市场发展的预测，为了达到一定的经营目标，运用科学理论和方法，系统地分析主客观条件，从两种以上可供选择的方案中选出最佳方案的决策过程。决策有狭义与广义之分：狭义的决策指在若干可供选择的方案中选出最佳方案；广义的决策既包括做出抉择之前的必要准备，又包括选取最佳方案以后制订实施计划和检查决策实施情况。商业决策具有目的性、实践性、优选性和动态反馈性等特性。在新技术飞速发展的时代，企业经营管理的中心就是决策。由于商品供需纵横交错，市场瞬息万变，在商品购、销、存的流通过程中，经常存在着市场需求、商品质量、商品流通等方面的大量问题，需运用逻辑推理和统计方法进行对比分析、权衡利弊，做出科学决策。这是提高经营管理水平、取得最佳经济效益的重要条件。企业商业决策不仅仅表现在对资源的生产与销售环节，它贯穿于企业所有商业活动（包括融资活动、投资活动、经营活动）的始终。例如，阿里巴巴在美国上市，每个季度的销售额目标、财务业绩目标如何，是否推出淘宝网、天猫、聚划算，之后又是否对其进行统一规划管理，整合为“阿里巴巴中国零售平台”等，就是经过周密的商业决策的结果。在商品经济社会，任何商业决策都离不开资金筹集与运用的问题，只要涉及资金问题，必然离不开会计工作，离不开用会计语言进行商业活动。

会计是以货币为主要计量单位，以提高经济效益为主要目标，运用专门方法对企业、机关、事业单位和其他组织的经济活动进行全面、综合、连续、系统的核算和监督，并随着经济的日益发展，逐步开展预测、决策、控制和分析的一种经济管理活动。会计的古义是集会议事。我国从周代就有了专设的会计官职，掌管赋税收入、钱银支出等财务工作，进行月计、岁会。亦即，每月零星盘算为“计”，一年总盘算为“会”，两者合在一起即“会计”。

（二）会计是一门商业语言

会计作为企业管理信息系统的子系统，主要负责提供企业的财务状况、经营成果以及现金流量等方面的重要信息，从而协助信息使用者进行商业决策。在商品经济和信息技术高度发达的当今社会，会计被人们认为是一种必须具备的三大语言素质之一（会计、外语和计算机）。会计信息被广泛运用于各种商业行为，从而使会计成为一门商业语言。会计通过对商业活动的记录、计量、分析，形成报告，将企业经营成果传递给决策者进行商业决策。对会计这门商业语言理解得越深，你的个人理财和企业管理水平就会越高。

什么是语言，什么是商业语言？

作为一名经营管理者，你需要懂会计，因为所有经营活动的结果最后都会反映到“账”上。可以说，不懂会计，管理是做不好的。会计信息作为一种通用的“商业语言”，它是运用特定的规则对企业的经营活动进行描述；会计报表充分表达各类经济信息，以利于管理者发现问题，采取行动，发挥重点管理的效应。企业管理者常常通过财务报表了解企业经营活动的真实状况和成果。具有阅读和分析财务报表的技术和能力，是企业管理者的一项基本功。

作为一名个体投资者，你必须了解会计，只有了解会计，才能读懂会计报表，才能对公司经营状况和业绩做出更加理性的判断。

企业与企业、银行、政府等单位打交道时，通过会计报表，对自己的资产实力、经营能力等进行展示与说明。

会计语言，是企业通用的语言，在企业内部各部门之间是通用的，在一个国家里是通用的，甚至在国际上也是通用的。

【做中学 1-1】2021年3月1日，顺丰快递公司为了满足“双十一”期间的快递业务以及目前不断扩大业务的需要，购入了厢式货车50辆，价值475万元，增值税税额为61.75万元，货款已通过银行转账支付，当日投入使用。用会计的语言描述则为：

借：固定资产——生产用固定资产（厢式货车） 4 750 000
　　应交税费——应交增值税（进项税额） 617 500
　　贷：银行存款 5 367 500

会计语言清楚地表达了这一业务的具体内容：顺丰快递公司花费了银行存款536.75万元（银行存款减少了），换来了固定资产475万元（固定资产增加了），同时在缴纳增值税时可以抵扣61.75万元的进项税额（应交税费减少了）。

（三）会计语言要素

学习会计语言，首先要对会计语言要素有一个基本的理解。会计语言所要描述的内容就是用货币表现的经济活动。其载体就是会计凭证、会计账簿和财务会计报告。

会计语言主要由反映企业某一时点财务状况的会计语言词汇和反映企业在一定期间经营成果的会计语言词汇组成。其中，反映企业某一时点财务状况的会计语言词汇又由资产、负债和所有者权益构成；反映企业在一定期间经营成果的会计语言词汇则由收入、费用、利润构成。在会计基础课程中大家已经学习过会计的六大要素、会计凭证、会计账簿和财务会计报告的基本内容，本书在此不再赘述。

（四）会计语言规则

为了向人们描述真实的、完整的、可靠的会计信息，会计必须遵循自己的语言规则。在我国，会计语言的规则主要有以下四个层次：

第一个层次是会计法律，指由国家最高权力机关——全国人民代表大会及其常委会经过一定立法程序制定的有关会计工作的法律，包括《中华人民共和国会计法》（以下简称《会计法》）和《注册会计师法》。《会计法》是我国会计工作的根本大法，也是我国进行会计工作的基本依据。它在我国会计法规体系中处于最高层次，居于核心地位，是制定其他会计法规的基本依据。其他会计法规都必须遵循和符合《会计法》的规定。

第二个层次是会计的行政法规，指由国家最高行政管理机关——国务院制定并发布，或者由国务院有关部门拟定并经国务院批准发布，用于调整经济生活中某些方面会计关系的法律规范。其制定的依据是《会计法》，它通常以条例、办法、规定等具体名称出现。目前，会计的行政法规主要是1990年发布的《总会计师条例》，在新的形势下，对于总会计师、财务总监的地位，以及人员要求等内容需要补充。另外，2000年发布、2001年实行的《企业财务会计报告条例》，作为《会计法》的配套法律，对企业会计的六大会计要素进行了重新定义。

第三个层次是国家统一会计制度，指由国务院财政部根据《会计法》制定的关于会计核算、会计监督、会计机构和会计人员，以及会计工作管理的制度，包括规章和规范性文件。会计规章如《财政部门实施会计监督办法》《代理记账管理办法》《企业会计准则——基本准则》等。会计规范性文件如《企业会计制度》《小企业会计准则》《民间非营利组织会计制度》《会计基础工作规范》《会计档案管理办法》《企业会计准则——具体准则》《企业会计准则——应用指南》等。

【请注意】现行企业会计准则正不断地修订完善，其改革的指导思想是：尽力趋同、允许差异和积极创新。这标志着我国构建了一套涵盖各类在中华人民共和国境内设立的企业（小企业除外）的各项经济业务、独立实施的会计准则体系；标志着适应我国市场经济发展要求、与国际惯例趋同的新企业会计准则体系正式建立，是我国会计发展史上新的里程碑。

第四个层次是地方性会计法规，指由各省、自治区、直辖市人民代表大会及其常委会在与宪法和会计法律、行政法规不相抵触的前提下制定发布的会计规范性文件，也是我国会计法律制度的重要组成部分。如计划单列市、经济特区的人民代表大会及其常委会制定的会计法规，如《深圳市会计条例》。

无论做会计工作，还是做企业管理工作，都应该学好会计语言，懂得会计语言。会计信息这种“商业语言”是很重要的企业管理决策工具。

【请注意】会计的语言是借助记账符号、会计账户、记账方向和金额，遵循复式记账规则，以记账凭证、账簿、会计报表为载体来记录、加工和报告，向决策者传递商业活动信息的。在学习中请注意牢记会计的语言要素，并严格遵循会计的语言规则。

二、会计如何帮助商业决策

对于任何需要做出具有影响力的经济决策的人而言，会计信息都是十分重要的。这些人包括企业管理者、企业股东、投资者，甚至政治家。例如：

比亚迪新能源车欲向国内市场各大城市投入电动大巴K9作为城市公共交通汽车时，就需要会计师对该汽车的预期销售收入、销售成本、销售费用、政府补贴等进行计算分析，最终对该产品的预期收益能力做出报告，以便于管理者根据该报告做出是否生产并销售电动大巴K9这一产品的决策。

作为阿里巴巴的股东，马云很关注他的所有者权益每年是否能够得到保值增值，他需要对比公司每年经注册会计师审计的财务报告，从而了解他的所有者权益是否增加、增幅是多少。

作为一名正在考虑是购买阿里巴巴的股票还是特斯拉的股票的投资者，他需要对比两家上市公司经过注册会计师审计的财务报告，然后才能做出决策。

奥巴马在参与总统竞选时，除必须考虑到“总统竞选基金”的支持外，还需要会计为其提供总统竞选所需经费预算，从而决定采用什么策略才能争取到更多的捐款，以帮助他赢得美国总统的竞选。

一家经营多年的公司，欲给员工增加薪酬的时候，需要会计提供加薪后员工工资需要多少资金给付、加薪后员工的工作效率是否能够得到提高、可以提高多少等信息，并根据这些信息做出是否给员工加薪的决策。

会计工作主要通过以下方式帮助决策：

（1）记录并说明在何时何地以何种形式支付了资金或承诺了何种义务；

（2）用会计的指标评价业绩；

（3）给出不同方案的财务结果；

（4）预测决策给未来带来的影响；

（5）分析目前存在的问题和原因；

（6）提出改进措施等。

会计帮助商业决策的流程图如图1-1所示。

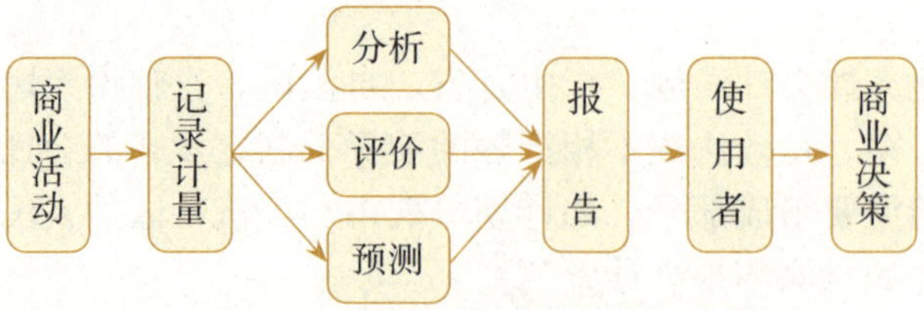

图1-1 会计帮助商业决策的流程图

【做中学1-2】沿用【做中学1-1】的资料，在购买50辆厢式货车前，顺丰快递公司高层让会计对投资方案的现金流量进行估计，从现金流量的角度判断该项投资的可行性。该公司会计从财务报表和账簿中找来同类货车的年行驶费用、维修费用、折旧费、报废时的变价收入，以及该类货车年营运收入等数据，进行了这50辆厢式货车初始购入现金流量、营运期间的现金流量和终结现金流量的估计。计算结果表明，该项投资从投入使用的第二年起，现金流量均远远大于0。最终顺丰快递公司高层结合其他财务会计指标分析结果，决定在"双十一"前投资购买50辆厢式货车，这样不仅可以通过"双十一"的快递业务争取到更多客户，也能为公司未来业务的扩张打下基础。由于会计师们在投资项目方面提供了全面、精确的数据，顺丰快递公司的这项投资在后来的业务中被进一步证明是一项英明、果断的决策，公司不仅在快递行业争得一席之地，而且得以稳健发展。

【请注意】会计不仅是一门商业语言，还是一种有生命力的语言、一种有操纵空间的语言。这是因为，企业的商业活动随着时间的变化而变化，会计要反映的内容是有生命力、不断变化的，因此，会计语言必须是强有力的、具有灵活性的，即基于会计准则的要求，紧随企业商业活动的变化进行灵活的会计处理并报告信息。由于企业商业活动的多样性和动态性，对于同一经济现象，针对不同的商业主体会有不同的合法理解和描述，这是一个"会计战略"问题，它使会计成为一门具有可操纵空间的语言，为了公平、有效地对外公布企业创造的价值和企业创造价值的潜力，会计操纵的空间被严格监管。因此，在财务会计的学习过程中，既要掌握好会计要素的内容，也要熟练掌握好会计语言的规则。

三、会计信息——财务报告

会计为商业决策提供的信息，往往采用财务报告的形式进行传递。

财务报告，是指企业对外提供的反映企业某一特定日期的财务状况和某一会计期间的经营成果、现金流量等会计信息的文件。财务报告包括财务报表和其他应当在财务报告中披露的相关信息和资料。财务报告是按照一定的要求，全面、综合、详细地描述企业商业活动的一套系统性文件，是向投资者、债权人等外部信息使用者提供决策有用信息的重要媒介和渠道，对投资者和债权人与企业管理层之间的信息沟通起到了桥梁及纽带作用。"股神"巴菲特曾半开玩笑地说："别人喜欢看《花花公子》杂志，但是我喜欢看公司的财务报告。"财务报表是财务报告的核心。

财务报表是对企业财务状况、经营成果和现金流量的结构性表述。一套完整的财务报表至少应当包括"四表一注"，即资产负债表、利润表、现金流量表、所有者权益（股东权益）变动表以及附注。

（一）资产负债表反映企业的财务状况

资产负债表是反映企业在某一特定日期的财务状况的财务报表。企业编制资产负债表的目的是通过如实反映企业的资产、负债和所有者权益金额及其结构情况，帮助使用者评价企业资产的质量以及短期偿债能力、长期偿债能力、利润分配能力等。资产负债表的格式和内容见表1-1。

表1-1 资产负债表 会企01表

编制单位： ____年____月____日 单位：元

资产	期末余额	上年年末余额	负债和所有者权益（或股东权益）	期末余额	上年年末余额
流动资产：			流动负债：		
货币资金			短期借款		
交易性金融资产			交易性金融负债		
衍生金融资产			衍生金融负债		
应收票据			应付票据		
应收账款			应付账款		
应收款项融资			预收款项		
预付款项			合同负债		
其他应收款			应付职工薪酬		
存货			应交税费		
合同资产			其他应付款		
持有待售资产			持有待售负债		
一年内到期的非流动资产			一年内到期的非流动负债		
其他流动资产			其他流动负债		
流动资产合计			流动负债合计		
非流动资产：			非流动负债：		
债权投资			长期借款		
其他债权投资			应付债券		
长期应收款			其中：优先股		
长期股权投资			永续债		
其他权益工具投资			租赁负债		
其他非流动金融资产			长期应付款		
投资性房地产			预计负债		
固定资产			递延收益		
在建工程			递延所得税负债		
生产性生物资产			其他非流动负债		
油气资产			非流动负债合计		
使用权资产			负债合计		

续表

资产	期末余额	上年年末余额	负债和所有者权益（或股东权益）	期末余额	上年年末余额
无形资产			所有者权益（或股东权益）:		
开发支出			实收资本（或股本）		
商誉			其他权益工具		
长期待摊费用			其中：优先股		
递延所得税资产			永续债		
其他非流动资产			资本公积		
非流动资产合计			减：库存股		
			其他综合收益		
			专项储备		
			盈余公积		
			未分配利润		
			所有者权益（或股东权益）合计		
资产总计			负债和所有者权益（或股东权益）总计		

【请注意】在上市公司的会计报告中，资产负债表往往有年初数和年末数，我们通过这两个数据的比较，可以了解上市公司财务状况一年的变化情况，还可以将上市公司多年的会计报告进行比较，从而了解更多的财务状况信息。

【做中学1-3】2021年3月31日，中国石油化工股份有限公司（以下简称中石化公司）的合并资产负债表（部分内容）见表1-2。

通过表1-2，我们可以了解到，中石化公司截至2021年3月31日的资产总额是1 478 917百万元，与期初余额相比，资产缩水了19 692百万元。按照资产流动性的高低，我们从资产负债表中还可以了解到，中石化公司的流动资产、非流动资产的有关情况如下：

（1）中石化公司拥有流动资产412 699百万元，其中：

①货币资金135 059百万元，是该公司可随时用于付现的资金。

②应收票据13 425百万元，应收账款56 256百万元，是该公司可以从债务人处收回的款项。这些款项是该公司赊销给客户的货款，客户承担着偿还的义务。如果客户无力偿还，则中石化公司存在损失这些款项的风险。

③存货159 934百万元，是中石化公司比重最大的流动资产，表明了该公司的生产和流通能力。

（2）中石化公司拥有非流动资产1 066 218百万元，其中：固定资产671 709百万元，是中石化公司占比最大的资产，也是中石化公司资产实力的代表。

表 1-2 合并资产负债表

2021年3月31日

编制单位：中国石油化工股份有限公司 币种：人民币

审计类型：未经审计 单位：百万元

项目	期末余额	上年年末余额
流动资产：		
货币资金	135 059	142 497
应收票据	13 425	13 197
应收账款	56 256	50 289
预付款项	4 915	3 749
其他应收款	23 408	25 596
存货	159 934	156 511
其他流动资产	19 702	20 422
流动资产合计	412 699	412 261
非流动资产：		
其他权益工具投资	11 521	11 408
长期股权投资	120 161	116 812
固定资产	671 709	690 594
在建工程	123 242	129 581
无形资产	86 246	85 023
商誉	6 346	6 353
长期待摊费用	13 274	13 537
递延所得税资产	8 112	7 214
其他非流动资产	25 607	25 826
非流动资产合计	1 066 218	1 086 348
资产总计	1 478 917	1 498 609

财务报告的目标

上述会计信息为信息使用者提供了中石化公司2021年3月31日资产方面的信息，通过对这些信息进行阅读和理解，以及与上年同期、国内外其他同类公司同期进行比较，能够更多地了解中石化公司在同行业、国内、国外的市场地位和经济实力，若再结合负债、所有者权益，以及其他财务报表信息就可以做出商业决策了。有关中石化公司2021年3月31日负债和所有者权益情况，因篇幅有限，本书不再赘述。

（二）利润表反映企业的财务业绩

利润表是反映企业在一定会计期间的经营成果和综合收益的财务报表。企业编制利润表的目的是通过如实反映企业实现的收入、发生的费用以及应当计入当期利润的利得和损失、其他综合收益、综合收益等金额及其结构情况，帮助使用者分析评价企业的盈利能力及其构成与质量。利润表的格式和内容见表1-3。

表 1-3　　**利润表**　　会企 02 表

编制单位：　　____年____月　　单位：元

项目	本期金额	上期金额
一、营业收入		
减：营业成本		
税金及附加		
销售费用		
管理费用		
研发费用		
财务费用		
其中：利息费用		
利息收入		
加：其他收益		
投资收益（损失以“-”号填列）		
其中：对联营企业和合营企业的投资收益		
以摊余成本计量的金融资产终止确认收益（损失以“-”号填列）		
净敞口套期收益（损失以“-”号填列）		
公允价值变动收益（损失以“-”号填列）		
信用减值损失（损失以“-”号填列）		
资产减值损失（损失以“-”号填列）		
资产处置收益（损失以“-”号填列）		
二、营业利润（亏损以“-”号填列）		
加：营业外收入		
减：营业外支出		
三、利润总额（亏损总额以“-”号填列）		
减：所得税费用		
四、净利润（净亏损以“-”号填列）		
（一）持续经营净利润（净亏损以“-”号填列）		
（二）终止经营净利润（净亏损以“-”号填列）		
五、其他综合收益的税后净额		
（一）不能重分类进损益的其他综合收益		
1.重新计量设定受益计划变动额		
2.权益法下不能转损益的其他综合收益		
3.其他权益工具投资公允价值变动		
4.企业自身信用风险公允价值变动		
……		
（二）将重分类进损益的其他综合收益		
1.权益法下可转损益的其他综合收益		
2.其他债权投资公允价值变动		

续表

项目	本期金额	上期金额
3.金融资产重分类计入其他综合收益的金额		
4.其他债权投资信用减值准备		
5.现金流量套期储备		
6.外币财务报表折算差额		
……		
六、综合收益总额		
七、每股收益：		
（一）基本每股收益		
（二）稀释每股收益		

【做中学1-4】中石化公司2021年1—3月份合并利润表的部分内容见表1-4。

表1-4 合并利润表

2021年1—3月

编制单位：中国石油化工股份有限公司　　币种：人民币

审计类型：未经审计　　单位：百万元

项目	本期金额	上期金额
一、营业收入	576 982	554 482
二、营业总成本	549 384	582 239
其中：营业成本	449 200	497 745
税金及附加	60 396	50 104
销售费用	16 054	14 662
管理费用	16 790	14 334
研发费用	2 069	1 091
财务费用	2 379	2 035
勘探费用（包括干井成本）	2 496	2 268
加：其他收益	474	1 103
投资收益	（76）	153
公允价值变动收益	2 095	8 342
信用减值损失	14	5
资产减值损失	11	（10 360）
资产处置收益	164	60
三、营业利润	30 280	（28 454）
加：营业外收入	304	216
减：营业外支出	597	476
四、利润总额	29 987	（28 714）
减：所得税费用	7 082	（7 529）
五、净利润	22 905	（21 185）

通过表1-4我们可以了解到中石化公司2021年1—3月份利润形成的详细信息。

上述利润表中的主要数据向使用者提供了中石化公司2021年1—3月份总的销售收入、销售成本、期间费用以及营业利润的情况。其中，营业总成本冲减了营业收入的95.2%。在2021年1—3月份的利润表中，中石化公司还提供了2020年第一季度的利润表数据，通过对两个季度利润相关数据的比较，使用者还可以了解2020年第一季度、2021年第一季度中石化公司经营的动态情况。但是利润表没有提供营业收入的主要来源、营业成本的形成情况等信息，这些内容可以在附注中得到解释。

【请注意】无论是投资者还是债权人，都非常关心企业的盈利能力。他们除了利用利润表中的数据来了解企业的营业利润、利润总额和净利润等盈利能力信息外，还通过计算企业的销售毛利率、销售净利率、销售成本率、销售费用率，结合资产负债表信息计算资产净利率、净资产收益率来分析企业盈利能力和趋势，从而进行商业决策。

（三）现金流量表反映企业的现金收付情况

现金流量表是反映企业在一定会计期间的现金和现金等价物流入和流出的财务报表。企业编制现金流量表的目的是通过如实反映企业各项活动的现金流入和现金流出，从而有助于使用者评价企业生产经营过程特别是经营活动中所形成的现金流量和资金周转情况。现金流量表的格式和内容见表1-5。

表1-5　　现金流量表　　会企03表

编制单位：　　______年度　　单位：元

项　目	本期金额	上期金额
一、经营活动产生的现金流量：		
销售商品、提供劳务收到的现金		
收到的税费返还		
收到其他与经营活动有关的现金		
经营活动现金流入小计		
购买商品、接受劳务支付的现金		
支付给职工以及为职工支付的现金		
支付的各项税费		
支付其他与经营活动有关的现金		
经营活动现金流出小计		
经营活动产生的现金流量净额		
二、投资活动产生的现金流量：		
收回投资收到的现金		
取得投资收益收到的现金		
处置固定资产、无形资产和其他长期资产收回的现金净额		

续表

项 目	本期金额	上期金额
处置子公司及其他营业单位收到的现金净额		
收到其他与投资活动有关的现金		
投资活动现金流入小计		
购建固定资产、无形资产和其他长期资产支付的现金		
投资支付的现金		
取得子公司及其他营业单位支付的现金净额		
支付其他与投资活动有关的现金		
投资活动现金流出小计		
投资活动产生的现金流量净额		
三、筹资活动产生的现金流量：		
吸收投资收到的现金		
取得借款收到的现金		
收到其他与筹资活动有关的现金		
筹资活动现金流入小计		
偿还债务支付的现金		
分配股利、利润或偿付利息支付的现金		
支付其他与筹资活动有关的现金		
筹资活动现金流出小计		
筹资活动产生的现金流量净额		
四、汇率变动对现金及现金等价物的影响		
五、现金及现金等价物净增加额		
加：期初现金及现金等价物余额		
六、期末现金及现金等价物余额		

现金流量表补充资料的具体格式见表1-6。

表1-6 现金流量表补充资料

补充资料	本期金额	上期金额
1.将净利润调节为经营活动现金流量：		
净利润		
加：资产减值准备		
信用损失准备		
固定资产折旧、油气资产折耗、生产性生物资产折旧		

续表

补充资料	本期金额	上期金额
无形资产摊销		
长期待摊费用摊销		
处置固定资产、无形资产和其他长期资产的损失（收益以“－”号填列）		
固定资产报废损失（收益以“－”号填列）		
公允价值变动损失（收益以“－”号填列）		
财务费用（收益以“－”号填列）		
投资损失（收益以“－”号填列）		
递延所得税资产减少（增加以“－”号填列）		
递延所得税负债增加（减少以“－”号填列）		
存货的减少（增加以“－”号填列）		
经营性应收项目的减少（增加以“－”号填列）		
经营性应付项目的增加（减少以“－”号填列）		
其他		
经营活动产生的现金流量净额		
2. 不涉及现金收支的重大投资和筹资活动：		
债务转为资本		
一年内到期的可转换公司债券		
融资租入固定资产		
3. 现金及现金等价物净变动情况：		
现金的期末余额		
减：现金的期初余额		
加：现金等价物的期末余额		
减：现金等价物的期初余额		
现金及现金等价物净增加额		

【做中学 1-5】中石化公司 2021 年 1—3 月份合并现金流量表的部分内容见表 1-7。

表 1-7　　合并现金流量表

2021年1—3月

编制单位：中国石油化工股份有限公司　　币种：人民币

审计类型：未经审计　　单位：百万元

项目	本期金额	上期金额
一、经营活动产生的现金流量：		
销售商品、提供劳务收到的现金	605 032	598 622
收到的税费返还	39	818
收到其他与经营活动有关的现金	37 445	35 349
经营活动现金流入小计	642 516	634 789
购买商品、接受劳务支付的现金	485 354	541 718
支付给职工以及为职工支付的现金	18 036	17 033
支付的各项税费	110 250	84 926
支付其他与经营活动有关的现金	44 454	59 082
经营活动现金流出小计	658 094	702 759
经营活动产生的现金流量净额	（15 578）	（67 970）

通过表1-7我们可以了解到，中石化公司2021年第一季度经营活动产生的现金净流量为流出15 578百万元。此外，我们还可以了解到本季度经营活动收入和付出现金的详细情况。

众所周知，企业的资金只有流动、周转起来，才能像"雪球"一样越滚越大。经营活动成果反映为净利润或净亏损，并导致现金增加或减少。利润表反映了企业的盈亏情况，但是盈利并不代表企业的经营活动能够带来现金的流入。企业的经营活动只有带来现金的流入才算是取得成功。那么，生产经营活动、投资活动、筹资活动哪项能够为企业带来更多的现金流入呢？企业需要对现金流量表进行分析才能得出结论。

（四）所有者权益变动表反映企业与所有者之间的交易

所有者权益变动表是反映构成企业所有者权益的各组成部分当期的增减变动情况的财务报表。所有者权益变动表应当全面反映一定时期所有者权益变动的情况，不仅包括所有者权益总量的增减变动，还包括所有者权益增减变动的重要结构性信息，特别是要反映直接计入所有者权益的利得和损失，以帮助使用者准确理解所有者权益增减变动的根源。所有者权益变动表的格式见表1-8。

表 1-8

所有者权益变动表

会企04表

编制单位：　　　　____年度　　　　单位：元

项目	本年金额												上年金额											
	实收资本（或股本）	其他权益工具			资本公积	减：库存股	其他综合收益	专项储备	盈余公积	未分配利润	所有者权益合计	实收资本（或股本）	其他权益工具			资本公积	减：库存股	其他综合收益	专项储备	盈余公积	未分配利润	所有者权益合计
		优先股	永续债	其他									优先股	永续债	其他							
一、上年年末余额																								
加：会计政策变更																								
前期差错更正																								
其他																								
二、本年年初余额																								
三、本年增减变动金额（减少以“-”号填列）																								
（一）综合收益总额																								
（二）所有者投入和减少资本																								
1.所有者投入的普通股																								
2.其他权益工具持有者投入资本																								
3.股份支付计入所有者权益的金额																								
4.其他																								
（三）利润分配																								
1.提取盈余公积																								
2.对所有者（或股东）的分配																								
3.其他																								
（四）所有者权益内部结转																								
1.资本公积转增资本（或股本）																								
2.盈余公积转增资本（或股本）																								
3.盈余公积弥补亏损																								
4.设定受益计划变动额结转留存收益																								
5.其他综合收益结转留存收益																								
6.其他																								
四、本年年末余额																								

我们知道所有者权益是所有者对扣除负债后企业净资产所享受的剩余权益。公司创造的利润最终都属于企业的所有者。股东们总是希望看到自己企业的财富不断增长，因为那将是他们投资的最好回报。企业财富增长后，企业会继续将其用于投资扩大再生产或发放股利增加股东个人财富。在企业发展的不同阶段，企业分红的方案也是不同的。另外，由于生产经营目标的变化，企业还有可能发行新的股票或回购发行在外的股票。

【做中学1-6】中石化公司2021年度的股东权益变动表（部分内容）见表1-9。

表1-9 股东权益变动表

编制单位：中国石油化工股份有限公司 2021年度 单位：百万元 币种：人民币

项目	股本	资本公积	其他综合收益	专项储备	盈余公积	未分配利润	股东权益合计
2020年1月1日余额	121 071	68 795	(485)	989	203 678	143 148	537 196
本年增减变动金额							
1.净利润	—	—	—	—	—	37 452	37 452
2.其他综合收益	—	—	1 585	—	—	—	1 585
综合收益总额	—	—	1 585	—	—	37 452	39 037
转为被套期项目初始确认的现金流量套期储备金额	—	—	81	—	—	—	81
直接计入股东权益的与所有者的交易							
3.利润分配：							
——提取盈余公积	—	—	—	—	3 745	(3 745)	—
——分配现金股利（附注53）	—	—	—	—	—	(46 008)	(46 008)
直接计入股东权益的与所有者的交易总额			—	—	3 745	(49 753)	(46 008)
4.专项储备变动净额	—	—	—	(40)	—	—	(40)
5.其他		46				(202)	(156)
2020年12月31日余额	121 071	68 841	1 181	949	207 423	130 645	530 110
2021年1月1日余额	121 071	68 841	1 181	949	207 423	130 645	530 110
本年增减变动金额							
1.净利润	—	—	—	—	—	18 572	18 572
2.其他综合收益	—	—	4 766	—	—	—	4 766
综合收益总额	—	—	4 766	—	—	18 572	23 338
转为被套期项目初始确认的现金流量套期储备金额	—	—	(37)	—	—	—	(37)
直接计入股东权益的与所有者的交易							
3.利润分配：							
——提取盈余公积	—	—	—	—	1 857	(1 857)	—
——分配现金股利（附注53）	—	—	—	—	—	(31 479)	(31 479)
直接计入股东权益的与所有者的交易总额	—	—	—	—	1 857	(33 336)	(31 479)
4.专项储备变动净额	—	—	—	240	—	—	240
5.其他	—	135	—	—	—	(32)	103
2021年12月31日余额	121 071	68 976	5 910	1 189	209 280	115 849	522 275

通过表1-9，我们可以了解到中石化公司2020年1月1日到2021年12月31日股东权益各构成内容的变化情况。

【请注意】企业实现利润后，董事会将决定股利分配方案。公司并没有发放股利的义务，除非董事会做出了发放的决定。处于发展阶段或成长阶段的企业通常选择不发放股利，而是将资金继续用于扩大生产经营规模或购置新的固定资产。成熟的企业通常拥有稳定的利润（和现金）可供股利的发放。发放股利会减少企业的留存收益和现金。

（五）附注对财务报告作进一步说明

附注是对财务报表中列示项目所作的进一步说明，以及对未能在这些报表中列示项目的说明等。附注由若干附表和对有关项目的文字性说明组成。企业编制附注的目的是通过对报表本身作补充说明，以更加全面、系统地反映企业财务状况、经营成果和现金流量的全貌，从而有助于向使用者提供更为有用的决策信息，帮助其做出更加科学合理的决策。

财务报告四大报表中的数据存在一定的钩稽关系，可以相互印证，如果有一张报表数据有误，就会影响其他所有报表的正确性。例如，资产负债表中的未分配利润与利润表附表中的未分配利润是相等的。

（六）网络会计语言——可扩展商业报告语言（XBRL）

随着信息技术的发展，传统财务报告的局限性日益突出。传统财务报告固定的格式、高度汇总的财务数据，已无法满足信息使用者多样化、多层次的信息需求；同时，由于传统财务报告在生成过程中可能会出现人工差错或恶意篡改等问题，从而降低财务报告的真实性，已远远不能满足“互联网+”、大数据、云时代对会计信息的需求。

信息技术的发展对会计信息提供模式提出新的要求，会计信息服务在经历了传统财务报告和网络财务报告之后，1998年美国的查尔斯·霍夫曼（Charles Hoffman）第一次向美国注册会计师协会（AICPA）提出了XBRL。XBRL是基于互联网、跨平台操作，专门用于财务报告编制、披露和使用的计算机语言，基本实现了数据的集成与最大化利用，会计信息数出一门、资料共享，将会计准则与计算机语言相结合，用于非结构化数据，尤其是财务信息交换的最新公认标准和技术。通过对数据统一进行特定的识别和分类，可直接为使用者或其他软件所读取及进一步处理，实现一次录入、多次使用。XBRL的特点在于它根据财务信息披露规则，将财务报告内容分解成不同的数据元，再根据信息技术规则对数据元赋予唯一的数据标记，从而形成标准化规范。以这种语言为基础，通过对网络财务报告信息的标准化处理，可以编制出比网络财务报告更加先进的报告。XBRL可以将网络财务报告不能自动读取的信息转换为一种可以自动读取的信息，大大方便了信息使用者对信息的批量需要和批量利用。同网络财务报告相比，以XBRL为基础的网络财务报告具有以下一些特点：

（1）降低信息交换成本，提高财务信息的可获得性，间接增加了财务信息可比性；

（2）通过互联网提供具有时效性的信息，提高了信息的相关性，增强了财务信息的利用效率；

（3）可自动交换并摘录财务信息而不受个别公司软件和信息系统的限制，为投资者或分析者使用财务信息提供方便；

（4）可以减少为了获得不同格式的资料而重复输入的问题；

（5）降低了信息供给成本，有利于信息供给者提高财务报表编制效率。

尽管XBRL的历史并不长，从1998年概念被提出至今二十几年，但其在全球得以迅速推广。许多国家的政府监管机构、商业机构以及国际组织都启动实施了XBRL应用项目。XBRL将毫无悬念地成为未来电子财务报告的国际通行标准。

四、会计信息使用者及其需求

企业作为构成社会的单元，必然与社会各种组织、人员有着不同的关系，这些组织和人员对企业的信息也有着不同的需求，这导致了会计信息有着不同的使用者和需求，他们需要根据企业的会计信息进行商业决策。企业会计信息使用者及其需求情况见表1-10。

表1-10 会计信息使用者及其需求情况

会计信息使用者	对会计信息的需求	会计信息
股东（所有者）	管理人员经营绩效的评价、投资风险与回报	财务报表
管理人员	计划、决策的信息依据	交易文件、财务报表
投资者	投资风险与回报	近3~5年的财务报表
银行	企业信用能力评价，贷款方案决策的信息依据	近3~5年的财务报表
供应商	企业信用能力评价，赊销方案决策的信息依据	近1~3年的财务报表
经销商、顾客	企业持续经营能力，产品持续供应和售后服务能力	近1~3年的财务报表
竞争者	企业市场份额和利润率，竞争方案决策的信息依据	近1~3年的财务报表
雇员	企业持续经营能力，提供工薪、福利和就业机会的能力	近1~3年的财务报表
政府	企业商业活动情况、纳税情况，政策制定的信息依据	财务报表、纳税申报表
社区	与社区资源进行交换的能力	财务报表
公益组织	支持社会公益的能力	财务报表

由表1-10可知，会计信息的使用者包括企业内部使用者和企业外部使用者，因此，我们将会计分为对内的管理会计和对外的财务会计两大分支。财务会计为企业之外的信息使用者提供商业决策的信息；管理会计为企业内部的管理者提供预算、预测、规划等制定企业战略决策的信息。本书着重介绍的是对外的财务会计。

【提示】财务会计反映了一家企业的商业活动，它的目的是帮助使用者全面、综合地了解企业，它既为企业管理者提供信息也为利益相关者提供信息。但是财务信息的第一使用者是企业管理者。

五、会计信息质量要求

只有有质量保证的信息才是有用的信息。我国《企业会计准则——基本准则》第二章对会计信息的有用性进行了明确规定。会计信息质量要求，亦称会计信息质量特征，是对企业财务报告中所提供会计信息质量的基本要求，是使财务报告提供的会计信息对投资者等使用者决策有用应具备的基本特征。它主要包括可靠性、相关性、可理解性、可比性、实质重于形式、重要性、谨慎性和及时性等。

（一）可靠性

可靠性要求企业应当以实际发生的交易或者事项为依据进行确认、计量和报告，如实反映符合确认和计量要求的各项会计要素及其他相关信息，保证会计信息真实可靠、内容完整。会计信息要有用，首先必须可靠。满足以下具体要求的会计信息，可以认为是可靠的会计信息：

（1）以实际发生的交易或者事项为依据进行确认和计量，将符合会计要素定义及其确认条件的资产、负债、所有者权益、收入、费用和利润如实地反映在财务报表中。

（2）在符合重要性和成本效益平衡原则的前提下，保证会计信息的完整性，包括应当编报的报表及其附注内容等应当保持完整，不能随意遗漏或减少应予以披露的信息。

（3）包括在财务报告中的会计信息应当是中立的、无偏的。若企业为了达到事先预定的结果或效果，而通过选择在财务报告中列示有关会计信息以影响决策和判断，这样的财务报告信息就不是中立的。

【提示】可靠性是会计信息质量最基本的要求。

【做中学1-7】广夏（银川）实业股份有限公司（简称银广夏），1994年6月上市，曾以骄人的业绩和诱人的前景而被称为“中国第一蓝筹股”。2001年8月《财经》杂志发表《银广夏陷阱》一文，银广夏虚构财务报表事件被曝光。专家认为，银广夏向德国诚信贸易公司出口的为“不可能的产量、不可能的价格、不可能的产品”。以银广夏萃取设备的产能，即使是通宵达旦地运转，也生产不出所宣称的数量；银广夏萃取产品出口价格高得近乎荒谬；对德国出口合同中的某些产品，根本不能用二氧化碳超临界萃取设备提取。

在上述资料中，我们可以看到，银广夏事件严重违背了会计信息质量的“可靠性”要求，即没有根据企业实际发生的交易进行确认、计量和报告，纯属伪造的虚假会计信息。

（二）相关性

相关性要求企业提供的会计信息应当与财务报告使用者（尤其是投资者）的经济决策需要相关，有助于财务报告使用者对企业过去、现在或者未来的情况做出评价或者预测。

会计信息是否有用、是否具有价值，取决于报表的内容与使用者决策需要的相关程度。相关的会计信息有助于使用者评价企业过去的决策，正视或修正过去的有关预测，具有反馈价值；相关的会计信息具有预测价值，能够帮助使用者预测企业未来的财务状况、经营成果和现金流量。

会计信息的相关性要求，需要企业在确认、计量和报告会计信息的过程中，充分考虑使用者的决策模式和信息需要。

【请注意】相关性是以可靠性为基础的，两者之间并不矛盾，不应将两者对立起来，也就是说，会计信息在可靠性的前提下应尽可能做到相关，以满足使用者的决策需要。

（三）可理解性

如前所述，会计是一门商业语言。作为一门语言，会计报告必须做到让人容易知晓其所述各种商业活动的情况。可理解性要求企业提供的会计信息不能模糊不清，不能晦涩难懂，应当清晰明了，便于财务报告使用者理解和使用。

【请注意】会计信息具有一定的专业性，可理解性是以“使用者具有一定的有关企业经营活动和会计方面的知识，并且愿意付出努力去研究这些信息”为前提的。如果企业的交易较为复杂或其会计处理较为复杂，且与使用者的商业决策相关，则企业应当在财务报告中进行充分披露。这是一家企业与会计信息使用者之间的互动话题。

（四）可比性

可比性要求企业提供的会计信息应当具有可比性。报表使用者通常通过比较一家企业前后不同时期的财务报表，或比较企业与其他企业的财务报表，来寻找财务状况或业绩的变化趋势，因此，财务报表编制和列报的基础随时间推移保持可比性相当重要。

当投资者对中石化公司进行投资决策时，必然会将其财务报表与同行业的其他公司报表做比较。如果两家或多家公司的数据在编制方法、内容等方面有所不同，则这些公司之间是无法进行比较的。可比性具有以下两个层次的含义：

（1）纵向比较：同一企业不同时期的会计信息要具有可比性。

（2）横向比较：不同企业的会计信息要具有可比性。

阿里巴巴集团公司2014年9月19日在美国纽交所上市，其财务报表首先需要按照美国的会计准则和证券交易委员会要求编制并报告，同时财务报告周期也将按照美国的习惯于每年的4月1日至次年的3月31日来执行。

【请注意】关于会计信息的可比性：

（1）要使同一企业不同时期的财务报表可比，则企业的交易或事项应在不同时期保持相同或相似，会计政策要保持一致，不能随意变更。如果必须变更会计政策，则需在财务报表附注中加以说明。

（2）要使不同的企业在相同的会计期间的会计信息可比，除了保持企业会计政策不变外，还要保持会计信息的口径一致，以使不同的企业能够按照一致的确认、计量和报告的要求提供会计信息。

（五）实质重于形式

实质重于形式要求企业应当按照交易或者事项的经济实质进行会计确认、计量和报告，不仅仅以交易或者事项的法律形式为依据。

在大多数情况下，企业业务交易的法律形式反映了经济实质，即经济实质与法律形式是一致的；但是，在有些情况下，法律形式没有反映经济实质，即经济实质与法律形式是不一致的。会计核算时以经济实质为依据进行，即经济实质重于法律形式。这就要求会计人员做出职业判断，按照业务的经济实质进行账务处理。

【做中学1-8】时达公司以750万元的总价款从华美租赁公司租入生产线一条，租期为6年，租赁费于每年年初分次支付，该生产线的使用寿命是7年，使用期限结束时，时达公司可以1万元的价格买下该生产线的所有权。时达公司将每年的租赁费直接计入制造费用。

按照实质重于形式的要求，时达公司的会计处理是错误的。首先，虽然在租赁初期时达公司所租赁的生产线从法律形式上看不归其所有，但是其租期为6年，接近该生产线的使用寿命；其次，租赁期结束时，时达公司有优先购买该生产线的选择权。在租赁期，时达公司有权支配该生产线并从中受益，从经济实质上来看，时达公司能够控制融资租入资产所带来的经济利益，应将该生产线视为自有资产，列入企业的财务报告，而不是作为费用处理。

（六）重要性

重要性要求企业提供的会计信息应当完整反映与企业财务状况、经营成果和现金流量有关的所有重要交易和事项，即要将所有重要的交易或事项进行完整、全面的计量、报告。

重要性的判断取决于性质和金额两个方面，相同的金额对于规模不同的企业，可能存在不同的理解。例如，企业与客户因产品质量问题导致的50万元赔款，月销售额在100万元及以上、50万元至100万元、50万元及以下的不同企业对是否需要将其在财务报表中列示、怎样列示有着不同的决策；现金、银行存款、固定资产均属于企业的资产，但是由于现金和银行存款相比固定资产在企业资产中占有的份额对报表使用者的信息需求来说要小很多，因此，现金和银行存款在财务报表中合并为货币资金进行披露，而固定资产则需单独披露。

【提示】重要性的特点：

（1）对资产、负债、所有者权益等有较大影响的交易或事项，必须按规定的会计方法和程序进行处理，并在财务报告中单独列示。

（2）对次要的会计事项，在不影响会计信息的真实性和不至于误导使用者做出正确判断的前提下，可以适当合并信息、简化处理。

（七）谨慎性

谨慎性要求企业对（不确定的）交易或者事项进行会计确认、计量和报告时应当保持应有的谨慎，不应高估资产或者收益，低估负债或费用和损失。

在竞争激烈的市场环境下，企业的经营活动面临着许多风险和不确定性。赊销可能带来坏账损失，购入的存货也许有朝一日不能盈利或保本，产品的“三包”承诺也许会导致企业巨额亏损等。因此，会计面对诸多不确定因素、风险，要做出准确的职业判断，对会计信息的处理要保持谨慎的态度。各种资产跌价、减值准备的计提，产品“三包”的预计负债等，都是会计信息处理谨慎性的体现。

【做中学1-9】时达公司在销售产品时对客户承诺，6个月内产品发生质量问题免费包退包换。根据销售经验估计，所出售产品退换的概率为销售价款的0.5%。该公司2021年下半年销售了5 000万元的产品。估计2022年将有25万元退换货损失。时达公司认为这是一笔不确定的费用，会给企业带来一定的损失，因此，于2021年12月31日将其计入了预计负债，并在财务报表中加以披露。

按照谨慎性的要求，企业对（不确定的）交易或者事项进行会计确认、计量和报告时应当保持应有的谨慎，不应高估资产或者收益，低估负债或费用和损失。时达公司没有低估包退包换可能带来的损失，做出了正确的信息披露。

（八）及时性

及时性要求企业对已经发生的交易或者事项，应当及时进行确认、计量和报告，不得提前或者延后。滞后的信息不利于决策。因此，会计信息的提供一定要做到及时。及时性要求体现在会计信息的收集、加工、披露、报告等各个环节。

及时性对相关性和可靠性起着制约作用。及时性要求企业在时效内尽快提供相关信息，但是要使信息高度相关和高度可靠，可能常常需要更长时间的筛选和验证。因此，要做到及时可能就无法做到更高的相关性和可靠性，及时性对相关性和可靠性起着制约作用。不能为了及时性完全不顾可靠性等，也不能为了可靠性等过长时间报出信息而影响及时性，而需要会计用职业判断来寻求一种恰当的平衡，以确定信息及时披露的时间。

企业会计准则——基本准则（2014）

从以上会计信息质量要求的学习中，我们可以看出，要做好会计工作，必须具备较好的职业判断能力。职业判断是会计人员一项重要而富于挑战的工作。职业判断能力的强弱是一名会计人员综合素质高低的反映，它不仅需要会计人员对会计理论知识和会计方法的全面理解与准确把握，也需要对企业客观经济环境与经营管理目标进行透彻的了解。因此，我们不仅要认真学习财务会计知识，还要多参与社会实践活动，以增强我们的会计职业判断能力。

任务二　熟知会计职业及其工作

一、会计职业

（一）会计职业的含义

根据中国职业规划师协会对职业的定义：职业是性质相近的工作的总称，通常指个人服务社会并作为主要生活来源的工作。在特定的组织内，它表现为职位（即岗位），每一个职位都会对应着一组任务，作为任职者的岗位职责。而任职者要完成这些任务，则需具备相应的知识、技能、态度等。

会计职业是以货币为主要计量单位，运用专门的方法，核算和监督一个单位经济活动的一种经济管理工作。这些工作在特定的组织（如企业、事业单位等）内表现为各种会计岗位。传统的会计岗位主要有：出纳、成本会计、费用会计、应收账会计、应付账会计、资产会计、总账会计、会计主管、财务经理、财务总监等。在当今会计电算化广泛应用的时代，会计岗位又出现了电算主管、软件操作、审核记账、电算维护、电算审查、数据分析、会计档案保管等岗位。如今，RPA和AI技术的使用，"互联网＋财务"的推广，财务通、财务云、财务机器人的出现，都向传统会计提出了巨大的挑战，会计的岗位也在不断地调整中。

（二）会计的种类

要做好会计工作，首先必须了解会计的种类，以清楚所在岗位的职责和工作内容。会计按不同的标准主要有如下分类：

1.按核算主体及目的分类

按核算主体及目的的不同，会计可分为预算会计、非营利组织会计和财务会计。

2.按报告对象分类

按报告对象的不同，会计可分为对外报告的财务会计和对内报告的管理会计。

财务会计负责编制财务报表，为企业内部和外部使用者提供信息。财务会计的信息提供给广泛的用户，其重点在于报告财务状况和营运状况，主要是对外部提供参考。而管理会计主要为企业的管理层提供信息，作为企业内部各部门进行决策的依据。

3.按工作内容分类

按工作内容的不同，会计可分为总账会计、往来会计、成本会计、材料会计等。

4.按工作范围分类

按工作范围的不同，会计可分为公共会计、私用会计、政府会计等。

会计还可以按所服务的行业进行分类，如工业企业会计、商品流通企业会计、金融证券企业会计、保险企业会计、施工企业会计等，因篇幅所限，在此不一一列举。

随着社会经济形势的发展，企业经营管理水平的提高，会计工作的重心逐步向财务转化，从而出现了对外报告的财务会计和对内报告的管理会计，以及专门与税务部门对接、负责企业涉税业务管理与申报的税务会计。

在会计软件、管理软件、网络会计、代理记账日益发达的今天，会计工作的重心也在发生重大变化。目前，一些大型公司会计核算岗位已经严重压缩，甚至直接外包代理记账，财务数据整理、分析、预算、风险预警等财务岗位以及管理会计岗位逐渐增加。未来，会计工作将更多地参与企业生产经营管理的预测、决策和风险管理，这就需要会计人员学习和掌握更多、更广的知识。

【请注意】与财务会计不同，管理会计信息的标准是"决策有用性"，即凡是有利于管理层进行决策的信息都属于管理会计的范畴。例如，对未来天气状况的预测信息，于财务会计而言不属于应提供服务的范畴，但是对于交通运输、旅游服务等企业来说，未来的天气情况左右着营运决策，属于企业管理会计信息，且这些信息要求具有及时性、提前性。财务会计和管理会计构成图如图1-2所示。

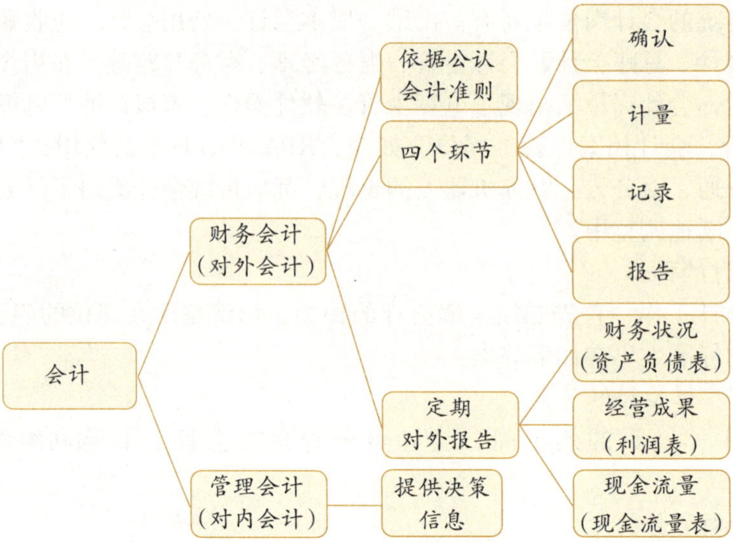

图 1-2　财务会计和管理会计构成图

（三）会计职业资格体系

我国会计职业资格体系由会计专业技术资格体系和注册会计师执业资格体系构成。

1.会计专业技术资格体系

（1）会计专业技术资格与会计专业职务

会计专业技术资格，是指担任会计专业职务的任职资格，分为初级资格、中级资格和高级资格。初级职称有助理会计师，中级职称有会计师，高级职称有正高级会计师和副高级会计师。副高级会计师相当于副研究员或副教授，正高级会计师相当于研究员或教授。会计职称是衡量一个人会计业务水平高低的标准，会计职称越高，表明会计业务水平越高。

什么是管理会计？管理会计与财务会计的六大区别

会计专业职务是区别会计人员业务技能的技术等级，会计专业职务分为高级会计师、会计师、助理会计师。高级会计师为高级职务，会计师为中级职务，助理会计师为初级职务。

初级、中级会计专业技术资格的取得实行全国统一考试制度；高级会计专业技术资格实行考试与评审相结合制度。

（2）会计职业资格的取得

①初级会计师

初级会计师即助理会计师。担任助理会计师的基本条件是：掌握一般的财务会计基础理论和专业知识；熟悉并能正确执行有关的财经方针、政策和财务会计法规、制度；能担负一个方面或某个重要岗位的财务会计工作；报名参加会计专业技术初级资格考试的人员，除了要具备以上基本条件外，还必须具备教育部门认可的高中毕业以上学历。

初级会计专业技术资格考试，又称初级会计职称考试、助理会计师考试，是全国统一组织、统一考试时间、统一命题、统一合格标准的考试，对考试合格者颁发人事部统一印制，人事部、财政部用印的“会计专业技术资格证书”，该证书在全国范围内有效。

在国家机关、社会团体、企业、事业单位和其他组织中从事会计工作，并符合报名条件的人员，均可报考。

该考试涉及的知识基础、实用，是出纳、会计助理、会计等初级财务人员的必备知识。

符合以下条件的会计从业人员均可报名参加考试：坚持原则，具备良好的职业道德品质；认真执行《会计法》和国家统一的会计制度，以及有关财经法律、法规、规章制度，无严重违反财经纪律的行为；履行岗位职责，热爱本职工作；具备教育部门认可的高中（或中专）或以上学历证件。

考试设“初级会计实务”“经济法基础”两个科目。一天考完，并要求两科考试一次通过，才能取得初级会计师职业资格证书。

②中级会计师

中级会计师亦称会计师，担任会计师的基本条件是：较系统地掌握财务会计基础理论和专业知识；掌握并能正确贯彻执行有关的财经方针、政策和财务会计法规、制度；具有一定的财务会计工作经验，能担负一个单位或管理一个地区、一个部门、一个系统某个方面的财务会计工作；取得博士学位并具有履行会计师职责的能力，或者取得硕士学位并担任助理会计师职务两年左右，或者取得第二学士学位或研究生班结业证书并担任助理会计师职务2～3年，或者大学本科或专科毕业并担任助理会计师职务四年以上。

中级会计师资格考试实行全国统一考试制度，每年考试一次，是全国统一组织、统一考试时间、统一命题、统一合格标准的考试，对考试合格者颁发人事部统一印制，人事部、财政部用印的“会计专业技术资格证书”，该证书在全国范围内有效。在国家机关、社会团体、企业、事业单位和其他组织中从事会计工作，并符合报名条件的人员，均可报考。

符合以下条件的会计从业人员均可报名参加考试：坚持原则，具备良好的职业道德品质；认真执行《会计法》和国家统一的会计制度，以及有关财经法律、法规、规章制度，无严重违反财经纪律的行为；履行岗位职责，热爱本职工作。

除具备以上基本条件外，还必须具备下列条件之一：取得大学专科学历，从事会计工作满五年；取得大学本科学历，从事会计工作满四年；取得双学士学位或研究生班毕业，从事会计工作满两年；取得硕士学位，从事会计工作满一年；取得博士学位。

另外，对通过全国统一考试，取得经济、统计、审计专业技术中、初级资格，并具备以上基本条件的人员，均可报名参加相应级别的会计专业技术资格考试。

报名条件中所规定的从事会计工作年限是指取得规定学历前、后从事会计工作的合计年限，其截止日期为考试报名年度当年年底。会计专业技术中级资格考试设“财务管理”“经济法”“中级会计实务”三个科目，成绩两年内有效。两年内成绩合格者可获得中级会计师职业资格证书。

③高级会计师

高级会计师，是指我国会计专业技术职称中的高级会计专业技术资格。高级会计师必须遵守中华人民共和国宪法和法律，具有良好的职业道德，具有扎实的专业理论知识，掌握国内外现代的经济管理科学方法并了解发展趋势，有较高的政策理论水平和丰富的经济工作实践经验，能够解决重要经济活动中的实际问题，提出有价值的政策性意见，在加强经济管理和提高经济效益、社会效益上发挥重大作用。

高级会计师的任职条件，除必须拥护中国共产党的领导、热爱祖国、坚持四项基本原则、遵守和执行《中华人民共和国会计法》外，还要具备四个基本条件：

a.较系统地掌握经济、财务会计理论和相关专业知识；

b.具有较高的政策水平和丰富的财务会计工作经验，能担负一个地区、一个部门或一个系统的财务会计管理工作；

c.取得博士学位，并担任会计师职务2~3年，或取得硕士学位、第二学士学位或研究生班结业证书，或大学本科毕业并担任会计师职务五年以上；

d.较熟练地掌握一门外语。

考试科目为“高级会计实务”，采取开卷笔答方式进行。主要考核应试者运用会计、财务、税收等相关的理论知识、政策法规，分析、判断、处理会计业务的能力和解决会计工作实际问题的综合能力。参加考试并达到国家合格标准的人员，由全国会计考办核发高级会计师资格考试成绩合格证，该证在全国范围内三年有效。要求在通过考试后三年内通过评审，假如通过了，就是高级会计师，永久有效；假如没有通过，那么第四年要重新考试，然后继续参加评审。

2.注册会计师执业资格体系

（1）注册会计师及注册会计师协会

注册会计师，是指取得注册会计师证书并在会计师事务所执业的人员，英文全称为Certified Public Accountant，缩写为CPA，指的是从事社会审计（中介审计、独立审计）的专业人士。其他一些国家的会计师公会（如加拿大的CGA、美国的AICPA、澳大利亚的注册会计师公会、英国特许公认会计师公会ACCA）所说的会计师一般是指注册会计师，而不是我国的中级职称概念的会计师。

注册会计师协会是由注册会计师组成的社会团体。中国注册会计师协会是注册会计师的全国组织，省、自治区和直辖市注册会计师协会是注册会计师的地方组织。

注册会计师协会的会员主要包括执业会员（即注册会计师）和非执业会员。此外，还可能包括荣誉会员。通过注册会计师考试，并在会计师事务所工作一段时间后，在注册会计师协会注册方可成为执业注册会计师。只是通过考试，只可以申请成为非执业会员，只有注册登记后才能成为执业会员。注册会计师考试分为专业阶段和综合阶段，专业阶段的考试科目为“会计”“审计”“财务成本管理”“经济法”“税法”“公司战略与风险管理”，综合阶段的考试科目为职业能力综合测试（试卷一、试卷二）。

（2）注册会计师执业资格的取得

①报名条件

a.同时符合下列条件的中国公民，可以申请参加注册会计师全国统一考试专业阶段考试：具有完全民事行为能力；具有高等专科以上学校毕业学历，或者具有会计或者相关专业中级以上技术职称。

b.同时符合下列条件的中国公民，可以申请参加注册会计师全国统一考试综合阶段考试：具有完全民事行为能力；已取得财政部注册会计师考试委员会（简称财政部考委会）颁发的注册会计师全国统一考试专业阶段考试合格证。

c.有下列情形之一的人员，不得报名参加注册会计师全国统一考试：因被吊销注册会计师证书，自处罚决定之日起至申请报名之日止不满五年者；以前年度参加注册会计师全国统一考试因违规而受到停考处理期限未满者。

②成绩管理和证书的取得

a.专业阶段合格证管理。

参加注册会计师全国统一考试的应考人员，专业阶段考试的单科考试合格成绩五年内有效。对在连续五个年度考试中取得专业阶段全部科目考试合格成绩的应考人员，财政部考委会颁发专业阶段考试合格证书。

注册会计师全国统一考试专业阶段考试合格证由考生到参加专业阶段考试最后一科考试报名地的地方考办领取。

b.综合阶段合格证管理。

综合阶段考试科目应在取得注册会计师全国统一考试专业阶段考试合格证书后五个年度考试中完成（现已取消“在五个年度中完成”这一规定）。对取得综合阶段考试科目考试合格成绩的考生，财政部考委会颁发注册会计师全国统一考试全科合格证。

注册会计师全国统一考试全科合格证由考生到综合阶段考试报名地的地方考办领取。

c.全科合格证管理。

根据《注册会计师全国统一考试管理工作指南》的规定，取得综合阶段职业能力综合测试成绩合格的申请人，应持综合阶段职业能力综合测试成绩合格凭证向参加综合阶段职业能力综合测试所在地的地方考办申请换发全科合格证。全科合格证上的发放日期为财政部考办下发的批复文件日期。

地方考办在发放全科合格证时，应同时向全科合格证申请人发放“中国注册会计师协会非执业会员登记表”，督促其申请成为中注协非执业会员。应考人员取得全科合格证后，若在国内会计师事务所工作两年，可持有关资料前往所在地省级注册会计师协会申请成为正式的执业会员。

二、会计工作

会计工作是在会计工作目标的指引下，以会计主体、持续经营、会计分期和货币计量四大假设为基础，采用会计核算方法，对企业经济业务或会计事项进行确认、计量、记录和报告的过程。会计核算方法使用是否得当、会计工作过程操作是否规范，对会计信息质量的高低有着重大影响。因此，要做好会计工作，必须熟练掌握会计核算方法并规范操作会计工作。

（一）会计工作的基本程序

会计工作的基本程序包括确认、计量、记录和报告四个内容。

1.会计确认

【请注意】会计确认，是指按照规定的标准和方法，辨认和确定经济信息是否作为会计信息、何时作为会计信息以及列入什么会计信息的过程。确认标准和时间选择是会计确认的核心。

会计确认主要是确认经济业务入账的时间、使用的账户和方向。如果经济业务入账时间错误或核算账户使用错误，都会使会计信息失真，从而导致报表使用者做出错误的决策。

会计确认的目的在于排除不属于会计核算的经济信息，确定会计的核算内容。

会计确认的基础有现金收付基础（收付实现制）和应计基础（权责发生制）两种。对收入、成本费用的确认还要遵循配比原则。会计确认的过程分为初始确认、后续确认和终止确认三个阶段，如图1-3所示。

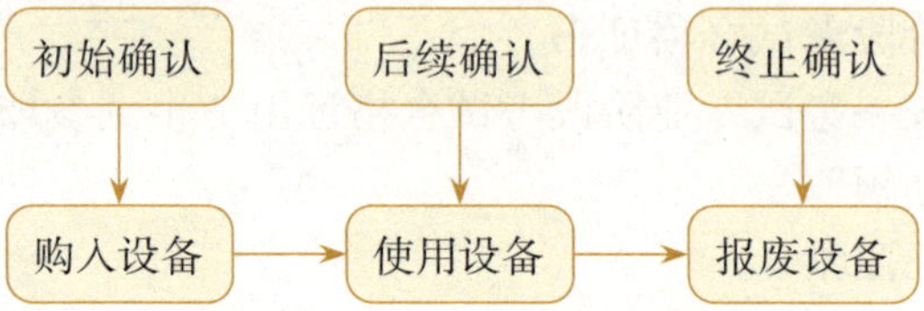

图1-3　会计确认过程示意图

2. 会计计量

会计计量，是指根据一定的计量标准和方法，确定经济业务或会计事项金额的过程。会计计量以货币单位为主，辅以物理单位。

会计计量的属性包括历史成本（实际成本）、重置成本、可变现净值、现值、公允价值等。历史成本是会计计量中最重要和最基本的计量属性，也一直是国际和我国惯例中的基础性计价标准。历史成本具有客观性、可验证性，但是其真实性可能会随着时间的推移而发生变化，需要配合其他计量属性来反映会计要素在报表中的列示金额。

【请注意】会计计量主要是对会计要素入账价值的确定。会计计量出现错误，即使会计确认是正确的，会计信息一样失真，对报表使用者都将产生不利影响。

3. 会计记录

会计记录，是指将经过确认和计量的各项经济业务或会计事项，采用一定的方法在账户中进行记录的过程。它包括以原始凭证为依据编制记账凭证，再以记账凭证为依据登记账簿。目前，我国会计记录均按照借贷记账法的原理，采用文字和数字叙述的形式在预先设置的账户中记录、反映经济业务和会计事项，会计记录是会计核算的重要环节。会计记录的过程与方法如图1-4所示。

图1-4　会计记录的过程与方法

会计记录是一个系统、连续、完整的过程，不能多记、少记、错记。

在当今计算机、网络和会计软件广泛使用的时代，会计记录的方法也正在发生着日新月异的变化，自2017年7月1日起新税务发票的推广使用，为会计记录的人工智能带来了更多便利。

4. 会计报告

会计报告又称财务会计报告，是指以账簿记录为依据，采用表格和文字的形式，将会计数据提供给信息使用者的书面报告。会计报表是会计报告的主要构成内容。

会计电算化和“互联网＋财务”不仅使会计报告的编制及计算智能化，而且使财务数据的共享得到推广和使用，这也为会计信息使用者提供了更加快捷、及时、准确的信息。

会计确认、计量、记录和报告只有严格遵守《会计法》、企业会计准则、《企业会计制度》等的规定，才能确保会计信息的质量。

（二）会计核算方法

会计核算方法是指会计对已发生的经济活动进行连续、系统、全面反映和监督所采用的方法。我们在基础会计的学习中已经了解到会计核算方法包括以下七个方面，具体内容本书在此不再赘述：

（1）设置会计科目和账户；

（2）复式记账；

（3）填制和审核会计凭证；

（4）登记账簿；

（5）成本计算；

（6）财产清查；

（7）编制会计报表。

会计核算的各种方法是相互联系、密切配合的，现代会计只有综合运用这七种方法才能顺利进行。在实际会计业务处理过程中，复式记账是处理经济业务的基本方法，设置账户和填制凭证是会计工作的开始，登记账簿是会计工作的中间过程，成本计算和财产清查诸方法是保证会计信息准确的科学手段，而编制会计报表是一个会计期间工作的终结。

（三）会计循环

会计是一门“商业语言”，而语言的主要功能就是传递信息。在生产经营过程中，会计首先确定所服务的会计主体及其有关经济业务和会计事项，然后按照会计准则、会计制度的规定，以货币为计量单位来衡量这些经济业务和会计事项对资产、负债和所有者权益的影响，并进行相应的会计记录和报告。由于企业经济业务和会计事项的种类和数量繁多，对会计记录需进行整理、加工和汇总，形成会计报告，从而将会计信息传递给信息使用者。这一系列活动的过程，称为会计账务处理程序（基础会计中已作介绍，本书不再赘述）。

会计循环是指在每一个会计期间内，依照相同的会计账务处理程序重复进行的会计工作步骤。这些步骤周而复始就形成了会计循环。会计循环的基本步骤主要包括以下内容：

1. 取得或填制原始凭证，分析经济业务对会计要素的影响

当经济业务或会计事项发生时，必然形成相应的原始凭证，如外购原材料将从供应商处取得采购发票，销售商品则需企业填制销售发票。会计要根据这些原始单据对会计要素的影响进行会计确认，确定入账时间和会计账户，以及记账方向、金额，从而构成

会计记录的基础。

2. 编制记账凭证

经过会计确认和计量，会计人员就可以根据原始凭证编制相应的记账凭证，从而为登记账簿奠定基础。会计人员可以根据预先确定的会计账务处理程序来选择记账凭证的种类。在电算化状态下，许多企业一般都采用机打的通用记账凭证。

3. 登记账簿

会计在日常工作中登记的账簿主要是日记账、明细账和总账。一般收付款业务发生时，由出纳及时登记库存现金和银行存款日记账，然后各明细账会计登记相关明细账，总账会计则根据汇总记账凭证登记总账。在电算化状态下，所有账簿登记工作由电算化软件自动完成。

4. 调整会计事项

按照权责发生制原则，会计在期末对一些应计项目和递延项目进行适当的会计处理，并登记入账。

5. 编制试算平衡表

所有账簿登记完成后，应编制试算平衡表，以验证账簿记录中借贷方金额是否相等。在电算化状态下，该工作也由电算化软件自动完成。

6. 结账

每当会计期间终了，会计都应按规定方法结计出各账户本期借方、贷方发生额和期末余额，并将期末余额结转至下期，同时结平各收入、成本、费用类账户。在电算化状态下，该工作也由电算化软件自动完成。

7. 结账后试算平衡

会计期末，所有账户结账后，会计还要进行一次试算平衡，以验证结账后各账户借贷方金额是否相等，从而为编制会计报表做好准备。在电算化状态下，该工作也由电算化软件自动完成。

8. 编制财务报表

结账后试算平衡完成后，根据财务报表编制的有关规定，编制各种财务报表。在电算化状态下，该工作也由电算化软件自动完成。在财务共享状态下，财务报表将很快共享给相关信息使用者。

会计在每一个会计期间都按顺序完成上述会计工作，周而复始，不断循环。会计循环如图1–5所示。

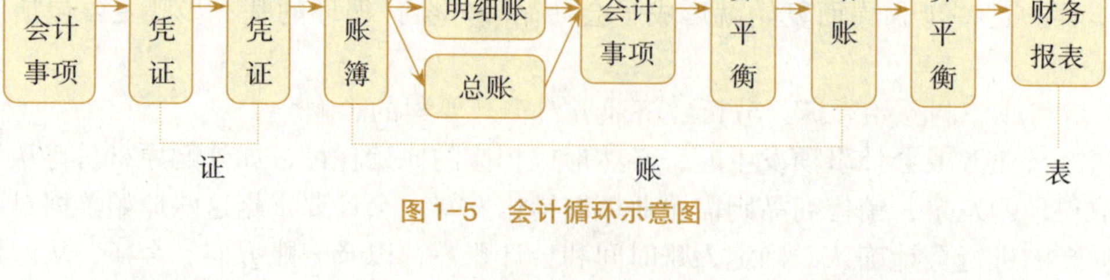

图1–5 会计循环示意图

总之，作为一名会计人员不仅要对会计职业有深刻的认识，对会计工作的内容、工作过程、工作方法也要熟练掌握，还应严格遵循会计语言规则，坚守会计职业道德，不做假账，为社会经济发展提供真实可靠、客观公允的会计信息。

思政园地

提供真实、准确、完整的反映经济活动状况和经营成果的会计信息，是对会计人员的基本要求。提供虚假会计信息是违反会计准则、破坏会计真实性的非法行为，极大地影响了报表关系人的使用，影响到相关决策。此外，现在会计行业还存在贪污腐败行为，对社会风气造成了极大的不良影响。无论是提供虚假信息，还是贪污腐败，都是会计诚信缺失的表现。对于我国正处在发展阶段的会计行业来说，会计诚信缺失影响着整个会计行业的信息真实状况，破坏了市场规则，影响社会经济安定。

加强会计道德主体的自我教育，是培养会计职业人员良好的道德品质、解决会计诚信缺失的关键。加强会计诚信建设，使诚信成为会计人员的内在品质，让会计人员从行为上、思想上真正改变自身。会计诚信建设是一个漫长的过程，它需要会计人员长期坚持，是不断提高自身修养、改造自身的过程。会计人员要增强自身的诚信意识，在工作中不断反省自身，不断深化诚信意识，从而加强自身的职业道德精神建设。

资料来源：

[1] 郭梦强，张黎萍．我国会计诚信缺失原因及治理策略［J］．纳税，2020（25）：105－106.

[2] 李涛．浅谈会计诚信缺失的成因及对策研究［J］．中国战略新兴产业（理论版），2019（1）：1.

[3] 邱文秀．会计诚信危机的原因分析及解决对策［J］．环球市场，2019（7）：74.

案例分析

【请思考】如果你是一位投资者，下列哪些信息能够帮助你进行投资决策？

2019年“双十一”总成交额2 684亿元

2019年11月11日，阿里巴巴天猫在“双十一狂欢节”当日截至24：00交易额为2 684亿元。其中广东、江苏、浙江排名前三，上海、山东、北京、四川、河南、湖北、福建排名第四到十名。2019年，“双十一”从线上线下深度融合，成为本地生活消费升级的展示场、品牌增长的主引擎，越来越多的线下服务尝试参与“双十一”，并获得不错的销售业绩。

2019年“双十一”，阿里巴巴旗下的天猫又一次刷新了交易额纪录，在增速和规模上都实现了大幅突破，全天交易额达2 684亿元，相较2018年的2 135亿元增幅超过20%，再创历史新高。

其速度也不容小觑，根据现场实时数据，开场仅1分钟交易额就达65亿元，1分

36秒交易额超过百亿元，1小时3分59秒突破千亿元，相较去年用时1小时47分26秒实现这一目标加快了43分27秒。

阿里巴巴集团财务业绩和销售业绩分别见表1-11和表1-12。

表1-11　　阿里巴巴集团财务业绩　　单位：亿元人民币

年度	第一季度		第二季度		第三季度		第四季度		全年	
	总营收	净盈利	总营收	净盈利	总营收	净盈利	总营收	净盈利	总营收	净盈利
2018	501.84	200.19	551.22	220.89	830.28	270.07	619.32	140.99	2 502.66	832.14
2019	809.20	201.01	851.48	234.53	1 172.78	297.97	934.98	200.56	3 768.44	934.07

表1-12　　阿里巴巴集团销售业绩　　金额单位：亿元人民币

年度	季度	核心电商业务	云计算业务	年活跃买家（亿户）	移动月活跃用户（亿户）
2019	第四季度	788.94	77.26	6.54	7.21
	第三季度	1 028.43	66.11	6.36	6.99
	第二季度	724.75	56.67	6.01	6.66
	第一季度	691.88	46.98	5.76	6.34
2018	第四季度	512.87	43.85	5.52	6.17
	第三季度	732.44	35.99	5.15	5.80
	第二季度	464.62	29.75	4.88	5.49
	第一季度	430.27	24.31	4.66	5.29

【思维导图】请根据本项目内在知识点的逻辑关系，制作本项目思维导图。

项目一
案例分析

项目二

货币资金核算

【学习目标】

1. 掌握现金管理的主要内容和现金核算、现金清查
2. 掌握银行结算制度的主要内容、银行存款核算与核对
3. 掌握银行汇票、银行本票等其他货币资金业务的核算
4. 具有严谨、诚信的职业品质和良好的职业道德，具有良好的心理素质
5. 初步具有一定的创新创业能力、分析解决实际问题能力、信息技术应用能力、沟通表达能力、团队合作能力以及终身学习能力

【政策依据】

《现金管理暂行条例》
《人民币银行结算账户管理办法》
《支付结算办法》
《国内信用证结算办法》
《中华人民共和国票据法》
《票据管理实施办法》
《银行卡业务管理办法》
《企业会计准则——基本准则》
《企业会计准则第22号——金融工具确认和计量》
《企业内部控制应用指引第6号——资金活动》

思政引导

康美药业虚增货币资金300亿元

2018年开始，康美药业就被多次质疑财务造假及其实控人操纵股价，同年12月28日，康美药业因涉嫌信息披露违法违规，被证监会立案调查。2016年至2018年这段时间里，康美药业通过年报披露出来的通过财务不记账、虚假记账、伪造、变造大额定期存单或银行对账单，配合营收造假伪造销售回款等方式虚增货币资金，分别高达225.49亿元、299.44亿元、361.88亿元。

2019年4月30日，康美药业连着发了20多项公告，称由于财务会计数据的原因2017年财报存在营收多计88.98亿元，营业成本多计76亿元，销售商品收入多计102亿元，货币资金多计299.44亿元等多项财务差错。其中，竟有高达“300亿元”货币资金不翼而飞，康美药业的这一造假手段震惊了整个资本界，此后，经过有关部门的调查，康美药业竟然还有更猖狂的造假手段。

从“千亿市值”的药企变成如今深陷财务造假丑闻市值一路暴跌的企业，也不免让人心生唏嘘。康美药业案件的性质是非常恶劣的，对于行业内的风气也有一定的不良影响，如今终于“实锤”，审判结果也已经揭晓。

不做假账是财务人员最基本的职业操守，会计职业道德要求会计人员做老实人，说老实话，办老实事，执业谨慎，不弄虚作假，不为利益所诱惑，信誉至上。

资料来源：中华网. 康美药业300亿“一夜蒸发”被指长期财务造假［EB/OL］.［2020-02-05］. https：//finance.china.com/medicine/13003057/20200205/37232539.html.

思考：作为财务从业人员，应如何保持初心，不为利益所诱惑，坚持诚实守信，确保财务会计信息的质量。请结合案例，谈谈你的感想。

项目导读

货币资金，是指企业生产经营过程中处于货币形态的资金，包括库存现金、银行存款和其他货币资金。在流动资产中，货币资金的流动性最强，并且是唯一能直接转化为其他任何资产形态的流动性资产，也是唯一能代表企业现时购买力水平的资产。

为了确保生产经营活动的正常进行，企业必须拥有一定数量的货币资金，以便购买材料、缴纳税金、发放工资、支付利息及股利或进行投资等。企业的货币资金流量和拥有量，标志着其经营能力、偿债能力与支付能力，也是投资者分析判断企业财务状况的重要指标。

因此，企业应当根据国家有关法律和货币资金管理规定，重视对货币资金的核算与监督，结合本企业实际情况，建立适合本企业业务特点和管理需要的货币资金内部控制制度，认真做好货币资金的核算工作，加强货币资金管理。

从内容上看，货币资金包括库存现金、银行存款和其他货币资金，具体如图2-1所示。

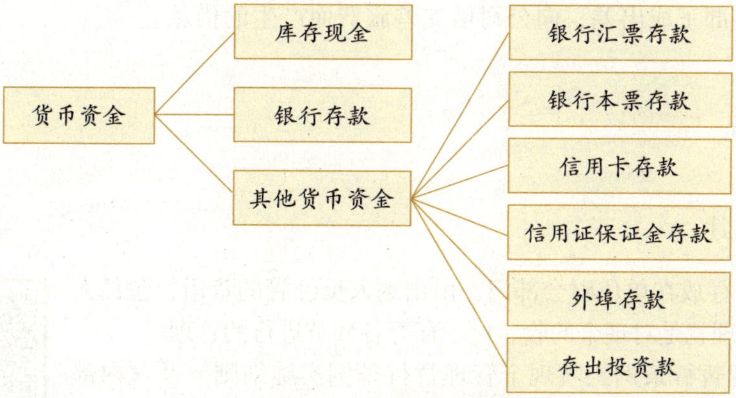

图2-1　货币资金的构成

3分钟弄懂中国金融体系——钱是如何流动的?

项目列报

本项目在财务报表中的列示信息见表2-1。

表2-1　本项目在财务报表中的列示信息

资产	期末余额	负债和所有者权益（或股东权益）	期末余额
流动资产：			
货币资金（=“库存现金”+“银行存款”+“其他货币资金”）			
⋮			

任务一　库存现金核算

任务布置

浙江省华盛股份有限公司（以下简称华盛公司）为增值税一般纳税人，主要生产圆钢、螺纹钢和线材等钢材，适用的增值税税率为13%。公司开户银行是中国工商银行江城市新桥支行，基本账户账号为330118090325918。2021年3月3日，企业销售部王成出差，预借差旅费5 000元，经审核，出纳李胜以现金支付。出纳李胜应如何按规定进行现金支付业务的处理?

任务：请会计张红做出相关账务处理。

相关原始凭证：借款单。

业务产生：销售部王成出差，向公司借支差旅费而产生的借款。

知识准备

一、库存现金概述

库存现金，是指存放在单位财会部门，由出纳人员经管的货币，包括人民币和外币。现金管理就是对现金的收、付、存等各环节进行的管理。

视频：揭秘人民币印制过程！

根据《现金管理暂行条例》、《现金管理暂行条例实施细则》及《内部会计控制规范——货币资金》的规定，现金管理的主要规定如下：

（一）现金的使用范围

开户单位可以在下列范围内使用现金：

（1）职工工资、津贴。

（2）个人劳务报酬。这包括稿酬、讲课费、设计费、装潢费、安装费、制图费、化验费、测试费、医疗费、法律服务费、各种演出与表演费、技术服务费、介绍服务费、经纪服务费、代办服务费及其他劳务费用等。

（3）支付给个人的各种奖金。这包括根据国家规定颁发给个人的科学技术、文化艺术、体育等各种奖金。

（4）各种劳保、福利费用以及国家规定的对个人的其他支出。这包括退休金、抚恤金、学生助学金、职工生活困难补助等。

（5）向个人收购农副产品和其他物资（如金银、工艺品、废旧物资等）的价款。

（6）出差人员必须随身携带的差旅费。

（7）结算起点（1 000元）以下的零星支出。

（8）中国人民银行确定需要支付现金的其他支出。如因采购地点不确定、交通不便、抢险救灾以及其他特殊情况，办理转账结算不方便，必须使用现金的支出。对于这类支出，开户单位应向开户银行提出书面申请，由本单位财务负责人签字盖章，开户银行审查批准后，予以支付现金。

除上述第（5）、第（6）项外，开户单位支付给个人的款项，超过使用现金限额的部分，应当以支票或者银行本票支付；确需全额支付现金的，经开户银行审核后，予以支付现金。

（二）库存现金限额

库存现金限额，是指为了保证开户单位日常零星支出的需要，允许开户单位留存现金的最高数额。这一限额由开户银行根据开户单位的实际需要核定，一般按照开户单位3~5天日常零星开支所需确定。边远地区和交通不便地区的开户单位的库存现金限额，可以多于5天但不得超过15天的日常零星开支。经核定的库存现金限额，开户单位必须严格遵守，超过部分应于当日营业终了前存入银行。需要增加或者减少库存现金限额的，应当向开户银行提出申请，由开户银行核定。

【请注意】日常零星开支不包括：企业每月发放的薪酬、不定期差旅费、向个人收购农副产品等大额现金支出。

（三）现金收支的规定

开户单位现金收支应当依照下列规定办理：

（1）开户单位现金收入应当于当日送存开户银行，当日送存确有困难的，由开户银行确定送存时间。

（2）开户单位支付现金，可以从本单位库存现金中支付或者从开户银行提取，不得从本单位的现金收入中直接支付（即坐支）。因特殊情况需要坐支现金的，应当事先报经开户银行审查批准，由开户银行核定坐支范围和限额。坐支单位应当定期向开户银行报送坐支金额和使用情况。

（3）开户单位从开户银行提取现金时，应当如实写明用途，由本单位财会部门负责人签字盖章，并经开户银行审查批准后，予以支付。

（4）因采购地点不确定、交通不便、生产或市场急需、抢险救灾以及其他特殊情况，办理转账结算不够方便，必须使用现金的开户单位，应向开户银行提出申请，由本单位财会部门负责人签字盖章，经开户银行审查批准后，予以支付现金。

（5）不准用不符合财务制度的凭证顶替库存现金，即不得“白条抵库”；不准谎报用途套取现金；不准利用银行账户代其他单位和个人存入或支取现金；不准将单位收入的现金以个人名义存入储蓄；不准保留账外公款，即不得“公款私存”，不得设置“小金库”等。

【提示】白条，是指不符合财务制度和会计凭证手续的字条或单据，一般因报销者在白纸上填制，无红、蓝色印章，故称为白条。

（四）现金管理的四个原则

1.收付合法原则

收付合法是指各单位在收付现金时必须符合国家有关现金管理的方针、政策和规章制度的规定。合法包含两层含义：一是现金的来源和使用必须合法；二是现金收付必须在合法的范围内进行。

2.钱账分管原则

钱账分管即管钱的不管账、管账的不管钱，是指经管现金的出纳人员不得兼任稽核、会计档案保管和收入、支出、费用、债权债务账目的登记工作，经管收入、支出、费用、债权债务等账目的登记工作的会计人员不得兼管出纳账目登记工作、现金的收付工作和现金的保管工作。

3.收付两清原则

收付两清原则是指在现金收付过程中的收付款项当面点清的原则。它要求出纳人员不论工作多忙、金额大小或对象熟生，对收付的现金都要进行复核或由另外一名会计人员复核，切实做到现金收付不出差错，防止长、短款的发生；同时出纳人员对于来财会部门交取现金的人员，要督促他们当面点清，如有差错当面解决，以保证收付两清。

4.日清月结原则

日清月结是出纳人员办理现金出纳工作的基本原则和要求，也是避免长款和短款的重要措施。所谓日清月结，就是指出纳人员在办理现金收支业务时，必须做到按日清理、按月结账，即对每天发生的现金收支业务都要逐笔登记到库存现金日记账，逐日结出库存现金余额，并将库存现金日记账余额与库存现金实际余额核对，保证账实相符。月末将库存现金日记账本月收付发生额及月末余额与库存现金总账核对，保证账账相符。

【提示】企业库存现金收支与保管应由出纳人员负责，经管现金的出纳人员不得兼管收入、费用、债权债务等账簿的登记工作，以及会计档案保管工作。企业的出纳人员应定期进行轮换，不得一人长期从事出纳工作。

二、库存现金核算的账户设置

为了反映和监督企业库存现金的收入、支出和结存情况，企业应当设置“库存现金”账户，分别进行企业库存现金的总分类和明细分类核算。同时，企业还必须设置库存现金日记账进行序时记录。该账户属于资产类账户，具体账户结构如下：

借方　　库存现金　　贷方

借方	贷方
企业库存现金的增加	企业库存现金的减少
期末企业实际持有的库存现金的金额	

【请注意】企业内部各部门周转使用的备用金，通过“其他应收款”账户核算，或者单独设置“备用金”账户核算，不在“库存现金”账户中核算。

库存现金业务账务处理

三、库存现金业务的账务处理

现金收入的内容主要有：从银行提取现金，职工出差报销时交回的剩余借款，收取结算起点以下的零星收入款，收到对个人的罚款，无法查明原因的现金溢余等。收取现金时，借记“库存现金”账户，贷记相关账户。

企业应当严格按照国家有关现金管理制度的规定，在允许的范围内办理现金支出业务。企业按照现金开支范围的规定支付现金时，借记相关账户，贷记“库存现金”账户。

库存现金收支业务流程图

【做中学2-1】时达有限责任公司（以下简称时达公司）为增值税一般纳税人，增值税税率为13%。2021年3月1日，时达公司出纳人员李晓收到销售部门的产品零售收入678元。

借：库存现金	678
贷：主营业务收入	600
应交税费——应交增值税（销项税额）	78

为了全面、连续地反映和监督库存现金的收支和结存情况，企业应当设置库存现金总账和库存现金日记账，分别进行库存现金的总分类核算和明细分类核算。库存现金总账由负责总账的会计人员进行总分类核算，可以根据库存现金收付款凭证和银行存款付款凭证直接登记。库存现金日记账由出纳人员根据库存现金收付款凭证，按照业务发生顺序逐笔登记。每日终了，应当在库存现金日记账上计算当日的现金收入合计额、现金支出

库存现金清查账务处理

合计额和结余额，并将库存现金日记账的余额与实际库存现金余额核对，保证账款相符。月度终了，库存现金日记账的余额应当与库存现金总账的余额核对，做到账账相符。

四、库存现金的清查

企业应当按规定对库存现金进行定期和不定期的清查，确保库存现金的安全、完整。库存现金的清查工作应由内部审计人员或稽核人员进行。一般采用实地盘点法，对于清查的结果应当编制库存现金盘点报告单。如果发现挪用现金、白条抵库的情况，应及时予以纠正；对于超限额留存的现金应及时送存银行。如果账款不符，发现有待查明原因的现金短缺或溢余，应先通过“待处理财产损溢”账户核算，属于现金短缺，应按实际短缺的金额，借记“待处理财产损溢——待处理流动资产损溢”账户，贷记“库存现金”账户；属于现金溢余的金额，借记“库存现金”账户，贷记“待处理财产损溢——待处理流动资产损溢”账户。待查明原因后作如下处理：

（1）如为现金短缺，属于应由责任人赔偿或保险公司赔偿的部分，计入其他应收款；属于无法查明原因的，计入管理费用。具体如图2-2所示。

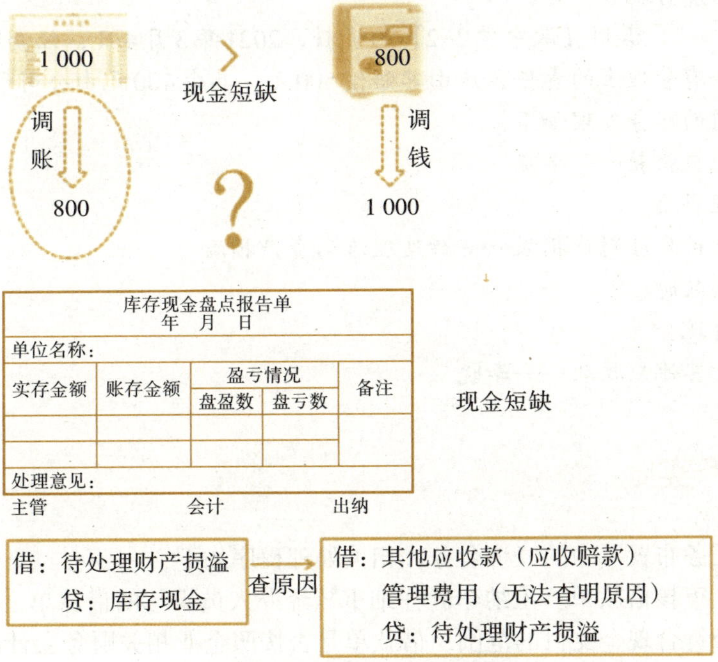

图2-2　现金短缺的处理

（2）如为现金溢余，属于应支付给有关人员或单位的，计入其他应付款；属于无法查明原因的，计入营业外收入。具体如图2-2所示。

【提示】无法查明原因的现金短缺经批准后应计入管理费用；无法查明原因的现金溢余经批准后应计入营业外收入。

【做中学2-2】2021年3月1日，时达公司在现金清查中发现库存现金短缺900元。

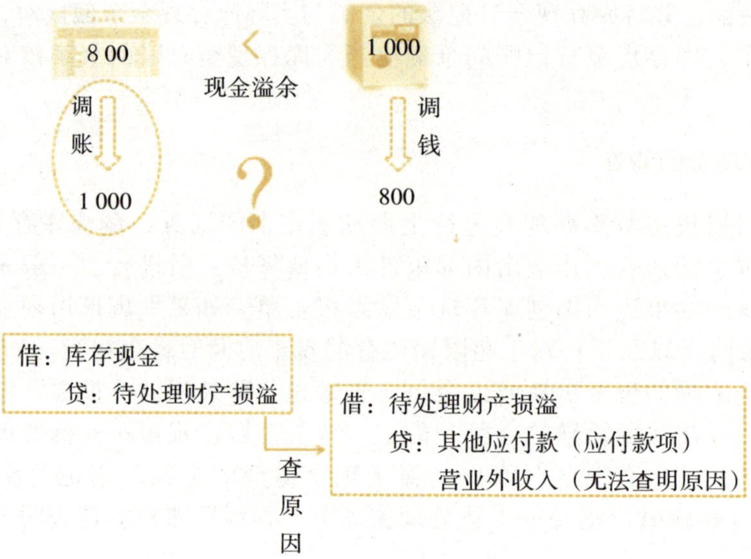

图2-3　现金溢余的处理

借：待处理财产损溢——待处理流动资产损溢　　900

　　贷：库存现金　　900

【做中学2-3】沿用【做中学2-2】的资料，2021年3月4日，经查明，出纳李晓对上述现金短缺有管理上的责任，应由其赔偿500元，其余400元由公司承担。

时达公司的账务处理如下：

借：其他应收款——李晓　　500

　　管理费用　　400

　　贷：待处理财产损溢——待处理流动资产损溢　　900

收到赔偿款时：

借：库存现金　　500

　　贷：其他应收款——李晓　　500

任务实施

针对“任务布置”中的经济业务，相关处理程序如下：

第一步，审核借款单。出纳李胜仔细审核经办人员填写的借款单（如图2-4所示）：借款事由是否符合现金支付的范围；借款单是否按照企业相关财务会计制度的规定，依次经部门主管审批、财务主管等有关领导审核。审核无误后，在一式三联的借款单上加盖“现金付讫”章。

第二步，支付现金。出纳李胜按照借款单上填列的借款金额，支付现金并进行复点；同时将借款金额和借款单的第二联交予经办人王成，要求其当面点清。

第三步，编制记账凭证。出纳李胜将审核无误的借款单第三联交予会计张红审核，用于编制记账凭证（如图2-5所示）。

借 款 单

2021年3月3日

部　门	销售部	姓　名	王成	职　务	科长
借款原因	出差		领导审批	同意借款　李晶	
借款金额	人民币（大写）伍仟元整			¥5 000.00	
借款人签名			王　成		

现金付讫

财务主管：王红　　　　出纳：李胜

图2-4　借款单

记 账 凭 证

2021年3月3日　　　　记字　第1号

摘　要	会计科目		借方金额									贷方金额									√
	总账账户	明细账户	百	十	万	千	百	十	元	角	分	百	十	万	千	百	十	元	角	分	
借支差旅费	其他应收款	王成				5	0	0	0	0	0										
	库存现金														5	0	0	0	0	0	√
合　　计					¥	5	0	0	0	0	0			¥	5	0	0	0	0	0	

附件1张

财务主管：王红　　记账：陈艳　　出纳：李胜　　审核：王红　　制单：张红

图2-5　记账凭证

注：以下所有记账凭证以会计分录代替。

第四步，登记库存现金日记账。出纳李胜根据上述审核无误的记账凭证登记库存现金日记账（如图2-6所示）。

库存现金日记账

2021年		凭证		票据号数	摘要	借　方								贷　方								余　额								√
月	日	字	号			十	万	千	百	十	元	角	分	十	万	千	百	十	元	角	分	十	万	千	百	十	元	角	分	
3	1				期初余额																			8	5	0	0	0	0	
3	3	记	1		借支差旅费											5	0	0	0	0	0			3	5	0	0	0	0	

图2-6　库存现金日记账

注：以下所有登记账簿省略。

任务二 银行存款核算

任务布置

2021年3月3日，华盛公司与上海机械公司签订购销合同，合同约定采用托收承付验单付款方式结算。3月5日，华盛公司根据合同将线材10吨托运，价款为30 000元，增值税税款为3 900元，运费3 800元，当日向银行办妥托收手续。上海机械公司账号为2003301144072358223，开户银行为工行上海市武昌支行。

任务：请会计张红做出相关账务处理。

相关原始凭证：

（1）经销售部门确认后仓库开具的发货单；

（2）给上海机械公司开具的增值税专用发票两联；

（3）托收承付的银行收款单据。

业务产生：公司将所生产的线材10吨销售给客户，形成一笔销售业务，财务按合同条款进行收款，收款方式为银行存款。

知识准备

一、银行存款概述

银行存款，是指企业存放在银行或其他金融机构的货币资金。企业应当根据业务需要，按照规定在其所在地银行开设账户，运用所开设的账户，进行贷款、取款以及各种收支转账业务的结算。银行存款的收付应严格执行银行结算制度的规定。《人民币银行结算账户管理办法》将企业银行结算户分为基本存款账户、一般存款账户、临时存款账户和专用存款账户。基本存款账户是指存款人办理日常结算和现金收付的账户。企业的工资、奖金等现金的支取，只能通过本账户办理。一般存款账户是指企业在基本存款账户以外的银行借款转存、与基本存款账户的企业不在同一地点的附属非独立核算单位开立的账户。企业可以通过本账户办理转账结算和现金缴存，但不能办理现金支取。临时存款账户是指企业因临时需要并在规定期限内使用而开立的银行结算账户。企业可以通过该账户办理转账结算和根据国家现金管理规定办理现金收付。专用存款账户是指企业按照法律、行政法规和规章，对其特定用途资金进行专项管理和使用而开立的银行结算账户，企业通过本账户只能办理具有特定用途的款项存取和转账。

银行到底怎么靠信用卡赚钱?

一家企业只能选择一家银行的一个营业机构开立一个基本存款账户，不得在多家银行机构开立基本存款账户。企业在银行开立账户后，可到开户银行购买各种银行往来使用的凭证（如送款单、进账单、现金支票、转账支票等），用以办理银行存款的收付款业务。

结算方式，是指用一定的形式和条件来实现企业间或企业与其他单位和个人间货币收付的程序和方法。它分为现金结算和支付结算两种。企业除按规定的范围使用现金结算外，大部分货币收付业务应使用支付结算。支付结算是指单位、个人在社会经济活动中使用票据、信用卡、汇兑、托收承付和委托收款等结算方式进行货币收付及资金清算的行为。按结算涉及的地区不同，支付结算分为同城结算和异地结算。

银行存款收支业务流程图

【提示】具体办理支付结算业务时，必须根据不同性质的款项收支，考虑结算金额的大小、结算距离的远近、利息支出和对方信用等因素，进行综合分析，选择适当的支付结算方式，以缩短结算时间，减少结算资金占用，加快资金周转。

二、银行存款核算的账户设置

为了总括反映和监督企业银行存款的收入、支出和结存情况，企业应当设置“银行存款”账户。该账户属于资产类账户，具体账户结构如下：

借方　　　　银行存款　　　　贷方

企业银行存款的增加	企业银行存款的减少
期末企业实际持有的银行存款的金额	

【请注意】企业在银行的其他存款，如外埠存款、银行本票存款、银行汇票存款等，在“其他货币资金”账户核算，不通过“银行存款”账户核算。

三、银行存款业务的账务处理

企业应当设置银行存款总账和银行存款日记账，分别进行银行存款的总分类核算和明细分类核算。企业可按开户银行和其他金融机构、存款种类等设置银行存款日记账，根据收付款凭证，按照业务的发生顺序逐笔登记。每日终了，应结出余额。企业将款项存入银行或其他金融机构时，借记“银行存款”账户，贷记“库存现金”或有关账户；提取或支付存款时，借记“库存现金”或有关账户，贷记“银行存款”账户。

【做中学2-4】2021年3月6日，时达公司签发面额为35 000元的转账支票一张，支付前欠华盛公司购货款。

借：应付账款——华盛公司　　　　35 000
　　贷：银行存款　　　　　　　　　　35 000

四、银行存款的核对

银行存款日记账应定期与银行对账单核对，至少每月核对一次。企业银行存款账面余额与银行对账单余额之间如有差额，若没有记账错误，则主要原因是存在未达账项。所谓未达账项，是指由于结算凭证在企业与银行之间或收付款银行之间传递需要时间，造成企业与银行之间入账的时间差，一方收到凭证并已入账，另一方未收到凭证因而未能入账而形成的款项。发生未达账项的具体情况有四种：一是企业已收款入账，银行尚未收款入账；二是企业已付款入账，银行尚未付款入账；三是银行已收款入账，企业尚未收款入账；四是银行已付款入账，企业尚未付款入账。对于未达账项应通过编制“银行存款余额调节表”进行调节，调节后的双方余额应相等。

【提示】银行存款余额调节表只是为了核对账目，不能作为调整银行存款账面余额的记账依据。对于银行已入账而本单位尚未入账的业务和本单位已经入账而银行尚未入账的业务，均不做账务处理，待以后有关结算凭证到达企业，未达账项变成已达账项后，才能进行相应的账务处理。对于长期搁置的未达账项，应及时查阅凭证和有关资料，及时和银行联系，查明原因，予以解决。

【做中学2-5】2021年3月30日，时达公司银行存款日记账的余额为5 400 000元，银行转来对账单的余额为8 300 000元。经逐笔核对，发现以下未达账项：

（1）公司送存转账支票6 000 000元，并已登记银行存款增加，但银行尚未记账。

（2）公司开出转账支票4 500 000元，并已登记银行存款减少，但持票单位尚未到银行办理转账，银行尚未记账。

（3）公司委托银行代收某公司购货款4 800 000元，银行已收妥并登记入账，但企业未收到收款通知，尚未记账。

（4）银行代公司支付电话费400 000元，银行已登记减少公司银行存款，但公司未收到银行付款通知，尚未记账。

银行存款余额调节表见表2-2。

表2-2 银行存款余额调节表 单位：元

项目	金额	项目	金额
企业银行存款日记账余额	5 400 000	银行对账单余额	8 300 000
加：银行已收、企业未收款	4 800 000	加：企业已收、银行未收款	6 000 000
减：银行已付、企业未付款	400 000	减：企业已付、银行未付款	4 500 000
调节后的存款余额	9 800 000	调节后的存款余额	9 800 000

在【做中学2-5】中，企业银行存款账面余额与银行对账单余额之间不一致的原因是存在未达账项。对于因存在未达账项而导致的银行和企业账面出现的差异，一般无须做账面调整，待结算凭证到达后再进行账务处理，登记入账。

任务实施

针对“任务布置”中的经济业务，相关处理程序如下：

第一步，会计审核销售合同及发货单，开具增值税专用发票。会计仔细审核销售部门与仓库人员所提供的销售合同及发货单，根据审核无误的单据开具增值税专用发票，并加盖发票专用章。

第二步，出纳填写托收承付凭证。华盛公司出纳李胜根据销售合同、开出的增值税专用发票、发运单据等，填写一式五联的托收承付凭证，连同开出的增值税专用发票、发运单据等向开户银行申请托收。

第三步，银行受理托收承付凭证。华盛公司开户银行审查受理后，将托收承付凭证第一联回单加盖银行业务受理章后退回出纳李胜（如图2-7所示）。

中国工商银行托收承付凭证（受理回单）1

No：34709022　　　委托日期：2021年3月5日

业务类型	委托收款（□邮划 □电划）　托收承付（□邮划 ☑电划）															
付款人	全称	上海机械公司			收款人	全称	华盛股份有限公司									
	账号	2003301144072358223				账号	330118090325918									
	地址	上海市	开户行	工行上海市武昌支行		地址	浙江省	开户行	工行江城市新桥支行							
金额	人民币（大写）叁万柒仟柒佰元整				亿	千	百	十	万	千	百	十	元	角	分	
								¥	3	7	7	0	0	0	0	
款项内容	货款	托收凭证名称	销售发票、运费单等	附寄单据张数	3											
商品发送情况	已发送	合同名称号码	20170718													
备注： 复核　记账	款项收妥日期 年　月　日	收款人开户银行签章 中国工商银行新桥支行 2021.03.05 业务受理章 转讫 (1) 年　月　日														

此联作收款人开户银行给收款人的受理回单

图2-7　中国工商银行托收凭证（受理回单）1

第四步，编制记账凭证。华盛公司会计张红根据销售发票、代垫运费支付凭证、托收承付凭证回单等编制记账凭证（如图2-8所示）。

记账凭证

2021年3月5日　　　记字　第2号

摘要	会计科目		借方金额									贷方金额									√
	总账账户	明细账户	百	十	万	千	百	十	元	角	分	百	十	万	千	百	十	元	角	分	
销售产品	应收账款				3	7	7	0	0	0	0										
	主营业务收入													3	0	0	0	0	0	0	
	应交税费	应交增值税													3	9	0	0	0	0	
	银行存款														3	8	0	0	0	0	
合计				¥	3	7	7	0	0	0	0		¥	3	7	7	0	0	0	0	

附件3张

财务主管：王红　记账：陈艳　出纳：李胜　审核：王红　制单：张红　收款人：

图2-8　记账凭证

任务三 其他货币资金核算

任务布置

2021年3月6日，华盛公司出纳李胜收到采购部业务员递交的一份关于企业采购部拟到上海机械公司采购合金300吨的申请，申请用款1 500 000元。考虑到异地采购资金的安全等问题，李胜建议采购员持银行汇票前往上海采购。李胜按规定到开户银行取得银行汇票。

任务：请会计张红做出相关账务处理。

相关原始凭证：

（1）经公司领导审批后的用款申请单，明确以银行汇票支付；

（2）到银行填写银行汇票申请单后取得的银行汇票；

（3）公司向上海机械公司采购合金的采购合同；

（4）仓库验收入库的入库单；

（5）上海机械公司开具的增值税专用发票；

（6）余款退回时的银行入账单凭据。

业务产生：公司向供应商采购材料或商品，由于是异地采购，采购人员不方便带大额现金，并且具体支付的金额也确定不了，因此使用银行汇票作为支付手段。

知识准备

一、其他货币资金概述

其他货币资金，是指企业除库存现金、银行存款以外的各种货币资金。这主要包括银行汇票存款、银行本票存款、信用卡存款、信用证保证金存款、存出投资款和外埠存款等。

（一）银行汇票存款

银行汇票，是指由出票银行签发的，由其在见票时按照实际结算金额无条件支付给收款人或者持票人的票据。银行汇票的出票银行为银行汇票的付款人。银行汇票适用于单位和个人之间的商品交易和劳务供应以及其他异地款项的结算。银行汇票可以用于转账，填明“现金”字样的银行汇票也可以用于支取现金。

（二）银行本票存款

银行本票，是指由银行签发，并承诺在见票时无条件支付确定的金额给收款人或持票人的票据。银行本票适用于单位和个人在同城范围内的商品交易和劳务供应以及其他异地款项的结算。银行本票可以用于转账，注明“现金”字样的银行本票可以用于支取现金。

（三）信用卡存款

信用卡，是指商业银行向个人和单位发行的，凭以向特约单位购物、消费和向银行存取现金，且具有消费信用的特制载体卡片。信用卡是银行卡的一种，凡在中国境内金融机构开立基本存款账户的单位都可申领单位卡，单位卡账户的资金一律从其基本存款账户转账存入。单位卡一律不得用于10万元以上的商品交易、劳务供应款项结算，不得支取现金。

（四）信用证保证金存款

信用证保证金存款，是指采用信用证结算方式的企业为取得信用证而按规定存入银行信用证保证金专户的款项，是国际结算的一种主要方式。企业向银行申请开立信用证，应按规定向银行提交开证申请书、信用证申请人承诺书和购销合同。信用证保证金存款只限于转账结算，不能支取现金。

（五）存出投资款

存出投资款，是指企业为购买股票、债券、基金等根据有关规定存入在证券公司指定银行开立的投资款专户，但尚未进行短期投资的款项。

（六）外埠存款

外埠存款，是指企业到外地进行临时或零星采购时，汇往采购地银行开立采购专户的款项。该账户的存款不计利息、只付不收、付完清户，除了采购人员可从中提取少量现金外，一律采用转账结算。

二、其他货币资金核算的账户设置

为了反映和监督其他货币资金的收支和结存情况，企业应当设置“其他货币资金”账户。该账户属于资产类账户，具体账户结构如下：

借方　　　　　　　　其他货币资金	贷方
其他货币资金的增加	其他货币资金的减少
期末企业实际持有的其他货币资金金额	

【请注意】企业应当按照其他货币资金的种类设置明细账进行核算。

三、其他货币资金业务的账务处理

（一）银行汇票存款业务的账务处理

（1）企业填制银行汇票申请书并将款项交存银行，取得银行汇票后，根据银行盖章退回的申请书存根联，借记“其他货币资金——银行汇票”账户，贷记“银行存款”账户。

（2）企业使用银行汇票后，根据发票、账单等有关凭证，借记“材料采购”“库存商品”“应交税费——应交增值税（进项税额）”等账户，贷记“其他货币资金——银行汇票”账户。

(3) 如有多余或因汇票超过付款期等原因而退回款项，根据开户银行转来的银行汇票第四联（多余款收账单），借记“银行存款”账户，贷记“其他货币资金——银行汇票”账户。

【做中学2-6】2021年3月4日，时达公司向银行申请办理银行汇票用以购买原材料，将款项250 000元交存银行转作银行汇票存款。根据银行盖章退回的申请书存根联，时达公司编制如下会计分录：

借：其他货币资金——银行汇票　　250 000

　　贷：银行存款　　250 000

【做中学2-7】2021年3月7日，时达公司购入原材料一批，已验收入库，取得的增值税专用发票上注明的价款为200 000元，增值税税额为26 000元，已用银行汇票办理结算，多余款项24 000元退回开户银行，公司已收到开户银行转来的银行汇票第四联（多余款收账单）。时达公司应编制如下会计分录：

(1) 用银行汇票结算材料价款和增值税税款时：

借：原材料　　200 000

　　应交税费——应交增值税（进项税额）　　26 000

　　贷：其他货币资金——银行汇票　　226 000

(2) 收到退回的银行汇票多余款项时：

借：银行存款　　24 000

　　贷：其他货币资金——银行汇票　　24 000

（二）银行本票存款业务的账务处理

(1) 企业向银行提交银行本票申请书并将款项交存银行，取得银行本票后，应根据银行盖章退回的申请书存根联，借记“其他货币资金——银行本票”账户，贷记“银行存款”账户。

(2) 企业使用本票后，根据发票账单等有关凭证，借记“材料采购”“库存商品”“应交税费——应交增值税（进项税额）”等账户，贷记“其他货币资金——银行本票”账户。

(3) 因本票超过付款期等原因要求退款时，应当填制进账单，连同银行本票一并送交银行，根据银行盖章退回的进账单第一联，借记“银行存款”账户，贷记“其他货币资金——银行本票”账户。

【请注意】企业取得的银行本票只办理全额结算，不退回多余款项，结算后仍有多余款项的，可采用支票、现金等其他方式退回企业。

【做中学2-8】2021年3月5日，时达公司为取得银行本票，向银行填交银行本票申请书，并将10 000元银行存款转作银行本票存款。公司取得银行本票后，应根据银行盖章退回的银行本票申请书存根联填制银行付款凭证。时达公司应编制如下会计分录：

借：其他货币资金——银行本票　　10 000

　　贷：银行存款　　10 000

【做中学2-9】2021年3月7日，时达公司用银行本票购买办公用品，支付10 000元。根据发票、账单等有关凭证，时达公司应编制如下会计分录：

借：管理费用　　10 000

　　贷：其他货币资金——银行本票　　10 000

（三）信用卡存款业务的账务处理

（1）企业应按规定填制信用卡申请表，连同支票和有关资料一并送交发卡银行，根据银行盖章退回的进账单第一联，借记“其他货币资金——信用卡”账户，贷记“银行存款”账户。

（2）企业用信用卡购物或支付有关费用，收到开户银行转来的信用卡存款的付款凭证及所附发票账单时，借记“管理费用”账户，贷记“其他货币资金——信用卡”账户。

（3）企业信用卡在使用过程中，向其账户续存资金时，借记“其他货币资金——信用卡”账户，贷记“银行存款”账户；企业的持卡人如不需要继续使用信用卡，应持信用卡主动到发卡银行办理销户。销户时，信用卡余额转入企业基本存款账户，不得提取现金，借记“银行存款”账户，贷记“其他货币资金——信用卡”账户。

【做中学2-10】2021年3月5日，时达公司向银行申请信用卡，向银行交存50 000元。3月10日，该公司用信用卡向新华书店支付购书款3 000元。增值税专用发票上注明的增值税税额为270元。

时达公司应编制如下会计分录：

借：其他货币资金——信用卡　　50 000

　　贷：银行存款　　50 000

借：管理费用　　3 000

　　应交税费——应交增值税（进项税额）　　270

　　贷：其他货币资金——信用卡　　3 270

（四）信用证保证金存款业务的账务处理

（1）企业填写信用证申请书将信用证保证金交存银行时，应根据银行盖章退回的信用证申请书回单，借记“其他货币资金——信用证保证金”账户，贷记“银行存款”账户。

（2）企业接到开证行通知，根据供货单位信用证结算凭证及所附发票账单，借记“材料采购”“原材料”“库存商品”“应交税费——应交增值税（进项税额）”等账户，贷记“其他货币资金——信用证保证金”账户。

（3）将未用完的信用证保证金存款余额转回开户银行时，借记“银行存款”账户，贷记“其他货币资金——信用证保证金”账户。

【做中学2-11】2021年3月10日，时达公司向银行申请开具信用证2 000 000元，用于支付境外采购材料价款，公司已向银行缴纳保证金，并收到银行盖章退回的进账单第一联。时达公司采用计划成本核算材料。时达公司应编制如下会计分录：

借：其他货币资金——信用证保证金　　2 000 000

　　贷：银行存款　　2 000 000

时达公司收到银行转来的境外销货单位信用证结算凭证以及所附发票账单、海关进口增值税专用缴款书等有关凭证，材料价款为1 500 000元，增值税税额为195 000元。

时达公司应编制如下会计分录：

借：材料采购　　1 500 000

　　应交税费——应交增值税（进项税额）　　195 000

　　贷：其他货币资金——信用证保证金　　1 695 000

时达公司收到银行收款通知，对该境外销货单位开出的信用证余额305 000元已经转回银行账户。时达公司应编制如下会计分录：

借：银行存款　　305 000

　　贷：其他货币资金——信用证保证金　　305 000

（五）存出投资款业务的账务处理

（1）企业向证券公司划出资金时，应按实际划出的金额，借记“其他货币资金——存出投资款”账户，贷记“银行存款”账户。

（2）购买股票、债券、基金等时，借记“交易性金融资产”等账户，贷记“其他货币资金——存出投资款”账户。具体账务处理详见本书项目五。

（六）外埠存款业务的账务处理

（1）企业将款项汇往外地时，应填写汇款委托书，委托银行办理汇款。企业将款项汇往外地开立采购专户时，借记“其他货币资金——外埠存款”账户，贷记“银行存款”账户。

（2）企业收到采购人员转来供应单位发票账单等报销凭证时，借记“材料采购”“原材料”“库存商品”“应交税费——应交增值税（进项税额）”等账户，贷记“其他货币资金——外埠存款”账户。

（3）完成采购任务，将多余的外埠存款转回当地银行时，应根据银行的收款通知，借记“银行存款”账户，贷记“其他货币资金——外埠存款”账户。

【做中学2-12】时达公司派采购员到异地采购原材料，2021年3月20日，委托开户银行汇款100 000元到采购地设立采购专户。根据收到的银行汇款凭证回单联，时达公司应编制如下会计分录：

借：其他货币资金——外埠存款　　100 000

　　贷：银行存款　　100 000

2021年3月21日，采购员交来通过采购专户付款购入材料的有关凭证，增值税专用发票上注明的原材料价款为80 000元，增值税税额为10 400元，时达公司应编制如下会计分录：

借：材料采购　　80 000

　　应交税费——应交增值税（进项税额）　　10 400

　　贷：其他货币资金——外埠存款　　90 400

2021年3月30日，时达公司收到开户银行的收款通知，该采购专户中的结余款项已经转回。根据收款通知，时达公司应编制如下会计分录：

借：银行存款　　9 600

　　贷：其他货币资金——外埠存款　　9 600

任务实施

针对“任务布置”中的经济业务，相关处理程序如下：

第一步，会计审核采购合同及用款申请单。会计仔细审核采购部门提供的已签订的采购合同，以及经公司领导审批后的用款申请单，确定支付条件为银行汇票。

第二步，办理银行汇票。向银行提供采购合同，填写银行汇票申请单，办理成功后，银行给出纳一张银行汇票，并支付相应手续费。

第三步，仓库验收。公司仓库收到上海机械公司发来的300吨合金，经仓库管理人员验收入库后，开具入库单。

第四步，收到发票。财务人员按采购合同及仓库验收的入库单数量收取上海机械公司开具的增值税专用发票。

第五步，收到余款。根据实际采购的发票金额与银行汇票支付的金额，上海机械公司在银行汇票上填写实际结算金额1 404 000元，余款96 000元银行自动返还公司开户行。

请写出相关经济业务的会计分录。

思政园地

在金钱、利益的诱惑面前，一些人一失足成千古恨。根据中国判决文书网2018年7月2日发布的一份判决书，一位60多岁兼职会计苑某虚开发票2 347万元，被判有期徒刑14年，剥夺政治权利3年，并处罚金人民币40万元。需要知道的是，无论是为他人，让他人为自己或者介绍他人虚开发票、贪污等，都构成犯罪，情节严重者将被追究刑事责任。苑某经不起金钱的诱惑，在利益面前违背了基本的会计行为规范，严重违反了职业道德要求，并最终受到了法律的制裁。

在会计工作中，会计人员经常与金钱打交道，如果会计人员在不当利益面前产生动摇，就可能酿成大错。大学时期是大学生们掌握未来在社会谋生所需要的知识与技能的最佳时期，同时也是人生观、价值观和世界观形成的关键时期。部分大学生毕业即走上工作岗位，步入由学校到单位的“人生紧要之处”，人生的第一粒扣子怎么扣，第一步怎么走，是在座的每一位都必须答好的人生考题。

大学生作为中国特色社会主义事业的建设者和接班人，作为会计学专业的学生，要自觉践行社会主义核心价值观，将来走向会计工作岗位，要将社会主义核心价值观的内在要求转化为实际工作中的行为准则，遵纪守法、客观公正、诚实守信，不做假账。

案例分析

【请思考】(1)你知道什么是整存整取、零存整取、整存零取、存本取息和定活两便吗?

(2)怎样存钱最划算呢?如何选择存款方式?

银行存款里的学问:怎样存钱最划算?

理财方式多样化已经让你应接不暇了吗?投资理财方法千千万,银行存款可能是大家认为最原始也最熟悉的理财方式。对于保守型的人来说,银行存款有时也是一种不错的选择。不过,大家可不要小看银行存款,不同的存款方式有很大差别,你存在银行的钱存对了吗?

首先我们来看看银行存款都有哪些方式。总的来说,银行存款分为定期存款、活期存款和通知存款三类。其中,活期存款是不提倡的,不建议把钱大量放在活期存款里,因为利率非常低,够用于平时手头现金使用即可。定期存款包括整存整取、零存整取、整存零取、存本取息和定活两便等。通知存款是一种不约定存期、一次性存入、可多次支取、支取时需提前通知银行、约定支取日期和金额方能支取的存款。一般比较普遍的是7天通知存款,5万元起存,适用于大额资金短期储蓄周转。

资料来源:腾讯财经.银行存款里的学问:怎样存钱最划算?[EB/OL].[2016-10-24].http://finance.qq.com/original/MissMoney/mm00337.html.

【思维导图】请根据本项目内在知识点的逻辑关系,制作本项目思维导图。

项目二
案例分析

项目三

应收及预付款项核算

【学习目标】

1. 掌握应收票据、应收账款、预付账款和其他应收款的核算
2. 掌握坏账准备的计提及其会计处理
3. 能处理好企业与客户之间的关系，加强与客户之间的联系，提高应收账款的回款率
4. 初步具有一定的创新创业能力、分析解决实际问题能力、信息技术应用能力、沟通表达能力、团队合作能力以及终身学习能力

【政策依据】

《企业会计准则——基本准则》
《企业会计准则第22号——金融工具确认和计量》
《企业内部控制应用指引第9号——销售业务》
《企业会计准则——应用指南》

思政引导

茅台现销模式下现金流充裕

贵州茅台酒股份有限公司（600519）是目前我国A股市场上股价和市值最高的一家上市公司，公司2019年年报数据显示：营业收入85 429 573 467.25元，全部为现销收入，应收账款余额为零。从贵州茅台的财务数据我们可以看出，公司产品的竞争实力强劲，现销的销售模式也让公司的现金流十分充裕。

然而，有些上市公司就没有这么强的竞争实力，因为公司要想顺利打开产品销路，不得不接受赊销的销售方式。科大讯飞（002230）2019年年报数据显示：公司实现营业收入100.79亿元，同比增长27.30%，这是科大讯飞上市以来营业收入首次破百亿元。但是其2019年年末的应收账款同样增长迅速，为50.87亿元，较2019年年初的33.39亿元增加了17.48亿元，这等于说在百亿元的营业收入中有一半是应收账款，且应收账款占总资产比例已经达到25.31%。

资料来源：新浪财经. 贵州茅台年报双增长背后：9大财务指标出现拐点［EB/OL］.［2020-04-21］. https：//finance.sina.com.cn/stock/s/2020-04-21/doc-iirczymi7624089.shtml.

思考：应收账款占比过大会带来什么问题？结合实际情况，谈谈如何提升产品的竞争力。

项目导读

应收款项泛指企业拥有的将来获取现款、商品或劳务的权利。它是企业在日常生产经营过程中发生的各种债权，是企业重要的流动资产。应收款项主要包括：应收账款、应收票据、预付款项、应收股利、应收利息、应收补贴款、其他应收款等。随着市场经济的发展，企业为了扩大市场占有率，会越来越多地运用商业信用进行促销。由于应收款项具有应收而未收的特点，它既在一定程度上反映了企业的经营业绩，也可能因日后无法收回造成坏账损失，上市公司被应收款项推入悬崖的例子很多。因此，为了防止差错、降低风险、消除营私舞弊，企业必须建立良好的应收及预付款项的内部控制制度，其主要内容包括：

（1）职责分工制度。例如，记账人员、开具销售发票人员不应兼任出纳员；票据保管人员不得经办会计记录；各级人员都应有严密的办事程序。

（2）严格的审批制度。例如，各种赊销预付、接收顾客票据或票据的贴现换新，都应有规定的批准程序。

（3）健全的凭证保管、记录和审核制度。客户的借款凭证必须妥善地审查保管，做好明细记录并及时登记入账，凭证的收入和支出必须经过审查。

（4）及时的货款对账、清算和催收制度。对应收及预付账款应及时进行排队分析，针对逾期账款采取不同措施，努力促使账款及时、足额清算和回收。对经办人员建立责任制度，加强各项账款的催收工作。

（5）严格的审查和管理制度。对预付账款的协议、合同应严格审查，对销货退回和折让、票据贴现和坏账转销应加强审核和管理。

项目列报

本项目在资产负债表中的列示信息见表3-1。

表3-1　　本项目在资产负债表中的列示信息

资产	期末余额	负债和所有者权益（或股东权益）	期末余额
流动资产：		流动负债：	
⋮		⋮	
应收票据（＝“应收票据”－“坏账准备”之对应部分）			
预付款项（＝“应付账款”＋“预付账款”明细账借方余额－“坏账准备”之对应部分）		预收款项（＝“应收账款”＋“预收账款”明细账贷方余额）	
⋮		⋮	
其他应收款（＝“应收利息”、“应收股利”和“其他应收款”账户的期末余额合计数－“坏账准备”之对应部分）			
⋮			
应收账款（＝“应收账款”＋“预收账款”明细账借方余额－“坏账准备”之对应部分）		应付账款（＝“应付账款”＋“预付账款”明细账贷方余额）	

任务一　应收票据核算

任务布置

2021年3月1日，华盛公司销售给湘中公司螺纹钢3 000吨，货已发出，开出的增值税专用发票上注明的价款为10 500 000元，增值税税额为1 365 000元，收到湘中公司交来的不带息银行承兑汇票一张，期限为6个月。汇票到期时，华盛公司向开户行申请票据托收，款项收到存入银行。

任务：请会计张红做出相关账务处理。

相关原始凭证：

（1）经销售部门确认后的发货单；
（2）给湘中公司开具的增值税专用发票两联；
（3）收到的湘中公司的银行承兑汇票；
（4）给湘中公司开具的收款收据；
（5）银行承兑汇票到期时，出纳填制的托收凭证；
（6）银行收到款项时的收款回执单。

业务产生：公司将所生产的产品螺纹钢3 000吨销售给客户湘中公司，形成一笔销售业务，财务按合同条款进行收款，收款方式为银行承兑汇票。

知识准备

一、应收票据概述

应收票据，是指企业因销售商品、提供劳务等而收到的还没有到期的尚未承兑的商业汇票。商业汇票是一种由出票人签发的，委托付款人在指定日期无条件支付确定金额给收款人或者持票人的票据。

商业汇票的付款期限，最长不得超过6个月。电子商业汇票最长不得超过1年。定日付款的汇票期限自出票日起按日计算，并在汇票上记载到期日；出票后定期付款的汇票付款期限自出票日起按月计算，并在汇票上记载到期日；见票后定期付款的汇票的提示付款期限自承兑或拒绝承兑日起按月计算，并在汇票上记载到期日。商业汇票提示的付款期限，为自汇票到期日起10日。符合条件的商业汇票的持票人，可以持未到期的商业汇票连同贴现凭证向银行申请贴现。

商业汇票可以按不同的标准进行分类。根据票据本身是否附有利息，商业汇票可以分为带息票据和不带息票据。带息票据是指票据上载明规定的利率，在汇票到期日收取票款与利息的票据；不带息票据是指汇票到期日只收取票款而不计收利息的票据。

根据承兑人不同，商业汇票可以分为商业承兑汇票和银行承兑汇票。商业承兑汇票是指由付款人签发并承兑，或由收款人签发交由付款人承兑的汇票。银行承兑汇票是指由在承兑银行开立存款账户的存款人（这里也是出票人）签发、由银行承兑的票据。商业承兑汇票付款人应在收到付款通知的当日通知银行付款；自接到通知的次日起三日内（遇法定节假日顺延）未通知银行付款的，视同付款人承诺付款；账户不足支付的，银行应填制付款人未付票款通知书。银行承兑汇票按票面金额的万分之五交纳手续费；出票人于汇票到期前未能足额交存票款时，承兑银行无条件付款，并对出票人尚未支付的汇票金额按照每天万分之五计收利息。

二、应收票据核算的账户设置

为了反映和监督应收票据的取得、票款收回等情况，企业应当设置“应收票据”账户。“应收票据”账户可按照开出、承兑商业汇票的单位进行明细核算。该账户属于资产类账户，具体账户结构如下：

借方　　　　　　应收票据	贷方
取得的应收票据的面值	到期收回票款或到期前向银行贴现的应收票据的票面余额
期末企业持有的商业汇票的票面余额	

【请注意】为便于管理和分析票据情况，企业应设置“应收票据备查簿”，逐笔登记商业汇票的种类、号数、出票日、票面金额、交易合同号、付款人、承兑人、背书人的姓名或单位名称、到期日、背书转让日、贴现日、贴现率和贴现金额以及收款日和收回金额、退票情况等资料。商业汇票到期结清票款或退票后，在备查簿中应予注销。

三、应收票据业务的账务处理

（一）取得、持有和收回到期票款

应收票据取得的原因不同，其账户处理也有所区别。企业取得商业汇票时，应按票据面值入账。

（1）因企业销售商品、提供劳务等而收到的商业汇票，根据收到的商业承兑汇票第二联和增值税专用发票第一联记账联，借记“应收票据”账户，贷记“主营业务收入”“应交税费——应交增值税（销项税额）”等账户。因债务人抵偿前欠货款而取得的应收票据，借记“应收票据”账户，贷记“应收账款”账户。

（2）对于持有的带息应收票据，应当计提票据利息。企业应于中期期末和年度终了时，按规定计提票据利息，并增加应收票据的账面价值；同时，冲减财务费用，借记“应收票据”账户，贷记“财务费用”账户。

（3）商业汇票到期收回款项时，对于不带息应收票据，应按实际收到的票面金额，根据银行托收凭证第一联受理回单和第四联收账通知，借记“银行存款”账户，贷记“应收票据”账户。带息应收票据到期收回时，应按收到的本息，借记“银行存款”账户，贷记“应收票据”“财务费用”账户。若到期承兑人违约拒付或无力偿还票款，收款企业应将到期票据的账面价值转入应收账款，尚未计提的利息在实际收到时计入当期损益，借记“应收账款”账户，贷记“应收票据”账户。

【做中学3-1】2021年1月1日，时达公司向中天公司销售一批产品。发票上注明的销售款为100 000元，增值税为13 000元。收到中天公司交来的商业承兑汇票一张，期限为6个月，票面利率为10%。时达公司应编制如下会计分录：

借：应收票据——中天公司	113 000	
贷：主营业务收入		100 000
应交税费——应交增值税（销项税额）		13 000

2021年4月30日，时达公司计提票据利息时应编制如下会计分录：

应计提的票据利息 = 113 000 × 10%÷12 × 4 = 3 767（元）

借：应收票据　　　　3 767

　　贷：财务费用　　　　3 767

时达公司上述应收票据到期，应编制如下会计分录：

收款金额 = 113 000 ×（1 + 10%÷12 × 6）= 118 650（元）

尚未计提的票据利息 = 113 000 × 10%÷12 × 2 = 1 883（元）

借：银行存款　　　　118 650

　　贷：应收票据——中天公司　　　　116 767

　　　　财务费用　　　　1 883

若票据到期中天公司无力付款，时达公司编制的会计处理如下：

借：应收账款——中天公司　　　　116 767

　　贷：应收票据——中天公司　　　　116 767

（二）应收票据转让

在实务中，企业可以将自己持有的商业汇票背书转让。背书，是指在票据背面或者粘单上记载有关事项并签章的票据行为。背书转让的，背书人应当承担票据责任。通常情况下，企业将持有的商业汇票背书转让以取得所需物资时，按应计入取得物资成本的金额，借记“材料采购”“原材料”“库存商品”等账户，按照增值税专用发票上注明的可抵扣的增值税税额，借记“应交税费——应交增值税（进项税额）”账户，按商业汇票的票面金额，贷记“应收票据”账户，如有差额，借记或贷记“银行存款”等账户。

取得、到期及转让应收票据图

【做中学3-2】沿用【做中学3-1】的资料，时达公司于2021年2月15日将上述应收票据背书转让，以取得生产经营所需的A种材料，该材料价款为100 000元，适用的增值税税率为13%。时达公司应编制如下会计分录：

借：原材料　　　　100 000

　　应交税费——应交增值税（进项税额）　　　　13 000

　　贷：应收票据——中天公司　　　　113 000

（三）应收票据贴现

应收票据贴现，是指企业以未到期应收票据向银行融通资金，银行按票据的应收金额扣除一定期间的贴现利息后，将余额付给企业的筹资行为。按照中国人民银行《支付结算办法》的规定，实付贴现金额按票面金额扣除贴现日至汇票到期前一日的利息计算。承兑人在异地的，贴现利息的计算应另加3天的划款日期。

【请注意】对于票据贴现，企业通常应按实际收到的金额，借记“银行存款”账户，按贴现息部分借记“财务费用”账户，按应收票据的票面金额贷记“应收票据”账户。按月计算：按月表示的期限以到期月的同一天作为到期日；不管月大月小，月底开出的票据都是以到期月的月底作为到期日。按日计算：要按照实际经过的天数来计算，算头不算尾，算尾不算头。

票据贴现时可按以下有关公式计算：

票据到期值 = 票据面值 ×（1 + 票据的年利率 × 票据到期天数 ÷ 360）

　　　　　 = 票据面值 ×（1 + 票据的年利率 × 票据到期月数 ÷ 12）

贴现息＝票据到期值×贴现率×贴现天数÷360

贴现天数＝贴现日至票据到期日实际天数－1

贴现所得金额＝票据到期值－贴现息

【做中学3-3】时达公司有关资料如下：2021年5月2日，将其所收取的华盛公司出票日为3月23日、期限为6个月、面值为110 000元的不带息银行承兑汇票一张向银行办理贴现。假设银行年贴现率为12%。

该票据到期日为9月23日，共144天。

借：银行存款	104 720	
财务费用	5 280	
贷：应收票据——华盛公司		110 000

任务实施

针对“任务布置”中的经济业务，相关处理程序如下：

第一步，会计审核销售合同及发货单。会计仔细审核销售部门与仓库人员所提供的销售合同及发货单，根据审核无误的单据开具增值税专用发票，并加盖发票专用章。

第二步，收取承兑汇票。出纳李胜按照发票金额向湘中公司收取银行承兑汇票，妥善保管，并对汇票进行复印，作为原始凭证。

第三步，开具收据。出纳李胜给湘中公司出具收到银行承兑汇票的收条，以及公司开具的收据。

第四步，承兑汇票到期。汇票到期后，出纳李胜向公司开户行申请票据托收，填写托收凭证，并查询入账回执单。

请写出相关经济业务的会计分录。

任务二　应收账款核算

任务布置

2021年3月11日，华盛公司采用网上银行结算方式向湘中公司销售圆钢4 000吨，开出的增值税专用发票上注明的销售价款为12 800 000元，增值税税额为1 664 000元，给予买方现金折扣：2/10，1/20，N/30。

任务：请会计张红做出相关账务处理。

相关原始凭证：

（1）经销售部门确认后的发货单；

（2）给湘中公司开具的增值税专用发票两联；

（3）与湘中公司签订的合同，明确现金折扣条款；

（4）华盛公司根据合同，取得网上银行的收款通知回单；

（5）湘中公司入库验收合格的回执单。

业务产生：将公司生产的产品销售给客户，形成一笔销售业务，财务按合同条款进行收款，在收款方式上给客户一定时间的赊账期，形成应收账款，并给予现金折扣的优惠，后期通过网上银行查询收到客户款项的入账通知。

知识准备

一、应收账款概述

应收账款产生于商业信用条件下的赊销业务。在市场经济条件下，向客户提供商业信用或优惠的交易条件，是企业增强竞争优势的一个重要方面。但赊销业务的增加会导致企业的应收账款余额增加。由于应收账款是建立在购销合同基础上的，一般没有明确的付款时间等书面承诺，因此，应收账款余额往往是影响企业财务状况和未来发展的重要因素。会计上应为适当控制赊销业务提供依据，及时正确地确认应收账款。

应收账款，是指企业因销售商品、提供劳务等经营活动，应向购货单位或接受劳务单位收取的款项。应收账款应当按照实际发生额入账，主要包括企业销售商品和提供劳务等应向有关债务人收取的价款、增值税及代购货单位垫付的包装费、运杂费等。在确认应收账款的入账价值时，应当考虑有关的折扣因素。应收账款的内容如图3-1所示。

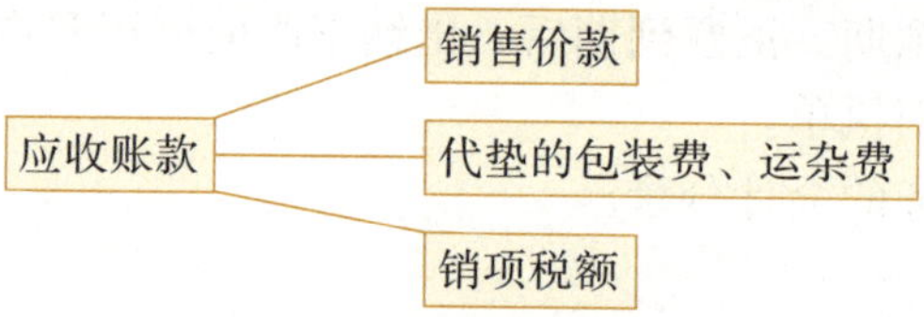

图3-1 应收账款的内容

（一）商业折扣

商业折扣，是指企业为促进销售而在商品标价上给予的扣除。例如，企业为鼓励买主购买更多的商品而规定购买10件以上者给予10%的折扣或降价销售等。商品折扣一般在交易发生时即已确定，它仅仅是确定实际销售价格的一种手段，不需要在买卖双方任何一方的账上反映，因此，在存在商业折扣的情况下，企业应收账款的入账金额应按扣除商业折扣以后的实际售价确定。

（二）现金折扣

现金折扣，是指债权人为鼓励债务人在规定的期限内付款，而向债务人提供的债务扣除。现金折扣通常发生在以赊销方式销售商品及提供劳务的交易后。企业为了鼓励客户提前偿付货款，通常与债务人达成协议，债务人在不同期限内付款可享受不同比例的折扣。现金折扣一般用符号“折扣/付款期限”表示，如用“2/10，1/20，N/30”表示，其含义是信用期为30天，买方在10天内付款可给予2%的折扣；超过10天在20天内付款给予1%的折扣；超过20天在30天内付款，则没有折扣。

在现金折扣销售方式下，客户选择何时付款存在不确定性。应收账款入账价值的确定有两种方法：一种是总价法；另一种是净价法。总价法是将未减去现金折扣的金额作为应收账款的入账价值。现金折扣在实际发生时作为理财费用，计入当期损益（财务费用）。净价法是将扣减最大现金折扣的金额作为应收账款的入账价值。根据我国企业会计准则的规定，企业应收账款的入账价值应按总价法确定。

二、应收账款核算的账户设置

为了反映和监督应收账款的增减变动及其结存情况，企业应设置“应收账款”账户。该账户属于资产类账户，具体账户结构如下：

借方　　　　　　应收账款	贷方
因赊销商品等增加的债权	收回或核销的债权
期末企业尚未收回的赊销款	

【请注意】“应收账款”账户的期末余额一般在借方，但如果期末余额在贷方，则一般反映企业预收的账款。

三、应收账款业务的账务处理

企业发生应收账款时，根据银行托收凭证第一联受理回单和增值税专用发票第一联记账联，按应收的金额，借记“应收账款”账户，按实现的营业收入，贷记“主营业务收入”等账户，按专用发票上注明的增值税税额，贷记“应交税费——应交增值税（销项税额）”账户。企业代购货单位垫付的包装费、运杂费，借记“应收账款”账户，贷记“银行存款”等账户。

应收账款账务处理图

收回应收账款时，根据银行托收凭证第四联收账通知和增值税专用发票第一联记账联，借记“银行存款”等账户，贷记“应收账款”账户。收回代垫费用时，借记“银行存款”等账户，贷记“应收账款”账户。

【提示】不单独设置“预收账款”账户的企业，预收的账款也在“应收账款”账户核算。如果期末余额在贷方，则反映企业预收的账款。关键用途是填写资产负债表。

（一）没有商业折扣时的账务处理

在没有商业折扣的情况下，应收账款按应收的全部金额入账。

【做中学3-4】2021年3月7日，时达公司采用托收承付结算方式向中天公司销售商品一批，价款为300 000元，增值税税额为39 000元，以银行存款代垫运杂费6 000元，已办理托收手续。时达公司应编制如下会计分录。

（1）发生赊销时：

借：应收账款——中天公司　　345 000

　　贷：主营业务收入　　300 000

　　　　应交税费——应交增值税（销项税额）　　39 000

贷：银行存款 6 000

企业代购货单位垫付的包装费、运杂费也应计入应收账款，通过“应收账款”账户核算。

（2）收到货款时：

借：银行存款 345 000

贷：应收账款——中天公司 345 000

【请注意】企业应收账款改用应收票据结算，在收到承兑的商业汇票时，借记“应收票据”账户，贷记“应收账款”账户。

（二）有商业折扣时的账务处理

在有商业折扣的情况下，应收账款和销售收入按扣除商业折扣后的金额入账。

【做中学3-5】2021年3月7日，时达公司赊销商品一批，按价目表的价格计算，货款金额总计100 000元，给买方的商业折扣为10%，适用的增值税税率为13%，代垫运杂费5 000元。对该项业务时达公司应编制如下会计分录：

（1）发生赊销时：

借：应收账款 106 700

贷：主营业务收入 90 000

应交税费——应交增值税（销项税额） 11 700

银行存款 5 000

（2）收到货款时：

借：银行存款 106 700

贷：应收账款 106 700

（三）有现金折扣时的账务处理

在有现金折扣的情况下，采用总价法核算。

【做中学3-6】2021年3月8日，时达公司赊销商品一批，货款为100 000元，合同规定现金折扣条件为“2/10，1/20，N/30”，适用的增值税税率为13%。假设计算现金折扣时不考虑增值税，时达公司对应收账款采用总价法核算。时达公司应编制如下会计分录：

（1）销售业务发生时：

借：应收账款 113 000

贷：主营业务收入 100 000

应交税费——应交增值税（销项税额） 13 000

（2）假如客户10天内付款：

借：银行存款 111 000

财务费用 2 000

贷：应收账款 113 000

（3）假如客户超过20天付款：

借：银行存款 113 000

贷：应收账款 113 000

任务实施

针对“任务布置”中的经济业务，相关处理程序如下：

第一步，会计审核销售合同及发货单。会计仔细审核销售部门与仓库人员所提供的销售合同及发货单，根据审核无误的单据开具增值税专用发票，并加盖发票专用章。

第二步，确认收款方式。会计审核销售合同后，确认收款方式与收款政策，通过网上银行查询货款是否到账。

第三步，公司收到货款。湘中公司收到公司销售的圆钢，经验收合格后入库，根据合同中的现金折扣条件，公司收到银行入账回执单。

请写出相关经济业务的会计分录。

任务三　预付账款及其他应收款核算

任务布置

2021年3月12日，华盛公司从湘中公司采购白灰1 000吨，单价为350元，按合同的规定，华盛公司需向湘中公司预付货款的40%，验收货物后补付其余款项。

任务：请会计张红做出相关账务处理。

相关原始凭证：

（1）公司与湘中公司签订的采购合同；

（2）经公司领导审批后的用款申请单，明确采购材料款项预付；

（3）预付货款时，企业开具的支票存根联；

（4）仓库填开的验收入库单；

（5）补付余款时，企业开具的支票存根联；

（6）收到湘中公司开具的增值税专用发票。

业务产生：公司向供应商采购材料或商品，企业为了能够及时采购到货物，并取得对方一定的信任，会在签订合同后预付给供应商部分货款。

知识准备

一、预付账款及其他应收款概述

（一）预付账款

预付账款，是指企业按购货合同预付给供应单位的款项。预付账款是企业暂时被供货单位占用的资金。企业预付货款后，有权要求对方按照购货合同的规定发货。预付账款和应收账款一样，都是企业的短期债权，但是两者的区别在于：应收账款是企业因销售商品或提供劳务而产生的债权；而预付账款是企业因购货或接受劳务而产生的债权，是预先付给供货方或劳务提供方的款项。两者应分别核算。

（二）其他应收款

其他应收款，是指企业除应收票据、应收账款、预付账款等以外的其他各种应收及暂付款项。其主要内容包括：

（1）应收的各种赔款、罚款，如因企业财产等遭受意外损失而应向有关保险公司收取的赔款等。

（2）应收的出租包装物租金。

（3）应向职工收取的各种垫付款项，如为职工垫付的水电费、应由职工负担的医药费、房租费等。

（4）存出保证金，如租入包装物支付的押金。

（5）其他各种应收暂付款项。

二、预付账款及其他应收款核算的账户设置

为了反映和监督预付账款的增减变动及其结存情况，企业应当设置“预付账款”账户。该账户属于资产类账户，具体账户结构如下：

借方　　　　预付账款	贷方
向供货方预付的款项及补付的款项	收到所购物资时结转的预付款项及收回多付款项的金额
期末企业实际预付的款项	

【请注意】该账户可按供货单位设置明细账户。期末如为贷方余额，反映企业尚未补付的款项。

【提示】不单独设置“预付账款”账户的企业，预付的账款可以通过“应付账款”账户核算。

为了反映和监督其他应收款的增减变动及其结存情况，企业应当设置“其他应收款”账户进行核算。该账户属于资产类账户，具体账户结构如下：

其他应收款

借方	贷方
企业发生的各种其他应收款项	企业收到的款项和结转情况
期末企业尚未收回的其他应收款项	

【请注意】该账户可按对方单位（或个人）进行明细核算。

三、预付账款及其他应收款业务的账务处理

（一）预付账款业务的账务处理

企业根据购货合同的规定向供应单位预付款项时，借记“预付账款”账户，贷记“银行存款”账户；企业收到所购物资，按应计入所购物资成本的金额，借记“材料采购”“原材料”“库存商品”等账户，按相应的增值税进项税额，借记“应交税费——应交增值税（进项税额）”账户，贷记“预付账款”账户；当预付账款小于采购货物所需支付的账款时，应将不足部分补付，借记“预付账款”账户，贷记“银行存款”账户；当预付款项大于采购货物所需支付的款项时，对于收回的多余款项，应借记“银行存款”账户，贷记“预付账款”账户。

【提示】预付账款不多的企业，可通过“应付账款”账户核算，但编制报表时必须将“预付账款”单独列示。通过“应付账款”账户登记预付账款业务，会使应付账款的某些明细账户出现借方余额，在期末编制资产负债表时，应进行重分类，将这些借方余额在资产负债表的资产方“预付款项”列示。

企业应当定期或者至少于每年年度终了时，对预付账款进行检查，预计其可能发生的坏账损失，并计提坏账准备。

预付账款账务处理图

【做中学3-7】2021年3月9日，时达公司向中天公司采购材料5 000千克，每千克价格为10元，所需支付的价款总额为50 000元。按照合同的规定，时达公司向中天公司预付价款的50%，验收货物后补付其余款项。时达公司应编制如下会计分录：

（1）预付50%的价款时：

借：预付账款——中天公司	25 000	
贷：银行存款		25 000

（2）收到中天公司发来的5 000千克材料，验收无误，增值税专用发票上记载的价款为50 000元，增值税税额为6 500元，以银行存款补付所欠款项31 500元。时达公司应编制如下会计分录：

借：原材料	50 000	
应交税费——应交增值税（进项税额）	6 500	
贷：预付账款——中天公司		56 500
借：预付账款——中天公司	31 500	
贷：银行存款		31 500

（二）其他应收款业务的账务处理

1.应收股利

（1）概念：应收股利是企业应收取的现金股利和应收取其他单位分配的利润。

选股最重要的一点就是要去学会计，像股神巴菲特（如图3-2所示）一样学会分析财务报表，从而发现企业的内在价值。

图3-2 股神——巴菲特

比如你会计学好了，到一家企业去主管投资业务，发现有一家公司的股票涨势很猛，于是你打算购入该公司的股票，等涨起来就卖掉！这时，我们把购入的股票确认为交易性金融资产。幸运的是该公司刚好要宣告发放现金股利，那么对于你所在的企业应该如何进行账务处理呢？对方企业宣告发放现金股利，你所在的企业就会有一笔债权，也就是很快就会收到现金股利了，所以借方增加应收股利；由于你投资了该公司的股票即将获得一笔现金股利，是一笔投资收益，所以贷方增加投资收益。具体如图3-3所示。

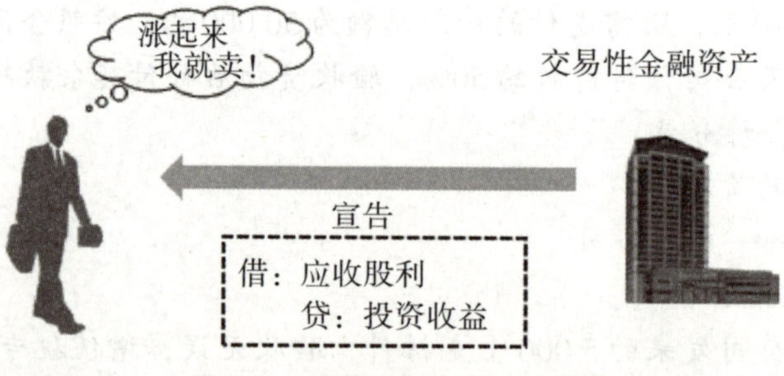

图3-3 应收股利的账务处理

（2）应收股利的账务处理。

【做中学3-8】时达公司持有中天上市公司股票，作为交易性金融资产核算，5月10日中天公司宣告发放上年现金股利，时达公司应分得200 000元。5月30日，时达公司收到上述股利。时达公司应编制如下会计分录：

（1）5月10日，宣告分配现金股利时：

借：应收股利　　200 000

　　贷：投资收益　　200 000

（2）5月30日，收到股利时：

借：其他货币资金——存出投资款　　200 000

　　贷：应收股利　　200 000

2.应收利息

（1）概念：应收利息是企业根据合同或协议的规定应向债务人收取的利息。

（2）应收利息的账务处理。

【做中学3-9】时达公司持有东海公司债券，2021年1月11日，时达公司收到东海公司通知，拟向其支付2020年利息1 000 000元，款项尚未支付。假定不考虑相关税费。时达公司应编制如下会计分录：

借：应收利息——东海公司　　1 000 000

　　贷：投资收益——东海公司　　1 000 000

账务处理示意图如图3-4所示：

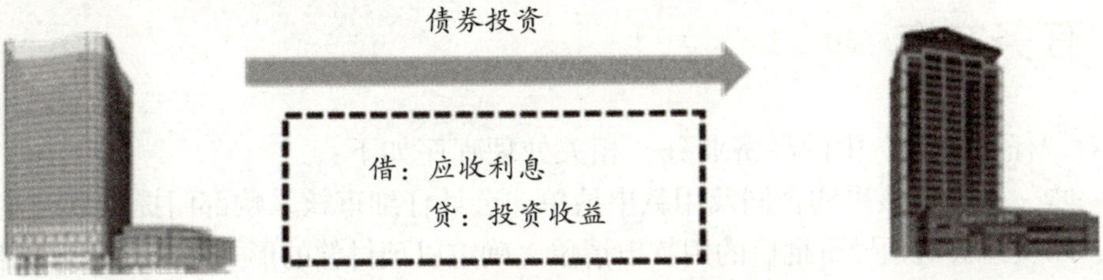

图3-4　应收利息的账务处理示意图

3.其他应收款

企业发生其他各种应收款项时，借记“其他应收款”账户，贷记有关账户；收回各种款项时，借记有关账户，贷记“其他应收款”账户。企业应当定期或者至少于每年年度终了时，对其他应收款进行检查，预计可能发生的坏账损失，并计提坏账准备。

【做中学3-10】2021年3月12日，时达公司在采购过程中发生材料毁损，按保险合同的规定，应由平安保险公司赔偿损失30 000元，赔款尚未收到。假定时达公司对原材料采用计划成本进行日常核算。时达公司应编制如下会计分录：

借：其他应收款——平安保险公司　　30 000

　　贷：材料采购　　30 000

【做中学3-11】沿用【做中学3-10】的资料，2021年3月20日，时达公司如数收到上述平安保险公司的赔款。时达公司应编制如下会计分录：

借：银行存款　　30 000

　　贷：其他应收款——平安保险公司　　30 000

【做中学3-12】2021年3月15日，时达公司以银行存款替职工王某垫付应由其个人负担的医疗费5 000元，拟从其工资中扣回。时达公司应编制如下会计分录：

（1）垫付时：

借：其他应收款——王某　　5 000

　　贷：银行存款　　5 000

（2）扣款时：

借：应付职工薪酬　　5 000

贷：其他应收款——王某 5 000

【做中学3-13】2021年3月13日，时达公司向东海公司租入包装物一批，以银行存款向东海公司支付押金10 000元。时达公司应编制如下会计分录：

借：其他应收款——东海公司 10 000

贷：银行存款 10 000

【做中学3-14】沿用【做中学3-13】的资料，2021年3月29日，时达公司按期如数向东海公司退回所租包装物，并收到东海公司退还的押金10 000元，已存入银行。时达公司应编制如下会计分录：

借：银行存款 10 000

贷：其他应收款——东海公司 10 000

任务实施

针对“任务布置”中的经济业务，相关处理程序如下：

第一步，会计审核采购合同及用款申请单。会计仔细审核采购部门提供的已签订的采购合同，以及经公司领导审批后的用款申请单，确定以预付款的形式先支付部分货款。

第二步，支付预付款。出纳按合同的要求，开具140 000元的支票给湘中公司。

第三步，仓库验收白灰入库。公司收到湘中公司发来的1 000吨白灰，仓库经验收入库后，开具入库单。

第四步，支付采购余款。出纳按合同的要求，根据公司领导审批后的用款申请单支付余款，开具255 500元的支票给湘中公司

第五步，收取发票。收到湘中公司开具的采购货物的增值税专用发票两联。

请写出相关经济业务的会计分录。

任务四 应收款项减值核算

任务布置

华盛公司采用应收款项余额百分比法估计坏账损失。2019年年末，应收账款的余额为1 200 000元，提取坏账准备的比例为3%（假定以后年度不发生变化）。2020年2月4日，发生坏账损失50 000元，其中：上海机械公司20 000元，湘中公司30 000元。2020年年末，应收账款的余额为1 400 000元。2021年1月14日，已冲销的2020年湘中公司应收账款30 000元又收回。2021年年末，应收账款的余额为1 600 000元。

任务：请会计张红做出相关账务处理。

相关原始凭证：会计自制原始单据——年末坏账准备计提明细表。

业务产生：在谨慎性原则的前提下，应收账款、其他应收款的商业信用都会给企业带来一定的坏账损失，按备抵法，企业每期期末都应按应收账款的余额估计坏账损失，计提坏账准备。

知识准备

一、应收款项减值概述

企业的各项应收款项，可能会因购货人拒付、破产、死亡等原因而无法收回，这类无法收回的应收款项就是坏账。企业因坏账而遭受的损失为坏账损失或减值损失。企业应当在资产负债表日对应收款项的账面价值进行检查，有客观证据表明应收款项发生减值的，应当将该应收款项的账面价值减记至预计未来现金流量现值，减记的金额确认为减值损失，同时计提坏账准备。应收款项发生减值的客观证据主要包括：

（1）债务人发生严重财务困难，较长时间内未履行偿债义务，并有足够证据表明无法收回或收回可能性极小的应收款项；

（2）债务人违反了合同条款，如发生违约或逾期等；

（3）债务人死亡，以其遗产清偿后仍无法收回的应收款项；

（4）债务人破产，以其破产财产清偿后仍无法收回的应收款项。

应收款项的内容如图3-5所示。

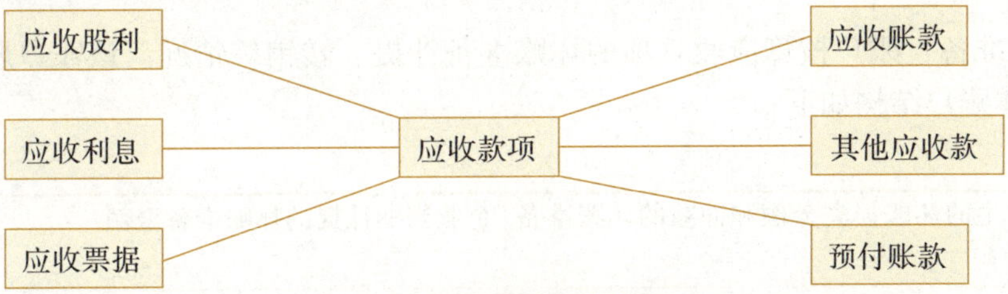

图3-5　应收款项的内容

确定应收款项减值有两种方法，即直接转销法和备抵法。我国企业会计准则规定，确定应收款项的减值只能采用备抵法，不得采用直接转销法。

（一）直接转销法

采用直接转销法时，日常核算中应收款项可能发生的坏账损失不予考虑，只有在实际发生坏账时，才作为坏账损失计入当期损益，同时直接冲销应收款项，即借记“信用减值损失”账户，贷记“应收账款”等账户。

【做中学3-15】中天公司2017年发生的一笔20 000元的应收账款，长期无法收回，于2020年年末确认为坏账。中天公司在2020年年末应编制如下会计分录：

借：信用减值损失——坏账损失　　20 000

　　贷：应收账款　　20 000

这种方法的优点是账务处理简单，其缺点是不符合权责发生制原则，也与资产的定义相冲突。在这种方法下，只有坏账实际发生时，才将其确认为当期费用，否则会导致资产不符、各期损益不实；另外，在资产负债表上，应收账款是按账面余额而不是按账面价值反映的，这在一定程度上歪曲了企业期末的财务状况。因此，我国企业会计准则规定，企业不得采用直接转销法核算坏账损失。

【请注意】《小企业会计准则》规定，小微企业可采用直接转销法核算坏账损失（计入营业外支出）。

（二）备抵法

备抵法，是指采用一定的方法按期（至少于每年年末）估计坏账损失，计入当期损益，同时建立坏账准备，待坏账实际发生时，冲销已提的坏账准备和相应的应收款项余额的一种处理方法。采用这种方法，在报表上列示应收款项的净额，使报表使用者能了解企业应收款项的可收回金额。在备抵法下，企业应当根据实际情况合理估计当期的坏账损失金额。由于企业发生坏账损失带有很大的不确定性，所以只能以过去的经验为基础，参照当前的信用政策、市场环境和行业惯例，准确地估计每期应收款项的未来现金流量现值，从而确定当期减值损失金额，计入当期损益。企业在预计未来现金流量现值时，应当在合理预计未来现金流量的同时合理选用折现率。短期应收款项的预计未来现金流量与其现值相差很小的，在确认相关减值损失时，可不对其预计未来现金流量进行折现。

二、应收款项减值核算的账户设置

为了核算和监督应收款项减值等情况，企业应当设置“坏账准备”和“信用减值损失”账户。

“坏账准备”账户核算应收款项的坏账准备计提、转销等情况。该账户属于资产类账户，具体账户结构如下：

借方　　坏账准备	贷方
企业实际发生的坏账损失金额和冲减的坏账准备金额	企业当期计提的坏账准备金额
	期末企业已计提但尚未转销的坏账准备金额

【请注意】该账户是“应收票据”“应收账款”“预付账款”“其他应收款”等账户的备抵账户。

“信用减值损失”账户，属于损益类账户，核算企业根据《企业会计准则第22号——金融工具确认和计量》计提各项信用减值准备所形成的损失，具体账户结构如下：

借方　　信用减值损失	贷方
资产发生减值应减记的金额	①企业冲减多计提的坏账准备金额 ②相关资产价值得以恢复后登记的恢复增加金额

【请注意】该账户可按信用减值损失的项目进行明细核算，期末将该账户余额转入“本年利润”账户后无余额。

三、应收款项减值业务的账务处理

（一）计提坏账准备

坏账准备可按以下公式计算：

当期应计提的坏账准备＝当期按应收款项计算应计提的坏账准备金额－（或＋）“坏账准备”账户的贷方（或借方）余额

企业计提坏账准备时，根据坏账准备计提表，按应减记的金额，借记“信用减值损失——计提的坏账准备”账户，贷记“坏账准备”账户。冲减多计提的坏账准备时，借记“坏账准备”账户，贷记“信用减值损失——计提的坏账准备”账户。

【做中学3-16】2019年12月31日，时达公司对应收东海公司的款项进行减值测试。应收账款余额合计为1 000 000元，时达公司根据东海公司的资信情况确定应计提100 000元的坏账准备。时达公司应编制如下会计分录：

借：信用减值损失——计提的坏账准备　　100 000
　　贷：坏账准备　　100 000

（二）发生坏账损失

企业确实无法收回的应收款项按管理权限报经批准后作为坏账转销时，应当冲减已计提的坏账准备。企业实际发生坏账损失时，借记“坏账准备”账户，贷记“应收账款”“其他应收款”等账户。

【做中学3-17】时达公司2020年对东海公司的应收账款实际发生坏账损失30 000元。时达公司应编制如下会计分录：

借：坏账准备　　30 000
　　贷：应收账款——东海公司　　30 000

【做中学3-18】沿用【做中学3-16】和【做中学3-17】的资料，假定时达公司2021年12月31日应收东海公司的账款余额为1 200 000元，经减值测试，时达公司应计提120 000元的坏账准备。根据时达公司的坏账核算方法，其“坏账准备”账户应保持的贷方余额为120 000元。计提坏账准备前，“坏账准备”账户的实际余额为贷方70 000元（100 000－30 000），因此2021年年末应计提的坏账准备金额为50 000元（120 000－70 000）。时达公司应编制如下会计分录：

借：信用减值损失——计提的坏账准备　　50 000
　　贷：坏账准备　　50 000

【请注意】平时“坏账准备”账户可能出现借方余额，也可能出现贷方余额，但“坏账准备”账户年末余额一定为贷方余额，即为本年年末采用一定测试方法确定的坏账损失。因此，各项估计坏账准备应同账面上原有的“坏账准备”账户余额进行比较，并调整“坏账准备”账户，使之与估计的本期坏账准备相符。

（三）已确认坏账的应收款项又收回

已确认并转销的应收款项以后又收回的，应当按照实际收到的金额增加坏账准备的账面余额。已确认并转销的应收款项以后又收回时，借记“应收票据”“应收账款”“预付账款”“其他应收款”等账户，贷记“坏账准备”账户；同时，借记“银行存款”账户，贷记“应收票据”“应收账款”“预付账款”“其他应收款”等账户，也可以按实际收回的金额，借记“银行存款”账户，贷记“坏账准备”账户。

【做中学3-19】时达公司2021年3月20日，收回2020年已做坏账转销的应收账款30 000元，已存入银行。时达公司应编制如下会计分录：

借：应收账款——东海公司　　30 000

　　贷：坏账准备　　30 000

借：银行存款　　30 000

　　贷：应收账款——东海公司　　30 000

任务实施

针对“任务布置”中的经济业务，相关处理程序如下：

第一步，会计年末计算需计提的坏账准备。会计根据应收账款的年末余额，按计提比例，计算出需计提的坏账准备，再计算坏账准备年初已提金额，以及当年产生坏账或坏账又收回的金额，计算出需补提或转回的坏账准备金额。

第二步，编制计提坏账准备原始凭证。用Excel工具自制坏账准备计提明细表（见表3-2）。

表3-2　坏账准备计提明细表

单位：浙江省华盛股份有限公司　2021年12月31日　金额单位：元

会计账户	账 龄	计提比例	应计提金额	坏账准备余额	实际计提金额
应收账款	1年以内（含1年）	3%	48 000	72 000	－24 000
	1～2年（含2年）				
	2～3年（含3年）				
	3～5年（含5年）				
	5年以上				
	合 计				－24 000

第三步，编制坏账准备业务相关记账凭证。

请写出相关经济业务的会计分录。

案例分析

【请思考】（1）公司的应收账款管理存在哪些问题？

（2）公司可以从哪几个方面加强应收账款管理？

辉煌过后是平淡——莲花味精由盛到衰启示录

昔日辉煌的莲花味精的前身是1983年成立的河南周口地区味精厂，位于河南黄泛区项城县农村，当时人员仅400多人，资产300多万元，是一家以玉米为原料生产味精的小企业。经过近20年的发展，莲花味精以本地农业资源为依托，积极开拓国内、国际市场，把味精这一小商品做出了大文章。当地农民收入得到提高，地方经济增长，国家税收增加，莲花味精迅速成长为一家大型企业。味精产量由1983年的402吨增加到2001年的14.8万吨，资产规模从476万元增加到54.8亿元，销售收入从630万元增加到23.4亿元，上缴税金从47万元增加到2.16亿元，利润从60万元增加到1.3亿元，莲花味精已成为国内最大的味精生产和出口基地，不仅是城市财政的主要支柱，而且对整个周口经济的发展都产生了巨大影响。然而，莲花味精未履行审批程序和信息披露义务。2010年4月25日，莲花味精因“非正常调查发现公司涉嫌虚增会计利润、重大事项未披露等原因，涉嫌违反证券法律法规”，收到河南证监会的立案通知书。这则消息引起了全社会对这家模范企业的广泛关注。莲花味精（600186）的预付账款高达3.80亿元，其中账龄超过1年的预付账款高达2.15亿元，账龄2～3年的达到1.42亿元。对于账龄较长的预付款项，莲花味精仅仅解释为“主要原因是双方正在结算中”。莲花味精的原材料主要为小麦等，根本无须提前支付巨额的资金去采购，而资料显示，莲花味精除高额的预付账款外，截至2007年年末，公司的应收账款和其他应收款分别高达7.75亿元和5.43亿元，三者合计高达16.98亿元之巨。

资料来源：施天霞，李奇丽，陈蓉．莲花味精应收账款内部控制案例研究［J］．会计之友，2011（5）．

【思维导图】请根据本项目内在知识点的逻辑关系，制作本项目思维导图。

项目三
案例分析

项目四

存货核算

【学习目标】

1. 掌握存货成本的确定、发出存货的计价方法、存货清查
2. 掌握原材料、库存商品、委托加工物资、周转材料的核算
3. 了解存货跌价准备的会计处理
4. 遵守诚实守信、爱岗敬业的会计职业道德要求，具有劳动精神、工匠精神的职业素养
5. 初步具有一定的创新创业能力、分析解决实际问题能力、信息技术应用能力、沟通表达能力、团队合作能力以及终身学习能力

【政策依据】

《企业会计准则第1号——存货》
《企业会计准则——基本准则》
《企业会计准则——应用指南》
《企业内部控制应用指引第7号——采购业务》
《企业内部控制应用指引第8号——资产管理》
《关于印发〈增值税会计处理规定〉的通知》（财会〔2016〕22号）
《企业资产损失所得税税前扣除管理办法》（国家税务总局公告2011年第25号）

思政引导

獐子岛扇贝“跑路”事件

獐子岛以水产养殖为主，是一家集海珍品育苗、养殖、加工、贸易、海上运输于一体的综合性海洋食品企业，其主要养殖的海货就是海底的虾夷扇贝。自2014年以来，在不到6年的时间里，獐子岛的扇贝先后四次离奇“失踪”。如此离奇的剧情，频频在獐子岛的公告中上演，以至于会计师事务所连续对其年报出具了保留意见。

扇贝为何会“跑路”，业内人士仔细分析发现，“跑路”的时点和獐子岛业绩存在相关性。证监会表示，獐子岛在2014年、2015年已连续两年亏损的情况下，客观上利用海底库存及采捕情况难发现、难调查、难核实的特点，不以实际采捕海域为依据进行成本结转，导致财务报告严重失真，2016年通过少记录成本、营业外支出的方法将利润由亏损披露为盈利，2017年将以前年度已采捕海域列入核销海域或减值海域，夸大亏损幅度。

资料来源：搜狐新闻网．证监会下重锤！獐子岛扇贝“跑路”大结局：移送公安机关！贾跃亭终身禁入证券市场！[EB/OL]．[2020-09-16]．https：//www.sohu.com/a/418905346_744571.

思考：谈谈你对扇贝“跑路”事件的看法，上市公司应如何保障会计信息的真实性，并以此保障广大投资者的利益？

项目导读

存货，是指企业在日常活动中持有以备出售的产品或商品、处在生产过程中的在产品、在生产过程或提供劳务过程中耗用的材料或物料等，包括各类材料、在产品、半成品、产成品、商品以及包装物、低值易耗品、委托代销商品等。

存货区别于固定资产等非流动资产的最基本特征是，企业持有存货的最终目的是出售，包括可供出售的产成品、商品等，以及需要进一步加工后出售的原材料等。在大多数企业中，存货在流动资产中占有很大比重，是流动资产的重要组成部分。存货在符合定义的前提下并同时满足下列两个条件的，才能予以确认：一是与该存货有关的经济利益很可能流入企业。通常情况下，取得存货的所有权是与存货相关的经济利益很可能流入本企业的一个重要标志。例如，根据销售合同已经售出的存货，其所有权已经转移，与其相关的经济利益已不能再流入本企业，此时，即使该存货尚未运离本企业，也不能再确认为本企业的存货。二是该存货的成本能够可靠计量。存货的成本能够可靠计量必须以取得确凿、可靠的证据为依据，并且具有可验证性。例如，企业承诺的订货合同，由于并未实际发生，不能可靠确定其成本，因此不能确认为购买企业的存货。在会计核算上，存货对应的会计账项很多。存货会计的主要目的：一是确定期末存货数量，以便计算列入资产负债表中的存货价值；二是计算确定销货成本，以便和当期营业收入相配比，从而正确合理地确定本期损益。

不同行业的企业，存货的内容和分类有所不同。作为服务性企业，一般存有各种物料用品，如办公用品、家具用品等，而提供业务活动时使用的货品就是存货。商业企业可能有少量物料用品，它的资金大部分在准备转售的商品上，称为库存商品。制造业企业的存货构成最为复杂，通常包括原材料、在产品、半成品、产成品、商品、包装物、低值易耗品、委托代销商品等。

项目列报

本项目在资产负债表中的列示信息见表4-1。

表4-1 本项目在资产负债表中的列示信息

资产	期末余额	负债和所有者权益（或股东权益）	期末余额
流动资产：			
⋮			
存货［=“原材料”+“在途物资”+“材料采购”+“委托加工物资”+“周转材料”+“生产成本”+“库存商品”+（-）“材料成本差异”+“发出商品”+“委托代销商品”+“受托代销商品”-“受托代销商品款”-“存货跌价准备”+（-）“商品进销差价”］			
⋮			

任务一 原材料核算

任务布置

2021年3月15日，华盛公司从上海机械公司购入铁精粉2 000吨，取得的增值税专用发票上列示的铁精粉价款为1 000 000元，增值税税额为130 000元。材料采购款已通过电汇方式支付给上海机械公司，材料尚在运输途中。材料验收入库时，发现短缺10 000元的材料。后查明原因，其中20%属于合理损耗，40%应由运输机构赔偿，另外40%属于非常损失，其中保险公司理赔3 000元。

任务：请会计张红做出相关账务处理。

相关原始凭证：

（1）经公司领导审批的用款申请单，用银行存款支付；

（2）上海机械公司开具的增值税专用发票；
（3）公司支付货款的银行凭证；
（4）仓库部门收到材料的入库单；
（5）采购、品管及仓库签字后所提供的合理损耗报告单；
（6）运输机构同意赔偿4 000元的签字确认书；
（7）非常损失中由保险公司理赔3 000元的相关理赔证明；
（8）非常损失中1 000元由公司自行承担，采购部提供相关领导签字的审批单。

业务产生：公司向供应商采购材料或商品，在原材料入库时发现实际数量与合同数量不符，查明原因，并落实责任。

知识准备

一、原材料概述

原材料，是工业企业的主要存货，是企业用于制造产品并构成产品实体的购入物品及购入后供生产耗用但不构成产品实体的辅助性物品。它具体包括原料及主要材料、辅助材料、外购半成品（外购件）、修理用备件（备品备件）、包装材料、燃料等。原材料的日常收发及结存可以采用实际成本核算，也可以采用计划成本核算。

二、原材料采用实际成本核算

原材料按实际成本核算，是指企业对库存的各种原材料的收、发、存均按实际成本在其总账和明细账中予以登记。其主要特点是：从收发凭证到明细分类核算和总分类核算，均按实际成本计价。它适用于规模较小、存货品种简单、材料收发业务不多的企业。

（一）外购原材料实际成本构成

企业取得的存货应当按照成本进行初始计量。企业可以通过外购、自制、委托加工、接受投资、接受捐赠、非货币性资产交换、债务重组等取得存货。存货的来源不同，其成本的构成内容也不同。通过购买而取得的原材料、商品、低值易耗品等存货的成本由采购成本构成；自制或需委托外单位加工完成的产成品、在产品、半成品等存货的成本由采购成本、加工成本以及使存货达到目前场所和状态所发生的其他支出构成。除特别规定外，企业以相同方式取得其他存货，其成本构成内容比照原材料确定。在实务中，具体按以下原则确定：

购入的原材料，其成本包括：买价、相关税费（包括进口关税、消费税、资源税、不能抵扣的增值税进项税额和相应的教育费附加等）、运杂费（包括运输费、装卸费、保险费、包装费、仓储费等）、运输途中的合理损耗、入库前的挑选整理费用（包括挑选整理过程中发生的工、费支出和数量损耗，并扣除回收的下脚废料价值）以及按规定应计入成本的其他税费和费用。

【请注意】商品流通企业在采购商品过程中发生的运输费、装卸费、保险费以及其他可归属于存货采购成本的费用等进货费用，应当计入存货采购成本。企业采购商品的进货费用金额较小的，可以在发生时直接计入当期损益。

（二）原材料采用实际成本核算的账户设置

为了核算库存各种材料的收发与结存情况，企业应设置“原材料”账户。该账户属于资产类账户，具体账户结构如下：

借方	原材料　　　　　　　　贷方
验收入库材料的实际成本	发出材料的实际成本
期末企业库存材料的实际成本	

【请注意】该账户可按照材料的保管地点（仓库）、材料类别、品种和规格等进行明细核算。

在实际成本法下，为了核算购货发票已到但尚未验收入库的各种物资（即在途物资）的实际采购成本，企业应设置“在途物资”账户。该账户属于资产类账户，具体账户结构如下：

借方	在途物资　　　　　　　　贷方
企业购入在途物资的实际成本	验收入库的在途物资的实际成本
期末企业在途物资的实际采购成本	

【请注意】该账户可按照供应单位和物资品种进行明细核算。

（三）原材料采用实际成本核算业务的账务处理

1.外购原材料

外购原材料，由于采购地点远近不同、货款结算方式不同等原因，可能形成货款和存货验收入库不是同步完成的情形。因此，外购原材料应根据具体情况分别进行会计处理。

（1）单货同到。即结算凭证等单据与材料同时到达的采购业务。企业应根据结算凭证、发票、账单和收料单等单据，借记“原材料”“应交税费——应交增值税（进项税额）”等账户，贷记“银行存款”“应付账款”“应付票据”等账户。

小规模纳税人或购入物资不能取得增值税专用发票的企业购入原材料时，按购入原材料应支付的金额，借记“原材料”等账户，贷记“银行存款”“应付账款”“应付票据”等账户。

【做中学4-1】2021年3月16日，时达公司采购竹柄。增值税专用发票上注明的价款为30 000元，增值税税额为3 900元，全部款项已用转账支票付讫，材料已验收入库。时达公司应编制如下会计分录：

借：原材料——竹柄	30 000	
应交税费——应交增值税（进项税额）	3 900	
贷：银行存款		33 900

（2）单到货未到。即结算凭证等单据已到、材料未到达的采购业务。企业应根据结算凭证、发票、账单等单据，借记“在途物资”“应交税费——应交增值税（进项税额）”等账户，贷记“银行存款”“应付账款”“应付票据”等账户；待收到材料，验收

入库后，根据收料单，借记“原材料”账户，贷记“在途物资”账户。

【做中学4-2】2021年3月18日，时达公司采购油漆，料未到。增值税专用发票上注明的价款为20 000元，增值税税额为2 600元，全部款项已用转账支票付讫。时达公司应编制如下会计分录：

借：在途物资——油漆　　20 000

　　应交税费——应交增值税（进项税额）　　2 600

　　贷：银行存款　　22 600

【做中学4-3】沿用【做中学4-2】的资料，2021年3月25日，时达公司采购的油漆验收入库。时达公司应编制如下会计分录：

借：原材料——油漆　　20 000

　　贷：在途物资——油漆　　20 000

（3）货到单未到。即货物等已验收入库但尚未取得增值税扣税凭证的采购业务。一般纳税人购进的货物等已到达并验收入库，但尚未收到增值税扣税凭证并未付款的，应在月末按货物清单或相关合同协议上的价格暂估入账，不需要将增值税的进项税额暂估入账。下月初，用红字冲销原暂估入账金额，待取得相关增值税扣税凭证后，再按应计入相关成本费用的金额，借记“原材料”等账户，按可抵扣的增值税税额，借记“应交税费——应交增值税（进项税额）”账户，按应付金额，贷记“应付账款”等账户。

外购材料业务流程图

【做中学4-4】时达公司购入H材料一批，材料已验收入库，月末发票账单尚未收到也无法确定其实际成本，暂估价值为30 000元。时达公司应编制如下会计分录：

借：原材料——H材料　　30 000

　　贷：应付账款——暂估应付账款　　30 000

下月初用红字予以冲回：

借：原材料——H材料　　[30 000]

　　贷：应付账款——暂估应付账款　　[30 000]

【请注意】采购材料在途中发生短缺和毁损，除合理的损耗应当作为存货的其他可直接归属于存货采购费用计入采购成本外，应根据造成短缺或毁损的原因分别处理：

（1）应由供应单位、运输单位、保险公司或其他过失人赔偿的，应向有关单位或责任人索赔，自“在途物资”账户转入“应付账款”或“其他应收款”账户。

（2）凡尚待查明原因和需要报经批准才能转销处理的损失，应将其损失从“在途物资”账户转入“待处理财产损溢”账户，查明原因后再分别处理：①属于应由供应单位、运输单位、保险公司或其他过失人赔偿的，应向有关单位或责任人索赔，自“在途物资”账户转入“应付账款”或“其他应收款”账户。②属于自然灾害造成的损失，应按扣除残料价值和保险公司赔偿后的净损失，从“待处理财产损溢”账户转入“营业外支出——非常损失”账户。③属于无法收回的其他损失，报经批准后，将其从“待处理财产损溢”账户转入“管理费用”账户。

（3）在②和③两种情况下，短缺和毁损的材料所负担的增值税税额和准予抵扣的消费税税额应自“应交税费——应交增值税（进项税额）”和“应交税费——应交消费税”账户随同“在途物资”账户转入相对应的账户。

由自制的材料生产完工验收入库的原材料，应按照实际成本，借记“原材料”账户，贷记“生产成本”账户。对于投资者投入的原材料，应按实际成本，借记“原材料”账户，按专用发票上注明的增值税税额，借记“应交税费——应交增值税（进项税额）”账户，按照投资合同或协议约定的价格，贷记“实收资本（或股本）”等账户。

2.发出原材料

（1）发出原材料的计价方法

企业的经营活动是连续不断的，存货也处于不停的周转中。企业应当根据各类存货的实物流转方式、企业管理要求、存货性质等实际情况，合理选择存货成本的计价方法，以确定当期发出存货的实际成本。存货的计价是指对收入、发出和结存存货价值的计量。它是存货核算的关键，主要包括取得存货的计价、发出存货的计价和期末存货的计价。

根据《企业会计准则第1号——存货》的规定，企业在确定发出存货的成本时，可以采用个别计价法、先进先出法、月末一次加权平均法和移动加权平均法四种方法。计价方法一经确定，不得随意变更。如需变更，应作为会计政策变更处理，并在财务报表附注中予以披露。

①个别计价法。个别计价法，亦称个别认定法、具体辨认法、分批实际法，采用这一方法是假设存货具体项目的实物流转与成本流转相一致，按照各种存货逐一辨认各批发出存货和期末存货所属的购进批别或生产批别，分别按其购入或生产时所确定的单位成本计算各批发出存货和期末存货成本的方法。在这种方法下，把每一种存货的实际成本作为计算发出存货成本和期末存货成本的基础。

【做中学4-5】2021年3月，时达公司D商品的收入、发出数量及购进单位成本见表4-2。

表4-2 D商品购销明细账 金额单位：元

日期		摘要	收入			发出			结存		
月	日		数量（件）	单价	金额	数量（件）	单价	金额	数量（件）	单价	金额
3	1	期初余额							150	10	1 500
	5	购入	100	12	1 200				250		
	11	销售				200			50		
	16	购入	200	14	2 800				250		
	20	销售				100			150		
	23	购入	100	15	1 500				250		
	27	销售				100			150		
	31	本期合计	400	—	5 500	400			150		

假设经过具体辨认，本期发出存货的单位成本如下：3月11日发出的200件存货中，100件系期初结存存货，单位成本为10元，另外100件为3月5日购入存货，单位成本为12元；3月20日发出的100件存货系3月16日购入，单位成本为14元；3月27日发出的100件存货中，50件为期初结存，单位成本为10元，50件为3月23日购入，单位成本为15元。则按照个别计价法，时达公司3月份D商品收入、发出与结存情况见表4-3。

表4-3 D商品购销明细账（个别计价法） 金额单位：元

日期		摘要	收入			发出			结存		
月	日		数量（件）	单价	金额	数量（件）	单价	金额	数量（件）	单价	金额
3	1	期初余额							150	10	1 500
	5	购入	100	12	1 200				150 100	10 12	1 500 1 200
	11	销售				100 100	10 12	1 000 1 200	50	10	500
	16	购入	200	14	2 800				50 200	10 14	500 2 800
	20	销售				100	14	1 400	50 100	10 14	500 1 400
	23	购入	100	15	1 500				50 100 100	10 14 15	500 1 400 1 500
	27	销售				50 50	10 15	500 750	100 50	14 15	1 400 750
	31	本期合计	400	—	5 500	400	—	4 850	100 50	14 15	1 400 750

从表4-3可知，时达公司本期发出存货成本及期末结存存货成本如下：

本期发出存货成本 = 100 × 10 + 100 × 12 + 100 × 14 + 50 × 10 + 50 × 15 = 4 850（元）

期末结存存货成本 = 期初结存存货成本 + 本期购入存货成本 − 本期发出存货成本

= 150 × 10 + 100 × 12 + 200 × 14 + 100 × 15 − 4 850 = 2 150（元）

个别计价法的成本计算准确，符合实际情况，但在存货收发频繁的情况下，分辨其发出存货成本的工作量较大。因此，这种方法适用于一般不能替代使用的存货、为特定项目专门购入或制造的存货以及提供的劳务，如珠宝、名画等贵重物品。个别计价法的优缺点见表4-4。

表4-4 个别计价法优缺点

计算方式	根据存货购入或者生产时的成本计算发出成本
优点	成本计算准确，符合实际情况
缺点	收发频繁的情况下，成本分辨的工作量大
适用范围	一般不能替代使用的存货、为特定项目专门购入或制造的存货以及提供的劳务，如珠宝、名画等贵重物品

②先进先出法。先进先出法，是指以先购入的存货应先发出（销售或耗用）这样一种存货实物流动假设为前提，对发出存货进行计价的一种方法。采用这种方法，先购入的存货成本在后购入存货成本之前转出，据此确定发出存货和期末存货的成本。具体方法是：收入存货时，逐笔登记收入存货的数量、单价和金额；发出存货时，按照先进先出的原则逐笔登记存货的发出成本和结存金额。

【做中学4-6】沿用【做中学4-5】的资料，假设时达公司D商品本期收入、发出和结存情况见表4-5。从该表可以看出存货成本的计价顺序，如3月11日发出的200件存货，按先进先出法的流转顺序，应先发出期初库存存货150件，即1 500元（150 × 10），然后再发出3月5日购入的50件，即600元（50 × 12），其他依次类推。从表4-5中可以看出，使用先进先出法得出的发出存货成本和期末存货成本分别为4 800元和2 200元。

表4-5　　D商品购销明细账（先进先出法）　　金额单位：元

日期		摘要	收入			发出			结存		
月	日		数量（件）	单价	金额	数量（件）	单价	金额	数量（件）	单价	金额
3	1	期初余额							150	10	1 500
	5	购入	100	12	1 200				150 100	10 12	1 500 1 200
	11	销售				150 50	10 12	1 500 600	50	12	600
	16	购入	200	14	2 800				50 200	12 14	600 2 800
	20	销售				50 50	12 14	600 700	150	14	2 100
	23	购入	100	15	1 500				150 100	14 15	2 100 1 500
	27	销售				100	14	1 400	50 100	14 15	700 1 500
	31	本期合计	400	—	5 500	400	—	4 800	50 100	14 15	700 1 500

时达公司日常账面记录显示，D商品期初结存存货为1 500元（150 × 10），本期购入存货三批，按先后顺序分别为：100 × 12、200 × 14、100 × 15。假设经过盘点，发现期末库存150件，则本期发出存货为400件。发出存货成本为：150 × 10 + 50 × 12 + 50 × 12 + 50 × 14 + 100 × 14 = 4 800（元）；期末存货成本为：50 × 14 + 100 × 15 = 2 200（元）。

先进先出法可以随时结转存货发出成本，但较烦琐。如果存货收发业务较多且存货单价不稳定，则其工作量较大。在物价持续上升时，期末存货成本接近市价，而发出成本偏低，会高估企业当期利润和库存存货价值；反之，则会低估企业当期利润和库存存货价值。先进先出法的优缺点见表4-6。

表4-6　　先进先出法的优缺点

计算方式	假定先购入的存货先发出，根据先购入存货的成本计算发出存货的成本
优点	随时结转存货发出成本
缺点	在物价持续上升时，期末存货成本接近市价，而发出成本偏低，会高估企业当期利润和库存存货价值；反之，会低估企业存货价值和当期利润
适用范围	物价较稳定、存货收发业务频率不高的存货

③月末一次加权平均法。月末一次加权平均法，是指以本月全部进货数量加上月初存货数量作为权数，去除本月全部进货成本加上月初存货成本，计算出存货的加权平均单位成本，以此为基础计算本月发出存货成本和期末存货成本的一种方法。其计算公式如下：

$$加权平均单价=\frac{月初存货成本+本月收入存货成本}{月初存货数量+本月收入存货数量}$$

本月发出存货成本 = 本月发出存货的数量 × 加权平均单价

本月月末库存存货成本 = 月末库存存货的数量 × 加权平均单价

或 = 月初库存存货成本 + 本月收入存货成本 − 本月发出存货成本

【做中学4-7】沿用【做中学4-5】的资料，假设时达公司采用月末一次加权平均法，根据表4-5，则3月份D商品的加权平均单价为：

$$月末加权平均单价=\frac{150\times 10+(100\times 12+200\times 14+100\times 15)}{150+100+200+100}=12.727（元）$$

3月份D商品的发出成本与期末结存成本分别为：

3月份D商品的发出成本 = 400 × 12.727 = 5 090.80（元）

3月份D商品的期末结存成本 = ［150 × 10 +（100 × 12 + 200 × 14 + 100 × 15）］− 5 090.80 = 7 000 − 5 090.80 = 1 909.20（元）

采用月末一次加权平均法只在月末一次计算加权平均单价，比较简单，有利于简化成本计算工作，但由于平时无法从账上提供发出和结存存货的单价及金额，因此不利于对存货成本的日常管理与控制。月末一次加权平均法的优缺点见表4-7。

表4-7 月末一次加权平均法的优缺点

计算方式	平时发出只计数量，月末计算加权平均单位成本
优点	简化了成本计算工作
缺点	不能随时结转发出存货的成本
适用范围	各期存货成本变动不大等情况

④移动加权平均法。移动加权平均法，是指以每次进货的成本加上原有库存存货成本的合计数，除以每次进货数量加上原有库存存货数量的合计数，据以计算移动加权平均单位成本，作为在下次进货前计算各次发出存货成本依据的一种方法。其计算公式如下：

$$移动加权平均单价=\frac{以前结存存货成本+本次收入存货成本}{以前结存存货数量+本次收入存货数量}$$

本次发出存货成本 = 本次发出存货数量 × 移动加权平均单价

本月月末库存存货成本 = 月末库存存货数量 × 移动加权平均单价

【做中学4-8】沿用【做中学4-5】的资料，假设时达公司采用移动加权平均法核算存货成本，存货的移动加权平均成本从期初的10元变为期中的10.8元、13.36元，再变成期末的14.016元。

3月5日购入存货后移动加权平均单位成本 =（150 × 10 + 100 × 12）÷（150 + 100）= 10.8（元）

3月16日购入存货后移动加权平均单位成本 =（50 × 10.8 + 200 × 14）÷（50 + 200）= 13.36（元）

3月23日购入存货后移动加权平均单位成本 =（150 × 13.36 + 100 × 15）÷（150 + 100）= 14.016（元）

采用移动加权平均法得出的本期发出存货成本和期末结存存货成本分别为4 897.6元和2 102.4元。在移动加权平均法下，D商品本期收入、发出和结存情况见表4-8。

表4-8 D商品购销明细账（移动加权平均法） 金额单位：元

日期		摘要	收入			发出			结存		
月	日		数量（件）	单价	金额	数量（件）	单价	金额	数量（件）	单价	金额
3	1	期初余额							150	10	1 500
	5	购入	100	12	1 200				250	10.8	2 700
	11	销售				200	10.8	2 160	50	10.8	540
	16	购入	200	14	2 800				250	13.36	3 340
	20	销售				100	13.36	1 336	150	13.36	2 004
	23	购入	100	15	1 500				250	14.016	3 504
	27	销售				100	14.016	1 401.6	150	14.016	2 102.4
	31	本期合计	400	—	5 500	400	—	4 897.6	150	14.016	2 102.4

采用移动加权平均法能够使企业管理层及时了解存货的结存情况，计算的移动加权平均单位成本以及发出和结存的存货成本比较客观。但由于每次收货都要计算一次移动加权平均单位成本，计算工作量较大，该方法不适用于收发货较频繁的企业。移动加权平均法的优缺点见表4-9。

表4-9 移动加权平均法的优缺点

计算方式	每次进货后计算存货移动加权平均单位成本，作为下次进货前计算发出存货成本的依据
优点	及时了解存货的结存情况，计算的移动加权平均单位成本以及发出和结存的存货成本比较客观
缺点	计算工作量较大
适用范围	收发次数较少的存货

（2）发出原材料的账务处理

在实际工作中，企业各生产单位及有关部门领用的材料具有种类多、业务频繁等特点。为了简化核算工作，可以在月末根据“领料单”或“限额领料单”中有关领料的单位、部门等加以归类，编制“发料凭证汇总表”，据以编制记账凭证、登记入账。企业应根据材料用途和领用部门，分别记入相应账户。凡车间生产产品领用的原材料，借记“生产成本”账户；车间管理及一般消耗领用的原材料，借记“制造费用”账户；厂部管理及一般消耗领用的原材料，借记“管理费用”账户；专设销售机构领用的原材料，借记“销售费用”账户；委托加工发出的原材料，借记“委托加工物资”账户；福利部门领用的原材料，借记“应付职工薪酬”账户；在建工程领用的原材料，借记“在建工程”账户。同时，减记原材料，贷记“原材料”账户。涉及增值税及消费税等相关税费的，还要进行相应的账务处理。

【做中学4-9】时达公司根据“发料凭证汇总表”的记录，3月30日基本生产车间领用K材料500 000元，辅助生产车间领用K材料40 000元，车间管理部门领用K材料5 000元，企业行政管理部门领用K材料4 000元，共计549 000元。时达公司应编制如下会计分录：

借：生产成本——基本生产成本	500 000	
——辅助生产成本	40 000	
制造费用	5 000	
管理费用	4 000	
贷：原材料——K材料		549 000

三、原材料采用计划成本核算

原材料按计划成本核算，是指企业对库存的各种原材料的收、发、存均按预先确定的计划成本在其总账和明细账中予以登记。其主要特点是：先制定各种存货的计划成本目录，规定存货的分类及各种存货的名称、规格、编号、计量单位和计划单位成本。计划单位成本在年度内一般不作调整。平时所有收发凭证均按存货的计划成本计价，总账及明细账按计划成本登记，存货的实际成本与计划成本的差异通过“材料成本差异”账户核算。月份终了，通过分配材料成本差异，将发出存货的计划成本调整为实际成本。计划成本计价核算一般适用于存货品种繁多，收发业务频繁，且具备计划成本资料的大型企业。

（一）原材料采用计划成本核算的账户设置

材料采用计划成本核算时，材料的收发及结存，无论总分类核算还是明细分类核算，均按照计划成本计价。使用的会计账户有“原材料”“材料采购”“材料成本差异”等。

为了核算库存各种材料的收发与结存情况，包括原料及主要材料、辅助材料、外购半成品、修理用备件、包装材料、燃料等的计划成本，企业应设置“原材料”账户。该账户属于资产类账户，具体账户结构如下：

借方　　　　　　原材料	贷方
入库材料的计划成本	发出材料的计划成本
企业库存材料的计划成本	

【请注意】该账户可按照材料的保管地点（仓库）、材料类别、品种和规格等进行明细核算。

为了核算采用计划成本进行材料日常核算而购入的材料采购成本，企业应设置“材料采购”账户。该账户属于资产类账户，具体账户结构如下：

借方　　　　　　材料采购	贷方
企业采购材料的实际成本 结转实际成本小于计划成本的差异数（节约额）	验收入库材料的计划成本 结转实际成本大于计划成本的差异数（超支额）
企业在途材料的采购成本	

【请注意】该账户可按照供应单位和材料品种进行明细核算。

为了核算采用计划成本进行日常核算的材料计划成本与实际成本的差额，企业应设置“材料成本差异”账户。该账户属于资产类账户，具体账户结构如下：

借方	材料成本差异　　　　　　　　　　　　　贷方
入库材料的超支差异 发出材料负担的节约差异	入库材料的节约差异 发出材料负担的超支差异
企业库存材料的实际成本大于计划成本的超支差异	企业库存材料的实际成本小于计划成本的节约差异

【请注意】该账户应分别“原材料”“周转材料”“委托加工物资”等，按类别或品种进行明细核算。

（二）原材料采用计划成本核算业务的账务处理

1.外购原材料

原材料按计划成本计价核算时，不论材料是否入库，都必须先通过“材料采购”账户进行核算，材料验收入库后，再转入“原材料”账户，同时结转材料成本差异。如同原材料按实际成本计价的账务处理一样，企业外购的原材料按计划成本核算时，要根据来源、采用的结算方式等不同情况进行相应账务处理。

（1）单货同到。对于结算凭证等单据与材料同时到达的采购业务，企业应根据结算凭证、发票账单和收料单等单据，借记“材料采购”“应交税费——应交增值税（进项税额）”等账户，贷记“银行存款”“应付账款”“应付票据”等账户；同时，根据收料单按计划成本借记“原材料”账户，贷记“材料采购”账户，并结转入库材料的材料成本差异额。超支差异借记“材料成本差异”账户，贷记“材料采购”账户；节约差异作相反的账务处理。

【提示】计划成本法下，购入的材料无论是否直接验收入库，都要先通过“材料采购”账户进行核算。

①借：材料采购（实际成本）
　　　应交税费——应交增值税（进项税额）
　　　贷：银行存款/其他货币资金等

②借：原材料（计划成本）
　　　贷：材料采购（计划成本）

③结转差异：

　借：材料成本差异（超支差异）
　　　贷：材料采购（超支差异）

　借：材料采购（节约差异）
　　　贷：材料成本差异（节约差异）

【提示】材料成本差异＝实际成本－计划成本

材料成本差异＞0，反映超支差异；材料成本差异＜0，反映节约差异。

【做中学4-10】2021年3月17日，时达公司购入L材料一批，增值税专用发票上注明的价款为3 000 000元，增值税税额为390 000元，发票账单已收到，计划成本为3 200 000元，已验收入库，全部款项以银行存款支付。时达公司应编制如下会计分录：

借：材料采购——L材料 3 000 000

应交税费——应交增值税（进项税额） 390 000

贷：银行存款 3 390 000

同时：

借：原材料——L材料 3 200 000

贷：材料采购——L材料 3 000 000

材料成本差异——L材料 200 000

【请注意】在材料收付业务较多的企业中，为了简化日常核算工作，企业平时可不进行材料入库和结转材料成本差异的总分类核算，待到月终时，通过编制“收料凭证汇总表”汇总进行总分类核算。

（2）单到货未到。对于结算凭证等单据已到、材料未到达的采购业务，企业应根据结算凭证、发票账单等单据，借记“在途物资”“应交税费——应交增值税（进项税额）”等账户，贷记“银行存款”“应付账款”“应付票据”等账户；待收到材料验收入库后，根据收料单按计划成本借记“原材料”账户，贷记“材料采购”账户。

【提示】无入库分录，无结转差异分录！

【做中学4-11】2021年3月19日，时达公司采用汇兑结算方式购入M1材料一批，增值税专用发票上注明的价款为200 000元，增值税税额为26 000元，发票账单已收到，计划成本为180 000元，材料尚未入库，款项已用银行存款支付。时达公司应编制如下会计分录：

借：材料采购——M1材料 200 000

应交税费——应交增值税（进项税额） 26 000

贷：银行存款 226 000

（3）货到单未到。这是指材料已验收入库，但尚未取得增值税扣税凭证，无法确定其实际成本的采购业务。为简化核算手续，月份内发生的，可暂不进行账务处理，若至月末仍未取得增值税扣税凭证，应按照材料的计划成本暂估入账，在下月初用红字冲回。

【做中学4-12】2021年3月28日，时达公司购入M3材料一批，材料已验收入库，发票账单未到，月末应按照计划成本600 000元暂估入账。时达公司应编制如下会计分录：

借：原材料——M3材料 600 000

贷：应付账款——暂估应付账款 600 000

下月初用红字予以冲回：

借：原材料——M3材料 600 000

贷：应付账款——暂估应付账款 600 000

【提示】在实务中，企业也可以集中在月末一次性对本月已付款或已开出并承兑商业汇票的入库材料汇总核算。

2.发出原材料

（1）按计划成本结转发出材料成本。月末，企业根据领料单等编制“发料凭证汇总表”结转发出材料的计划成本，应当根据所发出材料的用途，按计划成本借记“生产成本”“制造费用”“销售费用”“管理费用”等账户，同时贷记“原材料”账户。

【做中学4-13】2021年3月30日，时达公司根据“发料凭证汇总表”的记录，L材料的消耗（计划成本）为：基本生产车间领用2 000 000元，辅助生产车间领用600 000元，车间管理部门领用250 000元，企业行政管理部门领用50 000元。时达公司应编制如下会计分录：

借：生产成本——基本生产成本	2 000 000	
——辅助生产成本	600 000	
制造费用	250 000	
管理费用	50 000	
贷：原材料——L材料		2 900 000

（2）计算发出材料应负担的成本差异。根据《企业会计准则第1号——存货》的规定，企业日常采用计划成本核算的，发出的材料成本应由计划成本调整为实际成本，通过“材料成本差异”账户进行结转，按照所发出材料的用途，分别记入“生产成本”“制造费用”“销售费用”“管理费用”等账户。

$$材料成本差异率=\frac{月初结存材料成本差异额+本月收入材料成本差异额}{月初结存材料计划成本+本月收入材料计划成本}\times 100\%$$

发出材料应负担的成本差异 = 发出材料的计划成本 × 本期材料成本差异率

发出材料应负担的成本差异，必须按月分摊，不得在季末或年末一次计算。如果企业的材料成本差异率各期之间是比较均衡的，也可以采用期初材料成本差异率分摊本期的材料成本差异。年度终了，应对材料成本差异率进行核实调整。计算方法一经确定，不得随意调整。

原材料采用计划成本核算账务处理流程图如图4-1所示。

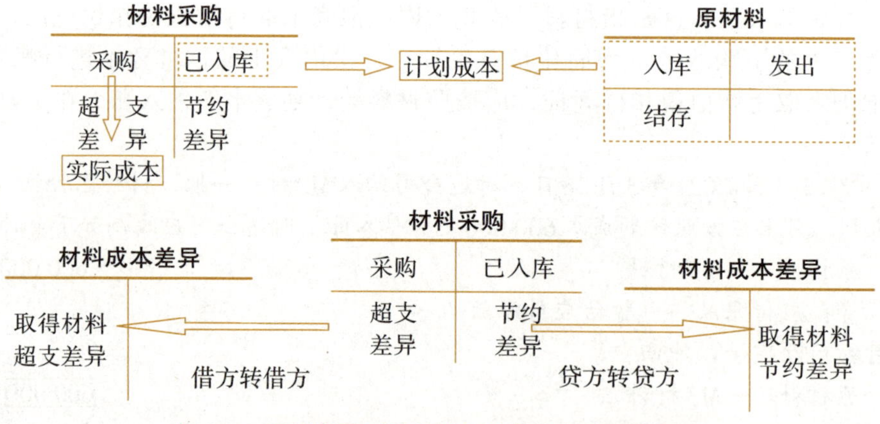

图4-1 原材料采用计划成本核算账务处理流程图

【做中学4-14】沿用【做中学4-10】和【做中学4-13】的资料，时达公司3月初结存L材料的计划成本为1 000 000元，成本差异为超支30 740元；当月入库L材料的计划成本为3 200 000元，成本差异为节约200 000元。则：

材料成本差异率 =（30 740 − 200 000）÷（1 000 000 + 3 200 000）× 100%

= −4.03%

结转发出材料的成本差异，时达公司应编制如下会计分录：

借：材料成本差异——L材料 116 870

贷：生产成本——基本生产成本 80 600

——辅助生产成本 24 180

制造费用 10 075

管理费用 2 015

基本生产成本应分摊的材料成本差异节约额为80 600元（2 000 000 × 4.03%），辅助生产成本应分摊的材料成本差异节约额为24 180元（600 000 × 4.03%），制造费用应分摊的材料成本差异节约额为10 075元（250 000 × 4.03%），管理费用应分摊的材料成本差异节约额为2 015元（50 000 × 4.03%）。

【请注意】原材料采用计划成本计价核算时，原材料等存货的明细分类核算与采用实际成本计价的明细分类核算基本相同，区别在于采用计划成本计价核算时，原材料明细分类账和材料二级分类账都是按计划成本计价的。

任务实施

针对“任务布置”中的经济业务，相关处理程序如下：

第一步，会计审核采购合同及用款申请单。会计仔细审核采购部门提供的已签订的采购合同，以及经公司领导审批的用款申请单，同意用银行存款支付。

第二步，支付货款。公司出纳通过电汇方式，按用款申请单金额支付采购货款。

第三步，收到发票。会计根据仓库提供的入库单，核对到货情况，并收到供应商开具的增值税专用发票。

第四步，入库短缺处理。根据仓库入库时发现的短缺情况，督促采购部门落实短缺材料处理方案。

第五步，收集短缺处理方案凭证。会计收集运输机构同意赔偿4 000元的签字确认书、由保险公司理赔3 000元的相关理赔证明、由公司自行承担1 000元的相关领导签字的审批单，作为账务处理与收款依据。

请写出相关经济业务的会计分录。

任务二 周转材料核算

任务布置

2021年3月10日，华盛公司销售部门领用了一批未用包装物木箱，实际成本为60 000元，采用五五摊销法摊销，出租给客户使用，收到押金50 000元，租金于客户退还包装物时收取30 000元，按13%的税率缴纳增值税，并从押金中扣除。

任务：请会计张红做出相关账务处理。

相关原始凭证：

（1）销售部门经领导审批的领料单；

（2）包装物管理部门（仓库）发料时的出库单；

（3）销售部与客户签订的包装物出租合同；

（4）财务收到客户的押金后，出纳开具的50 000元收款收据；

（5）收取租金时，向客户开具的增值税专用发票；

（6）退回多余押金后，客户出具的收条。

业务产生：公司向客户出租可重复使用的包装物，收取客户的押金与包装物租金，按公司财务制度包装物的摊销方法为五五摊销法。

知识准备

一、周转材料概述

周转材料，是指企业能够多次使用、逐渐转移其价值但仍保持原有形态，不确认为固定资产的材料。周转材料主要包括包装物、低值易耗品以及企业（建造承包商）的钢模板、脚手架等。企业一般应设置“周转材料”账户核算各种周转材料的实际成本或计划成本，对于包装物和低值易耗品，也可以单独设置“包装物”“低值易耗品”账户进行核算。周转材料种类繁多，分布于生产经营的各个环节，具体用途不相同，会计处理也不尽相同。

包装物，是指为了包装本企业商品而储备的各种包装容器，如桶、箱、瓶、坛、袋等。其核算内容包括：生产过程中用于包装产品作为产品组成部分的包装物；随同商品出售而不单独计价的包装物；随同商品出售单独计价的包装物；出租或出借给购买单位使用的包装物。

下列包装物会计上不作为“包装物”核算：各种包装材料，如纸、绳、铁丝、铁皮等，应作为“原材料”核算；在企业生产经营过程中用于储存和保管货物，不对外出售、出租或出借的包装物，如企业生产经营过程中周转使用的包装容器，应按使用年限长短，分别作为“固定资产”或“周转材料——低值易耗品”核算。

低值易耗品，是指不能作为固定资产核算的各种用具物品以及在经营过程中周转使用的包装容器等。低值易耗品一般划分为一般工具、专用工具、替换设备、管理用具、劳动保护用品和其他用具等。低值易耗品与固定资产同属企业的劳动资料，可多次使用而不改变原有的实物形态，但低值易耗品属于价值较低或使用期限较短，易损易耗的工具、设备，因此，低值易耗品被视同存货管理。

这里主要介绍包装物和低值易耗品的核算。

二、周转材料核算的账户设置

为了反映和监督周转材料的收入、发出和结存情况，企业应当设置“周转材料”账户进行核算。该账户属于资产类账户，具体账户结构如下：

借方　　　　　　　　　　周转材料　　　　　　　　　　贷方

借方	贷方
企业取得周转材料的实际成本或计划成本	企业发出周转材料的实际成本或计划成本以及摊销价值
企业在库周转材料的计划成本或实际成本以及在用周转材料的摊余价值	

【请注意】该账户按低值易耗品、包装物进行明细核算，可以采用实际成本核算，也可以采用计划成本核算，其方法与原材料相似。

三、周转材料业务的账务处理

（一）周转材料的摊销

企业应根据周转材料的消耗方式、价值大小、耐用程度等，选择适当的摊销方法，将其账面价值一次或分次计入有关成本费用。当周转材料报废时，将剩余残料收入冲减原记录的成本或费用。

1.一次摊销法

一次摊销法，是指在领用周转材料时，将其账面价值一次计入有关成本费用的一种方法。金额较小或极易损坏的周转材料，可在领用时一次计入成本费用，以简化核算。领用时按其耗用部门及领用的周转材料账面价值，借记“制造费用”“管理费用”“其他业务成本”等账户，贷记“周转材料”账户。但为加强实物管理，应当在备查簿上进行登记。

【做中学4-15】2021年3月18日，时达公司的管理部门领用一批低值易耗品，账面价值为2 000元，采用一次摊销法。同时，报废一批低值易耗品，残料作价100元，作为原材料入库。

借：管理费用　　2 000
　　贷：周转材料——低值易耗品　　2 000
借：原材料　　100
　　贷：管理费用　　100

2.分次摊销法

分次摊销法，是指按照估计领用次数平均摊销周转材料账面价值的一种方法。分次摊销法适用于可供多次反复使用的低值易耗品。在采用分次摊销法的情况下，需要单独设置“在用”、“在库”和“摊销”明细账户。分次摊销法账务处理流程如图4-2所示。

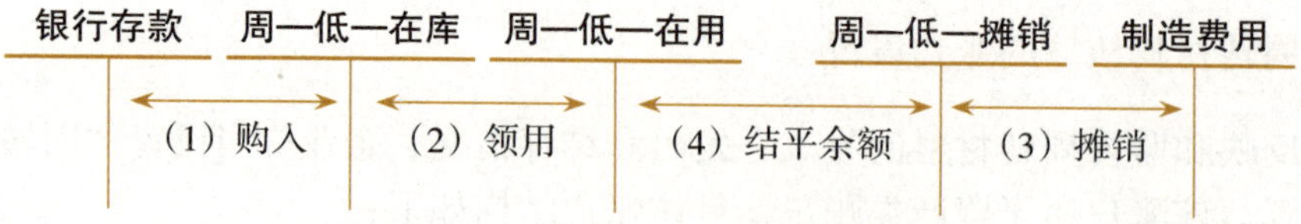

图4-2 分次摊销法账务处理流程图

【做中学4-16】2021年3月18日，时达公司的基本生产车间领用专用工具一批，实际成本为10 000元，不符合固定资产定义，采用分次摊销法进行摊销。该专用工具的估计使用次数为两次。时达公司应编制如下会计分录：

（1）领用专用工具时：

借：周转材料——低值易耗品——在用 10 000

  贷：周转材料——低值易耗品——在库 10 000

（2）第一次领用时摊销其价值的一半：

借：制造费用 5 000

  贷：周转材料——低值易耗品——摊销 5 000

（3）第二次领用时摊销其价值的一半：

借：制造费用 5 000

  贷：周转材料——低值易耗品——摊销 5 000

同时：

借：周转材料——低值易耗品——摊销 10 000

  贷：周转材料——低值易耗品——在用 10 000

（二）周转材料的发出

企业在生产经营过程中领用低值易耗品，可直接根据上述一次摊销法或分次摊销法将其摊销价值记入“制造费用”或“管理费用”等账户进行核算。而对于生产经营过程中领用的包装物，则应按其不同用途分别处理。

1.生产领用包装物

生产领用包装物，应按照领用包装物的实际成本，借记“生产成本”账户，按照领用包装物的计划成本，贷记“周转材料——包装物”账户，按照其差额，借记或贷记“材料成本差异”账户。

【做中学4-17】时达公司对包装物采用计划成本核算，2021年3月19日，生产产品领用包装物的计划成本为100万元，材料成本差异率为－3%。时达公司应编制如下会计分录：

借：生产成本 970 000

  材料成本差异 30 000

  贷：周转材料——包装物 1 000 000

2.随同商品出售包装物

（1）随同商品出售且不单独计价的包装物，应于包装物发出时，计入销售费用，借记“销售费用”账户，贷记“周转材料——包装物”账户。

【做中学4-18】2021年3月19日，时达公司销售商品领用不单独计价包装物的计划成本为50万元，材料成本差异率为－1%。时达公司应编制如下会计分录：

借：销售费用　　495 000
　　材料成本差异　　5 000
　　贷：周转材料——包装物　　500 000

（2）随同商品出售且单独计价的包装物，一方面应反映其销售收入，计入其他业务收入；另一方面应反映其实际销售成本，计入其他业务成本。

【做中学4-19】2021年3月20日，时达公司销售商品领用单独计价包装物的计划成本为80万元，销售收入为100万元，增值税税额为13万元，款项已存入银行。该包装物的材料成本差异率为3%。时达公司应编制如下会计分录：

借：银行存款　　1 130 000
　　贷：其他业务收入　　1 000 000
　　　　应交税费——应交增值税（销项税额）　　130 000

结转所售单独计价包装物的成本：

借：其他业务成本　　824 000
　　贷：周转材料——包装物　　800 000
　　　　材料成本差异　　24 000

3.出租、出借包装物

出租包装物，是指企业将包装物以租赁形式借给购货方暂时使用；出借包装物，是指企业将包装物无偿提供给购货方暂时使用。出租或出借包装物在周转过程中因磨损而减少的价值可根据实际情况采用一次摊销法或分次摊销法进行摊销。采用分次摊销法，应在“周转材料——包装物”账户下设置“库存未用包装物”、“库存已用包装物”和“包装物摊销”等明细账户。

企业出租包装物时，为督促使用单位安全使用并及时归还，应收取一定数额的押金，于使用单位退回包装物时退还对方。同时，为补偿包装物租用过程中的价值损耗及修理费用等，企业向使用单位收取一定数额的租金。在包装物出租期间，企业将双方约定收到的租金作为“其他业务收入”核算。企业出租、出借包装物收到的押金，借记“库存现金”“银行存款”等账户，贷记“其他应付款”账户。退回押金时编制相反的会计分录。对于逾期未退包装物，按没收的押金，借记“其他应付款”账户，按应交的增值税，贷记“应交税费——应交增值税（销项税额）”账户，按其差额，贷记“其他业务收入”账户。按这部分没收的押金收入应交的消费税等税费，借记“其他业务成本”账户，贷记“应交税费——应交消费税”等账户。

【做中学4-20】2021年3月20日，时达公司随同产品销售出租新包装箱10个，单位成本为50元，押金按每个60元收取，款项存入银行。4月20日，收回包装物租金226元（其中增值税26元），从押金中扣除，余款以现金退回。包装物成本在领用时一次转销。时达公司应编制如下会计分录：

借：其他业务成本　　500
　　贷：周转材料——包装物　　500

借：银行存款　　600

贷：其他应付款——存入保证金　　600

借：其他应付款——存入保证金　　600

贷：其他业务收入　　200

应交税费——应交增值税（销项税额）　　26

库存现金　　374

任务实施

针对“任务布置”中的经济业务，相关处理程序如下：

第一步，会计审核包装物出租合同。会计仔细审核销售部门提供的已签订的包装物出租合同。

第二步，开具领料单。销售部门根据合同条款，按公司流程填写领料单，并经相关领导审批后，向包装物管理部门（仓库）领取。

第三步，仓库发货。包装物管理部门（仓库）根据已审批的领料单进行发货，并填写出库单。

第四步，收取押金。出纳人员根据出租合同中的条款，向客户收取押金，并向客户开具收款收据。

第五步，开具发票。租赁期满后，向客户收取包装物租金，会计给客户开具增值税专用发票，并说明租金在押金中扣除。

第六步，退回押金余款。扣除租金后，将多余的押金退还给客户。

请写出相关经济业务的会计分录。

任务三　委托加工物资核算

任务布置

2021年3月16日，华盛公司委托湘云公司加工烟丝，用于连续生产卷烟，适用的增值税税率均为13%，适用的消费税税率均为30%，华盛公司对烟丝按实际成本核算，收回的烟丝用于继续生产卷烟，有关资料如下：

（1）发出原材料的实际成本为550 000元。

（2）以银行存款支付湘云公司加工费20 000元（不含增值税）以及相应的增值税和消费税。

（3）以银行存款支付往返运杂费10 000元（假定不考虑运费的增值税抵扣）。

（4）材料加工完成，已验收入库。

任务：请会计张红做出相关账务处理。

相关原始凭证：

（1）公司与湘云公司签订的委托加工合同；

（2）仓库发货给湘云公司开具的委托加工出库单；

（3）支付加工费、运费前，经相关领导审批的用款申请单；

（4）支付湘云公司加工费的银行回单；

（5）支付运杂费的银行回单；

（6）收到湘云公司开具的加工费增值税专用发票；

（7）收到运输公司开具的运杂费发票；

（8）仓库收到湘云公司发来的原材料烟丝，检验后填制的委托加工入库单。

业务产生：企业在日常生产中，由于车间自身加工设备有限，有些原材料无法全部在公司内完成加工，需要外部加工厂协助完成，因而产生对外委托加工业务。

知识准备

一、委托加工物资概述

委托加工物资是指企业委托外单位加工的各种材料、商品等物资。委托外单位加工完成的存货，以实际耗用的原材料或者半成品成本、加工费、运输费、装卸费和保险费等费用以及按规定应计入成本的税金（这里的税金主要指增值税和消费税）作为实际成本。

二、委托加工物资核算的账户设置

为了反映和监督委托加工物资增减变动及其结存情况，企业应设置“委托加工物资”账户。该账户属于资产类账户，具体账户结构如下：

借方　　　委托加工物资	贷方
委托加工各种材料、商品等物资发生的实际成本	加工完成并验收入库物资的实际成本和收回剩余物资的实际成本
企业委托外单位加工尚未完成的物资的实际成本	

【请注意】该账户应按加工合同、受托加工单位及加工物资的品种等进行明细核算。

三、委托加工物资业务的账务处理

委托加工物资既可按实际成本核算，也可以按计划成本或售价进行核算，其方法与库存商品相似，具体步骤如下：

（一）发出委托加工物资

企业应按发出材料的实际成本，借记“委托加工物资”账户，贷记“原材料”账户。采用计划成本计价的企业，应按计划成本，借记“委托加工物资”账户，贷记“原材料”账户，同时结转材料成本差异。

（二）支付加工费用、税金和运杂费

企业应按支付的加工费、往返运杂费，借记“委托加工物资”账户，贷记“银行存款”等账户。委托方支付的增值税应分别以下情况处理：如果委托方和受托方均为一般纳税人，则委托方支付的增值税可作为进项税额抵扣；如果委托方和受托方有一方不是增值税一般纳税人，则委托方支付的增值税不能作为进项税额抵扣，应计入加工成本。

（三）缴纳消费税

企业委托加工的应税消费品由受托方在向委托方交货时代收代缴税款，受托方通过“应交税费——应交消费税”账户核算。

委托加工应税消费品应由委托方缴纳的、由受托方代收代缴的消费税，应分别下列情况处理：委托方委托加工的应税消费品收回后用于连续生产应税消费品的，所纳税款按规定准予抵扣；委托方将收回的应税消费品以不高于受托方的计税价格出售的，为直接出售，不再缴纳消费税；委托方以高于受托方的计税价格出售的，不属于直接出售，需按照规定申报缴纳消费税，在计税时准予扣除受托方已代收代缴的消费税。

（四）加工完成收回加工物资

企业按收回加工物资的实际成本和剩余物资的实际成本，借记“原材料”“库存商品”等账户，贷记“委托加工物资”账户。

【做中学4-21】2021年3月16日，时达公司委托乙企业加工材料一批（属于应税消费品）。原材料成本为20 000元，支付的加工费为7 000元（不含增值税），消费税税率为10%，收回加工后的材料以高于受托方的计税价格直接用于销售。材料加工完成并已验收入库，加工费用等已经支付。双方适用的增值税税率均为13%。时达公司按实际成本核算原材料，请做出有关账务处理。

（1）发出委托加工材料：

借：委托加工物资——乙企业	20 000	
贷：原材料		20 000

（2）支付加工费用和税金：

应交增值税税额＝7 000×13%＝910（元）

消费税组成计税价格＝（20 000＋7 000）÷（1－10%）＝30 000（元）

受托方代收代缴的消费税＝30 000×10%＝3 000（元）

借：委托加工物资——乙企业	7 000	
应交税费——应交增值税（进项税额）	910	
——应交消费税	3 000	
贷：银行存款		10 910

（3）加工完成，收回委托加工材料：

借：库存商品	27 000	
贷：委托加工物资——乙企业		27 000

任务实施

针对“任务布置”中的经济业务，相关处理程序如下：

第一步，签订委托加工合同。根据生产需要，将现有原材料烟丝委托外单位加工，与湘云公司签订委托加工合同。

第二步，仓库发货。仓库将需加工的烟丝发给湘云公司，开具委托加工出库单，并让对方单位仓库签收确认。

第三步，用款申请。按财务制度对需支付的款项填制用款申请单，找公司领导审批。

第四步，支付加工费及运费。出纳按经批准的用款申请单向湘云公司支付加工费及运输公司的运杂费。

第五步，收取发票。会计及时向湘云公司索取加工费的增值税专用发票，并向运输公司索取运杂费的发票。

第六步，仓库验收入库。湘云公司加工完成，华盛公司收回烟丝，仓库检验合格后填制委托加工入库单，对烟丝办理入库手续。

请写出相关经济业务的会计分录。

任务四 库存商品核算

任务布置

2021年3月31日，华盛公司月末汇总编制“产成品销售出库汇总表”，当月已实现销售的螺纹钢为5 000吨，该月螺纹钢的实际单位成本为2 800元；当月已实现销售的圆钢为8 000吨，该月圆钢的实际单位成本为2 500元；当月已实现销售的线材为6 000吨，该月线材的实际单位成本为3 000元。

任务：请会计张红做出相关账务处理。

相关原始凭证：

（1）产成品销售出库汇总表；

（2）月末产成品成本结转表；

（3）仓库本月开具的出库单；

（4）产成品完工入库汇总表；

（5）库存商品月末进销存报表。

业务产生：月末根据公司本月的产成品销售情况，计算各产成品的主营业务成本，将库存商品的成本结转，并编制进销存报表，做到仓库实物与财务账簿相符。

知识准备

一、库存商品概述

库存商品，是指工业企业的产成品和流通企业外购或委托加工并验收入库准备销售的各种商品。库存商品具体包括库存产成品、外购商品、存放在门市部准备出售的商品、发出展览的商品、寄存在外的商品、接受来料加工制造的代制品和为外单位加工修理的代修品等。

【提示】已完成销售手续但购买单位在月末未提取的产品，不应作为企业的库存商品，而应作为代管商品处理，单独设置代管商品备查簿进行登记。

库存商品可以采用实际成本核算，也可以采用计划成本核算，其方法与原材料相似。采用计划成本核算时，库存商品实际成本与计划成本的差异，可单独设置“产品成本差异”账户核算。核算方法一经确定，不得随意变更。如果变更，需要在会计报表附注中予以说明。

二、库存商品核算的账户设置

为了核算和监督库存商品的收发和结存情况，企业应当设置“库存商品”账户。该账户属于资产类账户，具体账户结构如下：

借方　　　　库存商品	贷方
验收入库的库存商品成本	发出库存商品的成本
企业结存库存商品的实际成本	

【请注意】该账户可按库存商品的种类、品种和规格等进行明细核算。

三、库存商品业务的账务处理

（一）工业企业库存商品业务的账务处理

工业企业的库存商品主要指产成品。产成品，是指企业已经完成全部生产过程并已验收入库，合乎标准规格和技术条件，可以按照合同规定的条件送交订货单位，或者可以作为商品对外销售的产品。工业企业的产成品一般应按实际成本进行核算。产成品的收入、发出和销售，平时只记数量不记金额，月度终了，计算生产完工验收入库产成品的实际成本，按实际成本借记“库存商品”账户，贷记“生产成本——基本生产成本”等账户。对发出和销售产成品，可采用先进先出法、加权平均法、移动加权平均法等方法确定其实际成本，借记“主营业务成本”账户，贷记“库存商品”账户。盘盈、盘亏的库存商品，比照原材料核算相关规定进行账务处理。

【做中学4-22】2021年3月28日，时达公司“商品入库汇总表”记载：已验收入库Y产品1 000台，实际单位成本为5 000元，共计5 000 000元；Z产品2 000台，实际单位成本为1 000元，共计2 000 000元。时达公司应编制如下会计分录：

借：库存商品——Y产品 5 000 000

——Z产品 2 000 000

贷：生产成本——基本生产成本（Y产品） 5 000 000

——基本生产成本（Z产品） 2 000 000

【做中学4-23】2021年3月31日，时达公司汇总发出商品明细：当月已实现销售的Y产品有500台，Z产品有1 500台。该月Y产品实际单位成本为5 000元，Z产品实际单位成本为1 000元。在结转其销售成本时，时达公司应编制如下会计分录：

借：主营业务成本 4 000 000

贷：库存商品——Y产品 2 500 000

——Z产品 1 500 000

（二）商品流通企业库存商品业务的账务处理

对于存货种类繁多的企业，为了简化存货的计价，还可以采用存货估价法对月末存货成本进行估价，待季末、半年末或年末时，再采用发出存货的计价方法，计算发出存货和结存存货的成本，并对估算的存货成本做出调整。常用的存货估价法有毛利率法和售价金额核算法。这两种方法多用于商品流通企业。

1.毛利率法

毛利率法，是指根据本期销售净额乘以上期实际（或本期计划）毛利率匡算本期销售毛利，并据以计算发出存货和期末存货成本的一种方法。其计算公式为：

毛利率＝（销售毛利÷销售净额）×100%

销售净额＝销售收入－销售退回与折让

本期销售成本＝本期销售净额×（1－毛利率）

期末存货成本＝期初存货成本＋本期购货成本－本期销售成本

用毛利率法计算本期销售成本和期末存货成本，在商品流通企业特别是商品批发企业较为常见。商品批发企业同类商品的毛利率大致相同，采用毛利率法估算的存货成本也比较接近实际。毛利率法提供的只是存货成本的近似值，为了合理确定期末存货的实际价值，企业一般应当在每季季末，采用先进先出法、加权平均法等存货计价方法，对结存存货的成本进行一次准确计量，然后根据本季度期初结存存货的成本和本期购进存货的成本，倒挤出本季度发出存货的实际成本，据以调整采用毛利率法估算的发出存货成本。

【做中学4-24】中天批发公司经营甲类商品，2021年第一季度的毛利率为20%，第二季度的进货成本为540万元，4月初甲类商品的结存金额为150万元，4月、5月、6月甲类商品的销售额分别为200万元、180万元、250万元。6月按加权平均法计算甲类商品的结存金额为165万元。

该公司2021年第二季度各月份商品销售成本计算如下：

4月商品销售成本＝2 000 000×（1－20%）＝1 600 000（元）

5月商品销售成本＝1 800 000×（1－20%）＝1 440 000（元）

6月商品销售成本＝1 500 000＋5 400 000－1 600 000－1 440 000－1 650 000

＝2 210 000（元）

上述计算的6月商品销售成本221万元中，包含了6月的实际销售成本，也包含了4月、5月因采用毛利率法匡算的商品销售成本所产生的误差。

以6月为例，结转销售成本的会计分录如下：

借：主营业务成本　　2 210 000

　　贷：库存商品　　2 210 000

2. 售价金额核算法

售价金额核算法，是指平时商品的购进与销售均按售价记账，售价与进价的差额通过专设账户（商品进销差价）核算，期末计算商品进销差价率和本期已售商品应分摊的进销差价，并据以调整本期销售成本的一种方法。

在该方法下，企业应建立实物负责制，将所经营的全部商品按品种、类别及管理的需要划分为若干实物负责小组，确定实物负责人。实物负责人对其所经营的商品负全部经济责任。库存商品总账和明细账都按商品的售价记账，库存商品明细账按实物负责人或小组分户，只记售价金额不记实物数量。对于库存商品进价与售价之间的差额应设置"商品进销差价"账户核算，并在期末计算和分摊已售商品的进销差价。售价金额核算法一般适用于商品零售企业的商品管理与核算。

商品流通企业采用售价金额核算法时，应设置"库存商品"账户核算验收入库的库存商品。"库存商品"账户一律按商品售价登记。该账户借方登记验收入库商品的售价，贷方登记发出商品的售价，期末借方余额反映库存商品的售价。该账户按商品类别或实物负责人进行明细核算。

在售价金额核算法下，为核算库存商品进价与售价之间的差额应设置"商品进销差价"账户。该账户属于资产类账户，也是"库存商品"账户的备抵调整账户。该账户贷方登记购进、加工收回以及销售退回等增加的商品进销差价；借方登记转出已售商品实现的进销差价；期末贷方余额，反映库存商品应保留的进销差价。该账户应按商品类别或实物负责人进行明细核算。月末，应分摊已销商品的进销差价，将已销商品的销售成本调整为实际成本，借记"商品进销差价"账户，贷记"主营业务成本"账户。

$$\text{商品进销差价率}=\frac{\text{期初库存商品进销差价}+\text{本期购入商品进销差价}}{\text{期初库存商品售价}+\text{本期购入商品售价}}\times 100\%$$

$$\text{本期销售商品应分摊的商品进销差价}=\text{本期商品销售收入}\times\text{商品进销差价率}$$

$$\text{本期销售商品的成本}=\text{本期商品销售收入}-\text{本期已销商品应分摊的商品进销差价}$$

$$\begin{matrix}\text{期末结存}\\\text{商品的成本}\end{matrix}=\begin{matrix}\text{期初库存}\\\text{商品的进价成本}\end{matrix}+\begin{matrix}\text{本期购进商品的}\\\text{进价成本}\end{matrix}-\begin{matrix}\text{本期销售}\\\text{商品的成本}\end{matrix}$$

【请注意】企业的商品进销差价率各期之间是比较均衡的，因此，也可以采用上期商品进销差价率计算分摊本期的商品进销差价。年度终了，应对商品进销差价率进行核实调整。

【做中学4-25】开元百货商场2021年3月初库存商品进价成本为100万元，售价总额为110万元，本月购进该商品进价成本为75万元，售价总额为90万元，本月销售收入为120万元。

开元百货商场3月商品进销差价率及已销商品应分摊的商品进销差价计算如下：

商品进销差价率＝（10＋15）÷（110＋90）×100%＝12.5%

已销商品应分摊的商品进销差价＝120×12.5%＝15（万元）

本期销售商品的实际成本＝120－15＝105（万元）

期末结存商品的实际成本＝100＋75－105＝70（万元）

结转销售成本及商品进销差价，编制如下会计分录：

借：主营业务成本	1 050 000	
商品进销差价	150 000	
贷：库存商品		1 200 000

任务实施

针对“任务布置”中的经济业务，相关处理程序如下：

第一步，统计本月销售情况。会计人员按照公司本月的销售情况，结合开出的发票，准确地统计出公司本月产成品的销售出库数量。

第二步，计算各产成品的成本。根据公司财务核算制度，计算出每种产成品料、工、费等组成的实际单位成本（在工业企业中这块儿工作为难点，成本会计对企业数据的统计很重要）。

第三步，编制产成品成本结转表。根据统计的产成品完工入库汇总表、产成品销售出库汇总表，以及计算的本月各产成品的实际单位成本，确定本月应结转的销售产成品成本，并编制库存商品月末进销存报表。

请写出相关经济业务的会计分录。

任务五　存货清查核算

任务布置

2021年3月26日，华盛公司对材料进行清查，根据“实存账存对比表”可知，所列圆钢盘亏60吨，属于保管人陈平的责任，价格为3 000元/吨，经研究由保管人陈平赔偿存货盘亏损失的60%。

任务：请会计张红做出相关账务处理。

相关原始凭证：

（1）经财务人员与仓库人员签字确认后的实存账存对比表，确定盘亏数量；

（2）根据公司的盘点清单，确定盘亏产品的成本；

（3）确认盘亏存货的责任书，60%由陈平负责，由相关人员签字；

（4）由公司自行承担的40%盘亏存货成本由相关领导签字。

业务产生：为规范存货的管理要求，财务部门必须至少每年对仓库进行一次全面盘点，出现账实不符时，找出原因，并确认相关责任人，制订赔偿方案。

知识准备

一、存货清查概述

由于存货种类繁多，收发频繁，在日常收发过程中可能发生计量计算错误、自然损耗、损坏变质以及贪污盗窃等情况，造成账实不符，形成存货的盘盈、盘亏。为了保证存货会计信息真实可靠，企业应对存货进行清查，通过对存货实有数与账面结存数进行核对，确定存货是否账实相符。企业至少应在编制年度财务报告之前，对存货进行一次全面的清查盘点。

存货清查业务流程图

存货清查，是指通过对存货的实地盘点，确定存货的实有数量，并与账面结存数核对，从而确定存货实存数与账面结存数是否相符的一种专门方法。

存货清查采用实地盘点、账实核对的方法。在每次进行清查盘点前，应将已收发的存货数量全部登记入账，并准备盘点清册，抄列各种存货的编号、名称、规格和存放地点。盘点时，应在盘点清册上逐一登记各种存货的账面结存数量和实存数量，并进行核对。对于账实不符的存货，应查明原因，分清责任，并根据清查结果编制“存货盘存报告单”，作为存货清查的原始凭证。

二、存货清查的账户设置

存货清查如果发现盈亏，应填写存货盘点报告单，及时查明原因，并按照规定程序报批处理。为了反映企业在财产清查中查明的各种存货的盈亏和毁损情况，企业应设置“待处理财产损溢”账户，该账户属于资产类账户，具体账户结构如下：

借方　　待处理财产损溢　　贷方

借方	贷方
存货的盘亏、毁损金额及盘盈的转销金额	存货的盘盈金额及盘亏的转销金额

【请注意】“待处理财产损溢”账户期末无余额。

三、存货清查业务的账务处理

（一）存货盘盈

存货盘盈，是指存货的实存数量超过账面结存数量的差额。存货发生盘盈，应按其重置成本作为入账价值，及时登记入账，调整“原材料”“周转材料”“库存商品”等账户的账面价值，同时，将盘盈存货的价值先记入“待处理财产损溢——待处理流动资产损溢”账户，待查明原因按规定的管理权限报经批准后，冲减“管理费用”账户。存货盘盈账务处理示意图如图4-3所示。

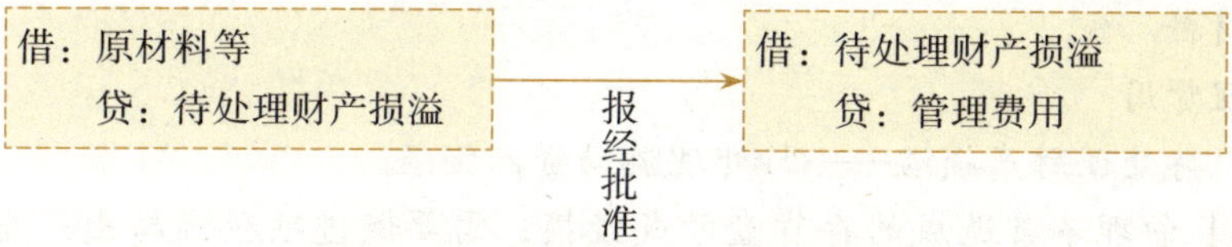

图4-3　存货盘盈账务处理示意图

【做中学4-26】2021年3月31日，时达公司在财产清查中发现盘盈A材料2 000千克，实际单位成本为50元，经查属于材料收发计量错误。时达公司应作如下账务处理：

批准处理前，编制如下会计分录：

借：原材料——A材料　　100 000

　　贷：待处理财产损溢——待处理流动资产损溢　　100 000

批准处理后，编制如下会计分录：

借：待处理财产损溢——待处理流动资产损溢　　100 000

　　贷：管理费用　　100 000

（二）存货盘亏

存货盘亏，是指存货的实存数量少于账面结存数量的差额。存货发生盘亏，应将其账面成本及时转销，将盘亏存货的价值先记入“待处理财产损溢——待处理流动资产损溢”账户，并调整“原材料”“周转材料”“库存商品”等账户的账面价值。盘亏涉及增值税的，还应进行相应处理。存货盘亏及损毁在按规定管理权限报经批准后分别按以下不同情况处理：对于入库的残料价值，记入“原材料”等账户；对于应由保险公司和过失人承担的赔款，记入“其他应收款”账户；扣除残料价值和应由保险公司、过失人赔偿后的净损失，属于一般经营损失的部分，记入“管理费用”账户；属于非常损失的部分，记入“营业外支出”账户。存货盘亏账务处理示意图如图4-4所示。

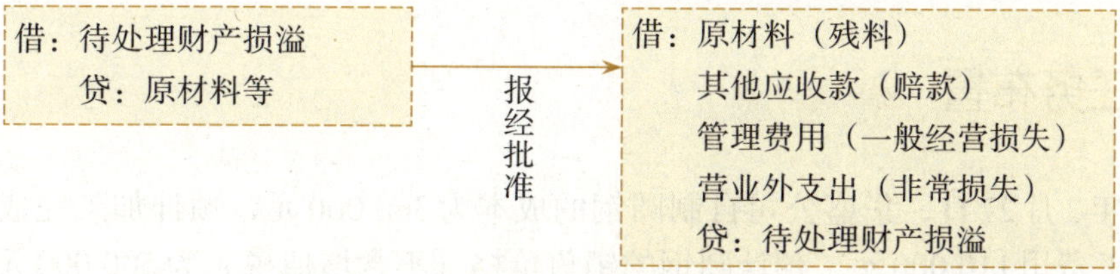

图4-4　存货盘亏账务处理示意图

【做中学4-27】2021年3月31日，时达公司进行期末财产清查，发现毁损B材料200千克，实际单位成本为200元，该批材料已抵扣的进项税额为5 200元。经查属于保管员过失造成，按规定个人赔偿30 000元，残料价值4 000元，已办理入库手续。时达公司应作如下账务处理：

批准处理前，编制如下会计分录：

借：待处理财产损溢——待处理流动资产损溢　　45 200

　　贷：原材料——B材料　　40 000

　　　　应交税费——应交增值税（进项税额转出）　　5 200

批准处理后，编制如下会计分录：

借：其他应收款　　30 000
　　原材料　　4 000
　　管理费用　　11 200
　　贷：待处理财产损溢——待处理流动资产损溢　　45 200

【请注意】管理不善造成的存货盘亏或毁损，需要做进项税额转出；自然灾害造成的存货盘亏或毁损，不需要做进项税额转出。

任务实施

针对“任务布置”中的经济业务，相关处理程序如下：

第一步，财务部门每月组织财产盘点。财务部门每月需组织对公司财产的盘点工作，确定盘点范围、时间、人员等各项要素。

第二步，出具盘点报告。联合财产的管理人员，将实际盘点数量与账面数量核对，确定盘点差异，出具盘点报告。

第三步，确定存货差异价格。根据确认的盘点报告，整理实存账存对比表，并对盘点短缺的存货，确定赔偿价格。

第四步，落实责任。对盘点短缺的存货落实责任，并确认具体的赔偿方案。

请写出相关经济业务的会计分录。

任务六　存货减值核算

任务布置

2021年3月27日，华盛公司自制圆钢的成本为360 000元，预计加工完成该产品尚需发生加工费用110 000元，预计圆钢的销售价格（不含增值税）为500 000元，销售费用为60 000元。假定该圆钢未计提存货跌价准备，且不考虑其他因素的影响，华盛公司按单项比较法计提存货跌价准备。

任务：请会计张红做出相关账务处理。

相关原始凭证：会计自制原始单据——存货跌价准备计提表。

业务产生：在谨慎性原则的前提下，企业的存货根据市场的动态，以及陈旧或者发生毁损存在价格下跌的情况，年末要对企业的存货按照约定的减值办法计提存货跌价准备。

知识准备

一、存货减值概述

存货的初始计量虽然以成本入账，但存货进入企业后可能发生毁损、过时、价格下跌等情况，会使企业持有存货的可变现净值下跌到成本以下，如果期末存货仍以历史成本计价，就会出现虚增资产的现象。因此，为了在资产负债表中更合理地反映期末存货的价值，企业应当选择适当的计价方法对期末存货进行再计价。我国企业会计准则规定，期末存货应按成本与可变现净值孰低法计量。

成本与可变现净值孰低法，是指期末存货按照成本与可变现净值之中的较低者计价的方法。采用这种方法，当期末存货的成本低于可变现净值时，存货仍按成本计量；当期末存货的可变现净值低于成本时，存货则按可变现净值计量，同时按照可变现净值与成本的差额计提存货跌价准备，计入当期损益。

成本，是指期末存货的实际成本，如果日常企业存货采用计划成本核算法或售价金额核算法进行账务处理，应将存货计划成本或售价金额调整为实际成本。

可变现净值，是指存货预计未来净现金流量，即存货估计售价减去至完工时估计将要发生的成本、销售费用以及相关税费后的金额。其中，该存货估计售价的计算确定与是否签订销售合同有关。签有不可撤销合同的，应以合同价格为估计售价；未签销售合同的，应以市场销售价格为估计售价。存货可变现净值的确定方法可归纳如图 4-5 所示。

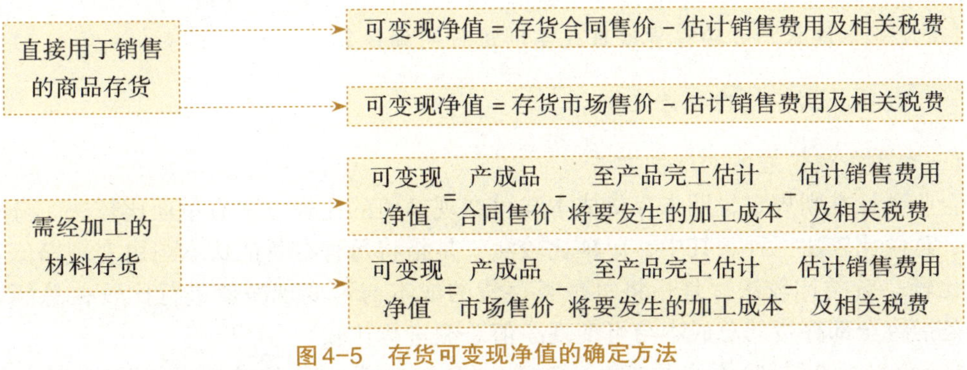

图 4-5 存货可变现净值的确定方法

【提示】在资产负债表日，为生产而持有的材料等，用其生产的产成品的可变现净值高于成本的，该材料仍然应当按照成本计量；材料价格的下降表明产成品的可变现净值低于成本的，该材料应当按照可变现净值计量。即判断用于生产产品的材料是否发生减值时，应先确定用该材料生产的最终产品是否发生减值。如果产品未发生减值，则即使材料的账面价值（成本）已高于市场价格，也不应计提存货跌价准备。

【做中学 4-28】2021 年 3 月 31 日，时达公司有一批库存商品，数量为 200 件，实际成本为120元/件，市场不含税售价为150元/件。如果销售该库存商品，估计将要发生的销售费用和相关税费为10元/件。假设时达公司曾于当年2月6日与A公司签订一份不可撤销合同，双方约定，时达公司向A公司销售库存商品120件，合同不含税售价为140元/件。

2021年3月31日，该批库存商品可变现净值计算如下：

签订合同的120件库存商品的可变现净值＝（140－10）×120＝15 600（元）

未签合同的80件库存商品的可变现净值＝（150－10）×80＝11 200（元）

【做中学4-29】2021年6月30日，时达公司“原材料——钢材”账户余额为600 000元，市场销售价格为550 000元。该批钢材可用于生产C型机器1台。由于钢材的市场销售价格下降，以此批钢材为原材料生产的C型机器的市场销售价格由1 500 000元下降为1 350 000元，但其生产成本仍为1 400 000元。估计将该批钢材加工成C型机器尚需投入800 000元，估计销售费用及税费为50 000元。

2021年6月30日，该批钢材的可变现净值计算如下：

可变现净值＝1 350 000－800 000－50 000＝500 000（元）

二、存货减值核算的账户设置

为了核算存货减值的情况，企业应当设置“存货跌价准备”账户。该账户属于资产类账户，是存货各项目的备抵账户，具体账户结构如下：

借方	存货跌价准备　　　　贷方
存货跌价准备的转回和结转金额	存货跌价准备的提取金额
	企业已计提尚未转销的存货跌价准备

【请注意】该账户可按存货项目或类别进行明细核算。

三、存货减值业务的账务处理

（一）存货跌价准备的计提方法

企业会计准则规定，期末存货成本与可变现净值的比较方法有单项比较法、分类比较法、总额比较法三种。其中，单项比较法，是指将每种存货的成本与可变现净值逐项进行比较；分类比较法，是指将每一类存货的成本与可变现净值进行比较；总额比较法，是指将全部存货的总成本与可变现净值总额进行比较。

【做中学4-30】时达公司有A、B、C、D四种存货，按其性质可分为甲、乙两类。2020年12月31日，在不同比较法下，期末存货的价值及应计提的跌价准备见表4-10。

从表4-10的计算结果可以看出，单项比较法计算的期末存货价值最低，分类比较法次之，总额比较法最高。这说明，比较得越细致，结果越准确，越符合稳健性原则，但计算工作量也越大。

表4-10　期末存货的价值及应计提的跌价准备　单位：元

项目	成本	可变现净值	单项比较法		分类比较法		总额比较法	
			期末计价	应提准备	期末计价	应提准备	期末计价	应提准备
甲类存货	60 000	61 000			60 000	0		
A	24 000	26 000	24 000	0				
B	36 000	35 000	35 000	1 000				
乙类存货	56 000	55 500			55 500	500		
C	36 000	34 500	34 500	1 500				
D	20 000	21 000	20 000	0				
总计	116 000	116 500	113 500	2 500	115 500	500	116 000	0

企业会计准则规定，企业通常应按单项比较法计提存货跌价准备。与在同一地区生产和销售的产品系列相关、具有相同或类似最终用途或目的，且难以与其他项目分开计量的存货，可以合并计提存货跌价准备；对于数量繁多、单价较低的存货，可以按存货类别计提存货跌价准备。

（二）存货跌价准备的计提和转回

资产负债表日，企业应当首先确定存货的可变现净值，既不能提前确定，也不能延后确定，并且在每一个资产负债表日都应当重新确定存货的可变现净值。在确定存货可变现净值的基础上，将存货可变现净值与存货成本进行比较，确定本期存货的减值金额，即本期存货可变现净值低于成本的差额，然后再将本期存货的减值金额与“存货跌价准备”账户原有的余额进行比较，按下列公式计算确定本期应计提的存货跌价准备金额：

$$\text{某期应计提的存货跌价准备}=\text{当期存货可变现净值低于其成本的差额}-\text{“存货跌价准备”账户已有的余额}$$

$$=\text{本期存货的减值金额}-\text{“存货跌价准备”账户余额}$$

【做中学4-31】沿用【做中学4-30】的资料，以表4-10所列单项比较法确认的跌价准备为例，首次计提存货跌价准备应编制如下会计分录：

借：资产减值损失　2 500

　　贷：存货跌价准备——B存货　1 000

　　　　　　　　　　——C存货　1 500

【请注意】存货可变现净值低于存货实际成本的金额并不一定就是本期应计提的存货跌价准备的金额，而是截至目前，企业账面应当存在的存货跌价准备金额（即“存货跌价准备”账户的账面余额）。如果应提金额大于已提金额，则应补提；反之，则应转回。

【做中学4-32】时达公司A存货有关资料如下：2018—2020年年末A存货的实际成本均为50 000元，2018年、2019年和2020年年末可变现净值分别为47 000元、43 000元和48 500元。则该公司各年应计提的存货跌价准备金额及账务处理如下：

2018年年末应计提的存货跌价准备＝50 000－47 000＝3 000（元）

借：资产减值损失　　3 000

　　贷：存货跌价准备——A存货　　3 000

2019年年末应计提的存货跌价准备＝50 000－43 000－3 000＝4 000（元）

借：资产减值损失　　4 000

　　贷：存货跌价准备——A存货　　4 000

2020年年末应计提的存货跌价准备＝50 000－48 500－7 000＝－5 500（元）（负号表示转回）

借：存货跌价准备——A存货　　5 500

　　贷：资产减值损失　　5 500

【请注意】存货跌价准备转回时，转回的存货跌价准备与计提该准备的存货项目或类别应当存在直接对应关系，即导致存货跌价准备转回的原因是以前减记存货价值的影响因素的消失，而不是在当期造成存货可变现净值高于其成本的其他影响因素。

（三）存货跌价准备的结转

企业计提了存货跌价准备，如果其中有部分存货已经销售，则企业在结转销售成本时，应同时结转对其已计提的存货跌价准备。对于因债务重组、非货币性资产交换转出的存货，也应同时结转已计提的存货跌价准备。

【做中学4-33】时达公司2020年年末库存A机器4台，每台成本为5 000元，已经计提的存货跌价准备合计为5 000元。2021年该公司将库存的4台机器以每台6 000元的价格全部售出，适用的增值税税率为13%，货款已收到。时达公司相关账务处理如下：

收到销货款确认收入时，编制如下会计分录：

借：银行存款　　27 120

　　贷：主营业务收入　　24 000

　　　　应交税费——应交增值税（销项税额）　　3 120

结转销售成本和存货跌价准备时，编制如下会计分录：

借：主营业务成本　　15 000

　　存货跌价准备——A机器　　5 000

　　贷：库存商品——A机器　　20 000

任务实施

针对“任务布置”中的经济业务，相关处理程序如下：

第一步，会计月末计算需计提的存货跌价准备金额。会计核算期末存货的可变现净值，发现自制圆钢有跌价的可能，设置“存货跌价准备”账户核算计提的准备金，“存

货跌价准备”账户是“存货”账户的备抵账户，跌价损失记入“资产减值损失”账户

第二步，编制自制原始凭证。用Excel工具自制存货跌价准备计提表。

第三步，编制存货跌价准备业务相关记账凭证。

请写出相关经济业务的会计分录。

案例分析

【请思考】(1) 原油是中国石化的主要原材料，为什么原材料价格的波动对公司的利润有如此大的影响?

(2) 2014年10月，国际原油的价格为近100美元/桶；2015年1月，价格为45美元/桶；2016年1月15日，价格大幅下跌，收盘价跌破30美元/桶。面对油价的持续下跌，中国石化难道就没有办法盈利了吗? 面对跌价损失，公司该如何止损?

中国石化发布2014年年报　净利下滑29.4%

2015年3月22日晚间，中国最大的一体化能源化工公司中国石化发布了2014年年报。年报财务数据显示，公司2014年实现营业收入28 259亿元，同比下滑了1.9%；实现净利润474.3亿元，同比下滑了29.4%，公司此次净利润的下滑也创下了自2008年以来的最大下滑幅度。

净利润下滑的主要原因是原油价格的下跌，公司炼油、化工以及本部业务均由盈转亏，合计亏损53亿元，而上年同期，这三块业务合计盈利超过百亿元。

2015年，中国石化预计国际油价将继续维持疲软，国内成品油市场需求将保持稳定增长，结构进一步调整。全年计划境内生产原油3亿桶，境外4 800万桶；计划生产天然气8 863亿立方英尺。发布年报的同时，中国石化还发布了2015年第一季度业绩预告。预告称，2014年第四季度以来，国际原油价格出现断崖式下跌，2015年第一季度仍处于低位，公司原油价格大幅下滑，炼油和成品油销售业务消化高成本原油、成品油库存，导致公司归属于上市公司股东的净利润同比大幅下降，预计将处于盈亏平衡点附近。

资料来源：刘泽先，彭梦飞. 中国石化发布2014年年报　净利下滑29.4% [EB/OL]. [2015-03-23]. http: //finance.qq.com/a/20150323/010467.htm.

【请注意】请根据本项目内在知识点的逻辑关系，制作思维导图。

项目四
案例分析

项目五

金融资产核算

【学习目标】

1. 掌握交易性金融资产的内容
2. 掌握交易性金融资产的核算
3. 了解交易性金融资产公允价值的确定
4. 掌握债权投资每期投资收益的计算及期初摊余成本的计算
5. 遵守诚实守信、爱岗敬业的会计职业道德要求，具有劳动精神、工匠精神的职业素养
6. 初步具有一定的创新创业能力、分析解决实际问题能力、信息技术应用能力、沟通表达能力、团队合作能力以及终身学习能力

【政策依据】

《企业会计准则——基本准则》

《企业会计准则第22号——金融工具确认和计量》

《企业会计准则第39号——公允价值计量》

《企业内部控制应用指引第6号——资金活动》

思政引导

2015年的中国股市

2015年的中国股市，注定要被载入史册。从6月15日至9月中旬，A股市场经历了3次巨震，17次千股跌停，将上证综合指数从最高5 178点砸至最低2 851点，沪深两市个股平均跌幅近4成，跌幅之大，跌速之快为历史罕见。

股价断崖式下跌引发股民逃离市场，股民们煎熬度日。步入2015年9月，随着一系列救市政策出台，A股市场逐渐在底部寻求支撑。10月，上证综合指数累计上涨10.8%，投资者重拾信心。11月，中国证监会宣布重启IPO，标志着巨震后的A股市场逐步企稳。

投资有风险，入市需谨慎。回首2015年的中国股市，从上半年的暴涨到下半年的暴跌，A股市场仅用了3个多月巨幅震荡便结束了预期的“疯牛”模式。在股指连续暴跌的日子里，市场“哀鸿遍野”，股民度日如年，这段经历将会是每一位市场参与者难以忘却的记忆。

资料来源：搜狐财经. A股历史鸿沟中留下惊人一笔的2015年［EB/OL］.［2019-09-08］. https：//www.sohu.com/a/339610706_100034414.

思考：股票投资的目的是赚取价差还是兼并、控制被投资企业呢？在股市价格起伏不定的时候，企业应该如何进行投资决策呢？

项目导读

金融，是指资金融通，就是筹资和投资。金融工具是指形成一方的金融资产并形成其他方的金融负债或权益工具的合同。金融工具包括金融资产、金融负债和权益工具。金融资产，是指企业持有的现金、其他方的权益工具以及符合下列条件之一的资产：

（1）从其他方收取现金或其他金融资产的合同权利。例如，企业的银行存款、应收账款、应收票据和贷款等均属于金融资产。

【提示】预付账款不是金融资产，因其产生的未来经济利益是商品或服务，不是收取现金或其他金融资产的权利。

（2）在潜在有利条件下，与其他方交换金融资产或金融负债的合同权利。例如，企业持有的债权投资、股权投资、基金投资、衍生金融资产。

（3）将来须用或可用企业自身权益工具进行结算的非衍生工具合同，且企业根据该合同将收到可变数量的自身权益工具。

（4）将来须用或可用企业自身权益工具进行结算的衍生工具合同，但以固定数量的自身权益工具交换固定金额的现金或其他金融资产的衍生工具合同除外。

1.金融资产的分类

企业根据其管理金融资产的业务模式和金融资产的合同现金流量特征，将金融资产分为以下三类：

（1）以摊余成本计量的金融资产，如应收账款、贷款和债权投资；

（2）以公允价值计量且其变动计入其他综合收益的金融资产，如其他债权投资、其他权益工具投资；

（3）以公允价值计量且其变动计入当期损益的金融资产，如交易性金融资产。

【提示】对金融资产的分类一经确定，不得随意变更。

2. 企业管理金融资产的业务模式

（1）业务模式评估。企业管理金融资产的业务模式，是指企业如何管理其金融资产以产生现金流量。业务模式决定企业所管理金融资产现金流量的来源是收取合同现金流量、出售金融资产还是两者兼有。一家企业可能会采用多个业务模式管理其金融资产。企业确定其管理金融资产的业务模式时，应当注意以下方面：①在金融资产组合的层次上确定管理金融资产的业务模式，而不必按照单个金融资产逐项确定业务模式。②一家企业可能会采用多个业务模式管理其金融资产。③企业应当以企业关键管理人员决定的对金融资产进行管理的特定业务目标为基础，确定管理金融资产的业务模式。④企业管理金融资产的业务模式不等于企业持有金融资产的意图，而是一种客观事实，通常可以从企业为实现其设定目标而开展的特定活动中得以反映。⑤企业应当以客观事实为依据，确定管理金融资产的业务模式，不得以按照合理预期不会发生的情形为基础确定。

（2）以收取合同现金流量为目标的业务模式。在以收取合同现金流量为目标的业务模式下，企业管理金融资产旨在通过在金融资产存续期内收取合同付款来实现现金流量，而不是通过持有并出售金融资产产生整体回报。

（3）以收取合同现金流量和出售金融资产为目标的业务模式。在同时以收取合同现金流量和出售金融资产为目标的业务模式下，企业的关键管理人员认为收取合同现金流量和出售金融资产对于实现其管理目标而言都是不可或缺的。

（4）其他业务模式——以出售金融资产为目标。如果企业管理金融资产的业务模式，不是以收取合同现金流量为目标，也不是既以收取合同现金流量又以出售金融资产来实现其目标，该金融资产应当被分类为以公允价值计量且其变动计入当期损益的金融资产。

项目列报

本项目在资产负债表中的列示信息见表5-1。

表5-1 本项目在资产负债表中的列示信息

资产	期末余额	负债和所有者权益（或股东权益）	期末余额
流动资产：			
⋮			
交易性金融资产			
⋮			
非流动资产：			
债权投资			
其他债权投资			
⋮			
其他权益工具投资			
⋮			

任务一　交易性金融资产核算

任务布置

2021年1月至5月，华盛公司发生的交易性金融资产业务如下：

（1）1月1日，向上财证券公司划出投资款1 000万元，款项已通过开户行转入上财证券公司银行账户。

（2）1月2日，委托上财证券公司购入华光上市公司股票100万股，每股8元，另发生相关交易费用2万元，并将该股票划分为交易性金融资产。

（3）1月31日，该股票在上财证券交易所的收盘价格为每股7.70元。

（4）4月30日，该股票在上财证券交易所的收盘价格为每股8.10元。

（5）5月10日，将所持有的该股票全部出售，所得价款为825万元，已存入银行。假定不考虑相关税费。

任务：请会计张红做出相关账务处理。

相关原始凭证：

（1）划出投资款时的银行单据；

（2）委托上财证券购买100万股华光公司股票的凭证；

（3）支付2万元交易费用的凭证；

（4）月底公允价值变动，编制的公允价值变动损益表；

（5）出售华光上市公司股票的凭证。

业务产生：企业在持有大量资金时，为了不让资金闲置，使资金获得更大收益，或者出于某种商业目的，会在资本市场购入上市公司的股票。

知识准备

一、交易性金融资产概述

以公允价值计量且其变动计入当期损益的金融资产，企业应当设置“交易性金融资产”账户核算。

一图看懂借壳上市

满足以下条件之一的金融资产应当划分为交易性金融资产：

（1）取得金融资产的目的主要是近期内出售、回购或赎回。

（2）属于进行集中管理的可辨认金融工具组合的一部分，具有客观证据表明企业近期采用短期获利方式对该组合进行管理。

（3）属于金融衍生工具。但被企业指定为有效套期工具的衍生工具属于财务担保合同的衍生工具、与在活跃市场中没有报价且其公允价值不能可靠计量的权益工具投资挂钩并须通过交付该权益工具结算的衍生工具除外。

交易性金融资产，是指企业为了近期内出售而持有的金融资产，如企业以赚取差价为目的从二级市场购入的股票、债券、基金等。根据交易性金融资产的定义可知，交易性金融资产的确认应同时具备两个条件：一是该项金融资产能够随时出售（即存在活跃市场，公允价值能可靠计量）；二是企业持有该项金融资产的目的是准备随时出售。否则，就不属于交易性金融资产。

二、交易性金融资产核算的账户设置

为了核算和监督交易性金融资产的取得、现金股利和利息的收取、处置等业务，企业应当设置“交易性金融资产”“公允价值变动损益”“投资收益”等账户进行核算。

（一）“交易性金融资产”账户

该账户核算企业为交易目的所持有的债券投资、股票投资、基金投资等交易性金融资产的公允价值。企业持有的直接指定为以公允价值计量且其变动计入当期损益的金融资产也在“交易性金融资产”账户核算。该账户属于资产类账户，具体账户结构如下：

借方　　　　交易性金融资产	贷方
①交易性金融资产的取得成本 ②资产负债表日其公允价值高于账面余额的差额	①资产负债表日其公允价值低于账面余额的差额 ②企业出售交易性金融资产时结转的成本
反映企业持有的交易性金融资产的公允价值	

【请注意】该账户可按交易性金融资产的类别和品种，分别设置“成本”“公允价值变动”等明细账户进行核算。

（二）“公允价值变动损益”账户

该账户核算企业交易性金融资产等的公允价值变动形成的应计入当期损益的利得或损失。该账户属于损益类账户，具体账户结构如下：

借方　　　　公允价值变动损益	贷方
资产负债表日企业持有的交易性金融资产等的公允价值低于账面余额的差额	资产负债表日企业持有的交易性金融资产等的公允价值高于账面余额的差额

【请注意】期末应将该账户余额转入“本年利润”账户，结转后该账户无余额。

（三）“投资收益”账户

该账户核算企业持有交易性金融资产等期间内取得的投资收益以及出售交易性金融资产等实现的投资收益或投资损失。该账户属于损益类账户，具体账户结构如下：

借方	投资收益	贷方
①企业出售交易性金融资产等发生的投资损失 ②企业对外投资活动中发生的交易费用		①企业持有交易性金融资产等期间内取得的投资收益 ②企业出售交易性金融资产等实现的投资收益

【请注意】期末应将该账户余额转入“本年利润”账户，结转后该账户无余额。

三、交易性金融资产业务的账务处理

（一）取得交易性金融资产

企业取得交易性金融资产时，应当按照该金融资产取得时的公允价值作为其初始入账金额。公允价值，是指市场参与者在计量日发生的有序交易中，出售一项资产所能收到或者转移一项负债所需支付的价格。金融资产的公允价值，应当以市场交易价格为基础加以确定。

企业取得交易性金融资产所支付价款中包含了已宣告但尚未发放的现金股利或已到付息期但尚未领取的债券利息的，应当单独确认为应收项目，不构成交易性金融资产的初始入账金额。

交易性金融资产实务操作流程图

企业取得交易性金融资产所发生的相关交易费用应当在发生时作为投资收益进行会计处理，记入“投资收益”账户的借方。交易费用包括支付给代理机构、咨询公司、券商等的手续费和佣金及其他必要支出，不包括债券溢价、折价、融资费用、内部管理成本及其他与交易不直接相关的费用。企业为发行金融工具所发生的差旅费等，不属于交易费用。

企业取得交易性金融资产，应当按照该金融资产取得时的公允价值，借记“交易性金融资产——成本”账户，按照已到付息期但尚未领取的利息或已宣告但尚未发放的现金股利，借记“应收利息”或“应收股利”账户，按照实际支付的金额，贷记“银行存款”等账户，按照支付的交易费用，借记“投资收益”账户。

【做中学5-1】时达公司于2021年5月1日购入中天公司股票10万股，作为以公允价值计量且其变动计入当期损益的金融资产核算，每股买价30元，另支付交易费用5万元，取得的增值税专用发票上注明的增值税税额为3 000元，中天公司已于4月25日宣告分红，每股红利为2元，于5月6日发放。

（1）交易性金融资产的入账成本 = 30 × 10 − 2 × 10 = 280（万元）

（2）5月1日会计分录如下：

借：交易性金融资产——成本	2 800 000	
应收股利	200 000	
投资收益	50 000	
应交税费——应交增值税（进项税额）	3 000	
贷：银行存款		3 053 000

（3）5月6日收到股利时：

借：银行存款　　　　200 000

　　贷：应收股利　　　　200 000

（二）持有交易性金融资产

以公允价值计量且其变动计入当期损益的金融资产采用公允价值进行后续计量，公允价值变动计入当期损益。当公允价值大于账面价值时，借记“交易性金融资产——公允价值变动”账户，贷记“公允价值变动损益”账户。当公允价值小于账面价值时，借记“公允价值变动损益”账户，贷记“交易性金融资产——公允价值变动”账户。

【做中学5-2】沿用【做中学5-1】的资料，6月30日每股市价为25元。

借：公允价值变动损益　　　　300 000

　　贷：交易性金融资产——公允价值变动　　　　300 000

（三）持有期内的红利收益和利息收益

当被投资方宣告分红或利息到期时，借记“应收股利（或应收利息）”账户，贷记“投资收益”账户；收到现金股利或利息时，借记“银行存款”账户，贷记“应收股利（或应收利息）”账户。

【做中学5-3】沿用【做中学5-1】的资料，10月3日中天公司再次宣告分红，每股红利为1.5元，于10月25日发放。

（1）10月3日宣告分红时：

借：应收股利　　　　150 000

　　贷：投资收益　　　　150 000

（2）10月25日收到红利时：

借：银行存款　　　　150 000

　　贷：应收股利　　　　150 000

（四）出售交易性金融资产

企业出售交易性金融资产时，应当将该金融资产出售时的公允价值与其账面余额之间的差额作为投资收益进行会计处理。同时，将原计入公允价值变动损益的该金融资产的公允价值变动转出，由公允价值变动损益转为投资收益。

【做中学5-4】沿用【做中学5-1】至【做中学5-3】的资料，2021年12月31日，每股市价为19元。2022年1月6日时达公司抛售所持股份，每股售价为17元，交易费用2万元。

①2021年12月31日会计分录如下：

借：公允价值变动损益　　　　600 000

　　贷：交易性金融资产——公允价值变动　　　　600 000

②2022年1月6日会计分录如下：

借：银行存款　　　　1 680 000

　　交易性金融资产——公允价值变动　　　　900 000

　　投资收益　　　　220 000

　　贷：交易性金融资产——成本　　　　2 800 000

借：投资收益　　900 000
　　贷：公允价值变动损益　　900 000

任务实施

针对“任务布置”中的经济业务，相关处理程序如下：

第一步，公司在上财证券公司开户。公司如需要在证券市场购买股票，必须在证券公司开户，财务人员持公司营业执照等相关凭证，按证券公司所提出的流程开户。

第二步，将资金转入证券资金账户。根据相关领导同意投资的审批单据，出纳将1 000万元资金从公司的开户银行转到公司的证券资金账户中。

第三步，委托证券公司购买股票。公司委托上财证券公司按照公司的委托要求，购买华光上市公司100万股股票，并支付2万元的交易费用。

第四步，计算公允价值变动损益。每月月底，根据华光上市公司的实际股价情况，编制公允价值变动损益表。

第五步，出售华光上市公司股票。公司委托上财证券公司出售华光上市公司100万股股票，并计算损益情况。

请写出相关经济业务的会计分录。

任务二　以摊余成本计量的金融资产核算

2021年1月1日，华盛公司购入不准备在年内变现的天美公司债券一批，划分为以摊余成本计量的金融资产，债券票面利率为8%，债券面值为100 000元，期限为5年，实际支付价款92 278元，无交易费用。该债券每半年付息一次，到期归还本金并支付最后一次利息。华盛公司购入债券时的实际市场利率为10%。2022年11月1日，华盛公司将天美公司债券全部出售，所得价款为102 417元。

任务：请会计张红做出相关账务处理。

相关原始凭证：

（1）购买天美公司债券的相关合同；

（2）支付债券价款的相关银行凭证；

（3）收到天美公司开出的企业债券原件；

（4）计息时自制的原始凭证；

（5）每半年收到利息的银行单据。

业务产生：企业在持有大量资金时，为了不让资金闲置，使资金获得更大收益，会购买债券市场上公司发行的债券。

知识准备

一、债权投资概述

债权投资，是指债券购买人（投资人、债权人）以购买债券的形式投放资本，到期向债券发行人（借款人、债务人）收取固定的利息以及收回本金的一种投资方式。金融资产同时符合下列条件的，应当分类为以摊余成本计量的金融资产：

（1）企业管理该金融资产的业务模式是以收取合同现金流量为目标；

（2）该金融资产的合同条款规定，在特定日期产生的现金流量，仅为对本金和以未偿付本金金额为基础的利息的支付。

企业一般应当设置“银行存款”“贷款”“应收账款”“债权投资”等账户核算分类为以摊余成本计量的金融资产。

二、以摊余成本计量的金融资产核算的账户设置

为了反映和监督债权投资的取得、收取利息、减值和出售等情况，企业应当设置“债权投资”“投资收益”“债权投资减值准备”等账户进行核算。

（一）“债权投资”账户

该账户核算企业债权投资的摊余成本，属于资产类账户，具体账户结构如下：

借方	债权投资　　　　　贷方
①债权投资的面值 ②溢价取得成本高于面值的差额 ③折价购入利息调整摊销金额 ④期末确定的应计利息	①折价取得成本低于面值的差额 ②溢价购入利息调整摊销金额 ③企业持有债权投资结转的成本
企业债权投资的摊余成本	

【请注意】企业可以按照债权投资的类别和品种，分别设置“成本”“应计利息”“利息调整”等明细账户进行核算。

（二）“债权投资减值准备”账户

该账户核算企业债权投资的减值准备，是“债权投资”账户的备抵账户，具体账户结构如下：

借方	债权投资减值准备　　　　　贷方
①实际发生的债权投资减值损失金额 ②转回的债权投资减值准备金额	资产负债表日计提的债权投资减值准备
	企业已计提但尚未转销的债权投资减值准备

三、以摊余成本计量的金融资产业务的账务处理

以摊余成本计量的金融资产的会计处理，主要包括该金融资产实际利率的计算、摊余成本的确定、持有期间的收益确认及将其处置时损益的处理。以摊余成本计量的金融资产所产生的利得或损失，应当在终止确认、按照规定重分类、按照实际利率法摊销或确认减值时，计入当期损益。

以摊余成本计量的债权投资的相关账务处理如下：

（1）企业取得的以摊余成本计量的债权投资，应按该投资的面值，借记“债权投资——成本”账户，按支付的价款中包含的已到付息期但尚未领取的利息，借记“应收利息”账户，按实际支付的金额，贷记“银行存款”等账户，按其差额，借记或贷记“债权投资——利息调整”账户。

（2）以摊余成本计量的债权投资为分期付息、一次还本的，应按票面利率计算确定的应收未收利息，借记“应收利息”账户，按该金融资产摊余成本和实际利率计算确定的利息收入，贷记“投资收益”账户，按其差额，借记或贷记“债权投资——利息调整”账户。

以摊余成本计量的债权投资为一次还本付息的，应按票面利率计算确定的应收未收利息，借记“债权投资——应计利息”账户，按该金融资产摊余成本和实际利率计算确定的利息收入，贷记“投资收益”账户，按其差额，借记或贷记“债权投资——利息调整”账户。

（3）出售以摊余成本计量的债权投资，应按实际收到的金额，借记“银行存款”等账户，按其账面余额，贷记“债权投资——成本”“债权投资——应计利息”账户，贷记或借记“债权投资——利息调整”账户，按其差额，贷记或借记“投资收益”账户。已计提信用减值准备的，还应同时结转信用减值准备。

企业持有的以摊余成本计量的应收款项、贷款等的账务处理原则，与债权投资大致相同，企业可使用“应收账款”“贷款”等账户进行核算。

摊余成本，是指该金融资产的初始确认金额经下列调整后的结果：（1）扣除已偿还的本金；（2）加上或减去采用实际利率法将该初始确认金额与到期日金额之间的差额进行摊销形成的累计摊销额；（3）扣除计提的累计信用减值准备。

实际利率，是指将金融资产在预期存续期间或适用的更短期间内的未来现金流量，折现为该金融资产账面余额所使用的利率。实际利率在相关金融资产预期存续期间或适用的更短期间内保持不变。

【做中学5-5】2017年1月1日，时达公司支付价款1 000万元（含交易费用），从上海证券交易所购入C公司同日发行的5年期公司债券12 500份，债券票面价值总额为1 250万元，票面年利率为4.72%，于年末支付本年度债券利息（即每年利息为59万元），本金在债券到期时一次性偿还。合同约定，该债券的发行方在遇到特定情况时可以将债券赎回，且不需要为提前赎回支付额外款项。时达公司在购买该债券时，预计发行方不会提前赎回。时达公司根据其管理该债券的业务模式和该债券的合同现金流量特征，将该债券投资分类为以摊余成本计量的金融资产。该债券的实际利率为10%。

时达公司编制债券折价摊销表见表5-2。

表5-2 分期付息、一次还本债券折价摊销表（实际利率法） 单位：万元

年份	期初摊余成本（A）	实际利息收入（B＝A×10%）	现金流入（C）	期末摊余成本（D＝A＋B－C）
2017	1 000	100	59	1 041
2018	1 041	104	59	1 086
2019	1 086	109	59	1 136
2020	1 136	114	59	1 191
2021	1 191	118*	1 309	0

注：*尾数调整：1 250＋59－1 191＝118（万元）。

根据表5-2中的数据，时达公司应编制如下会计分录：

（1）2017年1月1日，购入C公司债券。

借：债权投资——成本（C公司债券） 12 500 000
　　贷：其他货币资金——存出投资款 10 000 000
　　　　债权投资——利息调整（C公司债券） 2 500 000

（2）2017年12月31日，确认C公司债券实际利息收入、收到债券利息。

借：应收利息 590 000
　　债权投资——利息调整（C公司债券） 410 000
　　贷：投资收益 1 000 000
借：银行存款 590 000
　　贷：应收利息 590 000

（3）2018年12月31日，确认C公司债券实际利息收入、收到债券利息。

借：应收利息 590 000
　　债权投资——利息调整（C公司债券） 450 000
　　贷：投资收益 1 040 000
借：银行存款 590 000
　　贷：应收利息 590 000

（4）2019年12月31日，确认C公司债券实际利息收入、收到债券利息。

借：应收利息 590 000
　　债权投资——利息调整（C公司债券） 500 000
　　贷：投资收益 1 090 000
借：银行存款 590 000
　　贷：应收利息 590 000

（5）2020年12月31日，确认C公司债券实际利息收入、收到债券利息。

借：应收利息 590 000
　　债权投资——利息调整（C公司债券） 550 000
　　贷：投资收益 1 140 000
借：银行存款 590 000
　　贷：应收利息 590 000

（6）2021年12月31日，确认C公司债券实际利息收入、收到债券利息并收回本金。

借：应收利息　590 000
　　债权投资——利息调整（C公司债券）　590 000
　　贷：投资收益　1 180 000
借：银行存款　590 000
　　贷：应收利息　590 000
借：银行存款　12 500 000
　　贷：债权投资——成本　12 500 000

任务实施

针对“任务布置”中的经济业务，相关处理程序如下：

第一步，购买债券，签订合同。

公司决定购买天美公司债券，与天美公司签订购买该公司债券的合同。

第二步，支付投资债券款。

根据相关领导同意进行投资的审批单据，出纳将资金打入指定银行账户。

第三步，保存债券原件。

财务部将天美公司的债券原件（或电子件）进行保存。

第四步，计提债券利息。

根据利息的收款情况，每半年计提天美公司的利息，并按时收取利息。

第五步，出售天美公司债券。

公司出售天美公司债券，所得价款存入银行。

请写出相关经济业务的会计分录。

任务三　以公允价值计量且其变动计入其他综合收益的金融资产核算

任务布置

2020年年初，华盛公司通过华西证券购买海天公司一项债券，剩余年限5年，公允价值为90万元，交易费用为5万元。华盛公司根据其管理该债券的业务模式和该债券的合同现金流量特征，将该债券分类为以公允价值计量且其变动计入其他综合收益的金融资产。该债券面值为100万元，票面利率为4%，每年年末付息，到期还本。2020年年末的公允价值为90万元，2021年年末的公允价值为97万元，2022年年初售出此金融资产，售价为110万元，假定无交易费用。

任务：请会计张红做出相关账务处理。

相关原始凭证：

（1）通过华西证券购买海天公司债券的相关合同；

（2）支付债券价款的相关银行凭证；

（3）收到海天公司开出的企业债券原件；

（4）计息时自制的原始凭证；

（5）每年收到利息的银行单据。

业务产生：企业在持有大量资金时，为了不让资金闲置，使资金获得更大收益，会购买债券市场上公司发行的债券。

知识准备

一、以公允价值计量且其变动计入其他综合收益的金融资产概述

金融资产同时符合下列条件的，应当分类为以公允价值计量且其变动计入其他综合收益的金融资产：

（1）企业管理该金融资产的业务模式既以收取合同现金流量为目标又以出售该金融资产为目标。

（2）该金融资产的合同条款规定，在特定日期产生的现金流量，仅为对本金和以未偿付本金金额为基础的利息的支付。

二、以公允价值计量且其变动计入其他综合收益的金融资产核算的账户设置

为了反映和监督以公允价值计量且其变动计入其他综合收益的金融资产的取得、收取现金股利或利息和出售等情况，企业应当设置“其他债权投资”“其他综合收益”“投资收益”等账户进行核算。

（一）“其他债权投资”账户

该账户核算企业持有的以公允价值计量且其变动计入其他综合收益的金融资产的公允价值，属于资产类账户，具体账户结构如下：

借方　　其他债权投资	贷方
①以公允价值计量且其变动计入其他综合收益的金融资产的取得成本 ②资产负债表日其公允价值高于账面余额的差额 ③以公允价值计量且其变动计入其他综合收益的金融资产转回的减值损失等	①资产负债表日其公允价值低于账面余额的差额 ②以公允价值计量且其变动计入其他综合收益的金融资产发生的减值损失 ③出售以公允价值计量且其变动计入其他综合收益的金融资产时结转的成本和公允价值变动
企业以公允价值计量且其变动计入其他综合收益的金融资产的公允价值	

【请注意】企业应当按照以公允价值计量且其变动计入其他综合收益的金融资产的类别和品种，分别设置“成本”“利息调整”“应计利息”“公允价值变动”等明细账户进行核算。

（二）“其他综合收益”账户

该账户核算企业以公允价值计量且其变动计入其他综合收益的金融资产公允价值变动而形成的应计入所有者权益的利得或损失等，属于所有者权益类账户，具体账户结构如下：

借方 其他综合收益	贷方
资产负债表日企业持有的以公允价值计量且其变动计入其他综合收益的金融资产的公允价值低于账面余额的差额等	资产负债表日企业持有的以公允价值计量且其变动计入其他综合收益的金融资产的公允价值高于账面余额的差额等

三、以公允价值计量且其变动计入其他综合收益的金融资产业务的账务处理

以公允价值计量且其变动计入其他综合收益的金融资产的会计处理，与以公允价值计量且其变动计入当期损益的金融资产的会计处理存在类似之处，如均要求按公允价值进行后续计量。但是也有一些不同之处，以公允价值计量且其变动计入其他综合收益的金融资产所产生的利得或损失，除减值损失或利得和汇兑损益外，均应计入其他综合收益，直至该金融资产终止确认或被重分类。采用实际利率法计算的该类金融资产的利息应当计入当期损益。终止确认时，之前计入其他综合收益的累计利得或损失应当从其他综合收益中转出，计入当期损益。相关账务处理如下：

（1）企业取得以公允价值计量且其变动计入其他综合收益的金融资产，应当按照该金融资产投资的面值，借记“其他债权投资——成本”账户，按其支付的价款中包含的已到付息期但尚未领取的利息，借记“应收利息”账户，按实际支付的金额，贷记“银行存款”等账户，按其差额，借记或贷记“其他债权投资——利息调整”账户。

（2）以公允价值计量且其变动计入其他综合收益的金融资产为分期付息、一次还本债券投资的，应按票面利率计算确定的应收未收利息，借记“应收利息”账户，按债券的摊余成本和实际利率计算确定的利息收入，贷记“投资收益”账户，按其差额，借记或贷记“其他债权投资——利息调整”账户。

以公允价值计量且其变动计入其他综合收益的金融资产为一次还本付息债券投资的，应按票面利率计算确定的应收未收利息，借记“其他债权投资——应计利息”账户，按债券的摊余成本和实际利率计算确定的利息收入，贷记“投资收益”账户，按其差额，借记或贷记“其他债权投资——利息调整”账户。

（3）资产负债表日，以公允价值计量且其变动计入其他综合收益的金融资产的公允价值高于其账面价值的差额，借记“其他债权投资——公允价值变动”账户，贷记“其他综合收益——其他债权投资公允价值变动”账户；公允价值低于其账面价值的差额作相反的会计分录。

确定以公允价值计量且其变动计入其他综合收益的金融资产发生减值的，应按减记的金额，借记“信用减值损失”账户，贷记“其他综合收益——信用减值准备”账户。

（4）出售以公允价值计量且其变动计入其他综合收益的金融资产，应按实际收到的金额，借记“银行存款”等账户；按其账面余额，贷记“其他债权投资——成本”“其

他债权投资——应计利息”账户，贷记或借记“其他债权投资——公允价值变动”“其他债权投资——利息调整”账户；按应从其他综合收益中转出的公允价值累计变动额，借记或贷记“其他综合收益——其他债权投资公允价值变动”账户；按应从其他综合收益转出的信用减值准备累计金额，借记“其他综合收益——信用减值准备”账户；按其差额，贷记或借记“投资收益”账户。

【做中学5-6】2018年1月1日，时达公司支付价款1 000万元（含交易费用）从上海证券交易所购入A公司同日发行的5年期公司债券12 500份，债券票面价值总额为1 250万元，票面利率为4.72%，市场利率为10%，于年末支付本年度债券利息（即每年利息为59万元），本金在债券到期时一次性偿还。合同约定，该债券的发行方在遇到特定情况时可以将债券赎回，且不需要为提前赎回支付额外款项。时达公司在购买该债券时，预计发行方不会提前赎回。时达公司根据其管理该债券的业务模式和该债券的合同现金流量特征，将该债券分类为以公允价值计量且其变动计入其他综合收益的金融资产。其他资料如下：

（1）2018年12月31日，A公司债券的公允价值为1 200万元（不含利息）。

（2）2019年12月31日，A公司债券的公允价值为1 300万元（不含利息）。

（3）2020年12月31日，A公司债券的公允价值为1 250万元（不含利息）。

（4）2021年12月31日，A公司债券的公允价值为1 200万元（不含利息）。

（5）2022年1月21日，通过证券市场出售了A公司债券12 500份，取得价款1 260万元。

时达公司编制债券折价摊销表见表5-3。

表5-3 分期付息、一次还本债券折价摊销表（实际利率法） 单位：万元

日期	现金流入（1）	实际利息收入（2）=期初（4）×10%	已收回的本金（3）=（1）－（2）	摊余成本余额（4）=期初（4）－（3）	公允价值（5）	公允价值变动额（6）=（5）－（4）－期初（7）	公允价值变动累计金额（7）=期初（7）+（6）
2018.1.1				1 000	1 000	0	0
2018.12.31	59	100	－41	1 041	1 200	159	159
2019.12.31	59	104	－45	1 086	1 300	55	214
2020.12.31	59	109	－50	1 136	1 250	－100	114
2021.12.31	59	114	－55	1 191	1 200	－105	9

根据表5-3中的数据，时达公司应编制如下会计分录：

（1）2018年1月1日，购入A公司债券。

借：其他债权投资——成本（A公司债券） 12 500 000
　　贷：其他货币资金——存出投资款 10 000 000
　　　　其他债权投资——利息调整（A公司债券） 2 500 000

（2）2018年12月31日，确认A公司债券实际利息收入、公允价值变动，收到债券利息。

借：应收利息 590 000
　　其他债权投资——利息调整（A公司债券） 410 000
　　贷：投资收益 1 000 000

借：银行存款 590 000
　　贷：应收利息 590 000

借：其他债权投资——公允价值变动　　1 590 000

　　贷：其他综合收益——其他债权投资公允价值变动　　1 590 000

（3）2019年12月31日，确认A公司债券实际利息收入、公允价值变动，收到债券利息。

借：应收利息　　590 000

　　其他债权投资——利息调整（A公司债券）　　450 000

　　贷：投资收益　　1 040 000

借：银行存款　　590 000

　　贷：应收利息　　590 000

借：其他债权投资——公允价值变动　　550 000

　　贷：其他综合收益——其他债权投资公允价值变动　　550 000

（4）2020年12月31日，确认A公司债券实际利息收入、公允价值变动，收到债券利息。

借：应收利息　　590 000

　　其他债权投资——利息调整（A公司债券）　　500 000

　　贷：投资收益　　1 090 000

借：银行存款　　590 000

　　贷：应收利息　　590 000

借：其他综合收益——其他债权投资公允价值变动　　1 000 000

　　贷：其他债权投资——公允价值变动　　1 000 000

（5）2021年12月31日，确认A公司债券实际利息收入、公允价值变动，收到债券利息。

借：应收利息　　590 000

　　其他债权投资——利息调整（A公司债券）　　550 000

　　贷：投资收益　　1 140 000

借：银行存款　　590 000

　　贷：应收利息　　590 000

借：其他综合收益——其他债权投资公允价值变动　　1 050 000

　　贷：其他债权投资——公允价值变动　　1 050 000

（6）2022年1月21日，确认出售A公司债券实现的损益。

借：银行存款　　12 600 000

　　其他综合收益——其他债权投资公允价值变动　　90 000

　　其他债权投资——利息调整　　590 000

　　贷：其他债权投资——成本　　12 500 000

　　　　　　　　　　——公允价值变动　　90 000

　　　　投资收益　　690 000

【做中学5-7】2021年12月15日，时达公司购入一项公允价值为1 000万元的债务工具，分类为以公允价值计量且其变动计入其他综合收益的金融资产。该工具合同期限为10年，年利率为5%，实际利率为5%。2021年12月31日，由于市场利率变动，该债务工具的公允价值跌至950万元，时达公司计提信用减值损失30万元。为简化起见，本例不考虑利息。2022年1月1日，时达公司决定以当日的公允价值950万元出售该债务工具。假定不考虑其他因素。时达公司应编制如下会计分录：

（1）购入该工具时：

借：其他债权投资——成本 10 000 000

　贷：银行存款 10 000 000

（2）2021年12月31日：

借：信用减值损失 300 000

　其他综合收益——其他债权投资公允价值变动 500 000

　贷：其他债权投资——公允价值变动 500 000

　　其他综合收益——信用减值准备 300 000

（3）2022年1月1日：

借：银行存款 9 500 000

　投资收益 200 000

　其他综合收益——信用减值准备 300 000

　其他债权投资——公允价值变动 500 000

　贷：其他综合收益——其他债权投资公允价值变动 500 000

　　其他债权投资——成本 10 000 000

借：投资收益 300 000

　贷：信用减值损失 300 000

任务实施

针对“任务布置”中的经济业务，相关处理程序如下：

第一步，购买债券，签订合同。

公司决定购买海天公司债券，与海天公司签订购买该公司债券的合同。

第二步，支付投资债券款。

根据相关领导同意进行投资的审批单据，出纳将资金打入指定银行账户。

第三步，保存债券原件。

财务部将海天公司的债券原件（或电子件）进行保存。

第四步，每年计提债券利息。

根据利息的收款情况，每年计提海天公司的利息，并按时收取利息。

第五步，出售海天公司债券。

请写出相关经济业务的会计分录。

思政园地

目前执行的金融工具准则是财政部于2017年修订的（即新金融工具准则）。自2006

年2月颁布《企业会计准则——基本准则》和38项具体会计准则之后，财政部先后两次对准则进行大规模的修订。第一次发生在2014年，财政部相继对基本准则和5项具体准则进行修订，并新增了3项具体准则和1项准则解释。第二次发生在2017年，财政部陆续发布了6项准则解释、4项会计处理规定，及7项新增或修订的企业会计准则。不难看出，会计准则是在不断发展变化之中的，与会计紧密联系的税收相关政策也处于不断变化之中，作为会计学专业的学生，要自觉提高主动学习意识，只有不断学习，不断更新知识，才能掌握最新的专业知识，才能为提高自身专业技能打下坚实的基础。

大学生是最富有朝气、最富有激情、最富有创造力、最富有创新精神的群体，是祖国的未来和希望，是实现中国梦的中坚力量。新时期的大学生要想立足于社会，就要不断加强自身理论知识的学习，力争用最先进的理论知识武装自己的头脑，只有不断地学习、不断地探索、不断地总结，才能为祖国的建设提供不懈的动力。

案例分析

【请思考】当今企业都希望实现多元化发展，只要有足够的资金，企业至少会选择股票进行投资。股票投资的目的是赚取价差还是兼并、控制被投资企业呢？在股市价格起伏不定的时候，企业应该如何进行投资决策呢？

美国股灾

1987年10月19日，华尔街股市爆发了历史上最大的一次崩盘，成为“华尔街历史上最坏的日子”。

当天收盘时，道·琼斯工业指数平均下降了508.32点，由2 246.72点狂跌到1 738.470点，跌幅达22.6%，创下了一天下跌的最高纪录。而股市的其他指数如NYSE综合价格指数下跌19.2%，AMEX综合指数下跌12.7%，NASDAQ综合指数下跌11.35%。相当于法国全年国民生产总值（5 030亿美元的股票面值）在一天之内化为乌有。日经指数跌幅14.9%，香港恒生指数跌幅11.3%，巴黎、法兰克福、米兰、阿姆斯特丹等股票市场均有6%~11%的下跌，形成全球的股市冲击波。

随着政府一系列的救市措施，1987年10月20日，股票指数上升了102.27点，21日比前一日又回升了186.94点，结束了惊心动魄的黑色星期一。

股市有风险，投资需谨慎！1987年的股灾使得许多百万富翁一夜之间沦为贫民，数以千计的人精神崩溃，使五年多来以股市为推动力，以消费为主导的美国经济出现转折点，全球受到不同程度的影响！

项目五
案例分析

资料来源：佚名．美国股灾［EB/OL］．［2022-08-02］．https://baike.baidu.com/item/%E7%BE%8E%E5%9B%BD%E8%82%A1%E7%81%BE/22386484.

【思维导图】请根据本项目内在知识点的逻辑关系，制作思维导图。

项目六

长期股权投资核算

【学习目标】

1. 掌握长期股权投资的核算
2. 熟悉长期股权投资的核算范围
3. 了解长期股权投资减值的会计处理
4. 树立正确的会计职业道德规范，爱岗敬业、熟悉法规、依法办事、客观公正、诚信服务、保守秘密
5. 初步具有一定的创新创业能力、分析解决实际问题能力、信息技术应用能力、沟通表达能力、团队合作能力以及终身学习能力

【政策依据】

《企业会计准则——基本准则》
《企业会计准则第22号——金融工具确认和计量》
《企业会计准则第39号——公允价值计量》
《企业内部控制应用指引第6号——资金活动》
《企业会计准则第2号——长期股权投资》
《企业会计准则第8号——资产减值》

思政引导

企业并购重组

并购重组是一家企业优化内部结构，扩大企业规模并进入新的市场的最好办法。通过并购重组，企业可以提高自身技术能力，获得先进、专业的设备或技术人员，从而得以开发新产品，获得经济效益。此外，企业还可以分散投资和经营风险，获得战略资源，提高资源利用率，使得其短期内迅速提升市场规模和市场影响力，实现跨越式发展。

近几十年以来，随着经济社会的发展和国内企业经济实力的增强，我国企业并购不仅仅有国内企业的并购，还走出国门，实现了与海外企业的并购重组。

2009年，安踏宣布以3.32亿元的价格收购FILA（斐乐），负责FILA中国商标的产品在中国内地、香港和澳门的推广和分销。此后十年，安踏一步步将斐乐扭亏为盈，而斐乐也助力安踏市值突破千亿，成为仅次于耐克的全球第二大体育服饰品牌！

2012年3月12日，优酷和土豆以100%换股的方式合并。合并后新公司名为“优酷土豆股份有限公司”，二者也从竞争对手转变为亲密的一家人。在视频服务越来越同质化，影视剧版权越来越昂贵，行业竞争越来越激烈的情况下，视频业的两大巨头选择了合并。过去几年，优酷与土豆之间的竞争日趋白热化，双方不惜一切代价要打倒对方，但是双方一直没能为对方带来实质性的打击。同时，视频行业一直无法迎来曙光，两家企业上市之后储备的资金也已花费大半。这时双方选择合并可以稳固双方的地位，并且同时能保证双方的利益。

资料来源：新浪财经网．安踏海外收购模板：FILA中国十年，走向百亿俱乐部［EB/OL］．［2019-10-23］．https：//finance.sina.com.cn/stock/relnews/hk/2019-10-23/doc-iicezzrr4250782.shtml.

思考：你还知道哪些合并收购案例呢？你了解企业合并的方式与合并对价的支付方式吗？

项目导读

长期股权投资，是指投资方对被投资单位实施控制、重大影响的权益性投资，以及对其合营企业的权益性投资。除此之外，其他权益性投资不作为长期股权投资进行核算，而应当按照《企业会计准则第22号——金融工具确认和计量》的规定进行会计核算。

【请注意】2014年，《企业会计准则第2号——长期股权投资》主要修订了长期股权投资的范围。《企业会计准则讲解》中的第四类长期股权投资，“投资企业持有的对被投资单位不具有控制、共同控制或重大影响，并在活跃市场中没有报价、公允价值不能可靠计量的权益性投资”按《企业会计准则第22号——金融工具确认和计量》处理，有助于进一步规范有关会计处理，且按该准则的规定采用成本法计量，不会对实务产生过大的实质性影响。

长期股权投资主要包括以下几个方面：

一是投资企业能够对被投资单位实施控制的权益性投资，即对子公司投资。控制，是指投资方拥有对被投资单位的权利，通过参与被投资单位的相关活动而享有可变回报，并且有能力运用对被投资单位的权利影响其回报金额。控制一般存在于以下情况：投资企业持有被投资单位50%以上的表决权资本；投资企业持有被投资单位50%或以下的表决权资本，但具有实质控制权。投资企业能够对被投资单位实施控制的，被投资单位为其子公司，投资企业应当将子公司纳入合并报表的合并范围。

二是投资企业与其他合营方一同对被投资单位实施共同控制的权益性投资，即对合营企业的投资。共同控制，是指按照相关约定对某项安排所共有的控制，并且该安排的相关活动必须经过分享控制权的参与方一致同意后才能决策。在实务中，一般可以考虑以下情况作为确定基础：①任何一个合营方均不能单独控制合营企业的生产经营活动。②涉及合营企业基本经营活动的决策需要各合营方一致同意。③各合营方可能通过合同或协议的形式任命其中一个合营方对合营企业的日常活动进行管理，但其必须在各合营方已经一致同意的财务和经营政策范围内行使管理权。

三是投资企业对被投资单位具有重大影响的权益性投资，即对联营企业的投资。重大影响，是指投资企业对被投资单位的财务和经营政策有参与决策的权利，但并不能够控制或者与其他方一同控制这些决策的制定。

在实务中，较为常见的重大影响体现为在被投资单位的董事会或类似机构中派有代表，通过在被投资单位生产经营决策制定过程中的发言权实施重大影响；参与被投资单位财务和经营政策制定过程；与被投资单位之间发生重要交易，进而在一定程度上影响被投资单位的生产经营决策；向被投资单位派出管理人员，通过管理人员主导被投资单位的相关活动从而实施重大影响；向被投资单位提供关键技术资料。

长期股权投资计量方法图

在确定能否对被投资单位实施共同控制或重大影响时，应当考虑投资企业和其他方持有的被投资单位当期可转换公司债券、当期可执行认股权证等潜在具有表决权的因素的影响。

项目列报

本项目在资产负债表中的列示信息见表6-1。

表6-1 本项目在资产负债表中的列示信息

资产	期末余额	负债和所有者权益（或股东权益）	期末余额
流动资产：			
⋮			
非流动资产：			
⋮			
长期股权投资（＝“长期股权投资”－“长期股权投资减值准备”）			
⋮			

任务一　成本法下长期股权投资核算

任务布置

2020年1月1日，华盛公司以10 000 000元取得东海公司60%的股权并准备长期持有。5月1日，华盛公司确认东海公司宣告分派的2019年现金股利共1 000 000元。2021年4月30日，华盛公司确认东海公司宣告分派的2020年度现金股利共3 000 000元。2021年6月30日，华盛公司将其持有的东海公司60%的股权全部转让，收到款项13 000 000元。

任务：请会计张红做出相关账务处理。

相关原始凭证：

（1）购入东海公司股权的证明，例如该公司的验资报告、章程等；

（2）支付投资款的银行单据；

（3）支付投资相关税费的银行单据；

（4）收到现金股利的银行单据；

（5）东海公司宣告发放现金股利的凭证，如股东大会通过的发放决议公告；

（6）将东海公司全部股权转让时，各交易环节的银行单据。

业务产生：企业对东海公司进行投资，持有该公司60%的股权，成为该公司的股东，并准备长期持有，对东海公司实施控制。企业对东海公司长期股权投资的最终目标是获得较大的经济利益，或者是进行战略布局。

知识准备

一、成本法概述

成本法，是指投资按成本计价的方法。在成本法下，长期股权投资应当按照初始投资成本计价，追加或收回投资应当调整长期股权投资的初始投资成本（除企业合并形成的外）。企业对子公司的长期股权投资，应当采用成本法核算。这主要是为了避免在子公司实际发放现金股利或利润之前，母公司垫付资金发放现金股利和利润等情况，解决了原来权益法下投资收益不能足额收回导致超分配的问题。如果投资企业为投资性主体且子公司不纳入其合并财务报告，应对子公司的投资按照公允价值计量且其变动计入当期损益。

二、成本法核算的账户设置

采用成本法核算长期股权投资的，为了反映和监督企业长期股权投资的取得、持有和处置等情况，企业应当设置“长期股权投资”“投资收益”“应收股利”等账户。“长期股权投资”账户属于资产类账户，具体账户结构如下：

借方　　长期股权投资	贷方
①长期股权投资取得时的初始投资成本 ②采用权益法核算时按被投资单位实现的净损益、其他综合收益和其他权益变动等计算的应享有的份额	①处置长期股权投资的账面余额 ②采用权益法核算时被投资单位宣告分派现金股利或利润时，企业按持股比例计算应享有的份额，即按被投资单位发生的净亏损、其他综合收益和其他权益变动等计算的应分担的份额
企业持有的长期股权投资的价值	

【请注意】企业应当按照被投资单位进行明细核算。采用权益法核算的，应当分别“投资成本”“损益调整”“其他综合收益”“其他权益变动”进行明细核算。

三、成本法核算业务的账务处理

（一）初始计量

除企业合并形成的长期股权投资以外，以支付现金取得的长期股权投资，应当按照实际支付的购买价款作为初始投资成本，投资企业所发生的与取得长期股权投资直接相关的费用、税费及其他必要支出也应计入长期股权投资的初始投资成本，借记“长期股权投资”账户，贷记“银行存款”等账户。

此外，投资企业取得长期股权投资实际支付的价款或对价中包含的已宣告但尚未发放的现金股利或利润，应作为应收项目处理，不构成长期股权投资的成本，借记“应收股利”账户，贷记“银行存款”账户。投资入账后，除追加或减少投资以及发生减值应调整长期股权投资的账面价值外，长期股权投资的账面价值一般保持不变。企业合并形成的长期股权投资的账务处理将在中级会计实务中继续学习，这里不再赘述。

【做中学6-1】2020年1月10日，时达公司从上海证券交易所购买长信股份有限公司发行的股票51 000 000股准备长期持有，从而拥有长信股份有限公司51%的股份。每股买入价为6元，另外购买该股票时发生有关税费1 530 000元，价款已支付。时达公司应进行如下账务处理：

（1）计算初始投资成本：

股票成交金额（51 000 000×6）	306 000 000
加：相关税费	1 530 000
	307 530 000

（2）编制购入股票的会计分录：

借：长期股权投资——长信股份有限公司	307 530 000	
贷：其他货币资金——存出投资款		307 530 000

（二）后续计量

1. 长期股权投资持有期间被投资单位宣告分派现金股利或利润

在成本法下，长期股权投资持有期间被投资单位宣告分派现金股利或利润时，投资企业按应享有的份额确认为当期投资收益，借记“应收股利”账户，贷记“投资收益”账户。

【做中学6-2】2020年5月15日，时达公司在上海证券交易所购买诚远股份有限公司的股票100 000股作为长期股权投资，每股买入价为10元，每股价格中含有0.2元的已宣告分派的现金股利，另支付相关税费7 000元。时达公司应进行如下账务处理：

（1）计算初始投资成本：

股票成交金额（100 000 × 10）	1 000 000
加：相关税费	7 000
减：已宣告分派的现金股利（100 000 × 0.2）	20 000
	987 000

（2）编制购入股票的会计分录：

借：长期股权投资——诚远股份有限公司　　987 000

　　应收股利——诚远股份有限公司　　20 000

　　贷：其他货币资金——存出投资款　　1 007 000

（3）假定时达公司于2020年6月20日收到诚远股份有限公司分来的购买该股票时已宣告分派的现金股利20 000元。

借：其他货币资金——存出投资款　　20 000

　　贷：应收股利——诚远股份有限公司　　20 000

【做中学6-3】沿用【做中学6-2】的资料，假定时达公司于2021年6月20日收到诚远股份有限公司宣告分派2020年现金股利的通知，应分得现金股利5 000元。时达公司应编制如下会计分录：

借：应收股利——诚远股份有限公司　　5 000

　　贷：投资收益　　5 000

2.处置长期股权投资

处置长期股权投资时，按照实际取得的价款与长期股权投资账面价值的差额确认投资损益，并应同时结转已计提的长期股权投资减值准备。

投资企业处置长期股权投资时，应当按照实际收到的金额，借记“银行存款”等账户，按照原已计提的减值准备，借记“长期股权投资减值准备”账户，按照该项长期股权投资的账面余额，贷记“长期股权投资”账户，按照尚未领取的现金股利或利润，贷记“应收股利”账户，按照其差额，贷记或借记“投资收益”账户。

【做中学6-4】2021年1月20日，时达公司在上海证券交易所将其作为长期股权投资持有的远海股份有限公司15 000股股票以每股10元的价格卖出，支付相关税费1 000元，取得价款149 000元，价款已由银行收妥。该长期股权投资的账面价值为140 000元，假定没有计提减值准备。时达公司应编制如下会计分录：

（1）计算投资收益：

股票转让取得价款	149 000
减：投资账面余额	140 000
	9 000

（2）编制出售股票时的会计分录：

借：其他货币资金——存出投资款　　149 000

　　贷：长期股权投资——远海股份有限公司　　140 000

　　　　投资收益　　9 000

四、长期股权投资减值

（一）长期股权投资减值金额的确定

投资企业应当关注长期股权投资的账面价值是否大于应享有被投资单位所有者权益账面价值的份额等类似情况。出现类似情况时，投资企业应当按照《企业会计准则第8号——资产减值》对长期股权投资进行减值测试，其可收回金额低于账面价值的，应当将该长期股权投资的账面价值减记至可收回金额，减记的金额确认为减值损失，计入当期损益，同时计提相应的资产减值准备。

（二）长期股权投资减值的账务处理

投资企业计提长期股权投资减值准备，应当设置“长期股权投资减值准备”账户进行核算。投资企业按照应减记的金额，借记“资产减值损失——计提的长期股权投资减值准备”账户，贷记“长期股权投资减值准备”账户。

【请注意】长期股权投资减值损失一经确认，在以后会计期间不得转回。

任务实施

针对“任务布置”中的经济业务，相关处理程序如下：

第一步，对东海公司进行股权投资的决策。在实际工作中，需要对被投资公司进行有效的尽职调查，签订保密协议等。

第二步，支付股权投资款。根据相关领导同意进行投资的审批单据，出纳将资金打入东海公司指定银行账户。

第三步，确认宣告分派的股利及收取股利。每年年初，按东海公司股东大会通过的发放股利公告，确认并收到该部分股利。

请写出相关经济业务的会计分录。

任务二　权益法下长期股权投资核算

任务布置

2020年1月1日，华盛公司购入东海公司40%的股份进行长期投资，能够对东海公司施加重大影响，购入时支付价款550万元，其中包括已宣告但尚未发放的现金股利20

万元，同时支付相关税费10万元，购入时东海公司可辨认净资产的公允价值为1 500万元。2020年1月5日，收到现金股利。2020年，东海公司实现净利润600万元。2021年1月1日，东海公司宣告分派现金股利400万元。2021年1月5日，华盛公司收到现金股利。2021年，东海公司实现净利润1 200万元。2021年12月31日，东海公司债权投资公允价值上升200万元。2021年12月31日，该项长期股权投资的可收回金额为1 200万元。2022年1月1日，东海公司宣告分派现金股利400万元。2022年1月5日，华盛公司收到现金股利。2022年1月13日，华盛公司将其持有的东海公司40%的股份全部转让，收到款项1 300万元。

任务：请会计张红做出相关账务处理。

相关原始凭证：

（1）购入东海公司股权的证明，例如该公司的验资报告、章程等；

（2）支付投资款的银行单据；

（3）支付投资相关税费的银行单据；

（4）收到现金股利的银行单据；

（5）东海公司每年的年报，以确认实现的净利润；

（6）东海公司宣告发放现金股利的凭证，如股东大会通过的发放决议公告；

（7）将东海公司全部股份转让时，各交易环节的银行单据。

业务产生：企业对东海公司进行投资，持有该公司40%的股权，成为该公司的股东，并准备长期持有，对东海公司施加重大影响。企业对东海公司长期股权投资的最终目标是获得较大的经济利益，或者是进行战略布局。

知识准备

一、权益法概述

长期股权投资的权益法，是指投资以初始投资成本计量后，在投资持有期间根据投资企业享有被投资单位所有者权益份额的变动对投资的账面价值进行调整的方法。权益法适用于以下两种情形：

（1）企业对被投资单位具有共同控制的长期股权投资，即企业对合营企业的长期股权投资。

（2）企业对被投资单位具有重大影响的长期股权投资，即企业对联营企业的长期股权投资。

投资企业对联营企业的权益性投资，其中一部分是通过风险投资机构、共同基金、信托公司或包括投连险基金在内的类似主体间接持有的，无论以上主体是否对这部分投资具有重大影响，投资企业都可以按照《企业会计准则第22号——金融工具确认和计量》的有关规定，对间接持有的该部分投资选择以公允价值计量且其变动计入当期损益，并对其余部分采用权益法核算。

二、权益法核算的账户设置

采用权益法核算的长期股权投资，为了核算和监督其增减变动及结存情况，企业应设置“长期股权投资”“应收股利”“投资收益”“长期股权投资减值准备”等账户。长期股权投资核算采用权益法的应当分别“投资成本”“损益调整”“其他综合收益”“其他权益变动”进行明细核算。“投资成本”明细账户用来核算长期股权投资成本的增减变动；“损益调整”明细账户用来核算因被投资单位实现净损益或分派现金股利而调整长期股权投资账面价值的金额；“其他综合收益”明细账户用来核算因被投资单位其他综合收益变动而调整的长期股权投资账面价值的金额；“其他权益变动”明细账户用来核算因被投资单位除净损益、其他综合收益变动和利润分配以外的所有者权益变动而调整的长期股权投资账面价值的金额。

三、权益法核算业务的账务处理

（一）初始计量

权益法下，企业应当按照实际支付的购买价款作为初始投资成本。投资企业所发生的与取得的长期股权投资直接相关的费用、税费及其他必要支出应计入长期股权投资的初始投资成本。

此外，投资企业取得长期股权投资，实际支付的价款或对价中包含的已宣告但尚未发放的现金股利或利润，作为应收项目处理，不构成长期股权投资的成本。投资企业取得长期股权投资采用权益法核算，长期股权投资的初始投资成本大于投资时应享有被投资单位可辨认净资产公允价值份额的，该部分差额是投资企业在取得投资过程中通过作价体现的与所取得股权份额相对应的商誉价值，在这种情况下，不要求调整长期股权投资的初始投资成本，借记“长期股权投资——投资成本”账户，贷记“银行存款”等账户。

长期股权投资的初始投资成本小于投资时应享有被投资单位可辨认净资产公允价值份额的，该部分差额体现为双方在交易作价过程中转让方的让步，该部分经济利益流入应计入取得长期股权投资当期的营业外收入，同时调整增加长期股权投资的成本，借记“长期股权投资——投资成本”账户，贷记“银行存款”等账户，按照其差额，贷记“营业外收入”账户。

【做中学6-5】2020年1月20日，时达公司在上海证券交易所购买东方股份有限公司发行的股票50 000 000股准备长期持有，占东方股份有限公司股份的30%。每股买入价为6元，另外，购买该股票时发生相关税费500 000元，款项已用银行存款支付。2019年12月31日，东方股份有限公司所有者权益的账面价值（与其公允价值不存在差异）为1 000 000 000元。时达公司应编制如下会计分录：

（1）计算初始投资成本：

股票成交金额（50 000 000×6）	300 000 000
加：相关税费	500 000
	300 500 000

（2）编制购入股票的会计分录：

借：长期股权投资——东方股份有限公司（投资成本） 300 500 000

贷：其他货币资金——存出投资款 300 500 000

长期股权投资的初始投资成本300 500 000元大于投资时应享有被投资单位可辨认净资产公允价值的份额300 000 000元（1 000 000 000×30%），其差额500 000元不调整长期股权投资的初始投资成本。但是，如果长期股权投资的初始投资成本小于投资时应享有被投资单位可辨认净资产公允价值的份额，应借记“长期股权投资——投资成本”账户，贷记“银行存款”等账户，按照其差额，贷记“营业外收入”账户。

（二）后续计量

1.持有长期股权投资期间被投资单位实现净利润或发生净亏损和实现其他综合收益

投资企业在持有长期股权投资期间，应按照被投资单位实现的净利润中应享有的份额（以取得投资时被投资单位可辨认净资产的公允价值为基础计算），借记“长期股权投资——损益调整”账户，贷记“投资收益”账户。被投资单位发生净亏损时作相反的会计分录，借记“投资收益”账户，贷记“长期股权投资——损益调整”账户，但以“长期股权投资”账户的账面价值减记至零为限，还需承担的投资损失，应将其他实质上构成对被投资单位净投资的“长期应收款”等的账面价值减记至零为限；除按照以上步骤已确认的损失外，按照投资合同或协议约定将承担的损失，确认为预计负债。除上述情况外仍未确认的应分担被投资单位的损失，应在备查簿中登记。发生亏损的被投资单位以后实现净利润的，应按与上述相反的顺序进行处理。

上述“以‘长期股权投资’账户的账面价值减记至零为限”中所说的“长期股权投资”账户是指“长期股权投资——对××单位投资”这个明细账户，该明细账户通常又由“投资成本”“损益调整”“其他综合收益”“其他权益变动”4个明细账户组成，账面价值减记至零即意味着“对××单位投资”的4个明细账户余额合计为零。上述所讲“其他实质上构成对被投资单位净投资的‘长期应收款’等”通常是指投资企业对被投资单位的长期债权，该债权没有明确的清收计划，且在可预见的未来期间不准备收回，实质上构成对被投资单位的净投资。但是，该类长期权益不包括投资企业与被投资单位之间因销售商品、提供劳务等日常活动所产生的长期债权。

发生亏损的被投资单位以后实现净利润的，投资企业计算应享有的份额，如有未确认的投资损失，应先弥补未确认的投资损失，弥补未确认投资损失后仍有余额的，依次借记“长期应收款”账户和“长期股权投资——损益调整”账户，贷记“投资收益”账户。

投资企业采用权益法核算长期股权投资，在确认投资收益和其他综合收益时还需要注意以下两个方面：

一是被投资单位采用的会计政策及会计期间与投资企业不一致的，应当按照投资企业的会计政策及会计期间对被投资单位的财务报表进行调整，并据以确认投资收益和其他综合收益等。

二是投资企业计算确认应享有或应分担被投资单位的净损益时，与联营企业、合营企业之间发生的未实现内部交易损益按照应享有的比例计算归属于投资企业的部分，应予以抵销，在此基础上确认投资收益。投资企业与被投资单位发生的未实现内部交易损失，按照《企业会计准则第8号——资产减值》等的有关规定属于资产减值损失的应当全额确认。

2.被投资单位以后宣告分派现金股利或利润

投资企业计算应分得的部分，借记“应收股利”账户，贷记“长期股权投资——损益调整”账户。

【做中学6-6】沿用【做中学6-5】的资料，2020年东方股份有限公司实现净利润10 000 000元。时达公司按照持股比例确认投资收益3 000 000元。2021年5月15日，东方股份有限公司宣告分派现金股利，每10股派0.3元，时达公司可分派到1 500 000元。2021年6月15日，时达公司收到东方股份有限公司分派的现金股利。假定不考虑其他因素，时达公司应编制如下会计分录：

（1）确定从东方股份有限公司实现的投资收益时：

借：长期股权投资——东方股份有限公司（损益调整）	3 000 000	
贷：投资收益		3 000 000

（2）东方股份有限公司宣告分派现金股利时：

借：应收股利——东方股份有限公司	1 500 000	
贷：长期股权投资——东方股份有限公司（损益调整）		1 500 000

（3）收到东方股份有限公司发放的现金股利时：

借：其他货币资金——存出投资款	1 500 000	
贷：应收股利——东方股份有限公司		1 500 000

收到被投资单位发放的股票股利，不进行账务处理，但应在备查簿中进行登记，在除权日注明增加的股数，以反映股份的变化情况。

投资企业在持有长期股权投资期间，应当按照应享有或应分担被投资单位实现其他综合收益的份额，借记“长期股权投资——其他综合收益”账户，贷记“其他综合收益”账户。其他综合收益包括被投资单位因其他权益工具投资公允价值变动形成的利得与损失、外币报表折算差额等。

【做中学6-7】沿用【做中学6-5】的资料，2020年东方股份有限公司其他权益工具投资的公允价值增加了4 000 000元。时达公司按照持股比例确定相应的其他综合收益为1 200 000元。时达公司应编制如下会计分录：

借：长期股权投资——东方股份有限公司（其他综合收益）	1 200 000	
贷：其他综合收益——东方股份有限公司		1 200 000

3.持有长期股权投资期间被投资单位所有者权益的其他变动

投资企业对于被投资单位除净损益、其他综合收益外所有者权益的其他变动，应当按照持股比例计算应享有的份额，借记或贷记“长期股权投资——其他权益变动”账户，贷记或借记“资本公积——其他资本公积”账户。

【做中学6-8】沿用【做中学6-5】的资料，2020年年末，东方股份有限公司提供的有关资料显示，其在2020年除净损益以外的其他权益变动为1 000 000元。

借：长期股权投资——东方股份有限公司（其他权益变动）	300 000	
贷：资本公积——其他资本公积		300 000

4.长期股权投资的处置

投资企业处置长期股权投资时，将实际取得的价款与长期股权投资账面价值的差额确认为投资损益，采用与被投资单位直接处置相关资产或负债相同的基础，按相应比例对原计入其他综合收益的部分进行会计处理，同时按照结转的长期股权投资的投资成本比例结转“资本公积——其他资本公积”账户中的相关金额。如果对长期股权投资计提了减值准备，还应当同时结转已计提的长期股权投资减值准备。

投资企业处置长期股权投资时，应按照实际收到的金额，借记“银行存款”等账户，按照原已计提的减值准备，借记“长期股权投资减值准备”账户，按照该长期股权投资的账面余额，贷记“长期股权投资”账户，按照尚未领取的现金股利或利润，贷记“应收股利”账户，按照其差额，贷记或借记“投资收益”账户。

同时，应当采用与被投资单位直接处置相关资产或负债相同的基础，对相关的其他综合收益进行会计处理。按照上述原则可以转入当期损益的其他综合收益，应按结转的长期股权投资的投资成本比例结转原记入“其他综合收益”账户的金额，借记或贷记“其他综合收益”账户，贷记或借记“投资收益”账户。

同时，还应按照结转的长期股权投资的投资成本比例结转原记入“资本公积——其他资本公积”账户的金额，借记或贷记“资本公积——其他资本公积”账户，贷记或借记“投资收益”账户。

【做中学6-9】沿用【做中学6-5】、【做中学6-6】、【做中学6-7】和【做中学6-8】的资料，2021年7月20日，时达公司在上海证券交易所出售所有东方股份有限公司的股票50 000 000股，每股售价为10元，价款已收到。时达公司应编制如下会计分录：

借：其他货币资金——存出投资款	500 000 000	
贷：长期股权投资——东方股份有限公司（投资成本）		300 500 000
——东方股份有限公司（损益调整）		1 500 000
——东方股份有限公司（其他综合收益）		1 200 000
——东方股份有限公司（其他权益变动）		300 000
投资收益		196 500 000

同时：

借：其他综合收益——东方股份有限公司	1 200 000	
贷：投资收益		1 200 000
借：资本公积——其他资本公积	300 000	
贷：投资收益		300 000

【请注意】有关权益法下长期股权投资减值的核算请参照成本法下长期股权投资减值的核算。

任务实施

针对“任务布置”中的经济业务，相关处理程序如下：

第一步，对东海公司进行股权投资的决策。在实际工作中，需要对被投资公司进行有效的尽职调查，签订保密协议等。

第二步，支付股权投资款。根据相关领导同意进行投资的审批单据，出纳将资金打入东海公司指定银行账户。

第三步，确认东海公司年报中实现的净利润。每年年初，确认东海公司上一年经审计的财务报告中实现的净利润。

第四步，确认宣告分派的股利及收取股利。每年年初，按东海公司股东大会通过的发放股利公告，确认损益调整，并确认收到该部分股利。

请写出相关经济业务的会计分录。

案例分析

【请思考】企业对外长期股权投资的目的是什么？如果发生亏损减值，会计应当如何处理？

巴菲特承认20亿美元损失　IBM股价跌至五年新低

2015年1月20日，IBM股价跌回4年前，被誉为“股神”的巴菲特持有7 000多万股IBM股份，损失已超20亿美元。

IBM的第一大股东是巴菲特的伯克希尔·哈撒韦公司，是巴菲特重仓股中表现欠佳的一只。因向云计算和数据分析领域转型而业绩受挫，IBM第三季度营业收入同比下降14%，降至193亿美元，连续第14个季度销售业绩增长收缩，2015年股价已经跌去近14%。

浮盈浮亏

对于“股神”巴菲特来说，只要对持有的公司抱有坚定的信念，浮亏再多也不必“割肉”。

2015年11月10日，巴菲特的伯克希尔·哈撒韦公司第三季度净利增逾一倍，仅亨氏和卡夫的合并就贡献了近半的利润，但也难以掩盖在IBM上巨亏20亿美元的现实。

割肉

资料来源：华尔街见闻. 浮亏高达20亿美元　巴菲特仍坚定持有IBM股票［EB/OL］.［2015-11-07］. http：//money.163.com/15/1107/10/B7QFIR4B00254R91.html#p = AOI7UO1 K0APS0025. 华尔街见闻. 巴菲特承认20亿美元损失　IBM股价跌至五年新低［EB/OL］.［2015-11-10］. http：//money.163.com/15/1110/07/B81TROL400251LK6.html#from = keyscan.

【思维导图】请根据本项目内在知识点的逻辑关系，制作思维导图。

项目六
案例分析

项目七

固定资产及其他资产核算

【学习目标】

1. 掌握固定资产、无形资产、投资性房地产的核算
2. 了解固定资产、无形资产和采用成本模式进行后续计量的投资性房地产减值的会计处理
3. 了解采用公允价值模式进行后续计量的投资性房地产的公允价值的确定
4. 树立正确的会计职业道德规范，爱岗敬业、熟悉法规、依法办事、客观公正、诚信服务、保守秘密
5. 初步具有一定的创新创业能力、分析解决实际问题能力、信息技术应用能力、沟通表达能力、团队合作能力以及终身学习能力

【政策依据】

《企业会计准则第4号——固定资产》

《企业会计准则第6号——无形资产》

《企业会计准则第3号——投资性房地产》

《企业会计准则第8号——资产减值》

《企业会计准则——应用指南》

《企业内部控制应用指引第8号——资产管理》

《企业内部控制应用指引第11号——工程项目》

《中华人民共和国增值税暂行条例》

《关于印发〈增值税会计处理规定〉的通知》（财会〔2016〕22号）

思政引导

广药集团与加多宝的商标之争

2011年，广药集团要求加多宝集团停止使用王老吉商标，一场长达7年的诉讼拉锯战自此展开。

2012年5月，中国国际经济贸易仲裁委员会作出裁决，判令补充协议无效，加多宝在2010年之后再使用王老吉商标的行为被视为侵权。

2014年，广药集团向广东省高院提起民事诉讼，要求判令加多宝赔偿2010年5月—2012年5月期间侵犯王老吉商标权给王老吉带来的经济损失共计10亿元，此后又将赔偿增加至29亿元。根据一审判决，加多宝方面共需赔偿广药集团经济损失和合理维权费用共计14.4亿元。加多宝不服，并向最高人民法院提起上诉。

2019年，该案发回广东省高级人民法院重审。2019年8月，广药集团与加多宝分别发布公告，最高人民法院对二者之争有了判决结果：

加多宝公司应停止发布包含"中国每卖10罐凉茶7罐加多宝"广告词的广告，以及立即停止使用并销毁印有："全国销量领先的红罐凉茶——加多宝"广告词的产品包装；并赔偿广药集团100万元。而加多宝"红罐凉茶改名加多宝"等相关广告，则判决不构成虚假宣传。同时，最高人民法院也驳回了广药集团的其他诉讼请求。

在这场耗时近十年却仍未完全谢幕的商业诉讼中，商标、包装装潢、广告语等知识产权悉数登场，并都成为双方交锋的战场。从王老吉和加多宝之争可以看出，如果对自身知识产权不做好周全保护，营销再好也只是为他人作嫁衣。

资料来源：新浪网财经．"王老吉"商标案重审 加多宝与广药纠纷再起波澜［EB/OL］.［2019-07-02］. https: //news.sina.com.cn/o/2019-07-02/doc-ihytcitk9123422.shtml.

思考：你知道哪些商标维权的案例？此案例能给我们什么启示？

项目导读

固定资产，是指为生产商品、提供劳务、出租或经营管理而持有且使用寿命超过一个会计年度的有形资产。固定资产是企业的主要劳动手段，属于物质资料生产过程中用来改变或影响劳动对象的主要劳动资料，它是企业发展生产事业的物质技术基础，管好、用好固定资产，促进固定资产不断增值和提高固定资产的使用效益，是会计工作的重要任务。固定资产价值管理由企业的财务部门负责，财务部门应设专门人员掌握其增减变动和使用情况，组织资产核算，办理资产出售、报废，组织资产清查，督促资产更新改造和大修理，并指导资产使用部门妥善管理。

无形资产，是指企业拥有或者控制的没有实物形态的可辨认非货币性资产。无形资产是企业一种重要的战略资源，在企业的发展过程中发挥着巨大的作用。企业必须设立专门的无形资产管理人员和机构。很多企业内部的无形资产种类多、数量大，涉及领域比较广泛。要管理好无形资产，必须掌握相关的理论知识、法规和管理方法，这就要求企业必须拥有相当数量的专业人员，在相应的机构中管理无形资产，从事无形资产的登记、分类、评估、投资、组合和报批等工作，使无形资产得到有效的经营、管理和保护，避免无形资产的流失。

投资性房地产，是指为赚取租金或资本增值，或两者兼有而持有的房地产。投资性房地产应当能够单独计量和出售。企业持有的房地产除了用于自身管理、生产经营和对外销售之外，也用于赚取租金和取得增值收益。就某些企业而言，投资性房地产属于日常经常性活动，形成的租金收入或转让增值收益被确认为主营业务收入；而对于大部分企业而言，投资性房地产是与经营活动相关的其他经营活动，形成的租金收入或转让增值收益被确认为其他业务收入。

项目列报

本项目在资产负债表中的列示信息见表7-1。

表7-1 本项目在资产负债表中的列示信息

资 产	期末余额	负债和所有者权益（或股东权益）	期末余额
流动资产：			
⋮			
非流动资产：			
⋮			
投资性房地产：成本模式计量（=“投资性房地产”-“投资性房地产累计折旧（摊销）”-“投资性房地产减值准备”） 公允价值模式计量（=“投资性房地产”）			
固定资产（=“固定资产”-“累计折旧”-“固定资产减值准备”+“固定资产清理”）			
在建工程（=“在建工程”-“在建工程减值准备”+“工程物资”-“工程物资减值准备”）			
⋮			
无形资产（=“无形资产”-“累计摊销”-“无形资产减值准备”）			
开发支出（=“研发支出”）			
长期待摊费用（=“长期待摊费用”-“一年内到期的非流动资产”）			
⋮			

任务一 固定资产核算

任务布置

2020年至2022年，华盛公司与固定资产有关的业务资料如下：

（1）2020年12月6日，华盛公司购入一条需要安装的生产线，取得的增值税专用发票上注明的价款为2 000万元，增值税税额为260万元，发生保险费5万元，款项均以银行存款支付；没有发生其他相关税费。生产线已投入安装，假定该生产线的增值税可以抵扣。

（2）2020年12月11日，华盛公司安装领用生产用原材料的实际成本和计税价格均为20万元，发生安装工人工资10万元，没有发生其他相关税费。该原材料未计提存货跌价准备。

（3）2020年12月31日，该生产线达到预定可使用状态，当日投入使用。该生产线的预计可使用年限为12年，预计净残值为55万元，采用直线法计提折旧。

（4）2021年12月31日，华盛公司在对该生产线进行检查时发现其已经发生减值。该生产线可收回金额为1 615.12万元。

（5）2022年1月1日，该生产线的预计尚可使用年限为10年，预计净残值为25.12万元，采用直线法计提折旧。

（6）2022年6月30日，华盛公司将生产线出售，取得价款1 600万元，支付清理费用20万元。

任务：请会计张红做出相关账务处理。

相关原始凭证：

（1）购买设备时签订的采购合同；

（2）购买设备时，相关领导审批签字的用款申请单；

（3）购入生产线设备的增值税专用发票；

（4）支付款项时的银行回单；

（5）安装设备时，向仓库领料的领料单；

（6）安装设备时，向安装工人发放工资的工资单；

（7）设备安装完成时，出具的设备验收入库单；

（8）确认减值时，自制的设备减值计提单；

（9）设备出售时，签订的销售合同；

（10）设备出售时，开具的增值税专用发票；

（11）收到出售设备价款时的银行回单。

业务产生：公司根据生产需要，购入生产线设备（该设备需要通过安装才能达到预定可使用状态），支付相关款项，并且在使用过程中发现该设备的价值明显下跌，需对固定资产计提减值准备。公司为再次提升车间的设备使用功能，对使用过的淘汰的设备对外出售，并收到相应款项。

知识准备

一、固定资产概述

固定资产是指为生产商品、提供劳务、出租或经营管理而持有且使用寿命超过一个会计年度的有形资产。自建工程过程如图7-1所示。

图7-1　自建工程过程图

（一）固定资产的确认

固定资产在符合其定义的前提下，同时满足下列条件的，才能予以确认：

（1）与该固定资产有关的经济利益很可能流入企业；

（2）该固定资产的成本能够可靠计量。

如果固定资产的各组成部分具有不同使用寿命或者以不同方式为企业提供经济利益，且适用不同折旧率或折旧方法的，应当分别将各组成部分确认为单项固定资产。

企业由于安全或环保要求购入设备等，虽不能直接给企业带来未来经济利益，但有助于企业从其他相关资产的使用中获得未来经济利益，也应确认为固定资产。

【提示】固定资产具备以下三个特征：

（1）企业持有固定资产的目的，是满足生产商品、提供劳务、出租或经营管理的需要，而不像库存商品一样是对外出售。这是固定资产区别于存货的重要标志。

（2）企业使用固定资产的期限较长，一般超过1年。这一特征表明企业固定资产的收益期超过1年，能在1年以上的时间里创造经济利益。这意味着固定资产属于非流动资产，随着使用和磨损，通过计提折旧的方式其账面价值逐渐减少。

（3）固定资产具有实物形态。这一特征是固定资产区别于无形资产的主要标志。有些无形资产可能同时符合固定资产的其他特征，但是，由于其没有实物形态，不属于固定资产。

（二）固定资产的分类

根据不同的管理需要和核算要求以及不同的分类标准，可以对固定资产进行不同的分类，主要有以下几种分类方法（如图7-2所示）：

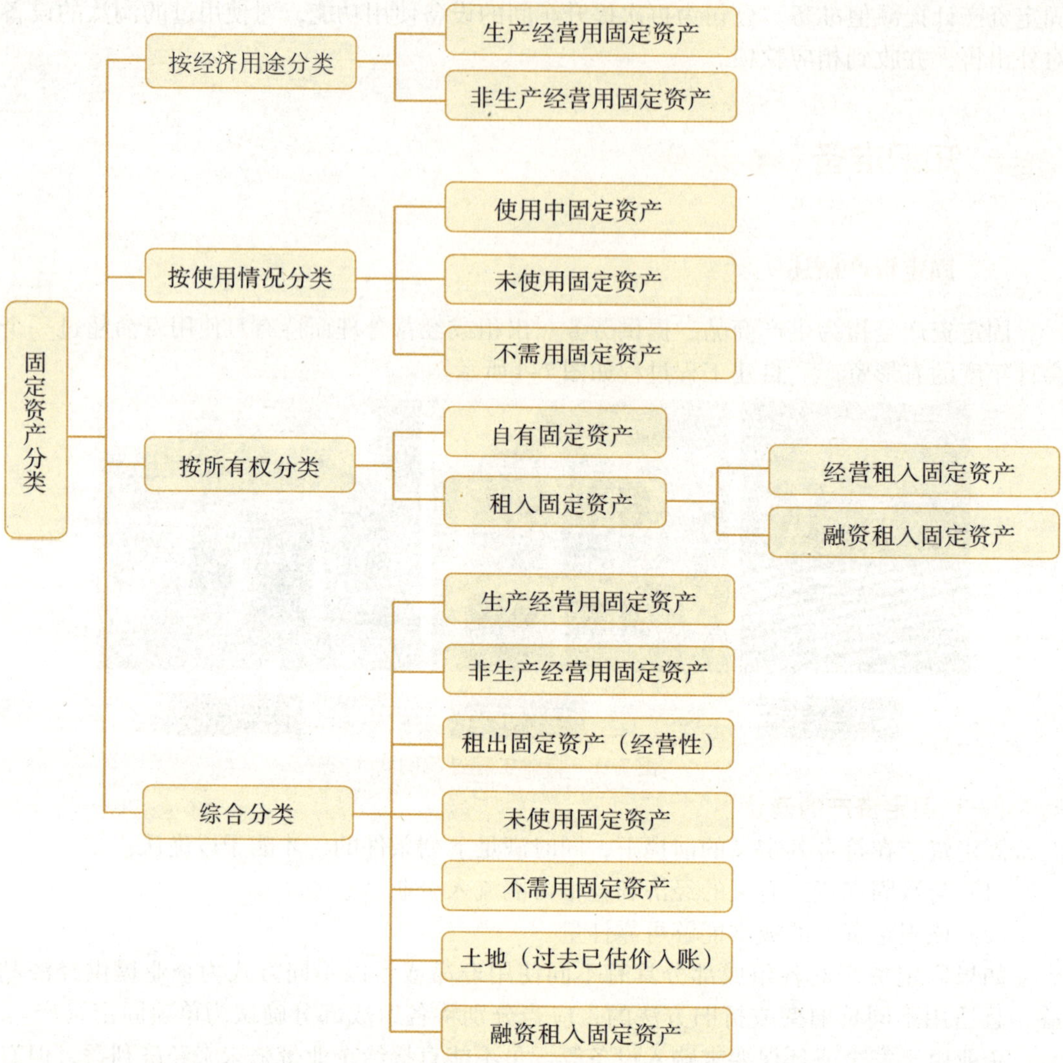

图7-2 固定资产的分类

【提示】由于各企业的经营性质不同、经营规模各异，对固定资产的分类不可能完全一致，也没必要要求统一，企业可根据自己的具体情况和管理需要进行必要的分类。但在实际工作中，大多数企业采用综合分类的方法作为编制固定资产目录、进行固定资产核算的依据。

（三）固定资产的计价标准

为了正确反映固定资产价值的增减变动，企业应按一定的标准对固定资产进行计价。固定资产的计价标准一般有以下三种：

1.原始价值

原始价值也称原值或原价，是指企业取得固定资产在达到预定可使用状态前所发生的全部合理支出。原始价值是固定资产取得时的实际成本，是客观真实、可以复核的，是固定资产的基本计价标准。

2.重置成本

重置成本也称重置价值，是指企业在当前条件下，重新购置同样的固定资产所发生的全部合理支出。一般在购入旧的固定资产、固定资产盘盈、接受捐赠固定资产等无法确定其原始价值的情况下，或者在接受旧的固定资产投资的情况下，才采用重置价值计价。

3.净值

净值也称折余价值，是指固定资产原始价值减去已提折旧后的余额。用净值与原始价值比较可反映企业固定资产的新旧程度。企业根据这个计价标准可以合理制订固定资产的更新计划，适时进行固定资产的更新等。

二、固定资产核算的账户设置

为了核算和监督固定资产的取得、计提折旧、处置等情况，企业应当设置“固定资产”“累计折旧”“在建工程”“工程物资”“固定资产清理”“固定资产减值准备”等账户。

（一）“固定资产”账户

该账户核算企业持有固定资产的原始价值，属于资产类账户。具体账户结构如下：

借方　　　　固定资产	贷方
企业增加的固定资产原价	企业减少的固定资产原价
企业期末固定资产的账面原价	

【请注意】企业应当设置“固定资产登记簿”和“固定资产卡片”。该账户可按固定资产类别、使用部门和每项固定资产进行明细核算。

（二）“累计折旧”账户

该账户属于“固定资产”账户的调整账户，核算企业固定资产的累计折旧。具体账户结构如下：

借方　　　　累计折旧	贷方
企业处置固定资产转出的累计折旧	企业计提的固定资产折旧
	企业固定资产的累计折旧额

【请注意】该账户可按固定资产类别或项目进行明细核算。

（三）“在建工程”账户

该账户核算企业基建、更新改造等在建工程发生的支出，属于资产类账户。具体账户结构如下：

借方　　　　在建工程	贷方
企业各项在建工程的实际支出	企业完工工程转出的成本
尚未达到预定可使用状态的在建工程的成本	

【请注意】该账户可按“建筑工程”“安装工程”“在安装设备”等进行明细核算。

（四）“工程物资”账户

该账户核算企业为在建工程而准备的各种物资的实际成本，属于资产类账户。具体账户结构如下：

借方　　工程物资	贷方
企业购入工程物资的成本	企业领用工程物资的成本
企业为在建工程准备的各种物资的成本	

【请注意】该账户可按“专用材料”“专用设备”“工器具”等进行明细核算。

（五）“固定资产清理”账户

该账户核算企业因出售、报废、毁损、对外投资、非货币性资产交换、债务重组等原因转出的固定资产价值以及在清理过程中发生的费用等，属于资产类账户。具体账户结构如下：

借方　　固定资产清理	贷方
①转出的固定资产账面价值 ②清理过程中应支付的相关税费及其他费用	固定资产清理完成的处理
企业尚未清理完毕的固定资产清理净损失	企业尚未清理完毕的固定资产清理净收益

【请注意】企业应当按照被清理的固定资产项目进行明细核算。

（六）“固定资产减值准备”账户

该账户核算固定资产因发生损坏、技术陈旧或者其他经济原因，导致其可收回金额低于其账面价值，企业应当按其差额计提的减值准备。该账户属于“固定资产”账户的备抵账户，具体账户结构如下：

借方　　固定资产减值准备	贷方
处置固定资产时结转的减值准备	计提的固定资产减值准备
	企业已计提但尚未转销的固定资产减值准备

此外，企业在建工程、工程物资发生减值的，还应当设置“在建工程减值准备”“工程物资减值准备”等账户进行核算。

三、固定资产业务的账务处理

（一）取得固定资产

1.取得固定资产成本的确定

固定资产应当按照成本进行初始计量。在实务中，企业取得固定资产的方式是多种多样的，包括外购、自行建造、投资者投入以及非货币性资产交换、债务重组、企业合并和融资租赁等。固定资产取得的方式不同，其成本的具体构成内容及确定方法也不尽相同。这里主要介绍企业通过外购、建造等途径取得的固定资产的核算。融资租入的固定资产的核算在项目九非流动负债核算中阐述；接受投资取得的固定资产的核算在项目十所有者权益核算中阐述。

企业外购固定资产的成本，包括购买价款、相关税费、使固定资产达到预定可使用状态前所发生的可归属于该项资产的运输费、装卸费、安装费和专业人员服务费等，其中相关税费包括企业为取得固定资产而缴纳的契税、耕地占用税、车辆购置税等，不包括可以抵扣的增值税进项税额。

2. 外购固定资产的账务处理

企业购入的固定资产分为不需要安装的固定资产和需要安装的固定资产两种。

（1）不需要安装的固定资产，是指企业购入的固定资产不需要安装就可以直接交付使用。企业应按实际支付的归属于该项固定资产的实际成本，借记“固定资产”账户，按可抵扣的增值税进项税额，借记“应交税费——应交增值税（进项税额）”账户，贷记“银行存款”“应付账款”“应付票据”“长期应付款”等账户。

【做中学7-1】2021年5月10日，时达公司购入一台不需要安装即可投入使用的设备，取得的增值税专用发票上注明的价款为30 000元，增值税税额为3 900元，另支付包装费并取得增值税专用发票，注明包装费700元，税率6%，增值税税额42元，款项以银行存款支付。时达公司为增值税一般纳税人，应编制如下会计分录：

（1）计算固定资产成本：

固定资产买价	30 000
加：包装费	700
	30 700

（2）编制购入固定资产的会计分录：

借：固定资产	30 700	
应交税费——应交增值税（进项税额）	3 942	
贷：银行存款		34 642

（2）需要安装的固定资产，是指购入的固定资产需要经过安装才能交付使用。其成本应在取得成本的基础上，加上安装调试成本等。需要安装的固定资产的取得成本先通过“在建工程”账户归集，等达到预定可使用状态时，再由“在建工程”账户转入“固定资产”账户。

【做中学7-2】2021年5月15日，时达公司用银行存款购入一台需要安装的设备，取得的增值税专用发票上注明的价款为200 000元，增值税税额为26 000元，支付安装费并取得增值税专用发票，注明安装费40 000元，税率9%，增值税税额3 600元。时达公司为增值税一般纳税人，应编制如下会计分录：

（1）购入时：

借：在建工程	200 000	
应交税费——应交增值税（进项税额）	26 000	
贷：银行存款		226 000

（2）支付安装费时：

借：在建工程	40 000	
应交税费——应交增值税（进项税额）	3 600	
贷：银行存款		43 600

（3）设备安装完毕交付使用时：

该设备的成本 = 200 000 + 40 000 = 240 000（元）

借：固定资产 240 000

贷：在建工程 240 000

【提示】企业以一笔款项购入多项没有单独标价的固定资产时，应将各项资产单独确认为固定资产，并按各项固定资产公允价值的比例对总成本进行分配，分别确定各项固定资产的成本。

【做中学7-3】2021年7月1日，时达公司从东海公司（为增值税一般纳税人）一次购进了三台不同型号且具有不同生产能力的设备A、B、C，取得的增值税专用发票上注明的价款为10 000万元，增值税税额为1 300万元，另支付包装费75万元，增值税税额4.5万元，全部以银行存款转账支付。假设设备A、B、C的公允价值分别为4 500万元、3 850万元和1 650万元。时达公司为增值税一般纳税人，应编制如下会计分录：

（1）确定应计入固定资产成本的金额，包括购买价款、包装费：

应计入固定资产的成本 = 10 000 + 75 = 10 075（万元）

（2）确定设备A、B、C的价值分配比例：

A设备应分配的固定资产价值比例 = 4 500÷（4 500 + 3 850 + 1 650）× 100% = 45%

B设备应分配的固定资产价值比例 = 3 850÷（4 500 + 3 850 + 1 650）× 100% = 38.5%

C设备应分配的固定资产价值比例 = 1 650÷（4 500 + 3 850 + 1 650）× 100% = 16.5%

（3）确定A、B、C设备各自的成本：

A设备的成本 = 10 075 × 45% = 4 533.75（万元）

B设备的成本 = 10 075 × 38.5% = 3 878.875（万元）

C设备的成本 = 10 075 × 16.5% = 1 662.375（万元）

（4）时达公司应编制如下会计分录：

借：固定资产——A设备 45 337 500

——B设备 38 788 750

——C设备 16 623 750

应交税费——应交增值税（进项税额） 13 045 000

贷：银行存款 113 795 000

3. 自行建造固定资产的账务处理

企业自行建造固定资产，应当按照建造该项资产达到预定可使用状态前所发生的必要支出，作为固定资产的成本。

自建固定资产的成本应先通过“在建工程”账户核算，工程达到预定可使用状态时，再从“在建工程”账户转入“固定资产”账户。企业自建固定资产，主要有自营和出包两种方式，由于采用的建造方式不同，其会计处理也不同。

（1）自营工程。自营工程，是指企业自行组织工程物资采购、自行组织施工人员施工的建筑工程和安装工程。企业为建造固定资产准备的各种物资应当按照实际支付的买价、运输费、保险费等相关税费作为实际成本。工程完工后，剩余的工程物资转为本企业存货的，按其实际成本或计划成本进行结转。建造固定资产核算图如图7-3所示。

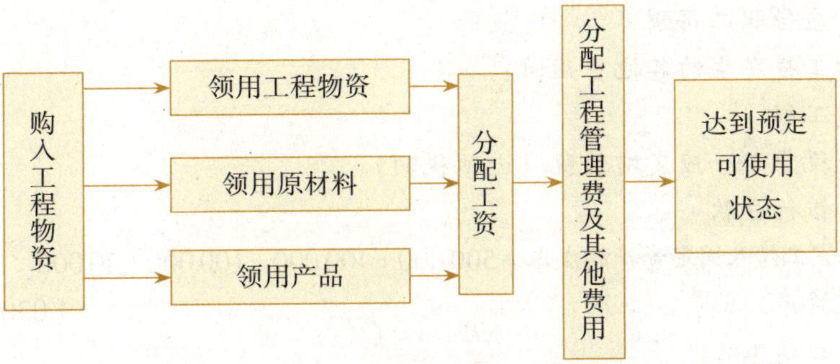

图7-3　建造固定资产核算图

建设期间发生的工程物资盘亏、报废及毁损，减去残料价值以及保险公司、过失人等赔款后的净损失，计入所建工程项目的成本；盘盈的工程物资或处置净收益，冲减所建工程项目的成本。工程完工后发生的工程物资盘盈、盘亏、报废及毁损，计入当期营业外收支。

自营工程核算过程图

购入工程物资时，借记“工程物资”账户，按可抵扣的增值税进项税额，借记“应交税费——应交增值税（进项税额）”账户，贷记“银行存款”等账户。领用工程物资时，借记“在建工程”账户，贷记“工程物资”账户。在建工程领用本企业原材料时，借记“在建工程”账户，贷记“原材料”等账户。在建工程领用本企业生产的商品时，借记“在建工程”账户，贷记“库存商品”等账户。自营工程发生的其他费用（如分配工程人员工资等），借记“在建工程”账户，贷记“银行存款”“应付职工薪酬”等账户。自营工程达到预定可使用状态时，按其成本，借记“固定资产”账户，贷记“在建工程”账户。

【做中学7-4】时达公司为增值税一般纳税人，2021年6月1日，自行建造厂房一幢，购入为工程准备的各种物资500 000元，增值税专用发票上注明的增值税税额为65 000元，全部用于工程建设。领用本企业生产的水泥一批，实际成本为400 000元，应计工程人员工资100 000元。另支付其他费用并取得增值税专用发票，安装费30 000元，税率9%，增值税税额2 700元。工程完工并达到预定可使用状态，时达公司账务处理如下：

(1) 购入工程物资时：

借：工程物资	500 000	
应交税费——应交增值税（进项税额）	65 000	
贷：银行存款		565 000

(2) 领用工程物资时：

借：在建工程	500 000	
贷：工程物资		500 000

(3) 工程领用本企业生产的水泥时：

借：在建工程	400 000	
贷：库存商品		400 000

(4) 分配工程人员薪酬时：

借：在建工程	100 000	

贷：应付职工薪酬 100 000

（5）支付工程发生的其他费用时：

借：在建工程 30 000

应交税费——应交增值税（进项税额） 2 700

贷：银行存款 32 700

（6）工程完工转入固定资产的成本＝500 000＋400 000＋100 000＋30 000＝1 030 000（元）

借：固定资产 1 030 000

贷：在建工程 1 030 000

【请注意】销售货物、劳务、提供有形动产租赁、进口货物增值税税率为13%；交通、邮政、建筑、基础电信服务增值税税率为9%。

（2）出包工程。出包工程，是指企业通过招标方式将工程项目发包给建造承包商，由建造承包商组织施工的建筑工程和安装工程。企业采用出包方式进行的固定资产工程，其工程的具体支出主要由建造承包商核算，在这种方式下，“在建工程”账户主要反映企业与建造承包商办理价款结算的情况。企业按合理估计的发包工程进度和合同规定向建造承包商结算进度款时，借记“在建工程——建筑工程（××工程）”“应交税费——应交增值税（进项税额）”等账户，贷记“银行存款”“预付账款”等账户；工程完成时按合同的规定补付工程款时，借记“在建工程”“应交税费——应交增值税（进项税额）”等账户，贷记“银行存款”“预付账款”等账户；工程达到预定可使用状态时，按其成本，借记“固定资产”账户，贷记“在建工程”账户。

企业为建造固定资产通过出让方式取得土地使用权而支付的土地出让金不计入在建工程成本，应确认为无形资产（土地使用权）。

【做中学7-5】2021年8月1日，时达公司将一幢办公大楼的建造工程出包给东海公司（增值税一般纳税人），按发包工程进度向东海公司结算进度款100万元，增值税税额9万元。11月11日，工程完工后，补付工程款50万元，增值税税额4.5万元。工程完工并达到预定可使用状态。

（1）8月1日，按发包工程进度支付进度款时：

借：在建工程 1 000 000

应交税费——应交增值税（进项税额） 90 000

贷：银行存款 1 090 000

（2）11月11日，补付工程款时：

借：在建工程 500 000

应交税费——应交增值税（进项税额） 45 000

贷：银行存款 545 000

（3）11月11日，工程完工并达到预定可使用状态时：

借：固定资产 1 500 000

贷：在建工程 1 500 000

（二）固定资产折旧

1. 固定资产折旧概述

固定资产折旧，是指企业应当在固定资产的使用寿命内，按照确定的方法对应计折旧额进行系统分摊。所谓应计折旧额，是指应当计提折旧的固定资产原价扣除其预计净残值后的金额，已计提减值准备的固定资产，还应当扣除已计提的固定资产减值准备累计金额。企业应当根据固定资产的性质和使用情况，合理确定固定资产的使用寿命和预计净残值。固定资产的使用寿命、预计净残值一经确定，不得随意变更，但是符合《企业会计准则第4号——固定资产》第十九条规定的除外。上述事项在报经股东大会或董事会、经理（厂长）会议或类似机构批准后，作为计提折旧的依据，并按照法律、行政法规等的规定报送有关各方备案。

影响折旧的因素主要有以下几个方面：

（1）固定资产原价，是指固定资产的成本。

（2）预计净残值，是指假定固定资产预计使用寿命已满并处于使用寿命终了时的预期状态，企业目前从该项资产处置中获得的扣除预计处置费用后的金额。

（3）固定资产减值准备，是指固定资产已计提的固定资产减值准备累计金额。

（4）固定资产的使用寿命，是指企业使用固定资产的预计期间，或者该固定资产所能生产产品或提供劳务的数量。企业确定固定资产使用寿命时，应当考虑下列因素：该项资产预计生产能力或实物产量；该项资产预计有形损耗，如设备在使用中发生磨损、房屋建筑物受到自然侵蚀等；该项资产预计无形损耗，如因新技术的出现而使现有的资产技术水平相对陈旧、市场需求变化使产品过时等；法律或者类似规定对该项资产使用的限制。

除以下情况外，企业应当对所有固定资产计提折旧：

（1）已提足折旧仍继续使用的固定资产；

（2）单独估价入账的土地；

（3）提前报废的固定资产；

（4）处于更新改造过程停止使用的固定资产。

在确定计提折旧的范围时，还应注意以下几点：

（1）固定资产应当按月计提折旧，当月增加的固定资产，当月不计提折旧，从下月起计提折旧；当月减少的固定资产，当月仍计提折旧，从下月起不再计提折旧。用公式表示如下：

$$\text{当月固定资产折旧额}=\text{上月固定资产折旧额}+\text{上月增加固定资产折旧额}-\text{上月减少固定资产折旧额}$$

（2）固定资产提足折旧后，不论能否继续使用，均不再计提折旧；提前报废的固定资产，也不再补提折旧。所谓提足折旧，是指已经提足该项固定资产的应计折旧额。

（3）已达到预定可使用状态但尚未办理竣工决算的固定资产，应当按照估计价值确定其成本，并计提折旧；待办理竣工决算后，再按实际成本调整原来的暂估价值，但不需要调整原已计提的折旧额。

【请注意】企业至少应当于每年年度终了，对固定资产的使用寿命、预计净残值和折旧方法进行复核。使用寿命预计数与原先估计数有差异的，应当调整固定资产使用寿命。净残值预计数与原先估计数有差异的，应当调整预计净残值。与固定资产有关的经济利益预期实现方式有重大改变的，应当改变固定资产折旧方法。通过对固定资产使用寿命、预计净残值和折旧方法的恰当调整，固定资产信息会更加真实，也更加有助于会计信息使用者做出正确的经济决策。固定资产使用寿命、预计净残值和折旧方法的改变应当作为会计估计变更进行会计处理。

2.固定资产的折旧方法

固定资产的折旧方法，是将应提折旧总额在固定资产使用期间进行分配时所采用的具体计算方法。企业应当根据与固定资产有关的经济利益的预期实现方式合理选择折旧方法。我国企业可选用的折旧方法包括：年限平均法（直线法）、工作量法、双倍余额递减法和年数总和法。固定资产折旧方法将直接影响应提折旧总额在固定资产各使用年份之间的分配结果，从而影响各年的净收益和所得税。因此，固定资产折旧方法一经确定，不得随意变更，如果变更，需在会计报表附注中予以说明。

（1）年限平均法。年限平均法，又称直线法，是指将固定资产的应计折旧额均衡地分摊到固定资产预计使用寿命的一种方法。采用这种方法计算的每期折旧额均相等。

计提折旧最低年限新规定

年限平均法的计算公式如下：

年折旧率＝（1－预计净残值率）÷预计使用寿命（年）×100%

月折旧率＝年折旧率÷12

月折旧额＝固定资产原价×月折旧率

【做中学7-6】2021年1月2日，时达公司有一幢厂房，原价为5 000 000元，预计可使用20年，预计净残值率为2%。该厂房的折旧率和折旧额计算如下：

年折旧率＝（1－2%）÷20×100%＝4.9%

月折旧率＝4.9%÷12＝0.41%

月折旧额＝5 000 000×0.41%＝20 500（元）

（2）工作量法。工作量法也称作业量法，是指根据实际工作量计算每期应提折旧额的一种方法。

工作量法的基本计算公式如下：

单位工作量折旧额＝固定资产原价×（1－预计净残值率）÷预计总工作量

某项固定资产月折旧额＝该项固定资产当月工作量×单位工作量折旧额

【做中学7-7】时达公司一辆运货卡车的原价为600 000元，预计总行驶里程为500 000千米，预计净残值率为5%，1月份行驶4 000千米。

该辆运货卡车1月份折旧额计算如下：

单位工作量折旧额＝600 000×（1－5%）÷500 000＝1.14（元/千米）

1月份折旧额＝4 000×1.14＝4 560（元）

（3）双倍余额递减法。双倍余额递减法，是指在不考虑固定资产预计净残值的情况下，根据每期期初固定资产原价减去累计折旧后的余额和双倍的直线法折旧率计算固定资产折旧的一种方法。

双倍余额递减法的计算公式如下：

年折旧率＝2÷预计使用寿命（年）×100%

月折旧率＝年折旧率÷12

月折旧额＝每年年初固定资产账面净值×月折旧率

【做中学7-8】时达公司一项固定资产的原价为1 000 000元，预计使用年限为5年，预计净残值为4 000元。按双倍余额递减法计提折旧，每年的折旧额计算如下：

年折旧率＝2÷5×100%＝40%

第1年应计提的折旧额＝1 000 000×40%＝400 000（元）

第2年应计提的折旧额＝（1 000 000－400 000）×40%＝240 000（元）

第3年应计提的折旧额＝（1 000 000－400 000－240 000）×40%＝144 000（元）

从第4年起改用年限平均法（直线法）计提折旧：

第4年、第5年的年折旧额＝［（1 000 000－400 000－240 000－144 000）－4 000］÷2

＝106 000（元）

每年各月折旧额根据年折旧额除以12来计算。

【请注意】由于每年年初固定资产净值没有扣除预计净残值，因此，在应用这种方法计算折旧额时必须注意不能使固定资产的账面折余价值降低到其预计净残值以下，即实行双倍余额递减法计算折旧的固定资产，应在其折旧年限到期前两年，将固定资产净值扣除预计净残值后的余额平均摊销。

（4）年数总和法。年数总和法又称年限合计法，是指将固定资产的原价减去预计净残值后的余额，乘以一个逐年递减的分数计算每年的折旧额，这个分数的分子代表固定资产尚可使用寿命，分母代表固定资产预计使用寿命逐年数字总和。

年数总和法的计算公式如下：

$$年折旧率=\frac{预计使用寿命-已使用年限}{预计使用寿命\times(预计使用寿命+1)\div 2}\times 100\%$$

或

$$年折旧率=\frac{尚可使用年限}{预计使用寿命的年数总和}\times 100\%$$

月折旧率＝年折旧率÷12

月折旧额＝（固定资产原价－预计净残值）×月折旧率

【做中学7-9】沿用【做中学7-8】的资料。若采用年数总和法，计算的各年折旧额见表7-2。

表7-2　折旧计算表　金额单位：元

年份	尚可使用年限	原价－净残值	变动折旧率	年折旧额	累计折旧额
1	5	996 000	5/15	332 000	332 000
2	4	996 000	4/15	265 600	597 600
3	3	996 000	3/15	199 200	796 800
4	2	996 000	2/15	132 800	929 600
5	1	996 000	1/15	66 400	996 000

3.固定资产折旧的账务处理

固定资产应当按月计提折旧，计提的折旧应当记入“累计折旧”账户，并根据用途计入相关资产的成本或者当期损益。企业自行建造固定资产过程中使用的固定资产，其计提的折旧应计入在建工程成本；基本生产车间所使用的固定资产，其计提的折旧应计入制造费用；管理部门所使用的固定资产，其计提的折旧应计入管理费用；销售部门所使用的固定资产，其计提的折旧应计入销售费用；经营租出的固定资产，其计提的折旧应计入其他业务成本。企业计提固定资产折旧时，借记“制造费用”“管理费用”“销售费用”“其他业务成本”等账户，贷记“累计折旧”账户。

【做中学7-10】时达公司2022年1月份各生产车间分配的固定资产折旧额为：一车间1 500 000元，二车间2 400 000元，三车间3 600 000元。该公司应编制如下会计分录：

借：制造费用——一车间	1 500 000	
——二车间	2 400 000	
——三车间	3 600 000	
贷：累计折旧		7 500 000

【做中学7-11】时达公司2022年1月份管理部门、销售部门应分配的固定资产折旧额为：管理部门房屋建筑物计提折旧14 800 000元，运输工具计提折旧2 400 000元；销售部门房屋建筑物计提折旧3 200 000元，运输工具计提折旧2 630 000元。当月新购置管理机器设备一台，成本为5 400 000元，预计使用寿命为10年，该公司同类设备计提折旧采用年限平均法。时达公司应编制如下会计分录：

借：管理费用	17 200 000	
销售费用	5 830 000	
贷：累计折旧		23 030 000

在本例中，新购置的机器设备本月不计提折旧。本月计提的折旧费用中，对管理部门使用的固定资产计提的折旧额计入管理费用，对销售部门使用的固定资产计提的折旧额计入销售费用。

关于进一步完善固定资产加速折旧企业所得税政策的通知

（三）固定资产减值

固定资产的初始入账价值是历史成本，由于固定资产使用年限较长，加上市场条件和经营环境的变化、科学技术的进步以及企业经营管理不善等原因，固定资产创造未来经济利益的能力可能会大大下降，因此，固定资产的可收回金额有可能低于账面价值。当企业固定资产的可收回金额低于其账面价值时，即表明固定资产发生了减值，企业应当确认固定资产减值损失，并把固定资产的账面价值减记至可收回金额。

可收回金额，是指资产的公允价值减去处置费用后的净额与资产预计未来现金流量的现值两者之间的较高者。

固定资产在资产负债表日存在可能发生减值的迹象时，其可收回金额低于账面价值的，企业应当将该固定资产的账面价值减记至可收回金额，减记的金额确认为减值损失，计入当期损益，同时计提相应的资产减值准备，借记“资产减值损失——计提的固定资产减值准备”账户，贷记“固定资产减值准备”账户。固定资产减值损失一经确认，在以后会计期间不得转回。

【做中学7-12】2021年12月31日，时达公司的某生产线存在可能发生减值的迹象。经计算，该生产线的可收回金额合计为1 230 000元，账面价值为1 400 000元，以前年度未对该生产线计提过减值准备。由于该生产线的可收回金额低于账面价值，应按两者之间的差额170 000元（1 400 000－1 230 000）计提固定资产减值准备。时达公司应编制如下会计分录：

借：资产减值损失——计提的固定资产减值准备　　170 000

　　贷：固定资产减值准备　　170 000

【请注意】《企业会计准则第8号——资产减值》规定了减值政策，有效防止了由于资产价值泡沫导致的利润虚增；同时，该准则规定资产减值损失不得转回，大幅度地挤掉了企业有关资产中的水分，为企业发展增强了后劲儿，也有效遏止了某些企业利用资产减值损失转回操纵利润的行为。

（四）固定资产的后续支出

固定资产的后续支出，是指固定资产在使用过程中发生的更新改造支出、修理费用等。企业的固定资产投入使用后，由于各组成部分的耐用程度或者使用条件不同，往往会发生固定资产的局部损坏。为了保持固定资产的正常运转和使用，充分发挥其使用效能，就必然会产生后续支出。

固定资产的更新改造等后续支出，满足固定资产确认条件的，应当计入固定资产成本，如有被替换的部分，应同时将被替换部分的账面价值从该固定资产原账面价值中扣除；不满足固定资产确认条件的修理费用等，应当在发生时计入当期损益。

1.资本化的后续支出

固定资产发生的可资本化的后续支出，应当通过“在建工程”账户核算。固定资产发生可资本化的后续支出时，企业应将该固定资产的原价、已计提的累计折旧和减值准备转销，将固定资产的账面价值转入在建工程，借记“在建工程”“累计折旧”“固定资产减值准备”等账户，贷记“固定资产”账户；发生的可资本化的后续支出，借记“在建工程”账户，贷记“银行存款”等账户。在固定资产完工并达到预定可使用状态时，借记“固定资产”账户，贷记“在建工程”账户。

【做中学7-13】时达公司有关固定资产业务资料如下：

（1）2018年12月，时达公司自行建成一条生产线并投入使用，建造成本为1 000 000元；采用年限平均法计提折旧；预计净残值为固定资产原价的4%，预计使用年限为6年。该生产线在2020年年末发生减值50 000元。

（2）2020年12月31日，由于生产的产品销量好，现在这条生产线已难以满足公司生产需要，公司董事会决定对现有生产线进行改扩建，以提高其生产能力。

（3）至2021年4月30日，公司完成了对这条生产线的改扩建工程，达到预定可使用状态。改扩建过程中发生以下支出：用银行存款购买工程物资一批，增值税专用发票上注明的价款为210 000元，增值税税额为27 300元，已全部用于改扩建工程；发生有关人员薪酬120 000元。

(4）该生产线改扩建工程达到预定可使用状态后，预计尚可使用年限为7年。假定改扩建后的生产线的预计净残值为改扩建后其账面价值的2%，折旧方法仍为年限平均法，在使用期间没有发生减值损失。

根据以上资料，时达公司应编制如下会计分录：

(1）计算改扩建前各年的累计折旧：

固定资产后续支出发生前，该生产线的应计折旧额＝1 000 000×（1－4%）
＝960 000（元）

年折旧额＝960 000÷6＝160 000（元）

2019年1月1日至2020年12月31日，各年计提折旧：

借：制造费用　160 000
　　贷：累计折旧　160 000

(2）2020年12月31日，计提减值准备：

借：资产减值损失——计提的固定资产减值准备　50 000
　　贷：固定资产减值准备　50 000

(3）2020年12月31日，将该生产线的账面价值转入在建工程：

生产线的账面价值＝1 000 000－160 000×2－50 000＝630 000（元）

借：在建工程——生产线　630 000
　　累计折旧　320 000
　　固定资产减值准备　50 000
　　贷：固定资产——生产线　1 000 000

(4）发生改扩建支出：

借：工程物资　210 000
　　应交税费——应交增值税（进项税额）　27 300
　　贷：银行存款　237 300

借：在建工程——生产线　330 000
　　贷：工程物资　210 000
　　　　应付职工薪酬　120 000

(5）2021年4月30日，生产线改扩建工程达到预定可使用状态，转为固定资产：

借：固定资产——生产线　960 000
　　贷：在建工程——生产线　960 000

(6）2021年4月30日，转为固定资产后，按新的使用寿命、预计净残值和折旧方法计提折旧：

应计折旧额＝960 000×（1－2%）＝940 800（元）

月折旧额＝940 800÷（7×12）＝11 200（元）

2021年应计提的折旧额＝11 200×8＝89 600（元）

借：制造费用　89 600
　　贷：累计折旧　89 600

2. 费用化的后续支出

企业生产车间（部门）和行政管理部门发生的不可资本化的后续支出，如发生的固定资产日常修理费用，借记“管理费用”账户，贷记“银行存款”等账户；企业专设销售机构发生的不可资本化的后续支出，如发生的固定资产日常修理费用，借记“销售费用”账户，贷记“银行存款”等账户。如出租设备，借记“其他业务成本”账户，贷记“银行存款”等账户。

【做中学7-14】时达公司为增值税一般纳税人，2021年4月1日，对管理部门使用的设备进行日常修理，发生修理费并取得增值税专用发票，注明修理费5 000元，税率13%，增值税税额650元。时达公司应编制如下会计分录：

借：管理费用	5 000	
应交税费——应交增值税（进项税额）	650	
贷：银行存款		5 650

时达公司对生产车间的机器设备进行日常修理发生的修理费不符合固定资产后续支出资本化的条件，应将其在发生时计入当期损益，记入“管理费用”账户，而不是“制造费用”账户。

【请注意】(1) 企业对固定资产进行定期检查发生的大修理费用，有确凿证据表明符合固定资产确认条件的部分，可以计入固定资产成本，不符合固定资产确认条件的，应当费用化，计入当期损益。固定资产在定期大修理间隔期间，照提折旧。

(2) 固定资产（非租入）的装修费用，如果满足固定资产确认条件，则后续支出应计入固定资产账面价值，在“固定资产”账户下设“固定资产装修”明细账户，并在两次装修期间与其尚可使用年限中较短期间内单独计提折旧。如果在下次装修时该明细账户仍有余额，应将余额一次性全部转入当期营业外支出。

(3) 融资租入固定资产发生的装修费用，符合有关规定可予以资本化的，应在两次装修期间、剩余租赁期与尚可使用年限三者中较短期间内单独计提折旧。

(4) 经营租入固定资产发生的改良支出，应通过“长期待摊费用”账户核算，并在剩余租赁期与固定资产尚可使用年限两者中较短期间内单独进行摊销。

【做中学7-15】2021年6月1日，时达公司（增值税一般纳税人）将原价100万元（包括发动机40万元）的吉利牌汽车更换新发动机，截至当前，汽车已计提折旧30万元，汽车更换的新发动机的不含税价款为60万元，出售旧发动机取得价款10万元，增值税1.3万元，款已收。用银行存款支付安装费1万元，增值税0.09万元。6月5日，汽车达到预定可使用状态。

(1) 旧汽车转出时：

借：在建工程	700 000	
累计折旧	300 000	
贷：固定资产		1 000 000

(2) 旧汽车更换新发动机时：

旧发动机原价 = 40万元

旧发动机折旧额 = 40 × 30/100 = 12（万元）

旧发动机的账面价值 = 40 − 12 = 28（万元）

借：营业外支出　280 000
　　贷：在建工程　280 000

旧发动机出售时：

借：银行存款　113 000
　　贷：营业外收入　100 000
　　　　应交税费——应交增值税（销项税额）　13 000

不影响"在建工程"（固定资产入账价值）。

（3）发生可资本化（形成资产）后续支出时：

借：在建工程　600 000
　　贷：工程物资　600 000

【链接】上月新发动机购买价款60万元，增值税7.8万元，款已付。

借：工程物资　600 000
　　应交税费——应交增值税（进项税额）　78 000
　　贷：银行存款　678 000

（4）支付安装费时：

借：在建工程　10 000
　　应交税费——应交增值税（进项税额）　900
　　贷：银行存款　10 900

（5）达到预定可使用状态时：

借：固定资产　1 030 000
　　贷：在建工程（700 000 − 280 000 + 600 000 + 10 000）　1 030 000

（五）固定资产清查

固定资产清查，是指从实物管理的角度对单位实际拥有的固定资产进行实物清查，并与固定资产明细账进行账务核对，确定盘盈、毁损、报废及盘亏资产。企业应当定期或者至少每年年末对固定资产进行清查盘点，以保证固定资产核算的真实性，充分挖掘企业现有固定资产的潜力。在固定资产清查过程中，如果发现盘盈、盘亏的固定资产，应当填制固定资产盘盈盘亏报告表。对于清查到的固定资产的损溢，应当及时查明原因，并按照规定程序报批处理。

1. 固定资产的盘盈

企业在财产清查中盘盈的固定资产应作为前期差错处理，在按管理权限报经批准处理前应先通过"以前年度损益调整"账户核算，按重置成本确定其入账价值，借记"固定资产"账户，贷记"以前年度损益调整"账户。

【做中学7-16】2021年1月5日，时达公司在财产清查中发现2019年12月份购入的一台设备尚未入账，重置成本为30 000元（假定与其计税基础不存在差异）。时达公司按净利润的10%提取法定盈余公积，不考虑相关税费及其他因素的影响。时达公司应编制如下会计分录：

（1）盘盈固定资产时：

借：固定资产　　30 000

　　贷：以前年度损益调整　　30 000

（2）结转为留存收益时：

借：以前年度损益调整　　30 000

　　贷：盈余公积——法定盈余公积　　3 000

　　　　利润分配——未分配利润　　27 000

2.固定资产的盘亏

企业在财产清查中盘亏的固定资产，应按照盘亏固定资产的账面价值，借记“待处理财产损溢”账户，按照已计提的累计折旧，借记“累计折旧”账户，按照已计提的减值准备，借记“固定资产减值准备”账户，按照固定资产的原价，贷记“固定资产”账户。企业按照管理权限报经批准后处理时，按照可收回的保险赔偿或过失人赔偿，借记“其他应收款”账户，按照应计入营业外支出的金额，借记“营业外支出——盘亏损失”账户，贷记“待处理财产损溢”账户。

【做中学7-17】时达公司为增值税一般纳税人，2021年12月31日进行财产清查时发现短缺一台笔记本电脑，原价为10 000元，已计提折旧7 000元，购入时增值税税额为1 300元。时达公司账务处理如下：

（1）盘亏固定资产时：

借：待处理财产损溢　　3 000

　　累计折旧　　7 000

　　贷：固定资产　　10 000

（2）转出不可抵扣的进项税额时：

借：待处理财产损溢　　390

　　贷：应交税费——应交增值税（进项税额转出）（（10 000－7 000）×13%）390

注：待处理财产损失＝3 000＋390＝3 390（元）。

（3）报经批准转销时：

借：营业外支出——盘亏损失　　3 390

　　贷：待处理财产损溢　　3 390

（六）固定资产处置

企业在生产经营过程中，可能将不适用或不需用的固定资产对外出售，或因磨损、技术进步等原因对固定资产进行报废，或因遭受自然灾害而对毁损的固定资产进行处理。对上述事项进行会计处理时，应当按照规定程序办理有关手续，结转固定资产的账面价值，计算有关的清理收入、清理费用及残料价值等。

固定资产处置包括固定资产的出售、报废、毁损、对外投资、非货币性资产交换、债务重组等。处置固定资产应通过“固定资产清理”账户核算。具体包括以下几个环节：

1.将固定资产转入清理

企业因出售、报废、毁损、对外投资、非货币性资产交换、债务重组等转出的固定资产，按该项固定资产的账面价值，借记“固定资产清理”账户，按已计提的累计折旧，借记“累计折旧”账户，按已计提的减值准备，借记“固定资产减值准备”账户，按其账面原价，贷记“固定资产”账户。

2.发生清理费用

对于固定资产在清理过程中发生的相关税费及其他费用，借记“固定资产清理”“应交税费——应交增值税（进项税额）”账户，贷记“银行存款”“应付职工薪酬”等账户。

3.出售收入和残料价值等的处理

收回出售固定资产的价款、残料价值和变价收入等，借记“银行存款”“原材料”等账户，贷记“固定资产清理”“应交税费——应交增值税（销项税额）”等账户。

4.保险赔偿的处理

应由保险公司或过失人赔偿的损失，借记“其他应收款”等账户，贷记“固定资产清理”账户。

5.清理净损益的处理

固定资产清理完成后发生的净收益，借记“固定资产清理”账户，因固定资产已丧失使用功能或因自然灾害发生毁损等原因而报废清理产生的利得或损失应计入营业外收支；因出售、转让等原因产生的固定资产处置利得或损失应计入资产处置损益。

【做中学7-18】2021年12月30日，时达公司出售一座建筑物（系2018年6月1日自建完工），原价为2 000 000元，已计提折旧1 500 000元，未计提减值准备，实际出售价格为1 200 000元，增值税税率为9%，增值税税额为108 000元，款项已存入银行。时达公司账务处理如下：

（1）将固定资产转入清理时：

借：固定资产清理	500 000	
累计折旧	1 500 000	
贷：固定资产		2 000 000

（2）收到出售固定资产的价款和税款时：

借：银行存款	1 308 000	
贷：固定资产清理		1 200 000
应交税费——应交增值税（销项税额）		108 000

（3）结转出售固定资产实现的利得时：

借：固定资产清理	700 000	
贷：资产处置损益		700 000

【做中学7-19】时达公司因遭台风袭击而毁损一座仓库，该仓库原价4 000 000元，已计提折旧1 000 000元，未计提减值准备；其残料估计价值50 000元，残料已办理入库。发生清理费用并取得增值税专用发票，注明的装卸费为20 000元，增值税税额为1 800元，以银行存款支付。经保险公司核定应赔偿损失1 500 000元，增值税税额为0，款项已存入银行。时达公司账务处理如下：

（1）将毁损的仓库转入清理时：

借：固定资产清理 3 000 000
　　累计折旧 1 000 000
　　贷：固定资产 4 000 000

（2）残料入库时：

借：原材料 50 000
　　贷：固定资产清理 50 000

（3）支付清理费用时：

借：固定资产清理 20 000
　　应交税费——应交增值税（进项税额） 1 800
　　贷：银行存款 21 800

（4）确定应由保险公司赔偿的损失时：

借：其他应收款 1 500 000
　　贷：固定资产清理 1 500 000

借：银行存款 1 500 000
　　贷：其他应收款 1 500 000

（5）结转毁损固定资产发生的损失时：

借：营业外支出——非常损失 1 470 000
　　贷：固定资产清理 1 470 000

任务实施

针对“任务布置”中的经济业务，相关处理程序如下：

第一步，签订采购设备合同。根据公司的生产需要，购入生产线设备，与设备生产厂家签订设备采购合同。

第二步，收到购买设备发票。向设备生产厂家索取购买设备的增值税专用发票。

第三步，购买设备、进行投保。在购入设备时，同时给设备购买保险，与相应的保险公司签订保险合同。

第四步，支付设备货款。根据相关领导签字审批的单据，出纳将购买的设备款、保险款等款项打入对方公司指定银行账户。

第五步，设备安装。对购入的生产线设备按照生产车间的要求进行安装，并向仓库领取安装所需的材料，同时向安装设备的工人支付工资。

第六步，设备安装完成并验收入库。设备按要求安装完成后，经相关部门验收入库，并填制验收入库单，按财务制度要求预计设备的残值、确定折旧方法。

第七步，计提设备减值准备。对设备进行检查维护，如发现设备在使用过程中有损坏或其他原因导致价值减损，设备评估部门需对该设备重新进行价值评估，财务部门做好该项设备减值准备的计提工作。

第八步，重新确定设备的基本情况。对发生过损坏或其他原因导致设备减值的，评估部门重新对设备的使用寿命进行确认，财务部门对该设备的残值与折旧方法进行确认。

第九步，设备出售，签订销售合同。按车间计划，对使用过的设备对外出售时，与购买方签订设备销售合同。

第十步，开具销售设备的发票。按设备销售合同，及对方公司提供的基本资料，开具设备销售时的增值税专用发票。

第十一步，收取货款。按合同条款的规定，及时向采购设备方收取货款。

请写出相关经济业务的会计分录。

任务二 无形资产核算

任务布置

2020年7月1日，华盛公司购入一项土地使用权，增值税专用发票上注明的价款为800 000 000元，增值税为48 000 000元，全部款项以银行存款支付（不考虑其他税费），并在该土地上自行建造厂房，发生材料总支出50 000 000元、工资费用10 000 000元，发生其他相关费用40 000 000元。年底该工程完工并达到预定可使用状态。假定土地使用权的使用年限为50年，该厂房的使用年限为25年，两者都没有净残值，都采用直线法进行摊销和计提折旧。2021年6月4日，华盛公司将拥有的该项土地使用权转让，增值税专用发票上注明的价款为900 000 000元，增值税为54 000 000元，款项已存入银行。

任务：请会计张红做出相关账务处理。

相关原始凭证：

（1）购买土地使用权的合同；

（2）取得土地使用权的发票；

（3）经公司领导审批后的支付土地使用权价款的用款申请单，出纳付款的银行单据；

（4）自建厂房采购材料的发票，及支付厂房建造材料款的银行单据；

（5）自建厂房的工资清单，及支付工资的银行单据；

（6）自建厂房发生的其他费用的发票，及支付的银行单据；

（7）自建厂房完工转入固定资产时的验收单；

（8）财务人员自制的土地使用权月度摊销明细表；

（9）财务人员自制的厂房月度计提折旧明细表；

（10）转让土地使用权的转让合同；

（11）财务部门开具的转让发票；

（12）收到对方款项时的银行单据。

业务产生：企业为了扩大生产产能，向政府或其他单位购买土地，并自行建造适合企业生产的厂房。

知识准备

一、无形资产概述

无形资产是指企业拥有或者控制的没有实物形态的可辨认非货币性资产。无形资产不具有实物形态，但它具有一种综合能力，通过与其他资产相结合能超过一个经营周期为企业创造经济利益，但它又存在较大的不确定性，因此，其核算内容与其他资产有所不同。

（一）无形资产的特征

1.不具有实物形态

无形资产是不具有实物形态的非货币性资产，它不像固定资产、存货等有形资产具有实物形态。

2.具有可辨认性

资产满足下列条件之一的，符合无形资产定义中的可辨认性标准：

（1）能够从企业中分离或者划分出来，并能独立或者与相关合同、资产或者负债一起，用于出售、转让、授予许可、租赁或者交换。

（2）源自合同性权利或其他法定权利，无论这些权利是否可以从企业或其他权利和义务中转移或者分离。

商誉无法与企业自身分离，不具有可辨认性，不在本节讲述。

3.属于非货币性长期资产

无形资产属于非货币性资产，且能够在多个会计期间为企业带来经济利益。无形资产的使用年限在一年以上，其价值将在各个受益期间逐渐摊销。

（二）无形资产的内容

无形资产主要包括专利权、非专利技术、商标权、著作权、土地使用权和特许权等。

1.专利权

专利权，是指国家专利主管机关依法授权发明创造专利申请人对其发明创造在法定期限内享有的专有权利，包括发明专利权、实用新型专利权和外观设计专利权。《中华人民共和国专利法》明确规定，专利人拥有的专利权受到国家法律保护。专利权是允许其持有者独家使用或控制的特权，但它并不保证一定能给持有者带来经济利益，如有的专利可能会被另外更有经济效益的专利所淘汰等。因此，企业不应将其所拥有的一切专利权都予以资本化，作为无形资产管理和核算。一般而言，只有从外单位购入的专利或者自行开发并按法律程序申请取得的专利，才能作为无形资产管理与核算。这种专利可以降低产品成本，或者提高产品质量，或者将其转让获得转让收入。

企业从外单位购入的专利权，应以实际支付的价款作为专利权成本。企业自行开发并按法律程序申请取得的专利权，应按照《企业会计准则第6号——无形资产》确定的金额作为其成本。

2. 非专利技术

非专利技术即专有技术，或技术秘密、技术诀窍，是指先进、未公开的、未申请专利、可能带来经济效益的技术及诀窍。其主要内容包括：一是工业专有技术，即在生产上已经采用，仅限于少数人知道，不享有专利权或发明权的生产、装配、修理、工艺或加工方法的技术知识；二是商业（贸易）专有技术，即具有保密性质的市场情报、原材料价格情报以及用户、竞争对象的情况和有关知识；三是管理专有技术，即生产组织的经营方式、管理方式、培训职工方法等保密知识。非专利技术并不是专利法的保护对象，专有技术所有人依靠自我保密的方式来维护其独占权，可以用来转让和投资。

企业的非专利技术，有些是自己开发研制的，有些是根据合同规定从外部购入的。如果是企业自己开发研制的，符合《企业会计准则第6号——无形资产》规定的开发支出资本化条件的，应将其确认为无形资产。对于从外部购入的非专利技术，应将实际发生的支出予以资本化，作为无形资产入账。

3. 商标权

商标是用来辨认特定的商品或劳务的标记。商标权，是指专门在某指定的商品或产品上使用特定的名称或图案的专利。商标经过注册登记，就获得了法律的保护。《中华人民共和国商标法》明确规定，经商标局核准注册的商标为注册商标，商标注册人享有商标专用权，受法律的保护。

企业自创商标并将其注册登记，所花费用一般不大，是否将其资本化并不重要。能够给拥有者带来获利能力的商标，往往是通过多年的广告宣传和其他传播商标名称的手段，以及客户的信赖等逐步形成的。广告费一般不作为商标权的成本，而在实际发生时直接计入当期损益。

按照《中华人民共和国商标法》的规定，商标可以转让，但受让人应保证使用该注册商标的产品质量。如果企业购入他人的商标，一次性支付费用较大的，可以将其资本化，作为无形资产管理，这时，应以购入商标的价款、支付的手续费及有关费用作为商标的成本。

4. 著作权

著作权又称版权，是指作者对其创作的文学、科学和艺术作品依法享有的某些特殊权利。著作权包括两方面的权利，即精神权利（人身权利）和经济权利（财产权利）。前者是指作品署名、发表作品、确认作者身份、保护作品的完整性、修改已经发表的作品的各项权利，包括作品署名权、发表权、修改权和保护作品完整权；后者是指以出版、表演、广播、展览、录制唱片、设置影片等方式使用作品以及授权他人使用作品而获得经济利益的权利。

5. 土地使用权

土地使用权，是指国家准许某一企业或单位在一定期间内对国有土地享有开发、利用、经营的权利。我国宪法规定，中华人民共和国社会主义经济制度的基础，是生产资料的社会主义公有制，即全民所有制和

土地使用权的核算图

劳动群众集体所有制。土地是宝贵的自然资源，同时也是最基本的生产资料，土地的社会主义公有制是我国土地制度的核心，也是我国土地管理法等一系列土地立法的基础。土地的社会主义公有制，决定了我国的土地不能买卖，但土地使用权可以依法转让。

【请注意】关于土地，涉及固定资产、无形资产和投资性房地产的核算。

一是企业单独估价入账的土地应当作为固定资产核算。

二是一般情况下，企业通过出让方式或购买方式取得的土地使用权，应作为无形资产核算；如果在该土地使用权上建造房屋，则该土地使用权应当单独作为无形资产核算。

三是企业购入的土地使用权改变用途，改为出租或用于资本增值的，应当作为投资性房地产核算。

但是，房地产开发企业取得的土地使用权用于建造对外出售的房屋建筑物，相关的土地使用权应当计入所建造的房屋建筑物成本（开发成本）；如果是自用，并不是用于开发写字楼或商品房，应单独作为无形资产核算。

投资性房地产项目

6.特许权

特许权又称经营特许权、专营权，是指企业在某一地区经营或销售某特定商品的权利或是一家企业接受另一家企业使用商标、商号、技术秘密等的权利。前者一般由政府机构授权，准许企业使用或在一定地区享有经营某种业务的特权，如水、电、邮电通信等专营权、烟草专卖权等；后者指企业间依照签订的合同，有期限或无期限使用另一家企业的某些权利，如连锁店、分店使用总店的名称等。

【请注意】某些无形资产的存在有赖于实物载体。确定一项包含无形和有形要素的资产是属于固定资产还是属于无形资产时，需要通过判断加以确定。通常以哪个要素更重要作为判断的依据。例如，计算机控制的机械工具在没有特定计算机软件就不能运行时，则说明该软件是构成相关硬件不可缺少的组成部分，应作为固定资产核算；如果计算机软件不是相关硬件不可缺少的组成部分，则该软件应作为无形资产核算。

二、无形资产核算的账户设置

为了反映和监督无形资产的取得、摊销和处置等情况，企业应当设置“无形资产”“累计摊销”等账户进行核算。“无形资产”账户属于资产类账户，具体账户结构如下：

借方　　　　无形资产　　　　贷方

借方	贷方
取得无形资产的成本	出售无形资产转出的无形资产账面余额
企业无形资产的成本	

【请注意】该账户应当按照无形资产的项目设置明细账户进行核算。

“累计摊销”账户属于资产类账户，是“无形资产”账户的备抵账户，核算企业对使用寿命有限的无形资产计提的累计摊销。具体账户结构如下：

借方 累计摊销	贷方
处置无形资产转出的累计摊销额	企业计提的无形资产摊销额
	企业无形资产的累计摊销额

【请注意】该账户可按无形资产的项目设置明细账户进行核算。

此外，无形资产发生减值的，还应当设置“无形资产减值准备”账户进行核算。

三、无形资产业务的账务处理

（一）取得无形资产

无形资产应当按照成本进行初始计量。企业取得无形资产的主要方式有外购、自行研究开发等。取得的方式不同，其会计处理也有所差别。这里主要介绍企业通过购置、自行研发等途径取得的无形资产的账务处理。接受投资取得的无形资产的账务处理请参见“项目十所有者权益核算”中的“任务一 实收资本核算”的相关内容。

1. 外购无形资产

外购无形资产的成本包括购买价款、相关税费以及直接归属于使该项资产达到预定用途所发生的其他支出。

【做中学7-20】2021年5月28日，时达公司购入一项非专利技术，取得的增值税专用发票上注明的价款为900 000元，税率6%，增值税税额54 000元，以银行存款支付。时达公司应进行如下会计处理：

借：无形资产——非专利技术　　900 000
　　应交税费——应交增值税（进项税额）　　54 000
　　贷：银行存款　　954 000

2. 自行研究开发无形资产

企业内部研究开发项目所发生的支出应区分研究阶段支出和开发阶段支出。企业自行研究开发无形资产发生的研发支出，不满足资本化条件的，借记“研发支出——费用化支出”账户，满足资本化条件的，借记“研发支出——资本化支出”账户，贷记“原材料”“银行存款”“应付职工薪酬”等账户。研究开发项目达到预定用途形成无形资产的，应当按照“研发支出——资本化支出”账户的余额，借记“无形资产”账户，贷记“研发支出——资本化支出”账户。期（月）末，应将“研发支出——费用化支出”账户归集的金额转入“管理费用”账户，借记“管理费用”账户，贷记“研发支出——费用化支出”账户。研发支出账务处理如图7-4所示。

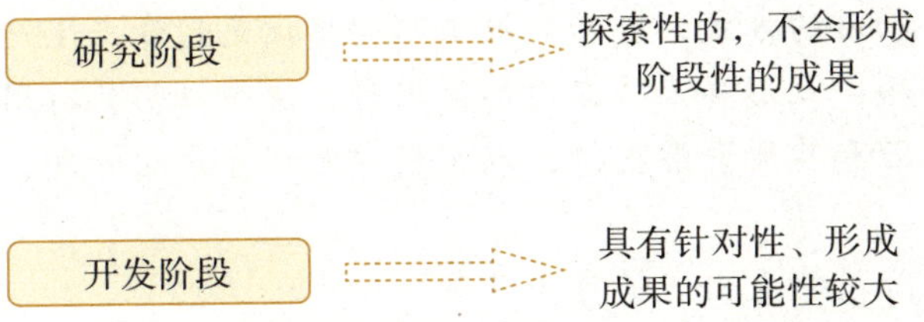

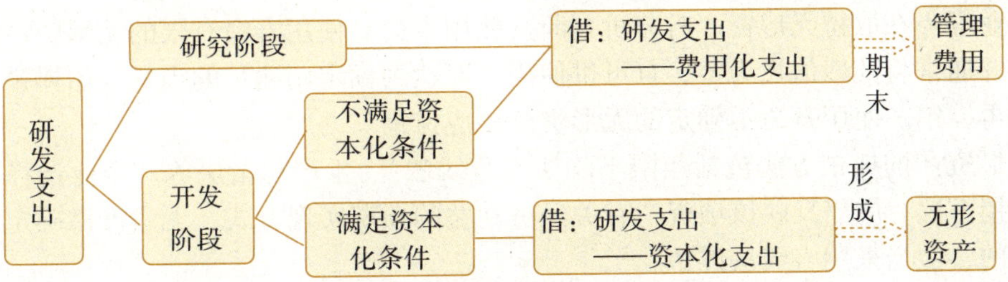

图7-4　研发支出账务处理图

【提示】无法可靠区分研究阶段的支出和开发阶段的支出，应将发生的研发支出全部费用化，计入当期损益，记入“管理费用”账户的借方。

【做中学7-21】时达公司自行研究、开发一项技术，截至2020年12月31日，发生研发支出合计2 000 000元，经测试，该项研发活动完成了研究阶段，2021年1月1日进入开发阶段。2021年4月至9月共发生开发支出300 000元，假定符合《企业会计准则第6号——无形资产》规定的开发支出资本化的条件，取得的增值税专用发票上注明的增值税税额为39 000元。2021年9月30日，该项研发活动结束，最终开发出一项非专利技术。时达公司应编制如下会计分录：

（1）2020年发生研发支出时：

借：研发支出——费用化支出	2 000 000	
贷：银行存款等		2 000 000

（2）2020年12月31日，结转研究阶段的支出：

借：管理费用	2 000 000	
贷：研发支出——费用化支出		2 000 000

（3）2021年，确认符合资本化条件的开发支出：

借：研发支出——资本化支出	300 000	
应交税费——应交增值税（进项税额）	39 000	
贷：银行存款等		339 000

（4）2021年9月30日，该技术研发完成并形成无形资产：

借：无形资产	300 000	
贷：研发支出——资本化支出		300 000

【请注意】企业内部研究开发项目开发阶段的支出，能够证明下列各项时，应确认为无形资产：

一是从技术上讲，完成该无形资产以使其能够使用或出售具有可行性。

二是具有完成该无形资产并使用或出售的意图。

三是无形资产产生未来经济利益的方式，包括能够证明运用该无形资产生产的产品存在市场或无形资产自身存在市场；无形资产将在内部使用时，应当证明其有用性。

四是有足够的技术、财务资源和其他资源支持，以完成该无形资产的开发，并有能力使用或出售该无形资产。

五是归属于该无形资产开发阶段的支出能够可靠计量。

（二）持有无形资产期间的核算

企业应当在取得无形资产时分析判断其使用寿命。使用寿命有限的无形资产应进行摊销，并通常将其残值视为零，自可供使用（即达到预定用途）的当月开始摊销，处置当月不再摊销。使用寿命不确定的无形资产不应摊销。

无形资产的摊销方法包括年限平均法（直线法）、生产总量法等。企业选择的无形资产摊销方法，应当反映该项资产有关经济利益的预期实现方式。无法可靠确定预期实现方式的，应当采用直线法摊销。

企业应当按月对无形资产进行摊销。无形资产的摊销额一般应当计入当期损益。企业管理用的无形资产，其摊销金额计入管理费用；出租的无形资产，其摊销金额计入其他业务成本；某项无形资产包含的经济利益通过所生产的产品或其他资产实现的，其摊销金额应当计入相关资产成本，如制造费用或在建工程等。

对于使用寿命不确定的无形资产，在持有期间内不需要进行摊销，但至少应于每一个会计期末进行减值测试。其减值测试的方法按照《企业会计准则第8号——资产减值》的有关规定处理，如经减值测试发现发生减值的，应计提相应的减值准备，借记“资产减值损失”账户，贷记“无形资产减值准备”账户。

【做中学7-22】2021年1月1日，时达公司购买了一项管理用特许权，成本为4 800 000元，合同规定受益年限为10年，时达公司每月摊销40 000元（4 800 000÷10÷12）。每月摊销时，时达公司应编制如下会计分录：

借：管理费用	40 000	
贷：累计摊销		40 000

【做中学7-23】2021年1月2日，时达公司将其自行开发完成的非专利技术出租给中天公司，该非专利技术的成本为3 600 000元，双方约定的租赁期限为10年，时达公司每月摊销30 000元（3 600 000÷10÷12）。每月摊销时，时达公司应编制如下会计分录：

借：其他业务成本	30 000	
贷：累计摊销		30 000

（三）无形资产减值的核算

无形资产在资产负债表日存在可能发生减值的迹象时，其可收回金额低于账面价值的，企业应当将无形资产的账面价值减记至可收回金额，减记的金额确认为减值损失，计入当期损益，同时计提相应的资产减值准备，按照应减记的金额，借记“资产减值损失——计提的无形资产减值准备”账户，贷记“无形资产减值准备”账户。无形资产减值损失一经确认，在以后会计期间不得转回。

【做中学7-24】2021年12月31日，市场上某项新技术生产的产品销售势头较好，已对时达公司产品的销售产生重大不利影响。时达公司外购的类似专利技术的账面价值为800 000元，剩余摊销年限为4年，经减值测试，该专利技术的可收回金额为750 000元。由于该项专利技术在资产负债表日的可收回金额低于账面价值，故应按其差额50 000元（800 000－750 000）计提减值准备。时达公司应编制如下会计分录：

借：资产减值损失——计提的无形资产减值准备	50 000	
贷：无形资产减值准备		50 000

（四）无形资产处置的核算

无形资产的处置包括无形资产的出售、对外出租、对外捐赠、报废等，或者无法为企业带来未来经济利益时，应予转销并终止确认。企业处置无形资产时还应同时结转累计摊销和无形资产减值准备。

1. 无形资产出售

企业出售无形资产，是指企业转让无形资产的所有权，即将无形资产的占用权、使用权、收益权和处置权全部出让。企业出售无形资产，应当将取得的价款扣除该无形资产账面余额以及出售相关税费后的差额作为资产处置损益进行会计处理。

企业出售无形资产，应当按照实际收到的金额，借记“银行存款”等账户，按照已计提的累计摊销，借记“累计摊销”账户，按照应支付的相关税费及其他费用，贷记“应交税费——应交增值税（销项税额）”“银行存款”等账户，按其账面余额，贷记“无形资产”账户，其差额应计入资产处置损益。已计提减值准备的，还应同时结转减值准备。

【做中学7-25】时达公司（增值税一般纳税人）将其购买的一项专利权转让给中天公司，开具增值税专用发票，注明价款500 000元，税率6%，增值税税额30 000元，款项530 000元已存入银行。该专利权的成本为600 000元，已摊销220 000元。时达公司应编制如下会计分录：

借：银行存款	530 000	
累计摊销	220 000	
贷：无形资产		600 000
应交税费——应交增值税（销项税额）		30 000
资产处置损益		120 000

2. 无形资产报废

无形资产预期不能为企业带来经济利益时，企业应将其报废并予以转销，其账面价值转入当期损益，借记“营业外支出”“累计摊销”“无形资产减值准备”账户，贷记“无形资产”账户。

任务实施

针对“任务布置”中的经济业务，相关处理程序如下：

第一步，购买土地使用权，签订合同。公司决定购买土地使用权，与土地出让方签订合同，同时做好土地使用权的过户登记手续。

第二步，支付购买土地使用权款项。根据相关领导同意支付土地使用权款项的用款申请单，出纳将款项支付给出让方。

第三步，收到出让方的发票。根据签订的出让合同，出让方需给公司开具土地使用权的出让发票。

第四步，土地登记。土地使用权是受法律保护的，一经出让要登记到本公司名下持有。

第五步，为建造厂房采购材料。自行建造厂房，购买建造时所需各类材料，并通过相关领导审批后，出纳将款项支付给对方。

第六步，为建造厂房支付工资。自行建造厂房，计算建造工人的工资，出纳按时支付工资。

第七步，为建造厂房支付其他费用。自行建造厂房，产生一系列相关费用，经相关领导审批后，出纳支付各类费用。

第八步，厂房完工验收。建造厂房完工，经有关资质部门验收后，达到可使用状态，转入固定资产。

第九步，办理房产证。对自建完工验收后的厂房，通过政府相关部门办理产权证。

第十步，确认摊销与折旧方法。根据企业自身的会计核算方法，确认土地使用权的摊销方法，编制月度摊销明细表，以及确认厂房的折旧方法，编制月度计提折旧明细表。

第十一步，出让土地使用权，签订合同。公司决定出让土地使用权，与土地购买方签订合同，同时配合购买方办理过户登记手续。

第十二步，开具出让发票并收款。根据公司与购买方签订的合同，财务部门开具增值税专用发票，并按约定的金额收款。

请写出相关经济业务的会计分录。

任务三 其他资产核算

任务布置

2020年1月20日，华盛公司购买土地使用权，购买价款为3 600万元，支付相关手续费60万元，增值税税款为324万元，款项全部以银行存款支付。公司购买后用于对外出租，对该投资性房地产采用公允价值模式进行后续计量。该投资性房地产2020年取得租金收入160万元，已存入银行。经复核，该投资性房地产2020年12月31日的公允价值为3 800万元。2021年1月23日，公司出售了该项投资性房地产，取得价款4 400

万元。

任务：请会计张红做出相关账务处理。

相关原始凭证：

（1）购买土地使用权的合同；

（2）购买土地使用权的发票；

（3）支付土地使用权价款的银行回单；

（4）对外出租土地时，与承租方签订的出租合同；

（5）确认租金收入时，开具的租金发票；

（6）收到租金时的银行回单；

（7）资产负债表日，专业部门测算公允价值，自制的公允价值变动损益表；

（8）管理层批准同意该项投资性房地产对外出售的意见书；

（9）公司与购买方签订的土地使用权销售合同；

（10）按照合同开具的增值税专用发票；

（11）出售时的税金计提表；

（12）收到该项土地使用权销售款项时的银行回单。

业务产生：公司购买土地使用权或房产用于对外出租或对外投资，应作为投资性房地产核算，而后又根据房产管理部门的建议以及管理层的最终意见，将公司持有的闲置的或者转让后能够为公司带来更大利益的投资性房地产对外出售。

知识准备

一、其他资产的核算

其他资产，是指除货币资金、交易性金融资产、应收及预付款项、存货、长期股权投资、债权投资、其他债权投资、其他权益工具投资、固定资产、无形资产等以外的资产，如长期待摊费用和其他长期资产等。

（一）长期待摊费用

长期待摊费用是指企业已经发生但应由本期和以后各期分摊的期限在一年以上的各项费用。如以租赁方式租入的使用权资产发生的改良支出等，企业应设置“长期待摊费用”账户对此类项目进行核算，企业发生的长期待摊费用，借记“长期待摊费用”账户，贷记“原材料”“银行存款”等账户；摊销长期待摊费用时，借记“管理费用”“销售费用”等账户，贷记“长期待摊费用”账户；该账户期末借方余额，反映企业尚未摊销完毕的长期待摊费用。该账户可按费用项目进行明细核算。

【做中学7-26】2021年6月1日，时达公司对以租赁方式新租入的办公楼进行装修，发生有关支出：领用生产用材料800 000元；有关人员职工薪酬400 000元。2021年11月30日，该办公楼装修完工，达到预定可使用状态并交付使用，按租赁期10年进行摊销。假定不考虑其他因素。时达公司应编制如下会计分录：

（1）装修领用原材料时：

借：长期待摊费用　　800 000

　　贷：原材料　　800 000

（2）确认工程人员职工薪酬时：

借：长期待摊费用　　400 000

　　贷：应付职工薪酬　　400 000

（3）2021年12月摊销装修支出时：

借：管理费用　　10 000

　　贷：长期待摊费用　　10 000

（二）其他长期资产

其他长期资产，一般包括国家批准储备的特种物资、银行冻结存款以及临时设施和涉及诉讼中的财产等。正常经营中的企业一般很少发生其他长期资产。其他长期资产可以根据资产的性质和特点单独设置相关账户进行核算，一般可设置“其他长期资产”一级账户，并设置“特种储备物资”“银行冻结存款”等明细账户。

任务实施

针对“任务布置”中的经济业务，相关处理程序如下：

第一步，购买土地使用权。通过公开拍卖（或其他方式）取得土地使用权，并与出让方签订土地出让合同。

第二步，取得发票并付款。按土地使用权转让合同的约定，以银行存款向出让方支付款项，并取得出让方开具的发票。

第三步，土地使用权出租。根据公司规划对该土地使用权对外出租，与承租方签订土地使用权出租合同。

第四步，开具发票并收款。按出租合同的规定，开具出租土地使用权的发票，并向对方收取租金入账。

第五步，测算土地公允价值。一般在资产负债表日，请专业部门测算该土地的公允价值，编制公允价值变动损益表，将公允价值与原始价值进行比较。

第六步，管理层对出售土地的意见。根据相关部门的建议，管理层批准同意对外出售该项投资性房地产，一般是由董事会决议或总经理审批。

第七步，签订土地使用权出售合同。根据出售过程中与购买方谈妥的出售条件，签订相应的土地使用权转让合同。

第八步，开具销售发票。按土地使用权转让合同，及对方公司提供的基本资料，开具土地使用权销售的增值税专用发票。

第九步，收到款项。按合同条款的规定，及时向土地使用权购买方收取款项。

请写出相关经济业务的会计分录。

思政园地

科技创新是现代产业体系的核心动力，而研发投入是科技创新的物质基础和重要前提。华为是目前5G专利数量最多的一家通信厂商，对华为比较关注的人肯定知道，华为每年的研发经费都是有增无减的，比如2019年的研发投入就超过了1 300亿元，而2020年的研发投入则超过1 400亿元。

华为5G的厉害之处不仅仅体现在专利上，也在于5G网络的调优算法机制。因为室外的公共场所非常复杂，大多数用户都处于不断移动的状态，因此距离、信号强度、用户接入数都处于不断变化之中，所以5G基站的调优算法机制就显得非常重要，这直接关系到用户的使用体验。由于外界环境存在不确定性，这类调优算法并没有最优的方案，只能是通过长期的实践来制定出相对优秀的调优算法，不难想象，这样的工作需要花费大量的时间和投入。

华为之所以能在这方面做得出类拔萃，是因为华为在国内拥有庞大的移动用户群，从3G时代开始就在复杂的环境下进行调优工作，在经历了3G和4G时代之后，华为已经积累了调优方面的大量经验。

所以，华为在5G领域能有这么高的成就，完全是通过长期的努力和花费大量投入不断创新得来的，华为5G的成功并不是偶然。华为5G领先世界的壮举也告诉国人，只有坚持自主研发、坚持自主创新才能拥有自己的核心技术，同时也只有这一条路能让中国科技走上世界之巅。

企业是创新的主体，是推动创新创造的生力军。“关键核心技术是要不来、买不来、讨不来的。只有把关键核心技术掌握在自己手中，才能从根本上保障国家经济安全、国防安全和其他安全。”

资料来源：佚名．一文读懂华为的5G技术为何能领先全球［EB/OL］．［2020-07-04］．https：//baijiahao.baidu.com/s?id=1671253588049174035&wfr=spider&for=pc.

案例分析

【请思考】（1）阿里为什么要在河北省张北县小二台镇这个小地方建设数据中心？为什么不和其他公司共享数据呢？

（2）固定资产是企业的一项长期、大额资金支出，这些支出如何收回？收回的快慢对企业财务状况有哪些影响？

阿里数据港张北数据中心开建　总投资60亿元

人民网张家口2015年6月9日电：总投资60亿元、建设容量10万台服务器的阿里数据港张北数据中心项目，日前在河北省张北县小二台镇开工建设。该项目是阿里巴巴在张北部署大规模云计算服务基础设施的重要基地之一，建成后将服务于京津冀云计算产业。

2015年天猫“双十一”强势启动。开场1分12秒交易额破10亿元，12分28秒破100亿元，33分53秒破200亿元……而前一年破百亿元的时间则超过了38分钟。“双十一”尚未过半，11小时50分之后，交易额已经超过571亿元，打破了2014年“双十一”全天交易额纪录。最终，2015年天猫“双十一”全球狂欢节留给世界一个令人惊叹的成绩。而这一盛况无不与阿里巴巴各地强大的数据中心有关。

资料来源：史自强. 阿里数据港张北数据中心开建　总投资60亿元［EB/OL］.［2015－06－10］. http：//he.people.com.cn/n/2015/0610/c192235－25185885.html.

【思维导图】请根据本项目内在知识点的逻辑关系，制作思维导图。

项目七
案例分析

项目八

流动负债核算

【学习目标】

1. 掌握应付账款的现金折扣处理及无法偿付的应付账款的会计处理
2. 熟悉预收账款的账务处理及报表列示方法
3. 熟悉其他应付款的核算范围
4. 掌握应交增值税的会计处理，特别关注视同销售和不予抵扣的会计处理
5. 掌握应交消费税的会计处理，特别关注委托加工应税消费品的会计处理
6. 熟悉房产税、城镇土地使用税、车船税、印花税的会计处理
7. 熟悉职工薪酬的范围
8. 掌握短期薪酬的会计处理
9. 树立依法纳税、纳税光荣的道德理念，准确核算企业应交税费，并足额按期缴纳，不偷税、漏税、欠税
10. 树立诚实守信、廉洁自律、客观公正、爱岗敬业、坚持准则、提高技能的职业素养
11. 初步具有一定的创新创业能力、分析解决实际问题能力、信息技术应用能力、沟通表达能力、团队合作能力以及终身学习能力

【政策依据】

《企业会计准则第22号——金融工具确认和计量》
《企业会计准则第9号——职工薪酬》
《企业会计准则第17号——借款费用》
《企业会计准则——应用指南》
《中华人民共和国增值税暂行条例》
《中华人民共和国消费税暂行条例》
《中华人民共和国车船税法》
《中华人民共和国企业所得税法实施条例》
《企业内部控制应用指引第6号——资金活动》

思政引导

疫情期间减税降费成果显著

在2020年同新冠肺炎疫情的殊死较量中，中国人民和中华民族以敢于斗争、敢于胜利的大无畏气概，铸就了“生命至上、举国同心、舍生忘死、尊重科学、命运与共”的伟大抗疫精神，所有医护人员、社区工作者、公务人员、志愿者和快递从业人员等以一种大无畏的精神投入到这场战役中，默默地奉献着自己的力量。向每一位投身于抗疫工作的人致敬！身为被保护的我们应该珍惜生命，勇于担当，懂得感恩，努力学习，报效祖国!!

突如其来的新冠肺炎疫情对全球经济产生严重负面影响，中国政府部署出台一系列税费优惠政策，支持疫情防控和经济社会发展。多个国际组织有关负责人表示，中国政府加强宏观政策调节和实施力度，不仅有利于中国经济摆脱疫情影响，也有助于推动世界经济稳定和早日复苏。

疫情发生以来，中国政府先后出台5批23项税费优惠政策。数据显示，2020年1月至2月，全国减税降费共计4 027亿元人民币。中国政府正在加快支付失业保险金并扩大社会安全网，减轻最脆弱地区和部门的企业税收负担，其中包括交通、旅游和酒店行业，对现金短缺的企业实行延期缴税政策，允许企业暂停支付社会保障缴款。这些措施将为收入和利润下降的群体增加福利，保护受到最严重影响的个人和企业，保障经济平稳运行。中国税务部门积极发挥职能作用，迅速高效落实一系列支持疫情防控的税费优惠政策，并利用税收大数据支持企业复工复产。

资料来源：王善涛. 中国抗疫情税费优惠政策获国际正面评价［EB/OL］.［2022-04-22］. http: //news.sina.com.cn/gov/2020-04-22/doc-iircuyvh9020247.shtml.

思考：你知道疫情期间有哪些具体的税收优惠政策吗？国家出台相关政策，能够对社会经济复苏起到什么作用？

项目导读

负债是指企业过去的交易或者事项形成的，预期会导致经济利益流出企业的现时义务。负债按其流动性，可分为流动负债和非流动负债。流动负债是指预计在1年内或超过1年的一个正常营业周期内清偿的债务，包括短期借款、应付票据、应付账款、应付利息、预收账款、应付职工薪酬、应交税费、应付股利、其他应付款等。非流动负债是指流动负债以外的负债，包括长期借款、应付债券、长期应付款等。

企业要确认一项负债，除了要符合定义之外，还应当同时满足以下两个条件：一是与该义务有关的经济利益很可能流出企业；二是未来流出的经济利益的金额能够可靠计量。

从理论上说，负债的计量应以未来偿付债务所需的现金流出量的现值为基础，按未来应付金额的贴现值（即其现值）来计量。但流动负债偿还期限较短，其现值与账面价值相差不大。因此，现行准则规定流动负债一般应按实际发生额入账。

项目列报

本项目在资产负债表中的列示信息见表8-1。

表8-1　本项目在资产负债表中的列示信息

资　产	期末余额	负债和所有者权益（或股东权益）	期末余额
		流动负债：	
		短期借款（=“短期借款”）	
		应付票据（=“应付票据”）	
		应付账款（=“应付账款”+“预付账款”明细账贷方余额）	
		预收款项（=“应收账款”+“预收账款”明细账贷方余额）	
		应付职工薪酬（=“应付职工薪酬”，期末转为债权的，以“-”号填列）	
		应交税费（=“应交税费”，期末转为债权的，以“-”号填列）	
		其他应付款（=“其他应付款”+“应付利息”+“应付股利”）	
		⋮	

任务一　短期借款核算

任务布置

2021年1月1日，华盛公司向银行借入一笔生产经营用短期借款，共计1 800 000元，期限为6个月，年利率为6%，利息按月计提，按季支付。根据借款合同，银行已将款项划拨到账。7月1日，借款到期，企业将款项归还银行。

任务：请会计张红做出相关账务处理。

相关原始凭证：

（1）公司与银行签订的流动资金借款合同；

（2）为生产经营需要，向银行提供的与供应商的采购合同；
（3）取得贷款时，银行的借款凭证；
（4）月末计提利息时自制的利息计提表；
（5）支付利息时，收到的银行利息扣取回执单；
（6）到期还本时，打入贷款专用户的资金进账单与还款业务凭证。

业务产生：企业在日常经营中，由于流动资金短缺或利用融资手段扩大企业生产，而向银行或其他金融机构按照规定的贷款期限与利率取得资金。

知识准备

一、短期借款概述

短期借款，是指企业向银行或其他金融机构等借入的期限在1年以下（含1年）的各种款项。短期借款一般是企业为了满足正常生产经营所需的资金或者是为了抵偿某项债务而借入的。债权人主要为银行或其他金融机构。短期借款与长期借款相比，具有金额小、时间短、利息低、取得容易等特点。无论短期借款用于哪方面，都需要到期归还本金和支付利息。

二、短期借款核算的账户设置

为了核算短期借款的发生、偿还及利息的计提和支付等情况，企业应设置“短期借款”“应付利息”“财务费用”等账户。“短期借款”账户用来核算短期借款本金的借入和偿还情况，短期借款利息不通过该账户核算。该账户属于负债类账户，具体账户结构如下：

借方	短期借款　　　　贷方
偿还借款本金的数额	取得借款本金的数额
	企业尚未偿还的短期借款

【请注意】该账户可按照债权人、借款种类和币种进行明细核算。

三、短期借款业务的账务处理

短期借款的核算一般分为三个部分：借款取得、计息、归还本金及利息。

企业从银行或其他金融机构取得短期借款时，借记“银行存款”账户，贷记“短期借款”账户。

企业借入短期借款应支付利息。在实际工作中，如果短期借款利息是按期支付的，如按季度支付利息，或者利息是在借款到期时连同本金一起归还，并且其数额较大的，企业应采用月末预提方式进行短期借款利息的核算。短期借款利息属于筹资费用，应当于发生时直接计入当期财务费用。在资产负债表日，企业应当按照计算确定的短期借款利息费用，借记“财务费用”账户，贷记“应付利息”账户；实际支付利息时，借记

"应付利息"账户，贷记"银行存款"账户。

短期借款到期偿还本金时，企业应借记"短期借款"账户，贷记"银行存款"账户。

【做中学8-1】时达公司于2021年1月1日向银行借入一笔生产经营用短期借款，共计120 000元，期限为9个月，年利率为4%。根据与银行签署的借款协议，该项借款的本金到期后一次性归还，利息按季支付。时达公司应编制如下会计分录：

（1）1月1日，借入短期借款：

借：银行存款　　120 000

　　贷：短期借款　　120 000

（2）1月末，计提1月份应付利息：

本月应计提的利息金额＝120 000×4%÷12＝400（元）

借：财务费用　　400

　　贷：应付利息　　400

2月末计提2月份利息费用的处理与1月份相同。

（3）3月末，支付第一季度银行借款利息：

借：财务费用　　400

　　应付利息　　800

　　贷：银行存款　　1 200

第二、第三季度的会计处理同上。

（4）10月1日，偿还银行借款本金。

借：短期借款　　120 000

　　贷：银行存款　　120 000

【请注意】如果上述借款期限是8个月，则到期日为9月1日，8月末之前的会计处理与上述相同。9月1日偿还银行借款本金，同时支付7月和8月已提未付利息，应编制如下会计分录：

借：短期借款　　120 000

　　应付利息　　800

　　贷：银行存款　　120 800

【请注意】如果企业的短期借款利息是按月支付的，或者利息是在借款到期时连同本金一起归还但是数额不大的，可以不采用预提的方法，而是在实际支付或收到银行的计息通知时，直接计入当期损益，借记"财务费用"账户，贷记"银行存款"或"库存现金"账户。

任务实施

针对"任务布置"中的经济业务，相关处理程序如下：

第一步，签订借款合同。根据公司经营需要，确定向银行申请流动资金贷款，并按相应条款与银行签订借款合同。

第二步，银行放贷。银行根据公司提供的贷款资料，同意贷款，并按合同要求给公司放贷，资金入账。

第三步，每月计提利息。财务人员按贷款金额与贷款利率，每月月末计提该笔贷款的利息。

第四步，按季度支付利息。利息由银行自动代扣，企业必须在银行代扣利息款时在贷款户中存入足够的资金。

第五步，到期还本付息。贷款6个月到期后，在借款合同中约定的到期日前，企业将资金存入银行指定的贷款户中，由银行自动还款并扣取利息。

请写出相关经济业务的会计分录。

任务二　应付及预收款项核算

任务布置

2021年1月2日，华盛公司从湘中公司购入1 000吨钢坯并已验收入库。增值税专用发票上注明该批产品的价款为3 200 000元，增值税税额为416 000元。合同中规定的现金折扣条件为“2/10，1/20，N/30”。假定计算现金折扣时不考虑增值税。该企业在2021年1月11日通过网上银行付清货款。

任务：请会计张红做出相关账务处理。

相关原始凭证：

（1）公司向湘中公司采购钢坯签订的采购合同；

（2）仓库验收的入库单；

（3）湘中公司开具的增值税专用发票；

（4）经相关领导签字后的用款申请单；

（5）10天内付款，享受现金折扣条件，湘中公司出具的确认书；

（6）支付货款时的银行回单。

业务产生：企业在日常经营中采购原材料，供应商为敦促企业尽早付清货款而提供一种价格优惠方式。

知识准备

一、应付票据

（一）应付票据概述

应付票据是指企业为购买材料、商品和接受劳务供应等而开出、承兑的商业汇票，包括商业承兑汇票和银行承兑汇票。企业应当设置“应付票据备查簿”，详细登记商业汇票的种类、号数和出票日期、到期日、票面余额、交易合同号和收款人姓名或单位名称以及付款日期和金额等资料。应付票据到期结清时，上述内容应当在备查簿内予以注销。

我国商业汇票的付款期限不超过6个月，因此，企业应将应付票据作为流动负债管理和核算。同时，由于应付票据的偿付时间较短，在会计实务中，应付票据不论是否带息，一般均按照开出、承兑的应付票据的面值入账。企业对于带息票据，期末应对尚未支付的应付票据计提利息，计入当期财务费用；票据到期支付票款时，尚未计提的利息部分直接计入当期财务费用。

（二）应付票据核算的账户设置

为了核算和监督企业应付票据的发生、偿付等业务，企业应当设置“应付票据”账户。该账户属于负债类账户，具体账户结构如下：

借方	应付票据　　　　贷方
到期承兑、支付的票款或转出金额	开出、承兑商业汇票的票面金额
	企业尚未到期的商业汇票的票面金额

【请注意】该账户可按债权人进行明细核算。

（三）应付票据业务的账务处理

企业因购买材料、商品和接受劳务供应等而开出、承兑的商业汇票，应当按其票面金额作为应付票据的入账金额，借记“材料采购”“原材料”“库存商品”“应付账款”“应交税费——应交增值税（进项税额）”等账户，贷记“应付票据”账户。企业向银行申请签发银行承兑汇票时，银行在按规定审查后同意承兑的，购货单位还须按面值的5‰向银行支付承兑手续费。支付手续费时，按照确认的手续费，借记“财务费用”账户，取得增值税专用发票的，按注明的增值税进项税额，借记“应交税费——应交增值税（进项税额）”账户，按照实际支付的金额，贷记“银行存款”账户。计提利息时，借记“财务费用”账户，贷记“应付利息”账户。应付商业承兑汇票到期，支付票款时，若是不带息的应付票据，借记“应付票据”账户，贷记“银行存款”账户；若是带息的应付票据，借记“应付票据”账户（票据的面值+已计提的利息）、“应付利息”账户（尚未计提的利息），贷记“银行存款”账户（票据面值+票据全部利息）。

【提示】企业因开出银行承兑汇票而向银行支付的承兑汇票手续费，应当计入当期财务费用，借记“财务费用”账户，贷记“银行存款”“库存现金”账户。

【做中学8-2】时达公司原材料按实际成本核算。2021年1月6日购入原材料，增值税专用发票上注明的价款为60 000元，增值税税额为7 800元，原材料已验收入库。该企业开出并经银行承兑的商业汇票，面值为67 800元、期限5个月。交纳银行承兑汇票手续费33.9元，其中增值税1.92元。6月6日商业汇票到期，时达公司通知其开户银行以银行存款支付票款。

（1）开出并承兑商业汇票购入材料：

借：原材料　　60 000

　　应交税费——应交增值税（进项税额）　　7 800

　　贷：应付票据　　67 800

（2）支付银行承兑汇票的手续费：

借：财务费用　　31.98

　　应交税费——应交增值税（进项税额）　　1.92

　　贷：银行存款　　33.9

（3）支付商业汇票款：

借：应付票据　　67 800

　　贷：银行存款　　67 800

【请注意】应付商业承兑汇票到期，如企业无力支付票款，由于商业汇票已经失效，企业应将应付票据按账面余额转作应付账款，借记“应付票据”账户，贷记“应付账款”账户。

应付银行承兑汇票到期，如企业无力支付票款，则由承兑银行代为支付并作为对付款企业的贷款处理，应将应付票据的账面余额转作短期借款，借记“应付票据”账户，贷记“短期借款”账户。

【做中学8-3】沿用【做中学8-2】的资料，假设上述银行承兑汇票到期时，时达公司无力支付票款。时达公司应编制如下会计分录：

借：应付票据　　67 800

　　贷：短期借款　　67 800

二、应付账款

（一）应付账款概述

应付账款，是指企业因购买材料、商品或接受劳务供应等经营活动而应付给供应单位的款项。应付账款一般应在与所购买物资所有权相关的主要风险和报酬已经转移，或者所购买的劳务已经接受时确认。在实务中，为了使所购入物资的金额、品种、数量和质量等与合同规定的条款相符，避免因验收时发现所购物资的数量或质量存在问题而对入账的物资或应付账款金额进行改动，在物资和发票账单同时到达的情况下，一般在所购物资验收入库后，根据发票账单登记入账，确认应付账款。在所购物资已经验收入库，但是发票账单未能同时到达的情况下，企业应付物资供应单位的债务已经成立，在会计期末，为了反映企业的负债情况，需要将所购物资和相关的应付账款暂估入账，待下月初作方向相反的会计分录，将上月末暂估入账的应付账款予以冲销（详见本书项目四原材料核算业务相关内容）。应付账款的入账金额应为扣除商业折扣后发票记载的金额。发生现金折扣时，按总价法以总额入账，实际支付时发生的现金折扣作为一项理财收益，直接冲减财务费用。

（二）应付账款核算的账户设置

为了核算和监督企业应付账款的发生、偿还、转销等情况，企业应当设置“应付账款”账户。该账户属于负债类账户，具体账户结构如下：

借方	应付账款 贷方
①偿还的应付账款 ②开出商业汇票抵付应付账款的款项 ③冲销无法支付的应付账款	购买材料、商品和接受劳务等而发生的应付账款
	企业尚未支付的应付账款余额

【请注意】该账户应按照债权人进行明细核算。不单独设置“预付账款”账户的企业，预付的账款也在“应付账款”账户核算。

（三）应付账款业务的账务处理

企业购入材料、商品或接受劳务等所产生的应付账款，应按应付金额入账。购入材料、商品等验收入库，但货款尚未支付，根据有关凭证（发票账单、随货同行发票上记载的实际价款或暂估价值），借记“材料采购”等账户，按照可抵扣的增值税进项税额，借记“应交税费——应交增值税（进项税额）”账户，按应付的款项，贷记“应付账款”账户。企业接受供应单位提供劳务而发生的应付未付款项，根据供应单位的发票账单，借记“生产成本”“管理费用”等账户，贷记“应付账款”账户。

企业偿还应付账款或开出商业汇票抵付应付账款时，借记“应付账款”账户，贷记“银行存款”“应付票据”等账户。

【做中学8-4】2021年3月1日，时达公司从A公司购入一批材料，货款为100 000元，材料已验收入库，款项尚未支付。4月3日，该公司开出转账支票一张，支付前欠款项。时达公司应编制如下会计分录：

（1）确认应付账款时：

借：原材料 100 000

应交税费——应交增值税（进项税额） 13 000

贷：应付账款 113 000

（2）偿还应付账款时：

借：应付账款 113 000

贷：银行存款 113 000

【做中学8-5】2021年3月2日，万达百货商场从苏泰公司购入一批家电产品并已验收入库。增值税专用发票上注明，该批家电的价款为200万元，税率为13%，苏泰公司给予购货方50%的商业折扣。按照购货协议的规定，万达百货商场如在15天内付清货款，将获得1%的现金折扣（假定计算现金折扣时需考虑增值税）。3月10日，万达百货商场用银行存款付清了所欠苏泰公司货款。万达百货商场（采购方）账务处理如下：

（1）3月2日，采购方按照扣除商业折扣后的金额入账：

借：库存商品 1 000 000

应交税费——应交增值税（进项税额） 130 000

贷：应付账款——苏泰公司 1 130 000

（2）3月10日，折扣期限内付款而获得的现金折扣（即少付款项），在偿付应付账款时冲减财务费用。

考虑增值税时计算的现金折扣＝113×1%＝1.13（万元）

借：应付账款——苏泰公司　　1 130 000

　　贷：银行存款　　1 118 700

　　　　财务费用　　11 300

不考虑增值税时计算的现金折扣＝100×1%＝1（万元）

借：应付账款——苏泰公司　　1 130 000

　　贷：银行存款　　1 120 000

　　　　财务费用　　10 000

【做中学8-6】时达公司月末计算本月应付电费为38 400元，其中生产车间电费为25 600元，企业行政管理部门电费为12 800元，款项尚未支付。时达公司应编制如下会计分录：

借：制造费用　　25 600

　　管理费用　　12 800

　　贷：应付账款——电力公司　　38 400

【提示】在实务中，企业外购电力、燃气等动力一般通过“应付账款”账户核算，即在每月付款时先作暂付款处理，借记“应付账款”账户，贷记“银行存款”等账户，月末按照外购动力的用途，借记“生产成本”“制造费用”“管理费用”等账户，贷记“应付账款”账户。

应付账款一般在较短期限内支付，但有时由于债权单位撤销或其他原因而使应付账款无法清偿。企业应将确实无法支付的应付账款予以转销，按其账面余额计入营业外收入，借记“应付账款”账户，贷记“营业外收入”账户。

【做中学8-7】2021年3月31日，时达公司确定一笔应付账款5 000元为无法支付的款项，应予转销。时达公司应编制如下会计分录：

借：应付账款　　5 000

　　贷：营业外收入　　5 000

三、预收账款

（一）预收账款概述

预收账款，是指企业按照合同的规定向购货单位预先收取的款项。预收账款与应付账款同为企业的短期债务，但与应付账款不同的是，预收账款所形成的负债不是以货币偿付的，而是以货物清偿的。

（二）预收账款核算的账户设置

为了核算和监督预收货款、补收和退回多余货款等业务，企业应当设置“预收账款”账户。该账户属于负债类账户，具体账户结构如下：

借方	预收账款 贷方
①向购货方发货后冲销的预收账款数额 ②退回购货方多付账款的数额	①发生的预收账款数额 ②购货单位补付账款的数额
应由购货单位补付的款项	企业预收的款项

【请注意】该账户应按照购货单位进行明细核算。

（三）预收账款业务的账务处理

企业预收购货单位的款项时，借记“银行存款”账户，贷记“预收账款”账户；销售实现时，按实现的收入和应交增值税销项税额，借记“预收账款”账户，按照实现的营业收入，贷记“主营业务收入”账户，按照增值税专用发票上注明的增值税税额，贷记“应交税费——应交增值税（销项税额）”账户；企业收到购货单位补付的款项时，借记“银行存款”账户，贷记“预收账款”账户；向购货单位退回其多付的款项时，借记“预收账款”账户，贷记“银行存款”账户。

【提示】预收货款业务不多的企业，可以不单独设置“预收账款”账户，其所发生的预收货款，可通过“应收账款”账户核算。在期末编制资产负债表时，根据“应收账款”和“预收账款”明细账的贷方余额合计数记入“预收款项”项目。

【做中学8-8】2021年3月1日，时达公司与海派公司签订经营租赁（非主营业务）吊车合同，向海派公司出租吊车三台，期限为6个月，三台吊车租金（含税）共计67 800元。合同约定，合同签订日预付租金（含税）22 600元，合同到期结清全部租金余款。

合同签订日，时达公司收到租金并存入银行，开具的增值税专用发票上注明租金20 000元、增值税2 600元。租赁期满日，时达公司收到租金余款及相应的增值税。时达公司应编制如下会计分录：

（1）收到海派公司预付租金（开具发票）时：

借：银行存款	22 600	
贷：预收账款——海派公司		20 000
应交税费——应交增值税（销项税额）		2 600

企业预收款项时，按实际收到的全部预收款，借记“银行存款”账户，涉及增值税的，按照预收款计算的应交增值税，贷记“应交税费——应交增值税（销项税额）”账户，按照全部预收款扣除应交增值税的差额，贷记“预收账款”账户。

（2）每月末确认租金收入、计提折旧时：

借：预收账款——海派公司	10 000	
贷：其他业务收入		10 000
借：其他业务成本	×××	
贷：累计折旧		×××

（3）租赁期满收到租金余款及增值税时：

借：银行存款	45 200	
贷：预收账款——海派公司		40 000
应交税费——应交增值税（销项税额）		5 200

【做中学8-9】沿用【做中学8-8】的资料，假设时达公司不设置“预收账款”账户，其预收的款项通过“应收账款”账户核算。时达公司应编制如下会计分录：

（1）收到海派公司预付租金时：

借：银行存款	22 600	
贷：应收账款——海派公司		20 000
应交税费——应交增值税（销项税额）		2 600

（2）每月末确认租金收入、计提折旧时：

借：应收账款——海派公司	10 000	
贷：其他业务收入		10 000
借：其他业务成本	×××	
贷：累计折旧		×××

（3）租赁期满收到租金余款及增值税时：

借：银行存款	45 200	
贷：应收账款——海派公司		40 000
应交税费——应交增值税（销项税额）		5 200

四、应付股利

（一）应付股利概述

应付股利，是指企业根据股东大会或类似机构审议批准的利润分配方案确定分配给投资者的现金股利或利润。

应付股利是在每月企业实现经营利润后形成的，由于董事会宣布发放现金股利的日期和正式发放的日期之间有一定的相隔天数，所以，在尚未支付以前暂时留在企业，形成企业的一项流动负债。企业董事会或类似机构通过的利润分配方案中拟分配的现金股利或利润，不应确认为负债（应付股利），但应在财务报表附注中披露。

（二）应付股利核算的账户设置

为了核算企业确定或宣告支付但尚未实际支付的现金股利或利润，企业应设置“应付股利”账户。该账户属于负债类账户，具体账户结构如下：

借方	应付股利　　　　贷方
实际支付的现金股利或利润	应支付的现金股利或利润
	企业应付未付的现金股利或利润

【请注意】该账户可按照投资者进行明细核算。

（三）应付股利业务的账务处理

企业根据股东大会或类似机构审议批准的利润分配方案，确认应付给投资者的现金股利或利润时，借记“利润分配——应付现金股利或利润”账户，贷记“应付股利”账户；向投资者实际支付现金股利或利润时，借记“应付股利”账户，贷记“银行存款”等账户。

【做中学8-10】时达公司有甲、乙两个股东，其所持股份分别占注册资本的30%和70%。2020年度该公司实现净利润6 000 000元，经过股东会批准，决定2021年分配股利4 000 000元。股利已用银行存款支付。时达公司应编制如下会计分录：

甲股东应分配的股利＝4 000 000×30%＝1 200 000（元）

乙股东应分配的股利＝4 000 000×70%＝2 800 000（元）

（1）确认应付投资者股利时：

借：利润分配——应付现金股利或利润　4 000 000

　贷：应付股利——甲股东　1 200 000

　　　　　　——乙股东　2 800 000

（2）支付投资者股利时：

借：应付股利——甲股东　1 200 000

　　　　　——乙股东　2 800 000

　贷：银行存款　4 000 000

五、应付利息

（一）应付利息概述

应付利息，是指企业按照合同的约定应支付的利息，包括短期借款、分期付息到期还本的长期借款、企业债券等应支付的利息。

（二）应付利息核算的账户设置

为了核算应付利息的发生、支付情况，企业应设置“应付利息”账户。该账户属于负债类账户，具体账户结构如下：

借方　　　　　　应付	利息　　　　　　贷方
实际支付的利息	按照合同的约定计算的应付利息
	企业应付未付的利息

【请注意】该账户可按存款人或债权人进行明细核算。

（三）应付利息业务的账务处理

企业计提利息时，借记“在建工程”“财务费用”“研发支出”等账户，贷记“应付利息”账户。

【做中学8-11】2021年1月2日，时达公司借入5年期，到期还本每年付息的长期借款3 000 000元，合同约定的年利率为6%。时达公司应编制如下会计分录：

（1）每年计算确定利息费用时：

企业每年应支付的利息＝3 000 000×6%＝180 000（元）

借：财务费用　180 000

　贷：应付利息　180 000

（2）每年实际支付利息时：

借：应付利息　180 000

　贷：银行存款　180 000

六、其他应付款

（一）其他应付款概述

其他应付款，是指企业除应付票据、应付账款、预收账款、应付职工薪酬、应交税费、应付股利、应付利息等经营活动以外的其他各项应付、暂收的款项，如应付短期租赁固定资产租金、租入包装物租金、存入保证金（如收取的出租、出借包装物押金）、职工未按时领取的工资等。

（二）其他应付款核算的账户设置

为了核算其他应付款的增减变动及其结存情况，企业应设置“其他应付款”账户。该账户属于负债类账户，具体账户结构如下：

借方 其他应付款	贷方
偿还或转销的其他各种应付、暂收款项	发生的其他各种应付、暂收款项
	企业应付未付的其他应付款项

【请注意】该账户可按照其他应付款的项目和对方单位（或个人）进行明细核算。

（三）其他应付款业务的账务处理

企业发生其他各种应付、暂收款项时，借记“管理费用”等账户，贷记“其他应付款”账户；支付或退回其他各种应付、暂收款项时，借记“其他应付款”账户，贷记“银行存款”等账户。

【做中学8-12】时达公司从2021年1月1日起，以短期租赁方式租入管理用办公设备一批，每月租金8 000元，按季支付。3月31日，时达公司以银行存款支付应付租金24 000元，增值税进项税额为3 120元。时达公司应编制如下会计分录：

（1）1月31日计提应付短期租入管理用办公设备租金时：

借：管理费用	8 000	
贷：其他应付款		8 000

2月底计提应付经营租入管理用办公设备租金的会计处理同上。

（2）3月31日支付租金和税金时：

借：其他应付款	16 000	
管理费用	8 000	
应交税费——应交增值税（进项税额）	3 120	
贷：银行存款		27 120

任务实施

针对“任务布置”中的经济业务，相关处理程序如下：

第一步，签订采购合同。根据采购计划，公司向湘中公司采购钢坯，签订采购合同，确定相应付款时的现金折扣政策等基本要素。

第二步，仓库验收。公司仓库收到湘中公司发来的1 000吨钢坯，经管理人员验收入库后，开具入库单。

第三步，收到发票。财务人员根据采购合同及仓库验收的入库单数量收取湘中公司开具的增值税专用发票。

第四步，货款用款申请。按湘中公司给出的现金折扣条件，填制用款申请单，并经相关领导审批同意。

第五步，支付货款。按合同中规定的现金折扣支付湘中公司的货款。

第六步，现金折扣确认书。按采购合同约定的回款折扣，差额部分让湘中公司出具现金折扣确认书（有的公司按合同规定即可，该步骤省略，但有的公司只签订框架合同，为避免引起纠纷会分次确认）。

请写出相关经济业务的会计分录。

任务三　应付职工薪酬核算

任务布置

2021年1月31日，华盛公司根据“工资费用分配汇总表”确认的应付职工工资总额为3 000 000元。其中，车间产品生产人员的工资为1 200 000元，车间管理人员的工资为200 000元，企业行政管理部门管理人员的工资为600 000元，专设销售机构人员的工资为600 000元，研发人员的工资为400 000元。假设根据公司所在地政府的规定，公司分别按职工工资的10%、10%、2%和8%的比例提取社会保险费、住房公积金、工会经费和职工教育经费。

2021年2月15日，公司根据“工资结算汇总表”进行货币性职工薪酬的发放。1月份，应付职工工资总额为3 000 000元，扣除垫付的职工房租100 000元、代扣代缴的个人所得税180 000元、代扣代缴的职工个人负担的社会保险费500 000元及住房公积金300 000元，实发工资以银行存款发放。

任务：请会计张红做出相关账务处理。

相关原始凭证：

（1）人力资源部门每月编制的工资表，经相关领导签字后传递给财务部门；

（2）计提社会保险费、住房公积金、工会经费和职工教育经费的明细表（自制）；

（3）发放工资的银行回单。

业务产生：根据企业自身的薪酬制度，人力资源部门对员工的出勤情况按照工资、奖金、津贴等按月计算员工的工资，会计再按照财务核算制度规定的比例计提“五险一金两费”。

知识准备

一、应付职工薪酬概述

应付职工薪酬，是指企业为获得职工提供的服务或解除劳动关系而给予的各种形式的报酬或补偿。职工薪酬包括短期薪酬、离职后福利、辞退福利和其他长期职工福利。企业提供给职工配偶、子女、受赡养人、已故员工遗属及其他受益人等的福利，也属于职工薪酬。

【提示】这里所称的“职工”，是指与企业订立劳动合同的所有人员，含全职、兼职和临时职工，也包括虽未与企业订立劳动合同但由企业正式任命的人员。具体包括：

（1）与企业订立劳动合同的所有人员，含全职、兼职和临时职工；

（2）未与企业订立劳动合同但由企业正式任命的人员，如董事会成员、监事会成员等；

（3）在企业的计划和控制下，虽未与企业订立劳动合同或未由其正式任命，但向企业所提供服务与职工所提供服务类似的人员，也属于职工范畴，包括通过企业与劳务中介公司签订用工合同而向企业提供服务的人员。

二、职工薪酬的分类

1.短期薪酬

短期薪酬是指企业在职工提供相关服务的年度报告期间结束后十二个月内需要全部予以支付的职工薪酬，因解除与职工的劳动关系给予的补偿（属于辞退福利）除外。

短期薪酬具体包括：

（1）职工工资、奖金、津贴和补贴。

（2）职工福利费。

①为职工卫生保健、生活等发放或支付的各项现金补贴和非货币性福利，包括职工因公赴外地就医费用、职工疗养费用、防暑降温费等；

②企业尚未分离的内设集体福利部门所发生的设备、设施和人员费用；

③发放给在职职工的生活困难补助以及按规定发生的其他职工福利支出，如丧葬补助费、抚恤费、职工异地安家费、独生子女费等。

（3）医疗保险费、工伤保险费等社会保险费。

（4）住房公积金。

（5）工会经费和职工教育经费。

（6）短期带薪缺勤。

短期带薪缺勤指职工虽然缺勤但企业仍向其支付工资或提供补偿的职工缺勤，包括年休假、病假、短期伤残、婚假、产假、丧假、探亲假等。

（7）短期利润分享计划。

短期利润分享计划指因职工提供服务而与职工达成的基于利润或其他经营成果提供薪酬的协议。

（8）非货币性福利。

（9）其他短期薪酬。

2.离职后福利

离职后福利，是指企业为获得职工提供的服务而在职工退休或与企业解除劳动关系后，提供的各种形式的报酬和福利，短期薪酬和辞退福利除外。

按其特征不同，离职后福利可分为：

（1）设定提存计划。设定提存计划是指向独立的基金缴存固定费用后，企业不再承担进一步支付义务的离职后福利计划，即养老保险费和失业保险费。

（2）设定受益计划。设定受益计划是指除设定提存计划以外的离职后福利计划。

3.辞退福利

辞退福利，是指企业在职工劳动合同到期之前解除与职工的劳动关系，或者为鼓励职工自愿接受裁减而给予职工的补偿。

4.其他长期职工福利

其他长期职工福利，是指除短期薪酬、离职后福利、辞退福利之外所有的职工薪酬，包括长期带薪缺勤、长期残疾福利、长期利润分享计划等。

三、应付职工薪酬核算的账户设置

为了核算应付职工薪酬的计提、结算、使用等情况，企业应当设置“应付职工薪酬”账户。该账户属于负债类账户，具体账户结构如下：

借方	应付职工薪酬　　　　贷方
实际发放职工薪酬的数额，包括扣还的款项	已分配计入有关成本费用项目的职工薪酬的数额
	企业应付未付的职工薪酬

【请注意】该账户应当按照“工资”“职工福利费”“非货币性福利”“社会保险费”“住房公积金”“工会经费”“职工教育经费”“带薪缺勤”“利润分享计划”“设定提存计划”“设定受益计划”“辞退福利”等职工薪酬项目进行明细核算。

四、应付职工薪酬业务的账务处理

（一）短期薪酬

短期薪酬，是指企业在职工提供相关服务的年度报告期间结束后十二个月内需要全部予以支付的职工薪酬，因解除与职工的劳动关系给予的补偿除外。短期薪酬具体包括的内容见表8-2。

表8-2　　短期薪酬内容

工资、奖金、津贴和补贴	计时工资、计件工资、超额劳动报酬（加班工资）和增收节支的劳动报酬、奖金、津贴、物价补贴
二险	医疗保险费、工伤保险费等社会保险费（包括商业保险）（养老、失业保险：离职后福利）
一金	住房公积金
两费	工会经费和职工教育经费：改善职工文化生活、为职工学习先进技术及提高文化水平和业务素质，用于开展工会活动和职工教育及职业技能培训

1.货币性职工薪酬

（1）职工工资、奖金、津贴和补贴计提，结转。对于职工工资、奖金、津贴和补贴等货币性职工薪酬，企业应当在职工为其提供服务的会计期间，将实际发生的职工工资、奖金、津贴和补贴等，根据职工提供服务的受益对象，分别借记“生产成本”（一线工人薪酬）、“制造费用”（生产管理人员薪酬）、“管理费用”（行政人员薪酬）、“销售费用”（销售人员薪酬）、“研发支出”（从事研发工作的人员薪酬）、“在建工程”（从事工程建设的人员薪酬）、“劳务成本”（提供劳务的人员薪酬）等账户，贷记“应付职工薪酬——工资”账户。

【做中学8-13】2021年1月31日，时达公司应付工资总额为693 000元，工资费用分配汇总表中列示的产品生产人员工资为480 000元，车间管理人员工资为105 000元，企业行政管理人员工资为90 600元，专设销售机构人员工资为17 400元。

借：生产成本——基本生产成本	480 000	
制造费用	105 000	
管理费用	90 600	
销售费用	17 400	
贷：应付职工薪酬——工资		693 000

（2）国家规定计提标准的职工薪酬。

①社会保险费和住房公积金

【做中学8-14】沿用【做中学8-13】的资料。2021年1月，时达公司按工资总额的12%计提应由时达公司负担的向社会保险经办机构缴纳的社会保险费，共计83 160元，按照工资总额的11%计提应由时达公司负担的住房公积金，为76 230元（假设以本月工资总额为计提标准）。

该企业从应付职工薪酬中代扣个人应缴纳的社会保险费20 790元、住房公积金76 230元，共计97 020元。

（1）企业负担部分。

借：生产成本	110 400
制造费用	24 150
管理费用	20 838
销售费用	4 002

贷：应付职工薪酬——社会保险费　　83 160

——住房公积金　　76 230

（2）个人负担部分。

借：应付职工薪酬——工资、奖金、津贴和补贴　　97 020

贷：其他应付款——社会保险费　　20 790

——住房公积金　　76 230

②工会经费和职工教育经费

企业按每月全部职工工资总额的2%向工会拨缴经费，职工教育经费一般由企业按照每月工资总额的8%计提。期末，企业根据规定的计提基础和比例计算确定应付工会经费、职工教育经费，借记“生产成本”“制造费用”“管理费用”“销售费用”等账户，贷记“应付职工薪酬——工会经费”“应付职工薪酬——职工教育经费”账户。

企业按照规定向职工支付工资、奖金、津贴、补贴等，借记“应付职工薪酬——工资、奖金、津贴和补贴”账户，贷记“银行存款”等账户；企业从应付职工薪酬中扣还的各种款项（代垫的家属医药费、个人所得税等），借记“应付职工薪酬——工资、奖金、津贴和补贴”账户，贷记“银行存款”“其他应收款”“应交税费——应交个人所得税”等账户。

【做中学8-15】沿用【做中学8-13】的资料。2021年1月31日，时达公司根据工资费用分配表结算本月应付职工工资，总额为693 000元，其中代垫职工房租32 000元，代垫职工家属医药费8 000元，代扣个人所得税53 000元，代扣个人负担的社会保险费和住房公积金97 020元，实发工资502 980元。

（1）结转代垫、代扣款项时：

借：应付职工薪酬——工资、奖金、津贴和补贴　　190 020

贷：其他应收款——职工房租　　32 000

——代垫医药费　　8 000

应交税费——应交个人所得税　　53 000

其他应付款——社会保险费　　20 790

——住房公积金　　76 230

（2）通过银行发放工资时：

借：应付职工薪酬——工资、奖金、津贴和补贴　　502 980

贷：银行存款　　502 980

2.职工福利费

对于职工福利费，企业应当在实际发生时根据实际发生额，借记“生产成本”“制造费用”“管理费用”“销售费用”等账户，贷记“应付职工薪酬——职工福利费”账户。

【做中学8-16】时达公司下设一所职工食堂，每月根据在岗职工数量及岗位分布情况、相关历史经验数据等计算需要补贴食堂的金额，从而确定企业每期因补贴职工食堂需要承担的福利费金额。2021年1月，企业在岗职工共计200人，其中管理部门30人，生产车间170人。企业的历史经验数据表明，每名职工每月需补贴食堂150元。时达公司应编制如下会计分录：

职工福利费 = 150 ×（30 + 170）= 30 000（元）

借：生产成本　　25 500

　　管理费用　　4 500

　　贷：应付职工薪酬——职工福利费　　30 000

【做中学8-17】沿用【做中学8-16】的资料，2021年2月，时达公司支付30 000元补贴给食堂。时达公司应编制如下会计分录：

借：应付职工薪酬——职工福利费　　30 000

　　贷：银行存款　　30 000

3.短期带薪缺勤

应付职工薪酬核算流程图

短期带薪缺勤，是指职工虽然缺勤但企业仍向其支付报酬的安排，包括年休假、病假、婚假、产假、丧假、探亲假等。对于职工带薪缺勤，企业应当根据其性质及职工享有的权利，分为累积带薪缺勤和非累积带薪缺勤两类。（1）累积带薪缺勤。累积带薪缺勤是指带薪缺勤权利可以结转下期的带薪缺勤，本期尚未用完的带薪缺勤权利可以在未来期间使用。（2）非累积带薪缺勤。非累积带薪缺勤是指带薪缺勤权利不能结转下期的带薪缺勤，本期尚未用完的带薪缺勤权利将予以取消，并且职工离开企业时也无权获得现金支付。我国企业职工休婚假、产假、丧假、探亲假、病假期间的工资通常属于非累积带薪缺勤。

（1）累积带薪缺勤的会计处理

企业应当在职工提供服务从而增加了其未来享有的带薪缺勤权利时，确认与累积带薪缺勤相关的职工薪酬，并以累积未行使权利而增加的预期支付金额计量。

【做中学8-18】时达公司共有1 000名职工，从2021年1月1日起，该公司实行累积带薪缺勤制度。该制度规定，每名职工每年可享受5个工作日带薪年休假，未使用的年休假只能向后结转一个日历年度，超过1年未使用的权利作废；职工使用年休假时，首先使用当年可享受的权利，不足部分再从上年结转的带薪年休假中扣除；职工离开公司时，对未使用的累积带薪年休假无权获得现金支付。

2021年12月31日，每名职工当年平均未使用带薪年休假为2天。时达公司预计2022年有950名职工将享受不超过5天的带薪年休假，剩余50名职工每人将平均享受6天半年休假，假定这50名职工全部为总部管理人员，该公司平均每名职工每个工作日工资为300元。

时达公司在2021年12月31日预计由于职工累积未使用的带薪年休假权利而导致预期将支付的工资负债（即75天（50 × 1.5）的年休假工资），金额为22 500元（75 × 300），并进行如下账务处理：

借：管理费用　　22 500

　　贷：应付职工薪酬——累积带薪缺勤　　22 500

【拓展一】如果2022年时达公司职工休假情况与预测一致，则这75天的工资在支付时：

借：应付职工薪酬——累积带薪缺勤　　22 500

　　贷：银行存款　　22 500

【拓展二】如果2022年时达公司职工休假情况与预测不一致，职工只休假了60天，则相关会计处理如下：

先将当初多计的费用冲回：

借：应付职工薪酬——累积带薪缺勤（15×300） 4 500
　　贷：管理费用 4 500

再兑付这60天的工资：

借：应付职工薪酬——累积带薪缺勤 18 000
　　贷：银行存款 18 000

（2）非累积带薪缺勤的会计处理

企业应当在职工实际发生缺勤的会计期间确认与非累积带薪缺勤相关的职工薪酬。非累积带薪缺勤发生时视为全勤，按正常全勤状态进行会计处理。

（二）非货币性职工薪酬

1.以自产产品发放给职工作为福利

企业以其自产产品作为非货币性福利发放给职工的，应当根据受益对象，按照该产品的公允价值和相关税费，计入相关资产成本或当期损益，同时确认应付职工薪酬，相关收入、成本的处理与正常商品销售相同。决定发放福利时，借记“生产成本”“制造费用”“管理费用”等账户，贷记“应付职工薪酬——非货币性福利”账户；实际发放福利时，借记“应付职工薪酬——非货币性福利”账户，贷记“主营业务收入”“应交税费——应交增值税（销项税额）”账户，同时借记“主营业务成本”账户，贷记“库存商品”账户。

2.购买商品发放给职工作为福利

企业以外购的商品作为非货币性福利提供给职工的，应当按照该商品的公允价值和相关税费确定职工薪酬的金额，并计入当期损益或相关资产成本。

外购商品时，借记“库存商品”账户（含增值税，不可抵扣），贷记“银行存款”账户等；计提时，借记“管理费用”账户等，贷记“应付职工薪酬——非货币性福利”账户；发放时，借记“应付职工薪酬——非货币性福利”账户，贷记“库存商品”账户（含增值税）。

【提示】外购商品用于职工福利根据相关税法的规定其进项税额不得抵扣，所以应将其计入商品成本中。

3.企业将拥有的房屋等资产无偿提供给职工使用

企业将拥有的房屋等资产无偿提供给职工使用的，应当根据受益对象，将该住房每期应计提的折旧计入相关资产成本或当期损益，同时确认应付职工薪酬。租赁住房等资产供职工无偿使用的，应当根据受益对象，将每期应付的租金计入相关资产成本或当期损益，并确认应付职工薪酬。借记“××费用”（如为企业自有资产则以折旧费用认定费用标准；如为企业短期租赁则以租金认定费用标准）账户，贷记“应付职工薪酬”账户；借记“应付职工薪酬”账户，贷记“累计折旧”（企业自有资产的折旧计提）、“银行存款”或“其他应付款”（企业短期租赁租入房屋等资产支付或应付的租金）账户。

4.难以认定受益对象的非货币性福利

难以认定受益对象的非货币性福利，直接计入当期损益和应付职工薪酬。

【做中学8-19】时达公司共有职工200名，其中170名为直接参加生产的职工，30名为总部管理人员。2021年1月20日，时达公司以其生产的每台成本为900元的电暖器作为春节福利发放给职工。该型号的电暖器市场售价为每台1 000元，时达公司适用的增值税税率为13%。时达公司应编制如下会计分录：

（1）分配费用：

借：生产成本（含税售价：1 000元×1.13×170名）　　192 100

　　管理费用（含税售价：1 000元×1.13×30名）　　33 900

　　贷：应付职工薪酬——非货币性福利　　226 000

（2）发放时确认销售：

借：应付职工薪酬——非货币性福利　　226 000

　　贷：主营业务收入（1 000×200）　　200 000

　　　　应交税费——应交增值税（销项税额）　　26 000

借：主营业务成本（900×200）　　180 000

　　贷：库存商品　　180 000

【做中学8-20】2021年1月20日，时达公司为总部各部门经理级别以上职工提供汽车免费使用，同时为副总裁以上高级管理人员每人租赁一套住房。时达公司总部共有部门经理以上职工20名，每人提供一辆桑塔纳汽车免费使用，假定每辆桑塔纳汽车每月计提折旧1 000元。该公司共有副总裁以上高级管理人员5名，公司为每人租赁一套面积为200平方米的公寓，月租金为每套8 000元（含税）。

时达公司应编制如下会计分录：

（1）确认提供汽车的非货币性福利。

企业提供汽车供职工使用的非货币性福利＝20×1 000＝20 000（元）

借：管理费用　　20 000

　　贷：应付职工薪酬——非货币性福利　　20 000

借：应付职工薪酬——非货币性福利　　20 000

　　贷：累计折旧　　20 000

（2）确认为职工租赁住房的非货币性福利。

企业租赁住房供职工使用的非货币性福利＝5×8 000＝40 000（元）

借：管理费用　　40 000

　　贷：应付职工薪酬——非货币性福利　　40 000

时达公司每月支付副总裁以上高级管理人员住房租金时，应编制如下会计分录：

借：应付职工薪酬——非货币性福利　　40 000

　　贷：银行存款　　40 000

（三）离职后福利

离职后福利，是指企业与职工就离职后福利达成的协议，或者企业为向职工提供离职后福利制定的规章或办法等。

企业应当将离职后福利计划分类为设定提存计划和设定受益计划。其中，设定提存计划，是指向独立的基金缴存固定费用后，企业不再承担进一步支付义务的离职后福利计划；设定受益计划，是指除设定提存计划以外的离职后福利计划。

1.设定提存计划

企业应当在职工为其提供服务的会计期间，将根据设定提存计划计算的应缴存金额确认为负债，并计入当期损益或相关资产成本。

对于设定提存计划，企业应当根据在资产负债表日为换取职工在会计期间提供的服务而应向单独主体缴存的提存金，确认为应付职工薪酬，并计入当期损益或相关资产成本，借记“生产成本”“制造费用”“管理费用”“销售费用”等账户，贷记“应付职工薪酬——设定提存计划”账户。

2.设定受益计划

设定提存计划和设定受益计划的区别，在于离职后福利计划的主要条款和条件所包含的经济实质。在设定受益计划下，企业的义务是为现在及以前的职工提供约定的福利，并且精算风险和投资风险实质上由企业来承担。

企业对设定受益计划的会计处理通常包括以下四个步骤：

（1）确定设定受益计划义务的现值和当期服务成本。企业在确定设定受益计划义务的现值、当期服务成本以及过去服务成本时，应当根据计划的福利公式将设定受益计划产生的福利义务归属于职工提供服务的期间，并计入当期损益或相关资产成本。

（2）确定设定受益计划净负债或净资产。企业应当将设定受益计划义务的现值减去设定受益计划资产公允价值所形成的赤字或盈余确认为一项设定受益计划净负债或净资产。

（3）确定应当计入当期损益的金额。报告期末，企业应当在损益中确认的设定受益计划产生的职工薪酬成本包括服务成本和设定受益净负债或净资产的利息净额。

（4）确定应计入其他综合收益的金额。企业应当将重新计量的设定受益净负债或净资产所产生的变动计入其他综合收益，并且在后续会计期间不允许转回至损益，但企业可以在权益范围内转移这些在其他综合收益中确认的金额。

【做中学8-21】沿用【做中学8-13】的资料。时达公司根据所在地政府的规定，按照职工工资总额的16%计提基本养老保险费，缴存当地社会保险经办机构。2021年1月时达公司缴存的基本养老保险费，应计入生产成本的金额为76 800元，应计入制造费用的金额为16 800元，应计入管理费用的金额为14 496元，应计入销售费用的金额为2 784元。相关账务处理如下：

借：生产成本	76 800	
制造费用	16 800	
管理费用	14 496	
销售费用	2 784	
贷：应付职工薪酬——设定提存计划——基本养老保险费		110 880

（四）辞退福利

辞退福利，是指企业在职工劳动合同到期之前解除与职工的劳动关系，或者为鼓励职工自愿接受裁减而给予职工的补偿。

（1）对于职工没有选择权的辞退计划，应当根据辞退计划条款规定的拟解除劳动关系的职工数量、每一个职位的辞退补偿标准等，计提应付职工薪酬。

（2）对于自愿接受裁减建议的，应当预计将会接受裁减建议的职工数量，根据预计的职工数量和每一个职位的辞退补偿标准等，计提应付职工薪酬，借记“管理费用”账户，贷记“应付职工薪酬——辞退福利”账户。

（3）对于辞退福利预期在其确认的年度报告期间期末后12个月内完全支付的，企业应当按短期薪酬的相关规定处理。

（4）对于预期在年度报告期间期末后12个月内不能完全支付的辞退福利，企业应当选择恰当的折现率，以折现后的金额作为计入当期管理费用的辞退福利金额。在确认辞退福利时，借记“管理费用”“未确认融资费用”账户，贷记“应付职工薪酬——辞退福利”账户。在分期支付时，借记“应付职工薪酬——辞退福利”账户，贷记“银行存款”账户；同时，借记“财务费用”账户，贷记“未确认融资费用”账户。

（5）对于职工虽然没有与企业解除劳动合同，但未来不再为企业提供服务，不能为企业带来经济利益，企业承诺提供实质上具有辞退福利性质的经济补偿的，如发生“内退”的情况，在其正式退休日期之前应当比照辞退福利处理，在其正式退休日期后，应当按照离职后福利处理。

（五）其他长期职工福利

其他长期职工福利，是指除短期薪酬、离职后福利、辞退福利之外所有的职工薪酬，包括长期带薪缺勤、长期残疾福利、长期利润分享计划等。

【提示】其他长期职工福利是对员工长期福利的一个补充，囊括实务中可能存在的其他职工薪酬，使职工薪酬的结构更加完整合理。

【做中学8-22】李女士是时达公司的一名员工，在2017年1月1日内部退休（50岁），将于2021年12月31日正式退休（55岁）。假设在每年年末应付李女士内退工资和福利5万元，并假定折现率为6%。李女士各年工资摊余成本计算表见表8-3。

表8-3 李女士各年工资摊余成本计算表 单位：万元

日期	支付的薪酬	利息费用（6%）	归还的本金	摊余成本
2017.01.01				21.07
2017.12.31	5	1.26	3.74	17.33
2018.12.31	5	1.04	3.96	13.37
2019.12.31	5	0.80	4.20	9.17
2020.12.31	5	0.55	4.45	4.72
2021.12.31	5	0.28	4.72	0

（1）2017年1月1日，由于李女士内退，后面5年不为时达公司创造价值，但时达公司承诺支付25万元，因此应将未来5年薪酬的现值确认为负债。

$$应付职工薪酬现值=\frac{5}{1+6\%}+\frac{5}{(1+6\%)^2}+\cdots+\frac{5}{(1+6\%)^5}$$

$$=4.72+4.45+\cdots+3.74=21.07（万元）$$

借：管理费用　　210 700
　　未确认融资费用　　39 300
　　贷：应付职工薪酬——其他长期职工福利　　250 000

在2017年1月末的资产负债表中，应列示应付职工薪酬21.07万元。

应付职工薪酬期末摊余成本＝应付职工薪酬账面余额－未确认融资费用
＝25－3.93＝21.07（万元）

（2）2017年12月31日，确认利息费用时：

借：财务费用　　12 600
　　贷：未确认融资费用　　12 600

2017年年末支付内退工资和福利时：

借：应付职工薪酬——其他长期职工福利　　50 000
　　贷：银行存款　　50 000

2018年12月31日，确认利息费用时：

借：财务费用　　10 400
　　贷：未确认融资费用　　10 400

2018年年末支付内退工资和福利时：

借：应付职工薪酬——其他长期职工福利　　50 000
　　贷：银行存款　　50 000

2019年12月31日，确认利息费用时：

借：财务费用　　8 000
　　贷：未确认融资费用　　8 000

2019年年末支付内退工资和福利时：

借：应付职工薪酬——其他长期职工福利　　50 000
　　贷：银行存款　　50 000

后两年略，请同学们自己做出相关账务处理。

任务实施

针对“任务布置”中的经济业务，相关处理程序如下：

第一步，计算工资。由人力资源部门根据每个员工的出勤情况、基本工资、计件工资、补贴等各类因素计算当月的工资，形成工资表，并提交公司领导审批，然后传递给财务部门。

第二步，计提“五险一金两费”。根据财务核算制度的规定，财务部门按照工资总额计提社会保险费、住房公积金、工会经费和职工教育经费。

第三步，发放工资。财务人员在公司指定的日期，按照人力资源部门提供的经批准的工资单，以银行代发的形式发放工资。

请写出相关经济业务的会计分录。

任务四 应交税费核算

任务布置

2021年1月，华盛公司发生的经济业务如下：

（1）4日，从湘中公司购入生产用铁精粉10 000吨，增值税专用发票上注明的材料价款为500万元，增值税税款为65万元，货款已支付。在购入材料过程中向铁路部门支付运费5万元（另支付运费的增值税0.45万元），铁精粉已验收入库。

（2）12日，销售螺纹钢2 000吨，不含增值税的销售价格为700万元，实际成本为600万元，提货单和增值税专用发票已交购货方，货款尚未收到。

（3）16日，建造厂房工程领用本公司生产的螺纹钢，该产品的实际成本为30万元，计税价格为33.9万元。

（4）18日，建造厂房工程领用生产用的铁精粉800吨，共计40万元，其购入时支付的增值税为5.2万元。

（5）30日，缴纳本月应交的增值税。

任务：请会计张红做出相关账务处理。

相关原始凭证：

（1）向湘中公司购入铁精粉时收到的增值税专用发票；

（2）支付货款的银行回单；

（3）购入材料时产生的运费发票及支付的银行回单；

（4）仓库验收铁精粉的入库单；

（5）销售螺纹钢时，仓库填制的发货单及财务开具的增值税专用发票；

（6）建造厂房使用螺纹钢的仓库出库单；

（7）建造厂房使用铁精粉的仓库出库单；

（8）缴纳税金后的银行回单。

业务产生：企业经营必须按照国家税法的规定履行纳税义务，对其所经营的业务依法缴纳税款。

知识准备

一、应交税费概述

企业必须按照国家税法的要求，对在一定时期内取得的营业收入、实现的利润以及从事其他应税项目，按照强制性、无偿性、固定性原则缴纳各种税金。但纳税义务的发生和完成并不是同步的，纳税是定期进行的，应交税费正是企业应缴而未缴的债务。企业根据税法的规定应缴纳的各种税费包括：增值税、消费税、城市维护建设税、企业所得税、土地增值税、资源税、房产税、车船税、城镇土地使用税、教育费附加、矿产资源补偿费、印花税、耕地占用税、契税、环境保护税、车辆购置税等。由于各种税费的征收依据不同，具体金额的计算及其账务处理也存在差异。本任务的重点是流转税的核算。

二、应交税费核算的账户设置

（一）“应交税费”账户

为了核算各种应交税费的发生和缴纳情况，企业应设置“应交税费”账户。该账户属于负债类账户，具体账户结构如下：

借方　　　　应交税费	贷方
实际缴纳的各种税费	①应缴纳的各种税费 ②出口退税 ③税务机关退还多缴的税费
企业多缴或尚未抵扣的税费	企业尚未缴纳的各种税费

【请注意】该账户可按照应交税费的项目进行明细核算。

【提示】印花税、耕地占用税、契税、车辆购置税等不需要预计应交的税金，所以不通过“应交税费”账户核算。

（二）“税金及附加”账户

为了核算各种企业经营活动发生的消费税、城市维护建设税、资源税、教育费附加及房产税、城镇土地使用税、车船税、印花税等相关税费，企业应设置“税金及附加”账户。该账户属于损益类账户，具体账户结构如下：

借方　　　　税金及附加	贷方
按照规定计算的与经营活动相关的税金及附加	企业收到的先征后返的消费税等原记入本账户的各种税金及附加

三、应交税费业务的账务处理

（一）应交增值税

1.增值税概述

增值税是以商品（含应税劳务、应税行为）在流转过程中实现的增值额作为计税依据而征收的一种流转税。

国家税务总局：一图了解增值税的前世今生

2.增值税征税范围和纳税义务人

（1）征税范围。按照我国现行增值税制度的规定，在我国境内销售货物、加工修理修配劳务、服务、无形资产和不动产以及进口货物的企业、单位和个人为增值税的纳税人。其中，“服务”是指提供的交通运输服务、建筑服务、邮政服务、电信服务、金融服务、现代服务、生活服务。

（2）纳税人。根据经营规模大小及会计核算的健全程度，增值税纳税人分为一般纳税人和小规模纳税人。

3.增值税的计税方法

增值税的计税方法分为一般计税方法和简易计税方法，见表8-4。

表8-4 增值税的计税方法

计税方法	应纳税额计算	适用对象
一般计税方法	应纳税额＝当期销项税额－当期进项税额 销项税额＝销售额（不含税）×增值税税率 不含税销售额＝含税销售额÷（1＋增值税税率） 【提示】当期销项税额小于当期进项税额不足抵扣时，其不足部分可以结转下期继续抵扣	大多数一般纳税人
简易计税方法	应纳税额＝销售额（不含税）×征收率 不含税销售额＝含税销售额÷（1＋征收率）	小规模纳税人和一般纳税人销售服务、无形资产或者不动产符合规定的

【提示】增值税是“价外税”，价外税的特点是其缴纳多少并不会影响企业当期损益。

4.一般计税方法相关问题说明

（1）一般纳税人可以抵扣增值税进项税额的法定凭证如下：

①增值税专用发票注明的增值税税额。

②海关进口增值税专用缴款书上注明的增值税税额。

③购进农产品，除取得①、②外，按照农产品收购发票或者销售发票上注明的农产品买价和9%的扣除率计算的进项税额；如用于生产销售或委托加工13%税率的农产品，按照农产品收购发票或者销售发票上注明的农产品买价和10%的扣除率计算的进项税额。

④从境外单位或个人购入服务、无形资产或不动产，自税务机关或者扣缴义务人取得的解缴税款的完税凭证上注明的增值税税额。

⑤一般纳税人支付的道路、桥、闸通行费，凭取得的通行费发票上注明的收费金额和规定的方法计算的可抵扣的增值税进项税额。

（2）一般纳税人增值税采用的税率分为13%、9%、6%和零税率。增值税税率表见表8-5。

5.简易计税方法相关说明

增值税的简易计税方法不得抵扣进项税额。其计算公式如下：

应纳税额＝销售额×征收率

销售额＝含税销售额÷（1＋征收率）

小规模纳税人一般采用简易计税方法；一般纳税人发生财政部和国家税务总局规定的特定应税销售行为，也可以选择简易计税方式计税，但是不得抵扣进项税额。

简易计税方式的增值税征收率为3%，国家另有规定的除外。

表 8-5　　增值税税率表

1. 货物税率	一般税率 13%		
	低税率 9%	①生活必需品类	A. 粮食、食用植物油、食用盐 B. 自来水、热水、暖气、冷气、煤气、石油液化气、天然气、沼气、居民用煤炭制品
		②文化用品类	A. 图书、报纸、杂志 B. 音像制品、电子出版物
		③农业生产资料类	饲料、化肥、农机（不包括农机零部件）、农药、农膜、农产品、二甲醚
		④国务院规定的其他货物	
	零税率	纳税人出口货物（特殊货物除外）	
2. 应税劳务税率	13%	纳税人提供加工修理修配劳务	
3. 销售服务、无形资产或者不动产的税率	一般税率为 6%		
	9%	纳税人销售交通运输、邮政、基础电信、建筑、不动产租赁服务，销售不动产，转让土地使用权	
	13%	提供有形动产租赁服务	
	零税率	境内单位和个人发生的跨境销售国务院规定范围内的服务、无形资产	

（二）一般纳税人的账户设置

为了核算企业应交增值税的发生、抵扣、缴纳、退税及转出等情况，增值税一般纳税人应在“应交税费”账户下设置“应交增值税”“未交增值税”“预交增值税”“待抵扣进项税额”“待认证进项税额”“待转销项税额”“增值税留抵税额”“简易计税”“转让金融商品应交增值税”“代扣代交增值税”等明细账户。

增值税一般纳税人应在“应交增值税”明细账户下设置“进项税额”“销项税额”“进项税额转出”“出口退税”“出口抵减内销产品应纳税额”“减免税款”“销项税额抵减”“已交税金”“转出未交增值税”“转出多交增值税”等专栏。

一般纳税人核算应交增值税的账户设置见表 8-6。

表 8-6　　一般纳税人核算应交增值税的账户设置

一级账户	二级账户	三级账户	说 明
应交税费	应交增值税	进项税额	记录一般纳税人购进货物、加工修理修配劳务、服务、无形资产或不动产而支付或负担的、准予从当期销项税额中抵扣的增值税税额
		销项税额	记录一般纳税人销售货物、服务或者应税劳务，按照销售额和规定的税率计算并向购买方收取的增值税税额

续表

一级账户	二级账户	三级账户	说　明
应交税费	应交增值税	进项税额转出	记录一般纳税人购进货物、加工修理修配劳务、服务、无形资产或不动产等发生非正常损失以及其他原因而不应从销项税额中抵扣、按规定转出的进项税额
		出口退税	记录一般纳税人出口货物、加工修理修配劳务、服务、无形资产按规定退回的增值税税额
		出口抵减内销产品应纳税额	记录实行“免、抵、退”办法的一般纳税人按规定计算的出口货物的进项税额抵减内销产品的应纳税额
		减免税款	记录一般纳税人按现行增值税制度的规定准予减免的增值税税额
		销项税额抵减	记录一般纳税人按照现行增值税制度的规定因扣减销售额而减少的销项税额
		已交税金	记录一般纳税人当月已交的应交增值税税额
		转出未交增值税	记录一般纳税人月度终了转出当月应交未交的增值税税额
		转出多交增值税	记录一般纳税人月度终了转出当月多交的增值税税额
	未交增值税		核算一般纳税人月度终了从“应交增值税”或“预交增值税”明细账户转入当月应交未交、多交或预交的增值税税额，以及当月缴纳以前期间未缴纳的增值税税额
	预交增值税		核算一般纳税人转让不动产、提供不动产经营租赁服务、提供建筑服务、采用预收款方式销售自行开发的房地产项目等，以及其他按现行增值税制度的规定应预交的增值税税额
	待抵扣进项税额		核算一般纳税人已取得增值税扣税凭证并经税务机关认证，按照现行增值税制度的规定准予以后期间从销项税额中抵扣的进项税额，包括：一般纳税人自2016年5月1日后取得并按固定资产核算的不动产或者2016年5月1日后取得的不动产在建工程，按现行增值税制度的规定准予以后期间从销项税额中抵扣的进项税额；实行纳税辅导期管理的一般纳税人取得的尚未交叉稽核比对的增值税扣税凭证上注明或计算的进项税额
	待认证进项税额		核算一般纳税人由于未经税务机关认证而不得从当期销项税额中抵扣的进项税额，包括：一般纳税人已取得增值税扣税凭证、按照现行增值税制度的规定准予从销项税额中抵扣，但尚未经税务机关认证的进项税额；一般纳税人已申请稽核但尚未取得稽核相符结果的海关进口增值税专用缴款书上注明的进项税额

续表

一级账户	二级账户	三级账户	说明
应交税费	待转销项税额		核算一般纳税人销售货物、加工修理修配劳务、服务、无形资产或不动产，已确认相关收入（或利得），但尚未发生增值税纳税义务而需于以后期间确认为销项税额的增值税税额
	增值税留抵税额		核算兼营销售服务、无形资产或者不动产的原增值税一般纳税人，截至纳入营改增试点之日前的增值税期末留抵税额按照现行增值税制度的规定不得从销售服务、无形资产或不动产的销项税额中抵扣的增值税留抵税额
	简易计税		核算一般纳税人采用简易计税方法发生的增值税计提、扣减、预缴、缴纳等业务
	转让金融商品应交增值税		核算增值税纳税人转让金融商品发生的增值税税额
	代扣代交增值税		核算纳税人购进在境内未设经营机构的境外单位或个人在境内的应税行为代扣代缴的增值税

【请注意】“应交税费”账户下的“应交增值税”“未交增值税”“待抵扣进项税额”“待认证进项税额”“增值税留抵税额”等明细账户期末借方余额应根据情况，在资产负债表中的“其他流动资产”或“其他非流动资产”项目列示；“应交税费——待转销项税额”等账户期末贷方余额应根据情况，在资产负债表中的“其他流动负债”或“其他非流动负债”项目列示；“应交税费”账户下的“未交增值税”“简易计税”“转让金融商品应交增值税”“代扣代交增值税”等账户期末贷方余额应在资产负债表中的“应交税费”项目列示。

（三）一般纳税人的账务处理

1.取得资产、接受应税劳务或服务

（1）一般纳税人购进货物、加工修理修配劳务、服务、无形资产或者不动产，根据增值税专用发票上注明的增值税税额记入“应交税费——应交增值税（进项税额）”账户。借记“材料采购”“在途物资”“原材料”“库存商品”“生产成本”“无形资产”“固定资产”“管理费用”等账户，借记“应交税费——应交增值税（进项税额）”账户，贷记“银行存款”等账户。

【提示】①如果企业销售货物或者提供应税劳务采用销售额和销项税额合并定价方法，按公式“不含税销售额＝含税销售额÷（1＋税率）”还原为不含税销售额。

②对于购入的农产品可以按收购金额的一定比率（扣除率9%或10%）计算进项税额，并准予从销项税额中抵扣。

③企业购进货物时支付的运费按照取得的增值税专用发票上注明的税额作为进项税额。

④属于购进货物时即能认定进项税额不能抵扣的，直接将增值税专用发票上注明的增值税税额计入购入货物或接受劳务的成本。

【做中学8-23】时达公司原材料按实际成本核算，销售商品价格为不含增值税的公允价格。2021年1月份发生交易或事项以及相关的会计分录如下：

（1）5日，购入原材料一批，增值税专用发票上注明的价款为120 000元，增值税税额为15 600元，材料尚未到达，全部款项已用银行存款支付。

借：在途物资　　120 000
　　应交税费——应交增值税（进项税额）　　15 600
　　贷：银行存款　　135 600

（2）10日，收到5日购入的原材料并验收入库，实际成本总额为120 000元。同日，与运输公司结清运输费用，增值税专用发票上注明的运输费用为5 000元，增值税税额为450元，运输费用和增值税税额已用转账支票付讫。

借：原材料　　125 000
　　应交税费——应交增值税（进项税额）　　450
　　贷：银行存款　　5 450
　　　　在途物资　　120 000

（3）15日，购入不需要安装的生产设备一台，增值税专用发票上注明的价款为30 000元，增值税税额为3 900元，款项尚未支付。

借：固定资产　　30 000
　　应交税费——应交增值税（进项税额）　　3 900
　　贷：应付账款　　33 900

（4）20日，购入农产品一批，农产品收购发票上注明的买价为200 000元，规定的扣除率为9%，货物尚未到达，价款已用银行存款支付。

借：在途物资　　182 000
　　应交税费——应交增值税（进项税额）　　18 000
　　贷：银行存款　　200 000

（5）25日，企业管理部门委托外单位修理机器设备，取得的对方开具的增值税专用发票上注明的修理费用为20 000元，增值税税额为2 600元，款项已用银行存款支付。

借：管理费用　　20 000
　　应交税费——应交增值税（进项税额）　　2 600
　　贷：银行存款　　22 600

（6）25日，购进一幢办公楼作为固定资产核算，并投入使用。已取得增值税专用发票并经税务机关认证，增值税专用发票上注明的价款为1 500 000元，增值税税额为135 000元，全部款项以银行存款支付。不考虑其他相关因素。

借：固定资产　　1 500 000
　　应交税费——应交增值税（进项税额）　　135 000
　　贷：银行存款　　1 635 000

（2）货物等已验收入库但尚未取得增值税扣税凭证。企业购进的货物等已到达并验收入库，但尚未收到增值税扣税凭证并未付款的，应在月末按货物清单或相关合同协议上的价格暂估入账，不需要将增值税的进项税额暂估入账。下月初，用红字冲销原暂估入账金额，待取得相关增值税扣税凭证并经认证后，按应计入相关成本费用或资产的金额，进行确认。

（3）进项税额转出。企业已单独确认进项税额的购进货物、加工修理修配劳务或服务、无形资产或不动产改变用途（如用于简易计税方法计税项目、免征增值税项目、非增值税应税项目、集体福利和个人消费等），或购进的货物由于管理不善等原因造成非正常损失（如被盗、丢失、霉烂变质，以及因违反法律法规造成货物或者不动产被依法没收、销毁、拆除的情形等），其进项税额不能再抵扣，转入“应交税费——应交增值税（进项税额转出）”账户。

①管理不善导致进项税额转出。借记“待处理财产损溢”账户，贷记“原材料”“应交税费——应交增值税（进项税额转出）”账户。

②外购原材料或商品用于集体福利。借记“应付职工薪酬——非货币性福利”账户，贷记“应交税费——应交增值税（进项税额转出）”“原材料”等账户。

③一般纳税人已取得增值税扣税凭证、按照现行增值税制度的规定准予从销项税额中抵扣，但尚未经税务机关认证的进项税额；一般纳税人已申请稽核但尚未取得稽核相符结果的海关进口增值税专用缴款书上注明的进项税额。

业务发生时，借记“原材料”“固定资产”“应付职工薪酬”“应交税费——待认证进项税额”等账户，贷记“应付账款”等账户。经认证后准予抵扣时，借记“应交税费——应交增值税（进项税额）”账户，贷记“应交税费——待认证进项税额”账户。若进项税额不准抵扣，应同时借记“原材料”“固定资产”“应付职工薪酬”等账户，贷记“应交税费——应交增值税（进项税额转出）”账户。

【做中学8-24】2021年1月份时达公司发生事项如下：

（1）10日，库存材料因管理不善发生火灾，毁损材料实际成本为20 000元，增值税专用发票确认的增值税税额为2 600元。

借：待处理财产损溢（20 000＋2 600）　　22 600
　　贷：原材料　　20 000
　　　　应交税费——应交增值税（进项税额转出）　　2 600

（2）18日，领用一批外购材料用于集体福利，该批原材料的成本为60 000元，增值税专用发票注明的进项税额为7 800元。

借：应付职工薪酬——职工福利费　　67 800
　　贷：原材料　　60 000
　　　　应交税费——应交增值税（进项税额转出）　　7 800

（3）20日，外购空调扇300台作为福利发放给直接从事生产的职工，取得的增值税专用发票上注明的价款为150 000元，增值税税额为19 500元，以银行存款支付了购买空调扇的价款和增值税进项税额，增值税专用发票尚未经税务机关认证。

时达公司发生上述事项的账务处理如下：

①购入时，增值税专用发票尚未经税务机关认证：

借：库存商品——空调扇 150 000
　　应交税费——待认证进项税额 19 500
　　　贷：银行存款 169 500

②经税务机关认证不可抵扣时：

借：应交税费——应交增值税（进项税额） 19 500
　　贷：应交税费——待认证进项税额 19 500

同时：

借：库存商品——空调扇 19 500
　　贷：应交税费——应交增值税（进项税额转出） 19 500

③实际发放时：

借：应付职工薪酬——非货币性福利 169 500
　　贷：库存商品——空调扇 169 500

2. 销售等业务的账务处理

（1）企业销售货物、提供加工修理修配劳务、销售服务、无形资产或不动产时，按照不含税销售额和增值税税率计算确认“应交税费——应交增值税（销项税额）”。会计上收入或利得确认时点先于增值税纳税义务发生时点的，应将相关销项税额记入“应交税费——待转销项税额”账户，待实际发生纳税义务时再转入“应交税费——应交增值税（销项税额）”账户。

【提示】发生销售退回的，应根据开具的红字增值税专用发票作相反的会计分录。

（2）视同销售。企业将自产或委托加工的货物用于集体福利或个人消费，将自产、委托加工或购买的货物作为投资、提供给其他单位或个体工商户、分配给股东或投资者、对外捐赠等，按照现行增值税制度的规定，应视同销售处理，计算应交增值税。

①对外捐赠。借记“营业外支出”（成本＋视同销售增值税）账户，贷记“库存商品”（成本价）、“应交税费——应交增值税（销项税额）”（计税价格或公允价值或市场价格×税率）账户。

②对外投资。借记“长期股权投资”账户等，贷记“其他业务收入”（一般为双方协商的不含税价格）、“应交税费——应交增值税（销项税额）”账户；同时，借记“其他业务成本”账户，贷记“库存商品”等账户。

③支付股利。借记“应付股利”账户，贷记“主营业务收入”（市场价格或计税价格）、“应交税费——应交增值税（销项税额）”账户；同时借记“主营业务成本”账户，贷记“库存商品”账户。

④用于集体福利。借记“应付职工薪酬”（公允价值＋视同销售增值税）账户，贷记“主营业务收入”（公允价值或售价或计税价格）、“应交税费——应交增值税（销项税额）”账户；同时借记“主营业务成本”账户，贷记“库存商品”账户。

【请注意】仅“捐赠”不确认收入，而是以成本＋视同销售增值税计入营业外支出。

【做中学8-25】2021年1月份时达公司发生与销售有关的交易如下：

（1）15日，销售产品一批，开具的增值税专用发票上注明的价款为3 000 000元，增值税税额为390 000元，提货单和增值税专用发票已交给买方，款项尚未收到，成本为2 400 000元。相关账务处理如下：

借：应收账款　　3 390 000
　贷：主营业务收入　　3 000 000
　　应交税费——应交增值税（销项税额）　　390 000
借：主营业务成本　　2 400 000
　贷：库存商品　　2 400 000

（2）28日，为外单位代加工电脑桌500个，每个收取加工费80元，加工完成，开具的增值税专用发票上注明的价款为40 000元，增值税税额为5 200元，款项已收到并存入银行。假定劳务成本为30 000元。相关账务处理如下：

借：银行存款　　45 200
　贷：主营业务收入　　40 000
　　应交税费——应交增值税（销项税额）　　5 200
借：主营业务成本　　30 000
　贷：合同履约成本　　30 000

【做中学8-26】2021年1月份时达公司发生与销售有关的交易如下：

（1）10日，以公司生产的产品对外捐赠，该批产品的实际成本为200 000元，市场不含税售价为250 000元，开具的增值税专用发票上注明的增值税税额为32 500元。相关账务处理如下：

借：营业外支出　　232 500
　贷：库存商品　　200 000
　　应交税费——应交增值税（销项税额）　　32 500

（2）25日，时达公司用一批原材料对外进行长期股权投资。该批原材料实际成本为600 000元，双方协商不含税价格为750 000元，开具的增值税专用发票上注明的增值税税额为97 500元。相关账务处理如下：

借：长期股权投资　　847 500
　贷：其他业务收入　　750 000
　　应交税费——应交增值税（销项税额）　　97 500

同时：

借：其他业务成本　　600 000
　贷：原材料　　600 000

3.缴纳增值税

（1）缴纳当月应交增值税。借记“应交税费——应交增值税（已交税金）”账户，贷记“银行存款”账户。

（2）缴纳以前期间未交增值税。借记“应交税费——未交增值税”（以前期间未交的增值税）账户，贷记“银行存款”账户。

【做中学8-27】2021年1月份时达公司当月发生增值税销项税额合计为525 200元，增值税进项税额转出合计为29 900元，增值税进项税额合计为195 050元。

应交增值税 = 525 200 + 29 900 − 195 050 = 360 050（元）

1月31日，时达公司当月实际缴纳增值税310 050元：

借：应交税费——应交增值税（已交税金）　　310 050

　贷：银行存款　　310 050

4.月末转出多交增值税和未交增值税

月度终了，企业应当将当月应交未交或多交的增值税自“应交增值税”明细账户转入“未交增值税”明细账户。

（1）对于当月应交未交的增值税（相当于未交增值税增加）。借记“应交税费——应交增值税（转出未交增值税）”账户，贷记“应交税费——未交增值税”账户。

（2）对于当月多交的增值税（相当于未交增值税减少）。借记“应交税费——未交增值税”账户，贷记“应交税费——应交增值税（转出多交增值税）”账户。

【做中学8-28】2021年1月末，时达公司将尚未缴纳的其余增值税税款50 000元转账。

借：应交税费——应交增值税（转出未交增值税）　　50 000

　贷：应交税费——未交增值税　　50 000

【做中学8-29】2021年2月，时达公司缴纳1月份未交增值税。

借：应交税费——未交增值税　　50 000

　贷：银行存款　　50 000

（四）小规模纳税人的核算

购进：购进货物、接受应税劳务（服务），取得的增值税专用发票上注明的增值税，一律不予抵扣，直接计入相关成本费用或资产。

销售：应当按照不含税销售额和规定的增值税征收率计算缴纳增值税，但不得开具增值税专用发票。

小规模纳税人只需在“应交税费”账户下设置“应交增值税”明细账户，该明细账户不再设置增值税专栏。购入材料时，借记“原材料”等账户（含税，增值税计入成本），贷记“银行存款”等账户。销售货物（服务）时，借记“银行存款”等账户，贷记“主营业务收入”“应交税费——应交增值税”账户。缴纳增值税时，借记“应交税费——应交增值税”账户，贷记“银行存款”账户。

【做中学8-30】远大企业为增值税小规模纳税人，适用的增值税征收率为3%。相关账务处理如下：

（1）购入原材料一批，取得的增值税专用发票上注明的价款为30 000元，增值税为3 900元，款项以银行存款支付，材料已验收入库。

借：原材料　　33 900

　贷：银行存款　　33 900

（2）销售产品一批，开具的增值税普通发票上注明的价款（含税）为51 500元，款项已存入银行。

不含税销售额 = 51 500÷（1 + 3%） = 50 000（元）

应纳增值税 = 50 000 × 3% = 1 500（元）

借：银行存款　　51 500

贷：主营业务收入　50 000

　　应交税费——应交增值税　1 500

（3）远大企业下月以银行存款缴纳增值税1 500元。

借：应交税费——应交增值税　1 500

　　贷：银行存款　1 500

（五）差额征税的账务处理

根据财政部和国家税务总局营改增试点政策的规定，对于企业发生的某些业务（金融商品转让、经纪代理服务、融资租赁和融资性售后回租业务、一般纳税人提供客运场站服务、试点纳税人提供旅游服务、选择简易计税方法提供建筑服务等）无法通过抵扣机制避免重复征税的，应采用差额征税方式计算缴纳增值税。

1.企业按规定相关成本费用允许扣减销售额的账务处理

发生费用支出时，借记“主营业务成本”等账户，贷记“银行存款”等账户。根据增值税扣税凭证抵减销项税额时，借记“应交税费——应交增值税（销项税额抵减）”或“应交税费——简易计税”“应交税费——应交增值税”账户，贷记“主营业务成本”等账户。

2.企业转让金融商品按规定以盈亏相抵后的余额作为销售额

月末产生转让收益时，借记“投资收益”等账户，贷记“应交税费——转让金融商品应交增值税”账户。月末产生转让损失，则可结转下月抵扣税额，借记“应交税费——转让金融商品应交增值税”账户，贷记“投资收益”等账户。缴纳增值税时，借记“应交税费——转让金融商品应交增值税”账户，贷记“银行存款”账户。年末，“应交税费——转让金融商品应交增值税”账户如有借方余额，借记“投资收益”等账户，贷记“应交税费——转让金融商品应交增值税”账户。

【做中学8-31】黄河旅行社为增值税一般纳税人，应交增值税采用差额征税方式核算。2020年2月，该旅行社为东海公司提供职工境内旅游服务，向东海公司收取含税价款318 000元，其中增值税18 000元，全部款项已收妥入账。旅行社以银行存款支付其他接团旅游企业的旅游费用和其他单位相关费用共计254 400元，其中，因允许扣减销售额而减少的销项税额为14 400元。

（1）确认旅游服务收入：

借：银行存款　318 000

　　贷：主营业务收入　300 000

　　　　应交税费——应交增值税（销项税额）　18 000

（2）支付旅游费用等：

借：主营业务成本　254 400

　　贷：银行存款　254 400

（3）根据增值税扣税凭证抵减销项税额，并调整成本：

借：应交税费——应交增值税（销项税额抵减）　14 400

　　贷：主营业务成本　14 400

（2）、（3）可合并编制如下会计分录：

借：主营业务成本　240 000

　　应交税费——应交增值税（销项税额抵减）　14 400

　　贷：银行存款　254 400

（六）增值税税控系统专用设备和技术维护费用抵减增值税账务处理

企业初次购买增值税税控系统专用设备支付的费用以及缴纳的技术维护费允许在增值税应纳税额中全额抵减。

【做中学8-32】天华公司为增值税一般纳税人，初次购买数台增值税税控系统专用设备作为固定资产核算，取得的增值税专用发票上注明的价款为38 000元，增值税税额为4 940元，价款和税款以银行存款支付。

（1）取得设备，支付价款和税款时：

借：固定资产　42 940

　　贷：银行存款　42 940

（2）按规定抵减增值税应纳税额时：

借：应交税费——应交增值税（减免税款）　42 940

　　贷：管理费用　42 940

（七）应交消费税

1.消费税概述

消费税，是指在我国境内生产、委托加工和进口应税消费品的单位和个人，按其流转额缴纳的一种税。

【提示】消费税是一种“价内税”，价内税的特点是会影响企业当期的损益。

2.征税范围

消费税征税范围见表8-7。

表8-7　消费税征税范围表

应税消费品
烟、酒
鞭炮焰火、木制一次性筷子、实木地板、电池、涂料
摩托车、小汽车、游艇、成品油、高尔夫球及球具、高档手表、贵重首饰及珠宝玉石
高档化妆品

3.征收方法

消费税有从价定率和从量定额两种征收方法。采取从价定率方法征收的消费税，以不含增值税的销售额为税基，按照税法规定的税率计算。企业的销售收入包含增值税的，应将其换算为不含增值税的销售额。采取从量定额计征的消费税，根据按税法确定的企业应税消费品的数量和单位应税消费品应缴纳的消费税计算确定。

其计算公式为：

从价定率：消费税 = 不含增值税销售额 × 税率

从量定额：消费税 = 数量 × 单位税额

复合计税：消费税 = 不含增值税销售额 × 税率 + 数量 × 单位税额

不含税销售额 = 含增值税销售额÷（1 + 13%（或9%等））

4.应交消费税的账务处理

企业为了正确核算应交消费税的发生和缴纳情况，应在“应交税费”账户下设置“应交消费税”明细账户。该账户贷方登记按规定应缴纳的消费税，借方登记企业实际缴纳的消费税，期末贷方余额表示企业尚未缴纳的消费税，期末借方余额表示多缴纳的消费税。

（1）进口应税消费品——为取得资产而发生

企业进口应税物资在进口环节应交的消费税，计入该项物资的成本。

【做中学8-33】时达公司从国外进口一批需要缴纳消费税的商品，已知该商品关税完税价格为540 000元，按规定应缴纳关税108 000元，假定进口的应税消费品的消费税税率为10%，增值税税率为13%，消费税72 000元，增值税93 600元。进口商品已经验收入库，货款和税款已经用银行存款支付。

借：库存商品　　720 000

　　应交税费——应交增值税（进项税额）　　93 600

　　贷：银行存款　　813 600

（2）委托加工应税消费品

委托加工应税消费品在会计处理时，需要缴纳消费税的委托加工物资，于委托方提货时，由受托方代收代缴税款。

受托方代收代缴消费税的账务处理为：借记“应收账款”“银行存款”等账户，贷记“应交税费——应交消费税”账户。

委托加工物资收回后，视具体情形进行相应账务处理（见表8-8）。

表8-8　委托加工物资收回后的账务处理

委托加工物资收回后	会计处理
直接用于销售	委托方应将受托方代收代缴的消费税计入委托加工物资的成本
用于连续生产应税消费品	按规定准予抵扣的： 借：应交税费——应交消费税 　　贷：应付账款、银行存款等

【做中学8-34】时达公司委托东海公司代为加工一批应交消费税的材料（非金银首饰）。时达公司的材料成本为2 000 000元，加工费为400 000元，增值税税率为13%，由东海公司代收代缴的消费税为160 000元。材料已经加工完成，并由时达公司收回验收入库，加工费尚未支付。时达公司采用实际成本法对原材料进行核算。

（1）如果委托加工物资收回后继续用于生产应税消费品：

借：委托加工物资　　2 000 000

　　贷：原材料　　2 000 000

借：委托加工物资　　400 000
　　应交税费——应交增值税（进项税额）　　52 000
　　　　　　——应交消费税　　160 000
　　贷：应付账款　　612 000
借：原材料　　2 400 000
　　贷：委托加工物资　　2 400 000

（2）如果委托加工物资收回后直接对外销售：

借：委托加工物资　　2 000 000
　　贷：原材料　　2 000 000
借：委托加工物资　　560 000
　　应交税费——应交增值税（进项税额）　　52 000
　　贷：应付账款　　612 000
借：原材料　　2 560 000
　　贷：委托加工物资　　2 560 000

（3）销售应税消费品——为取得日常收入而缴纳

【做中学8-35】时达公司销售所生产的高档化妆品，价款100万元（不含增值税），增值税专用发票上注明的增值税税额为13万元，适用的消费税税率为30%，款项已存入银行。

（1）取得价款和税款时：

借：银行存款　　1 130 000
　　贷：主营业务收入　　1 000 000
　　　　应交税费——应交增值税（销项税额）　　130 000

（2）计算应交的消费税 = 100 × 30% = 30（万元）

借：税金及附加　　300 000
　　贷：应交税费——应交消费税　　300 000

（4）自产自用应税消费品

【做中学8-36】时达公司在建工程领用自产柴油，成本为50 000元，应纳消费税6 000元，产品售价60 000元，增值税税率13%，不考虑其他相关税费。

借：在建工程　　56 000
　　贷：库存商品　　50 000
　　　　应交税费——应交消费税　　6 000

【做中学8-37】时达公司下设的职工食堂享受企业提供的补贴，本月领用自产产品一批，该产品的账面成本为20 000元，市场价格为30 000元，适用的增值税税率为13%，消费税税率为10%。

借：应付职工薪酬——职工福利费　　33 900
　　贷：主营业务收入　　30 000
　　　　应交税费——应交增值税（销项税额）　　3 900
借：主营业务成本　　20 000

贷：库存商品　20 000

同时计算应交的消费税：

借：税金及附加　3 000

贷：应交税费——应交消费税　3 000

（八）其他应交税费

其他应交税费指除上述税费以外的其他各种应上缴国家的税费。

1.应交资源税

（1）计算对外销售应税矿产品等应交资源税时，借记“税金及附加”账户，贷记“应交税费——应交资源税”账户。

（2）计算自用应税矿产品等应交资源税时，借记“生产成本”“制造费用”等账户，贷记“应交税费——应交资源税”账户。

视频：资源税

（3）缴纳资源税时，借记“应交税费——应交资源税”账户，贷记“银行存款”账户。

【做中学8-38】海天公司本期对外销售资源税应税矿产品3 600吨，将自产资源税应税矿产品800吨用于其产品生产，税法规定每吨矿产品应交资源税5元。

公司对外销售应税矿产品应交的资源税 = 3 600 × 5 = 18 000（元）

公司自产自用应税矿产品应交的资源税 = 800 × 5 = 4 000（元）

（1）计算对外销售应税矿产品应交资源税：

借：税金及附加　18 000

贷：应交税费——应交资源税　18 000

（2）计算自产自用应税矿产品应交资源税：

借：生产成本　4 000

贷：应交税费——应交资源税　4 000

（3）缴纳资源税：

借：应交税费——应交资源税　22 000

贷：银行存款　22 000

2.应交城市维护建设税

城市维护建设税，是以增值税、消费税为计税依据的一种税。其纳税人为缴纳增值税、消费税的单位和个人，以纳税人实际缴纳的增值税、消费税为依据，并分别与两项税金同时缴纳。

【提示】税率：市区7%；县城、镇5%；不在市区、县城或镇的，1%。

应纳税额 =（实际缴纳的增值税 + 实际缴纳的消费税）× 适用税率

（1）计提时，借记“税金及附加”账户，贷记“应交税费——应交城市维护建设税”账户。

（2）缴纳时，借记“应交税费——应交城市维护建设税”账户，贷记“银行存款”账户。

3.应交教育费附加

教育费附加，是为了发展教育事业而向企业征收的附加费用，企业按应交流转税的一定比例计算缴纳。

【提示】教育费附加的征收率为3%。

应交教育费附加＝（实际缴纳的增值税＋实际缴纳的消费税）×适用征收率

（1）企业按规定计算出应交教育费附加，借记“税金及附加”账户，贷记“应交税费——应交教育费附加”账户。

（2）缴纳时，借记“应交税费——应交教育费附加”账户，贷记“银行存款”账户。

【做中学 8-39】2021 年 5 月时达公司实际缴纳增值税 510 000 元、消费税 240 000 元，城市维护建设税税率为 7%、教育费附加征收率为 3%。

（1）计算应交城市维护建设税、教育费附加：

应交城市维护建设税＝（510 000＋240 000）×7%＝52 500（元）

应交教育费附加＝（510 000＋240 000）×3%＝22 500（元）

借：税金及附加　　75 000

　贷：应交税费——应交城市维护建设税　　52 500

　　　　　　——应交教育费附加　　22 500

（2）用银行存款缴纳城市维护建设税：

借：应交税费——应交城市维护建设税　　52 500

　　　　　——应交教育费附加　　22 500

　贷：银行存款　　75 000

4.应交土地增值税

土地增值税，是对转让国有土地使用权、地上的建筑物及其附着物（以下简称转让房地产）并取得增值性收入的单位和个人所征收的一种税。

土地增值税按照转让房地产所取得的增值额和规定的税率计算征收。转让房地产的增值额是转让收入减去税法规定扣除项目金额后的余额。其中，转让收入包括货币收入、实物收入和其他收入；扣除项目主要包括取得土地使用权所支付的金额、房地产开发成本及费用、与转让房地产有关的税费、旧房及建筑物的评估价格、财政部确定的其他扣除项目等。我国对土地增值税采取的是四级超率累进税率，依据土地增值的数额未超过扣除项目金额的比例计算的，增值额未超过扣除项目金额 50% 的部分，税率为 30%；增值额超过扣除项目金额 50%、未超过扣除项目金额 100% 的部分，税率为 40%；增值额超过扣除项目金额 100%、未超过扣除项目金额 200% 的部分，税率为 50%；增值额超过扣除项目金额 200% 的部分，税率为 60%。

根据企业对房地产核算方法的不同，企业应交土地增值税的账务处理也有所区别；企业转让的土地使用权同地上的建筑物及其附属物一并在“固定资产”账户核算的，转让时按应交的土地增值税，借记“固定资产清理”账户，贷记“应交税费——应交土地增值税”账户；土地使用权在“无形资产”账户核算的，按实际收到的金额，借记“银行存款”“累计摊销”“无形资产减值准备”账户，按应交的土地增值税，贷记“应交税费——应交土地增值税”账户，同时冲销土地使用权的账面价值，贷记“无形资产”账户，按其差额，借记或贷记“资产处置损益”账户；房地产开发经营企业销售房地产应缴纳的土地增值税，借记“税金及附加”账户，贷记“应交税费——应交土地增值税”账户。实际缴纳土地增值税时，借记“应交税费——应交土地增值税”账户，贷记“银行存款”账户。

【做中学8-40】2021年6月时达公司对外转让一栋厂房，根据税法规定计算的应交土地增值税为25 000元。

（1）计算应交土地增值税：

借：固定资产清理　　25 000

　　贷：应交税费——应交土地增值税　　25 000

（2）用银行存款缴纳土地增值税：

借：应交税费——应交土地增值税　　25 000

　　贷：银行存款　　25 000

5.应交房产税、城镇土地使用税、车船税、矿产资源补偿费

房产税，是以房屋为征税对象，按房屋的计税余值或租金收入为计税依据，向产权所有人征收的一种财产税。房产税依照房产原值一次减除10%～30%后的余额或租金收入计算缴纳。没有房产原值为依据的，由房地产所在地税务机关参考同类房产核定。房产出租的，以房产租金收入为房产税的计税依据。房产税采用比例税率，从价计征。依照房产余值计算缴纳的，年税率为1.2%；依照房产租金收入计算缴纳的，年税率为12%。

城镇土地使用税，是以城镇、县城、建制镇、工矿区范围内使用土地的单位和个人为纳税人，以其实际占用的土地面积和规定税额征收的一种税。城镇土地使用税适用地区幅度差别定额税率，按大、中、小城市和县城、建制镇、工矿区分别规定每平方米城镇土地使用税年应纳税额。城镇土地使用税每平方米年税额标准具体规定：大城市1.5~30元；中等城市1.2~24元；小城市0.9~18元；县城、建制镇、工矿区0.6~12元。

车船税是以车辆、船舶（简称车船）为课征对象，向车船所有人或者管理人征收的一种税。采用与车辆在价值上存在着正相关关系的“排气量”“辆”等作为计税依据，对乘用车按“排气量”划分为7个档次征收。

矿产资源补偿费是指采矿权人为补偿国家矿产资源的消耗而向国家缴纳的费用。矿产资源补偿费按照矿产品销售收入的一定比例计征。

企业应交的房产税、城镇土地使用税、车船税等，借记“税金及附加”账户，贷记“应交税费——应交房产税（或应交城镇土地使用税、应交车船税等）”账户，上缴税金时，借记“应交税费——应交房产税（或应交城镇土地使用税、应交车船税等）”账户，贷记“银行存款”等账户。

视频：房产税和城镇土地使用税

【做中学8-41】时达公司本月应交房产税、城镇土地使用税、车船税和矿产资源补偿费分别为100万元、60万元、30万元和10万元，下月初用银行存款缴纳上述税款。

（1）计算应缴纳上述税费：

借：税金及附加　　2 000 000

　　贷：应交税费——应交房产税　　1 000 000

　　　　　　　——应交城镇土地使用税　　600 000

　　　　　　　——应交车船税　　300 000

　　　　　　　——应交矿产资源补偿费　　100 000

（2）用银行存款缴纳上述税费：

借：应交税费——应交房产税　　1 000 000
　　　　　　——应交城镇土地使用税　　600 000
　　　　　　——应交车船税　　300 000
　　　　　　——应交矿产资源补偿费　　100 000
　　贷：银行存款　　2 000 000

6.应交个人所得税

企业职工按规定应缴纳的个人所得税通常由单位代扣代缴。企业按规定计算代扣代缴的职工个人所得税时，借记“应付职工薪酬”账户，贷记“应交税费——应交个人所得税”账户；企业上缴个人所得税时，借记“应交税费——应交个人所得税”账户，贷记“银行存款”等账户。

【做中学8-42】2021年6月30日，时达公司结算本月应付职工工资总额600 000元，按税法的规定应代扣代缴的职工个人所得税共计3 000元，实发工资297 000元。时达公司应编制如下会计分录：

（1）代扣个人所得税时：

借：应付职工薪酬——工资、奖金、津贴和补贴　　3 000
　　贷：应交税费——应交个人所得税　　3 000

（2）代缴个人所得税时：

借：应交税费——应交个人所得税　　3 000
　　贷：银行存款　　3 000

任务实施

针对“任务布置”中的经济业务，相关处理程序如下：

第一步，采购业务。根据生产需要向湘中公司采购铁精粉，仓库验收合格入库，取得增值税专用发票，列出进项税额。

第二步，销售业务。销售螺纹钢给客户，开具增值税专用发票，列出销项税额。

第三步，视同销售。在建工程领用库存商品，视同销售，列出销项税额。

第四步，在建工程领料。在建工程领用仓库原材料，将进项税额转出。

第五步，计提税金。月末财务部门根据本月所产生的税金业务，计算出本月应缴纳的增值税税额。

第六步，纳税申报。根据税务机关的要求，对公司本月应缴纳的税款进行网上申报。

第七步，缴纳税款。按网上申报的数据，依法对税款进行扣缴，一般都是网上托收缴纳。

请写出相关经济业务的会计分录。

案例分析

【请思考】负债对企业设计筹资结构有什么作用？

八佰伴破产：淘汰超市时代的到来

1997年9月18日，日本零售业的巨头八佰伴日本公司向公司所在地的日本静冈县地方法院提出公司更生法的申请，这一行动，实际上等于向社会宣布了该公司的破产。八佰伴日本公司主管八佰伴集团的日本国内事业以及在欧美、东南亚等地区的海外投资，拥有26家店铺，由八佰伴集团董事长、现任八佰伴国际流通集团总裁的和田一夫的第四个儿子和田米正担任总裁，八佰伴日本公司宣布破产前的总负债额为1 613亿日元（折合13多亿美元）。在东京证券交易的第一市场上市的超级市场破产，这在第二次世界大战后的日本还是第一次，同时，它也是日本百货业界最大的一次破产事件，因而震撼了日本和亚洲。日本《经济界》杂志半月刊1997年秋在增刊上刊登了题为《八佰伴破产的教训——象征着淘汰超市时代的到来》的文章。

关于八佰伴日本公司破产的原因，一般认为主要有以下几点：一是扩张过快，摊子铺得太大。八佰伴日本公司总经理和田光正在接受《经济界》杂志记者采访时表示，公司破产的原因是先行投资过多。和田光正说："当时我认为投资计划是绝对没有错误的。从结果来看，我想是因为公司对日本和海外的经济形势及对自己企业的能力过于乐观了。"二是缺乏银行支持。"八佰伴日本"直接向金融市场发行没有银行担保的公司债券，直接从市场吸收资金，这一举动，虽然反映了日本企业从依赖银行贷款的间接资金来源，转变为直接从市场吸收资金的直接资金来源的时代潮流，但也得罪了长期交往的主力银行，因此，当"八佰伴日本"资金流通不畅，而发行的公司债券却到了必须偿还的时候，曾经担当"八佰伴日本"主力银行角色的往来银行——东海银行、住友信托银行、日本长期信用银行——却采取了袖手旁观的态度。总经理和田光正承认，银行不支持也是造成公司破产的一个因素。董事长和田一夫曾向身边的亲信说过，"公司是被银行挤垮台的"。八佰伴破产的事实从一个侧面表明了过于追求浪漫的垄断经营者的专横经营方式的失败。

资料来源：王世斌. 八佰伴破产：淘汰超市时代的到来［EB/OL］.［2004－12－18］.［2021－04－15］. http：//comebetter.bokee.com/402526.html.

【思维导图】请根据本项目内在知识点的逻辑关系，制作思维导图。

项目八
案例分析

项目九

非流动负债核算

【学习目标】

1. 熟悉长期借款、应付债券的核算
2. 熟悉长期应付款的核算
3. 树立诚实守信、廉洁自律、客观公正、爱岗敬业、坚持准则、提高技能的职业素养
4. 初步具有一定的创新创业能力、分析解决实际问题能力、信息技术应用能力、沟通表达能力、团队合作能力以及终身学习能力

【政策依据】

《企业会计准则第22号——金融工具确认与计量》
《企业会计准则第17号——借款费用》
《企业会计准则第21号——租赁》
《企业会计准则——应用指南》
《企业内部控制应用指引第6号——资金活动》

思政引导

华为首次在境内发行债券

2019年10月，华为首次在境内发行债券。此次华为共发行两期中期票据，金额均为30亿元，共60亿元，期限为3年。其中，第一期的主承销商是中国工商银行，第二期由中国建设银行承销。评级机构也给出了AAA的长期信用等级和债项评级。募集说明书显示，两期中票用途均为补充公司本部及下属子公司营运资金，发债原因主要是“预计公司各项业务未来保持稳定增长态势，资金支持也将进一步增加”。

如今华为在150多个国家拥有500多个客户，超过20亿人每天使用华为的通信设备，也就是说，全世界有三分之一的人口在使用华为的服务。即使是在4G技术领先的欧洲，华为也有过半的市场占有率。无独有偶，在全球即将开跑的5G竞赛中，华为也被视作目前唯一真正的5G供应商。

资料来源：太平洋电脑网. 华为在中国首次发布债券［EB/OL］.［2022-04-22］. https：//g.pconline.com.cn/x/1290/12907629.html.

思考：华为公司为什么要发行债券？你知道公司债券的发行方式有哪些吗？

项目导读

非流动负债，是指偿还期在1年以上或超过1年的一个营业周期的负债。与流动负债相比，非流动负债（也称长期负债）具有金额大、期限长、可以分期偿还等特点。

举借非流动负债和追加投入资本都是企业筹集长期资金的方式，两种方式各有利弊。与追加投入资本相比，举借非流动负债具有以下优点：

（1）举借非流动负债不影响企业原有的股权结构，有利于保持原有投资者控制企业的权利。

（2）举借非流动负债可以增加投资者的收益，不论企业的经营状况如何，债权人都将按约定的利率获取利息，如果企业经营所获得的投资回报率高于长期负债约定的利率，超过部分就全部归投资者所有。

（3）在缴纳所得税时，非流动负债的利息支出作为正常的经营成本或经营费用可以从利润总额中扣减，而股利只能从税后利润中支付，不能作为纳税扣减项目。

当然，举借非流动负债也有不足之处，主要表现在：

（1）非流动负债的利息是固定费用。如果举债经营的投资回报率低于长期负债约定的利率，将会减少投资者的利益。

（2）非流动负债有明确的到期日。企业必须准备足够的资金偿还到期的债务，这将影响企业财务上的灵活性。

（3）如果企业不能到期偿还债务，债权人的偿债要求可能会导致企业破产清算。

非流动负债按筹资方式分类，可以分为长期借款、应付债券和长期应付款，具体如图9-1所示。

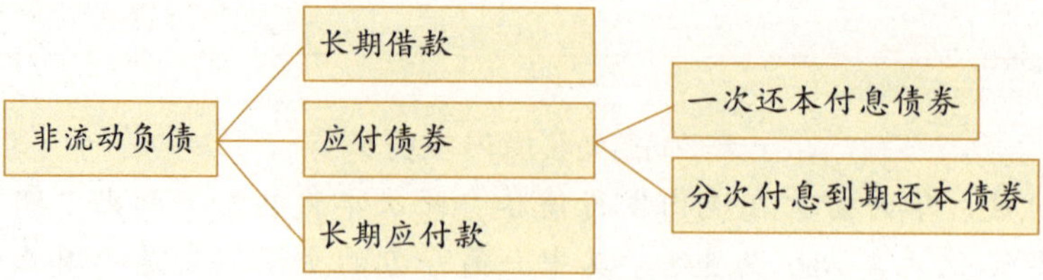

图9-1 非流动负债的分类

项目列报

本项目在资产负债表中的列示信息见表9-1。

表9-1 本项目在资产负债表中的列示信息

资 产	期末余额	负债和所有者权益（或股东权益）	期末余额
		流动负债：	
		⋮	
		非流动负债：	
		长期借款（＝“长期借款”总账余额－长期借款明细账户中将在一年内到期且企业不能自主地将清偿义务展期的部分）	
		长期应付款（＝“长期应付款”的账面价值－一年内到期的部分）	
		⋮	

任务一　长期借款核算

任务布置

2020年1月1日，华盛公司为建造厂房从银行取得3年期专门借款500 000元，借款利率按市场利率确定为6%，单利计算，到期一次还本，每年年初付息一次。工程以出包方式进行，当日以银行存款支付工程价款520 000元，厂房于2021年6月30日竣工，达到预定可使用状态并交付使用。

任务：请会计张红做出相关账务处理。

相关原始凭证：

（1）公司与工商银行签订的长期资金借款合同；

（2）向银行提供与建筑公司签订的工程承包合同；
（3）取得贷款时，银行开具的借款凭证；
（4）月末计提利息时自制的利息计提表；
（5）支付利息时，银行提供的利息扣取回执单；
（6）到期还本时，将款项打入贷款专用户的进账单与还款业务凭证；
（7）支付给承包方工程款的银行回单；
（8）厂房建造完工后，竣工验收，转入固定资产的相关凭证。

业务产生：企业在日常经营中，为了扩大规模，需要建造厂房，由于建造时间较长，而需要向银行或其他金融机构按照规定的贷款期限与利率取得长期借款资金。

知识准备

一、长期借款概述

长期借款，是指企业向银行或其他金融机构借入的期限在1年以上（不含1年）的各项借款。长期借款是企业长期负债的重要组成部分，长期借款的使用关系到企业的生产经营规模和效益，一般用于固定资产的购建、改扩建工程、大修理工程、对外投资以及为了满足保持长期经营能力等方面的需要。企业借入长期借款，必须按规定的手续办理，支付长期借款利息，并按规定的期限归还。与短期借款相比，长期借款除数额大、偿还期限长外，其借款费用需要根据权责发生制的要求，按期预提并计入所购建资产的成本或直接计入当期财务费用。由于长期借款的期限较长，在1年以上，因此，在资产负债表非流动负债项目中列示。

二、长期借款核算的账户设置

为了核算长期借款的增减变动情况，企业应当设置“长期借款”账户。该账户属于负债类账户，具体账户结构如下：

借方　　　　长期借款	贷方
长期借款本息的减少额	长期借款本息的增加额
	企业尚未偿还的长期借款

【请注意】该账户可按照贷款单位和贷款种类设置明细账，分别“本金”“利息调整”等进行明细核算。

三、长期借款的账务处理

长期借款账务处理的内容主要包括取得长期借款、确认利息以及归还长期借款。

长期借款分类图

（一）取得长期借款

企业借入长期借款，应按实际收到的金额，借记“银行存款”账户，贷记“长期借款——本金”账户，如存在差额，还应借记“长期借款——利息调整”账户。

【做中学9–1】时达公司于2021年1月30日从银行借入资金3 000 000元，借款期限为3年，借款年利率为6.9%，到期一次还本付息，不计复利，所借款项存入银行。时达公司用该借款于当日购买不需要安装的设备一台，价款为2 400 000元，增值税税额为312 000元，另支付保险等费用32 000元，设备已于当日投入使用。

（1）取得借款：

借：银行存款	3 000 000	
贷：长期借款——本金		3 000 000

（2）支付设备款及保险费：

借：固定资产	2 432 000	
应交税费——应交增值税（进项税额）	312 000	
贷：银行存款		2 744 000

（二）确认长期借款利息

长期借款利息费用应当在资产负债表日按照实际利率法计算确定，实际利率与合同利率差异较小的，也可以采用合同利率计算确定利息费用。长期借款按合同利率计算确定的应付未付利息，如果属于分期付息的，记入“应付利息”账户，如果属于到期一次还本付息的，记入“长期借款——应计利息”账户。

长期借款利息费用属于筹建期间的，计入管理费用。长期借款利息费用属于生产经营期间的，如果长期借款用于购建固定资产等符合资本化条件的资产，在资产尚未达到预定可使用状态前发生的利息支出应当资本化，计入在建工程等相关资产成本；在资产达到预定可使用状态后发生的利息支出，以及按规定不予资本化的利息支出，计入财务费用。账务处理方法为：借记“在建工程”“制造费用”“财务费用”“研发支出”等账户，贷记“应付利息”或“长期借款——应计利息”账户。

【做中学9–2】沿用【做中学9–1】的资料，时达公司于2021年12月31日计提当月长期借款利息。

2021年12月31日计提的借款利息 $= 3\ 000\ 000 \times 6.9\% \div 12 = 17\ 250$（元）

借：财务费用	17 250	
贷：长期借款——应计利息		17 250

（三）归还长期借款

企业归还长期借款的本金时，应按归还的金额，借记“长期借款——本金”账户，贷记“银行存款”账户；按归还的利息，借记“应付利息”或“长期借款——应计利息”账户，贷记“银行存款”账户。

【做中学9–3】沿用【做中学9–2】和【做中学9–1】的资料，时达公司于2024年1月30日偿还该笔银行借款本息。

应计利息 $= 3\ 000\ 000 \times 6.9\% \div 12 \times 35 = 603\ 750$（元）

借：财务费用　　17 250
　　长期借款——本金　　3 000 000
　　　　　　——应计利息　　603 750
　贷：银行存款　　3 621 000

任务实施

针对“任务布置”中的经济业务，相关处理程序如下：

第一步，签订借款合同。为建造厂房，公司向工商银行申请3年期长期资金贷款，并按相应条款与银行签订借款合同。

第二步，银行放贷。工商银行根据公司提供的贷款资料，同意贷款，并按合同要求向公司放贷，资金已转入公司账户。

第三步，每月计提利息。财务人员按贷款金额与贷款利率，于每月末计提该笔贷款应支付的利息。

第四步，按年支付利息。利息由银行自动代扣，企业必须在代扣利息款时在贷款户中存入足够的资金。

第五步，到期还本付息。贷款3年后到期时，企业应在借款合同约定的到期日前，将资金存入银行指定的贷款户中，由银行自动扣取本金和利息。

第六步，支付工程承包款。按贷款用途，根据承包合同的条款，将承包款打入承包商账户。

请写出相关经济业务的会计分录。

任务二　长期应付款核算

任务布置

2020年1月1日，华盛公司向湘中公司承租生产线，租赁合同内容如下：

（1）租赁期从2020年1月1日起至2024年12月31日止，共5年；

（2）每年年末支付租金800万元；

（3）合同规定的利率为10%；

（4）生产线估计使用年限6年，租赁开始日公允价值为3 100万元，期满无残值；

（5）租赁期届满，华盛公司享有优惠购买该生产线的选择权，购买价为25万元。

承租人华盛公司的有关情况如下：

（1）生产线占资产总额的30%以上，不需安装，从2020年1月1日起投入使用并按直线法计提折旧；

（2）最低租赁付款额现值的折现率采用合同规定的利率，折现额为3 048万元，进行该项租赁谈判和签订租赁合同过程中支付可直接归属于该租赁资产的手续费、印花税、律师费等30万元；

（3）未确认融资费用的分摊采用实际利率法；

（4）租赁期届满时，行使优惠购买选择权，并支付购买价款25万元。

任务：请会计张红做出相关账务处理。

相关原始凭证：

（1）公司与湘中公司、租赁公司三方签订的融资租赁合同、设备购买合同、售后服务合同；

（2）湘中公司提供的设备租金发票；

（3）支付给湘中公司（租赁公司）租金的银行回单；

（4）评估部门对生产线出具的价值评估报告，以确定其公允价值；

（5）租赁过程中支付的手续费、印花税、律师费等的银行回单及发票；

（6）设备管理部门对生产线验收的入库单；

（7）行使购买权时，支付价款的银行回单及购买发票。

业务产生：企业需要增加生产线，但目前资金相对紧张，无法一次性付款，通过融物的方式对生产线分期付款，以融资租赁的方式取得生产线，可适当缓解资金压力。

知识准备

一、长期应付款概述

长期应付款，是企业除长期借款和应付债券以外的其他各种长期应付款项，包括应付融资租入固定资产的租赁费、以分期付款方式购入固定资产等发生的应付款项等。

二、长期应付款核算的账户设置

为了核算企业融资租入固定资产和以分期付款方式购入固定资产时应付的款项及其偿还情况，企业应设置“长期应付款”账户。该账户属于负债类账户，具体账户结构如下：

借方　　　　长期应付款	贷方
企业归还的长期应付款	企业发生的长期应付款
	企业尚未归还的各种长期应付款

【请注意】企业可按长期应付款的种类和债权人进行明细核算。

三、长期应付款的账务处理

（一）应付融资租赁款

应付融资租赁款是企业因融资租入固定资产而发生的应付款，是在租赁开始日承租人应向出租人支付的最低租赁付款额。

融资租入固定资产时，在租赁期开始日，按应计入固定资产成本的金额（租赁期开始日租赁资产公允价值与最低租赁付款额现值两者中较低者，加上初始直接费用），借记“在建工程”“固定资产”等账户，按最低租赁付款额，贷记“长期应付款”账户，按发生的初始直接费用，贷记“银行存款”等账户，按其差额，借记“未确认融资费用”账户。按期支付融资租赁费时，借记“长期应付款——应付融资租赁款”账户，贷记“银行存款”账户。

（二）具有融资性质的延期付款

企业延期付款购买固定资产，如果延期支付的购买价款超过正常信用条件，实质上具有融资性质。具体来说，企业购入资产超过正常信用条件，延期付款实质上具有融资性质时，应按购买价款的现值，借记“固定资产”“在建工程”等账户，按应支付的价款总额，贷记“长期应付款”账户，按其差额，借记“未确认融资费用”账户。

企业在信用期间内采用实际利率法摊销未确认融资费用时，应按摊销额，借记“在建工程”“财务费用”等账户，贷记“未确认融资费用”账户。

任务实施

针对“任务布置”中的经济业务，相关处理程序如下：

第一步，签订租赁合同。根据公司生产部门的需要，需投放一套生产线，通过融资租赁分期付款方式购买，与湘中公司、租赁公司签订融资租赁合同、设备购买合同、售后服务合同。

第二步，支付首付款。公司按照设备的购买合同以及与租赁公司签订的租赁合同中的约定，支付一定比例的首付款。

第三步，租赁公司支付余款。根据合同的约定，由租赁公司支付该设备的尾款，再由承租方分期支付给租赁公司。

第四步，支付租金。公司按租赁合同的约定，分期支付租金，并计提相应的利息。

第五步，公允价值评估。公司的专业评估部门对租赁的生产线出具价值评估报告，以确定其公允价值。

第六步，生产线投入使用。在生产线投入使用前，设备管理部门做好全面的检验入库工作，检验合格后投入使用。

第七步，行使购买权。租赁期届满时，行使优惠购买选择权，并支付购买价款。

第八步，索取发票。公司根据租赁期间发生的费用、租金、设备款索取相应发票。

请写出相关经济业务的会计分录。

思政园地

对于特殊行业来说，如核电站等，在确定其固定资产的初始成本时，还应考虑弃置费用。弃置费用通常是指根据国家法律和行政法规、国际公约等的规定，企业承担的环境保护和生态恢复等义务所确定的支出。

习近平总书记在党的十九大报告中提出了中国已经进入中国特色社会主义新时代的科学论断，高度概括并明确提出了马克思主义中国化的最新理论成果，关于新时代中国特色社会主义生态文明建设的理论创新就是其中非常重要的内容。习近平总书记提出"人与自然是生命共同体""像对待生命一样对待生态环境"。在原始文明和农业文明阶段，生态环境资源承载力基本上没有进入人类发展战略视野，人类社会抱守"绿水青山"奋力争取"金山银山"；在工业文明社会，人类只顾"金山银山"，战天斗地掠夺、侵害侵占"绿水青山"，人类目前正艰难吞咽自己酿造的苦果；走向生态文明新时代，绿水青山就是金山银山，保护生态环境就是保护生产力，改善生态环境就是发展生产力，生态效益、经济效益和社会效益相得益彰，和谐共生。"绿水青山就是金山银山"是习近平生态文明思想最为著名的科学论断之一，也是习近平总书记反复倡导的社会主义生态文明观的理念追求。

当今时代，科学技术高度发展，在信息产业、智能化应用、新材料、节能环保、清洁能源、生态修复、生态技术、循环利用等领域取得了重大的突破，绿色产业和绿色经济已经成为走高质量发展之路的必然选择。

资料来源：衡孝庆. 习近平新时代中国特色社会主义生态文明观 [J]. 社会科学前沿，2018：7（9）.

案例分析

【请思考】企业为什么要进行债券融资？

文化企业债券融资：不挤银行的"独木桥"

当有的文化企业把银行贷款当作缓解资金压力的"救命稻草"，拼命去挤银行的"独木桥"时，当有的文化企业把上市当作企业发展的终极目标，千方百计地去挤IPO的"独木桥"时，一些文化企业却尝试着另辟蹊径，通过债券市场来解决资金难题，特别是那些有一定资产规模和信用等级的企业，更把债券这种直接融资方式作为解决资金瓶颈的主渠道。据中国银行间市场交易商协会统计，截至2014年1月，已注册发行债券的文化企业达112家，总发行金额为2 515.5亿元。

"华侨城是国内最早发行企业债券的文化企业，从2008年开始，累计已发债458亿元，现在带息负债的资金占企业总资金的40%。"据华侨城企业管理部总监何海滨介绍，债券融资对华侨城的帮助很大，使其利润总额从19亿元增长到目前的45亿元，年均增幅达到24%。华侨城的债券发行品种多、发行量大，满足了企业发展的资金需要。

资料来源：中国新闻网. 文化企业债券融资：不挤银行的"独木桥"[EB/OL]. [2014－09－04]. http：//finance.qq.com/a/20140904/018888.htm.

【思维导图】请根据本项目内在知识点的逻辑关系，制作思维导图。

项目九
案例分析

项目十

所有者权益核算

【学习目标】

1. 掌握实收资本（或股本）增减变动的会计处理
2. 掌握资本公积的构成内容及核算
3. 掌握留存收益的核算
4. 掌握弥补亏损的会计处理
5. 熟悉利润分配的内容
6. 熟悉盈余公积和未分配利润的内容
7. 能识记所有者权益业务会计处理的有关规定
8. 树立诚实守信、廉洁自律、客观公正、爱岗敬业、坚持准则、提高技能的职业素养
9. 初步具有一定的创新创业能力、分析解决实际问题能力、信息技术应用能力、沟通表达能力、团队合作能力以及终身学习能力

【政策依据】

《企业会计准则——基本准则》

《中华人民共和国公司法（2018）》

《中华人民共和国市场主体登记管理条例实施细则》

《企业会计准则——应用指南》

思政引导

IPO注册制

IPO（Initial Public Offering）是指一家企业或公司（股份有限公司）第一次将它的股份向公众出售。将企业的股票在资本市场上发行上市是企业股权融资的一种重要形式。

2020年是资本市场深化改革重要措施集中落地的一年，我国形成了更加完善的多层次资本市场体系。在创业板改革方面，重组上市将作为企业除IPO之外另一条重要的上市途径；在新三板改革方面，根据规划，精选层企业挂牌一定期限后，符合交易所上市条件和相关规定的可以直接转板上市。在全面注册制改革方面，新修订的证券法明确将全面推行注册制，未来企业在国内上市将更加便捷。

随着注册制的稳步推进，国内A股市场整体估值水平将逐步趋向成熟，同时A股上市企业的稀缺性将被打破，一、二级市场的估值边界将不复存在，估值价差将逐步缩小，市场中破发股、退市股也会成为常态化。2019年科创板破发家数已达到10家，破发率达到14.28%。依照港股和美股的经验，注册制时代下，我国A股的破发和退市也将常态化，A股市场将进一步分化。

资料来源：新华网财经. 2022年，资本市场五方面改革可期［EB/OL］.［2022-01-04］. http：//www.news.cn/fortune/2022-01/04/c_1128229193.htm.

思考：股权融资与债务融资相比有什么优点与缺点？上市公司如何保证财务信息的真实性与完整性，做到不偏不倚，不误导投资者？

项目导读

所有者权益是企业的净资产，反映的是企业资产在偿付债权人权益之后所有者享有的剩余权益，所有者权益根据其核算的内容和要求，可分为实收资本（股本）、其他权益工具、资本公积、其他综合收益、盈余公积和未分配利润等部分。其中，盈余公积和未分配利润统称为留存收益。所有者权益的表现形式取决于企业的组织形式。对于独资企业和合作企业来说，所有者权益可以称为业主权益和合作人权益；对于股份公司而言，则通常称为股东权益。企业为了进行正常的生产经营活动，必须拥有一定数量的资金，因此，通过各种资金来源渠道筹集资金是企业生产经营活动的首要条件。企业取得资金的渠道主要有两条：一是债务资本筹资；二是权益资本筹资。负债和所有者权益统称为权益，两者均对企业资产具有要求权，但两者之间又存在着明显的区别，其主要区别如下：

负债与所有者权益的区别图

（1）性质不同。所有者权益是所有者对企业剩余资产的要求权，这种权利在债权人对企业资产的要求权之后，而债权人对企业的资产具有优先要求权。

（2）权利不同。所有者享有参与利润分配、参与企业经营管理等多项权利，债权人只享有到期收回本金和利息的权利。

（3）偿还期限不同。在企业持续经营的情况下，所有者权益一般不存在收回的问题，不存在偿还日期，而负债有明确的到期偿还日期。

（4）风险不同。所有者能够获得多少收益，视企业的经营政策和盈利水平而定，风险较大；而不论是否盈利，企业均应向债权人支付利息，风险较小。

企业所有者权益的来源包括所有者投入的资本、资产增值和经营中获得的利润。具体而言，所有者权益包括实收资本（或股本）、其他权益工具、资本公积、其他综合收益、盈余公积和未分配利润等项目。其中，盈余公积和未分配利润又统称为留存收益，反映企业历年实现的净利润留存于企业的部分。

项目列报

本项目在资产负债表中的列示信息见表10-1。

表10-1 本项目在资产负债表中的列示信息

资 产	期末余额	负债和所有者权益（或股东权益）	期末余额
		流动负债：	
		⋮	
		非流动负债：	
		⋮	
		所有者权益（或股东权益）：	
		实收资本（或股本）（＝“实收资本”或“股本”）	
		资本公积（＝“资本公积”，期末余额为负数的，以“－”号填列）	
		库存股（＝“库存股”）	
		其他综合收益（＝“其他综合收益”）	
		盈余公积（＝“盈余公积”）	
		未分配利润（＝“利润分配——未分配利润”明细账户的期末余额。期末余额为负数的，以“－”号填列）	
		所有者权益（或股东权益）合计	
		负债和所有者权益（或股东权益）总计	

任务一 实收资本核算

任务布置

2021年1月1日，华盛公司采取发起设立的方式成立公司，由发起人东海公司、南科公司、奥华公司一次性认购全部普通股10 000万股，每股面值为1元，其中，东海公司认购4 000万股，南科公司认购3 000万股，奥华公司认购3 000万股。股款已足额缴至专用账户。

任务：请会计张红做出相关账务处理。

相关原始凭证：

（1）新公司设立的章程；

（2）成立新公司的决议，确认股权认购的明细；

（3）东海公司、南科公司、奥华公司实际认缴投资款的银行回单；

（4）验资报告（可有可无）。

业务产生：东海公司、南科公司、奥华公司根据自身战略发展需要发起设立华盛公司，开展新的业务，并一次性认缴所认购的股权资金。

知识准备

一、实收资本概述

实收资本，是指投资者按照公司章程，或者合同、协议的约定，实际投入企业的资本。根据我国《公司法》规定，公司制企业可以分为有限责任公司和股份有限公司两种形式。

（一）有限责任公司

有限责任公司设置“实收资本”账户进行核算。

有限责任公司的全部资本不分为等额股份，不发行股票而由公司向股东签发出资证明，股东转让出资需经股东大会讨论通过。

（1）初始投资：各投资者投入企业的资本，按出资份额，全部记入“实收资本”账户。

（2）增资扩股：新加入的投资者的出资额，按约定份额，记入“实收资本”账户，大于约定份额的部分，记入“资本公积——资本溢价”账户。由于企业创办者承担了初创阶段的巨大风险，同时在企业内部形成留存收益，因此新加入的投资者将享有这些利益，就要求其付出大于原有投资者的出资额，才能取得与原有投资者相同的投资比例。

（二）股份有限公司

股份有限公司设置“股本”账户进行核算，对于发行收入，企业将相当于股票面值的部分记入“股本”账户，其余部分在扣除发行费、佣金等相关发行费用后，记入“资本公积——股本溢价”账户。

股份有限公司的全部资本划分为等额股份，以发行股票方式筹集资本，股票可以交易或转让。股份有限公司的设立，包括发起式和募集式两种方式：

1.发起式

（1）筹资费用低，一般只发生印刷费等少量费用，发生时可以直接记入“管理费用”账户。

（2）筹资风险小，一般不会发生设立公司失败的情况。

2.募集式

（1）筹资费用高，发行股票支付的手续费或佣金等相关费用，减去股票发行期间冻结的资金利息收入后的余额，按以下原则处理：属于溢价发行的，记入“资本公积——股本溢价”账户，从溢价收入中抵销；溢价中不够抵销的，或者属于面值发行无溢价的，应冲减盈余公积和未分配利润。

（2）筹资风险大，有发行失败的可能。如发行失败，发行失败损失由发起人承担。

二、实收资本核算的账户设置

为了核算和监督投资者投入资本的增减变动情况，真实反映所有者投入企业资本的状况，维护所有者各方面的权益，除股份有限公司以外，其他各类企业应设置“实收资本”账户，该账户属于所有者权益类账户，具体账户结构如下：

实收资本

借方	贷方
本期企业按照法定程序报经批准减少的资本数额	①企业实际收到的投资者的出资额 ②资本公积、盈余公积转增的资本额
	企业实有资本数额

【请注意】该账户可按照投资者进行明细核算。

三、实收资本业务的账务处理

所有者权益构成图

所有者权益核算图

实收资本业务的账务处理内容主要包括接受现金资产投资、接受非现金资产投资、实收资本（或股本）的增减变动。

（一）接受现金资产投资

1.股份有限公司以外的企业接受现金资产投资

股份有限公司以外的企业接受现金资产投资，借记“银行存款”账户，按投资合同或协议约定的投资者在企业注册资本中所占份额的部分，贷记“实收资本”账户，按实际收到的金额与企业投资者在企业注册资本中所占份额的差额，贷记“资本公积”账户。

【做中学10-1】2018年1月1日，长天公司、中信公司、华成公司共同投资设立时达有限责任公司，注册资本为2 000 000元，长天公司、中信公司、华成公司的持股比例分别为60%、25%和15%。按照章程的规定，长天公司、中信公司、华成公司分别投入资本1 200 000元、500 000元和300 000元。时达公司已如期收到各投资者一次性缴足的款项。时达公司应编制如下会计分录：

借：银行存款	2 000 000	
贷：实收资本——长天公司		1 200 000
——中信公司		500 000
——华成公司		300 000

2.股份有限公司接受现金资产投资

股份有限公司发行股票时既可以按面值发行，也可以溢价发行（我国目前不允许折价发行）。股份有限公司在核实的股本总额及核定的股份总额的范围内发行股票时，应在实际收到现金资产时，借记“银行存款”等账户，按每股股票面值和发行股份总额的乘积计算的金额，贷记“股本”账户，实际收到的金额与股本之间的差额，贷记“资本公积——股本溢价”账户。股份有限公司发行股票发生的手续费、佣金等交易费用，应从溢价中抵扣，冲减资本公积（股本溢价）。

【做中学10-2】中天股份有限公司发行普通股10 000 000股，每股面值为1元，每股发行价格为5元。假定股票发行成功，股款50 000 000元已全部收到，不考虑发行过程中的税费等因素。根据上述资料，中天股份有限公司应编制如下会计分录：

借：银行存款　　50 000 000
　　贷：股本　　10 000 000
　　　　资本公积——股本溢价　　40 000 000

（二）接受非现金资产投资

企业接受投资者作价投入的非现金资产（包括房屋、建筑物、设备、材料物资等），应按投资合同或协议的约定价值（不公允的除外）作为非现金资产的入账价值，投资合同或协议约定的投资者在企业注册资本或股本中所占份额的部分作为实收资本或股本入账，投资合同或协议的约定价值（不公允的除外）超过投资者在企业注册资本或股本中所占份额的部分，计入资本公积（资本溢价或股本溢价）。

1.接受投入固定资产

企业接受投资者作价投入的房屋、建筑物、机器设备等固定资产，应按投资合同或协议约定价值确定固定资产价值（但投资合同或协议约定价值不公允的除外）和在注册资本中应享有的份额。

【做中学10-3】时达公司于设立时收到中山公司作为资本投入的不需要安装的机器设备一台，合同约定该机器设备的价值为2 000 000元，增值税进项税额为260 000元（由投资方支付税款，并提供或开具增值税专用发票）。经约定，时达公司接受中山公司的投入资本为2 260 000元。合同约定的固定资产价值与公允价值相符，不考虑其他因素。时达公司应编制如下会计分录：

借：固定资产　　2 000 000
　　应交税费——应交增值税（进项税额）　　260 000
　　贷：实收资本——中山公司　　2 260 000

2.接受投入材料物资

企业接受投资者作价投入的材料物资，应按照投资合同或协议约定价值确定材料物资价值（但投资合同或协议约定价值不公允的除外）和在注册资本中应享有的份额。

【做中学10-4】时达公司于设立时收到华天公司作为资本投入的原材料一批，投资协议约定该批材料的价值（不含可抵扣的增值税进项税额）为100 000元，增值税进项税额为13 000元（由投资方支付税款，并提供或开具增值税专用发票）。假设合同约定的价值与公允价值相符，不考虑其他因素，原材料按实际成本进行日常核算。时达公司应编制如下会计分录：

借：原材料　　100 000
　　应交税费——应交增值税（进项税额）　　13 000
　　贷：实收资本——华天公司　　113 000

3.接受投入无形资产

企业收到以无形资产方式投入的资本，应按照投资合同或协议约定价值确定无形资产价值（但投资合同或协议约定价值不公允的除外）和在注册资本中应享有的份额。

【做中学10-5】时达公司于设立时收到中天公司作为资本投入的非专利技术一项，投资合同约定该非专利技术价值为60 000元，增值税进项税额为3 600元（由投资方支付税款，并提供或开具增值税专用发票）；同时收到华美公司作为资本投入的土地使用权一项，投资合同约定价值为80 000元，增值税进项税额为7 200元（由投资方支付税款，并提供或开具增值税专用发票）。合同约定的资产价值与公允价值相符，不考虑其他因素。时达公司应编制如下会计分录：

借：无形资产——非专利技术　　60 000
　　　　　　——土地使用权　　80 000
　　应交税费——应交增值税（进项税额）　　10 800
　　贷：实收资本——中天公司　　63 600
　　　　　　　　——华美公司　　87 200

（三）实收资本（或股本）的增减变动

一般情况下，企业的实收资本应相对固定不变，但在某些特定情况下，实收资本也可能发生增减变化。我国市场主体登记管理条例规定，除国家另有规定外，企业的注册资金应当与实收资本相一致，当实收资本比原注册资金增加或减少的幅度超过20%时，应持资金使用证明或者验资证明，向原登记主管机关申请变更登记。如擅自改变注册资本或抽逃资金，要受到市场监管部门的处罚。

1.实收资本（或股本）的增加

一般企业增加资本主要有三个途径：接受投资者追加投资、资本公积转增资本和盈余公积转增资本。

【请注意】由于资本公积和盈余公积均属于所有者权益，用其转增资本时，如果是独资企业，比较简单，直接结转即可；如果是股份有限公司或有限责任公司，应该按照原投资者各自出资比例相应增加各投资者的出资额。

企业按规定接受投资者追加投资时，核算原则与投资者初次投入时相同。

企业采用资本公积或盈余公积转增资本时，应按转增的资本金额确认实收资本或股本。用资本公积转增资本时，借记“资本公积——资本溢价（或股本溢价）”账户，贷记“实收资本（或股本）”账户。用盈余公积转增资本时，借记“盈余公积”账户，贷记“实收资本（或股本）”账户。用资本公积或盈余公积转增资本时，应按原投资者各自出资比例计算确定各投资者相应增加的出资额。

【做中学10-6】沿用【做中学10-1】的资料，为扩大经营规模，经批准，时达公司的注册资本扩大为5 000 000元，长天公司、中信公司、华成公司按照原出资比例分别追加投资1 800 000元、750 000元和450 000元。时达公司如期收到长天公司、中信公司、华成公司追加的现金投资。时达公司应编制如下会计分录：

借：银行存款 3 000 000

贷：实收资本——长天公司 1 800 000

——中信公司 750 000

——华成公司 450 000

【做中学10-7】沿用【做中学10-6】的资料，因扩大经营规模需要，经批准，时达公司按原出资比例将资本公积1 000 000元转增资本。时达公司应编制如下会计分录：

借：资本公积 1 000 000

贷：实收资本——长天公司 600 000

——中信公司 250 000

——华成公司 150 000

【做中学10-8】沿用【做中学10-6】的资料，因扩大经营规模需要，经批准，时达公司按原出资比例将盈余公积1 000 000元转增资本。时达公司应编制如下会计分录：

借：盈余公积 1 000 000

贷：实收资本——长天公司 600 000

——中信公司 250 000

——华成公司 150 000

2.实收资本（或股本）的减少

企业减少实收资本应按法定程序报经批准，股份有限公司采用收购本公司股票方式减资的，通过"库存股"账户核算回购股份的金额。回购股票（库存股）支付的对价和交易费用，应当减少所有者权益，不得确认为金融资产。减资时，按股票面值和注销股数计算的股票面值总额，借记"股本"账户，按注销库存股的账面余额，贷记"库存股"账户，按其差额借记"资本公积——股本溢价"账户。股本溢价不足冲减的，应借记"盈余公积""利润分配——未分配利润"账户。如果回购股票支付的价款低于面值总额，应按股票面值总额，借记"股本"账户，按所注销库存股的账面余额，贷记"库存股"账户，按其差额，贷记"资本公积——股本溢价"账户。

【做中学10-9】2021年1月31日，中庆公司的股本为100 000 000元（面值为1元），资本公积（股本溢价）为30 000 000元，盈余公积为40 000 000元。经股东大会批准，中庆公司以现金回购本公司股票20 000 000股并注销。假定中庆公司按每股2元回购股票，不考虑其他因素。中庆公司应编制如下会计分录：

（1）回购本公司股票时：

库存股成本 = 20 000 000 × 2 = 40 000 000（元）

借：库存股 40 000 000

贷：银行存款 40 000 000

（2）注销本公司股票时：

应冲减的资本公积 = 20 000 000 × 2 − 20 000 000 × 1 = 20 000 000（元）

借：股本 20 000 000

资本公积——股本溢价 20 000 000

贷：库存股　　40 000 000

【做中学10-10】沿用【做中学10-9】的资料，假定中庆公司按每股3元回购股票，其他条件不变。中庆公司应编制如下会计分录：

(1) 回购本公司股票时：

库存股成本 = 20 000 000 × 3 = 60 000 000（元）

借：库存股　　60 000 000

贷：银行存款　　60 000 000

(2) 注销本公司股票时：

应冲减的资本公积 = 20 000 000 × 3 − 20 000 000 × 1 = 40 000 000（元）

借：股本　　20 000 000

资本公积——股本溢价　　30 000 000

盈余公积　　10 000 000

贷：库存股　　60 000 000

由于应冲减的资本公积大于公司现有的资本公积，所以只能冲减现有的资本公积30 000 000元，剩余的10 000 000元应冲减盈余公积。

【做中学10-11】沿用【做中学10-9】的资料，假定中庆公司按每股0.9元回购股票，其他条件不变。中庆公司应编制如下会计分录：

(1) 回购本公司股票时：

库存股成本 = 20 000 000 × 0.9 = 18 000 000（元）

借：库存股　　18 000 000

贷：银行存款　　18 000 000

(2) 注销本公司股票时：

应增加的资本公积 = 20 000 000 × 1 − 20 000 000 × 0.9 = 2 000 000（元）

借：股本　　20 000 000

贷：库存股　　18 000 000

资本公积——股本溢价　　2 000 000

由于折价回购，股本与库存股成本的差额2 000 000元应作为增加资本公积处理。

任务实施

针对“任务布置”中的经济业务，相关处理程序如下：

第一步，成立公司的决议。根据公司股东会决议要求，以发展战略为基础，成立华盛公司。

第二步，制定公司章程。按《公司法》及相关法律法规，制定新公司的公司章程。

第三步，东海公司、南科公司、奥华公司认购股权。根据公司股东会决议要求，以及公司章程中所规定的认购及缴纳投资款时间，及时将资金打入华盛公司的基本账户。

请写出相关经济业务的会计分录。

任务二 资本公积核算

任务布置

2021年1月1日，华盛公司增资扩股，将注册资本由10 000万元增加到12 000万元。东海公司、南科公司、奥华公司同意投资者方太公司投入4 000万元，取得华盛公司25%的股份。

任务：请会计张红做出相关账务处理。

相关原始凭证：

（1）原股东的股东大会决议；

（2）修改后的公司章程；

（3）评估公司的评估报告；

（4）聘请会计师事务所出具的验资报告；

（5）方太公司缴存投资款的银行回单。

业务产生：企业为引进新的战略投资者，以及扩大资本，对现注册资本进行增资，在扩资过程中产生资本溢价。

知识准备

一、资本公积

（一）资本公积概述

资本公积，是指企业收到投资者出资额超出其在注册资本（或股本）中所占份额的部分，以及其他资本公积等。资本公积包括资本溢价（或股本溢价）和其他资本公积等。

资本溢价产生的原因是投资者超额缴入资本，股本溢价则是股份公司发行股票的价格超过股票面值产生的溢价。其他资本公积是指除资本（股本）溢价、净损益、其他综合收益和利润分配以外所有者权益的其他变动。如企业的长期股权投资采用权益法核算时，因被投资单位除净损益、其他综合收益和利润分配以外的所有者权益的其他变动，投资企业按应享有份额而增加或减少的资本公积。

企业根据国家有关规定实行股权激励的，如果在等待期内取消了授予的权益工具，企业应在进行权益工具加速行权处理时，将剩余等待期内应确认的金额立即计入当期损益，并同时确认资本公积。企业集团（由母公司及其子公司构成）内发生的股份支付交易，如结算企业是接受服务企业的投资者，应当按照授予日权益工具的公允价值或应承担负债的公允价值确认为对接受服务企业的长期股权投资，同时确认资本公积（其他资本公积）或负债。

1.资本公积与实收资本（或股本）的区别

（1）从来源和性质看。实收资本（或股本）是指投资者按照企业章程或合同、协议的约定，实际投入企业并依法进行注册的资本，它体现了企业所有者对企业的基本产权关系。资本公积是投资者的出资额超出其在注册资本中所占份额的部分，以及直接计入所有者权益的利得和损失，它不直接表明所有者对企业的基本产权关系。

（2）从用途看。实收资本（或股本）的构成比例是确定所有者参与企业财务经营决策的基础，也是企业进行利润分配或股利分配的依据，同时还是企业清算时确定所有者对净资产的要求权的依据。资本公积的用途主要是转增资本（或股本）。资本公积不体现各所有者的占有比例，也不能作为所有者参与企业财务经营决策或进行利润分配（或股利分配）的依据。

2.资本公积与留存收益的区别

资本公积的来源不是企业实现的利润，而是资本溢价（或股本溢价）等。留存收益是企业从历年实现的利润中提取或形成的留存于企业的内部积累，来源于企业生产经营活动实现的利润。

（二）资本公积核算的账户设置

为了反映资本公积的形成和使用情况，企业应设置“资本公积”账户。该账户属于所有者权益类账户，具体账户结构如下：

借方 资本公积	贷方
资本公积的减少数	因投资者资本溢价（或股本溢价）或其他原因而增加的资本
	企业资本公积的结余数

【请注意】企业应该按资本公积的来源设置“资本溢价（或股本溢价）”“其他资本公积”两个明细账户进行明细核算。

（三）资本公积业务的账务处理

资本公积的核算包括资本溢价（或股本溢价）的核算、其他资本公积的核算和资本公积转增资本的核算等内容。

1.资本溢价（或股本溢价）

（1）资本溢价。除股份有限公司外的其他类型的企业，在企业创立时，投资者认缴的出资额与注册资本一致，一般不会产生资本溢价。但在企业重组或有新的投资者加入时，常常会出现资本溢价。因为在企业进行正常生产经营后，其资本利润率通常要高于企业初创阶段，另外，企业有内部积累，新投资者加入企业后，对这些积累也要分享，所以新加入的投资者往往要付出大于原投资者的出资额，才能取得与原投资者相同的出资比例。投资者多缴的部分就形成了资本溢价。

【做中学10-12】中天有限责任公司由两位投资者投资200 000元设立，每人各出资100 000元。一年后，为扩大经营规模，经批准，中天有限责任公司的注册资本增加到300 000元，并引入第三位投资者加入。按照投资协议，新投资者需缴入现金110 000元，才能享有该公司1/3的资本份额。中天有限责任公司已收到该现金投资。假定不考虑其他因素。中天有限责任公司应编制如下会计分录：

借：银行存款 110 000

贷：实收资本 100 000

资本公积——资本溢价 10 000

（2）股本溢价。股份有限公司是以发行股票的方式筹集股本的，股票可按面值发行，也可溢价发行，我国目前不允许折价发行。与其他类型的企业不同，股份有限公司在成立时可能会溢价发行股票，因而在成立之初，就可能会产生股本溢价。股本溢价的数额等于股份有限公司发行股票时实际收到的款额超过股票面值总额的部分。在按面值发行股票的情况下，企业发行股票取得的收入，应全部作为股本处理；在溢价发行股票的情况下，企业发行股票取得的收入，等于股票面值的部分作为股本处理，超出股票面值的溢价收入应作为股本溢价处理。

【请注意】发行股票相关的手续费、佣金等交易费用，如果是溢价发行股票的，应从溢价中抵扣，冲减资本公积（股本溢价）；无溢价发行股票或溢价金额不足以抵扣的，应将不足抵扣的部分冲减盈余公积和未分配利润。

【做中学10-13】时达公司首次公开发行了普通股50 000 000股，每股面值为1元，每股发行价格为4元。证券公司与时达公司约定，按发行收入的3%收取佣金，从发行收入中扣除。假定收到的股款已存入银行。时达公司应编制如下会计分录：

收到证券公司转来的发行收入＝50 000 000×4×（1－3%）＝194 000 000（元）

应记入“资本公积”账户的金额＝溢价收入－发行佣金＝50 000 000×（4－1）－50 000 000×4×3%＝144 000 000（元）

借：银行存款 194 000 000

贷：股本 50 000 000

资本公积——股本溢价 144 000 000

2.其他资本公积

其他资本公积的形成主要是除资本（股本）溢价以外的交易或事项所产生的资本公积，其他资本公积不得用于转增资本或股本。其他资本公积主要由以下交易或事项形成：

（1）以权益结算的股份支付。对于以权益结算的股份支付，应在等待期内的每个资产负债表日，按计算确定的金额一方面增加成本费用，另一方面增加资本公积（其他资本公积）；在行权日，根据行权情况，确认股本和股本溢价，同时结转等待期内确认的资本公积（其他资本公积）。

（2）采用权益法核算的长期股权投资。企业对被投资单位的长期股权投资采用权益法核算的，在持股比例不变的情况下，对因被投资单位除净损益、其他综合收益和利润分配以外的所有者权益的其他变动，应按持股比例计算其应享有或应分担被投资单位所有者权益的增减数额。在处置采用权益法核算的长期股权投资时，应将原计入资本公积（其他资本公积）的相关金额转入投资收益。

【做中学10-14】时达公司于2020年1月1日向海天公司投资8 000 000元，拥有该公司20%的股份并对该公司有重大影响，因而对海天公司的长期股权投资采用权益法核算。2020年12月31日，海天公司除净损益、其他综合收益和利润分配之外的所有者权益增加了1 000 000元。假定除此以外，海天公司的所有者权益没有变化，时达公司的持股比例没有变化，海天公司资产的账面价值与公允价值一致。不考虑其他因素，时达公司应编制如下会计分录：

借：长期股权投资——海天公司　　200 000

　　贷：资本公积——其他资本公积　　200 000

3.资本公积转增资本

资本公积（资本溢价或股本溢价）主要用于转增资本，不得用于弥补亏损。按照《公司法》的规定，用法定公积金（资本公积和盈余公积）转增资本时，所留存的该项公积金不得少于转增前公司注册资本的25%。经股东大会或类似机构决议，用资本公积转增资本时，应冲减资本公积，同时按照转增资本前的实收资本（或股本）的结构比例，将转增的金额记入“实收资本”（或“股本”）账户下各所有者明细分类账户。

任务实施

针对“任务布置”中的经济业务，相关处理程序如下：

第一步，召开原股东大会。召开股东大会，同意投资者方太公司投资，成为公司新股东，做出股东大会决议。

第二步，修改公司章程。按方太公司投资4 000万元，取得25%的股权，修改现有公司章程。

第三步，出具评估报告 。对公司现有的资产进行评估，确认净资产，评估方太公司投入资本溢价的合理性。

第四步，出具验资报告。对方太公司缴存的投资款，聘请会计师事务所进行验资。

第五步，变更工商登记。按公司所在地市场监管部门的要求，提供公司增资并增加股东的相关资料，办理变更工商登记手续。

请写出相关经济业务的会计分录。

任务三　留存收益核算

任务布置

华盛公司的股本为10 000万元，每股面值为1元。2021年年初，未分配利润为5 000万元。2021年实现净利润2 000万元，经股东会批准，分别按10%和5%的比例计提法定盈余公积和任意盈余公积，向投资者分配现金股利800万元。2022年1月15日，华盛公司以银行存款支付了全部现金股利。

任务：请会计张红做出相关账务处理。

相关原始凭证：

（1）自制的法定盈余公积和任意盈余公积计提表；

（2）发放现金股利的股东会决议；

（3）发放现金股利的银行回单。

业务产生：企业根据自身的业绩情况，对每年产生的利润，按一定比例计提法定盈余公积和任意盈余公积，按股东会决议发放现金股利。

知识准备

一、留存收益概述

留存收益，是指企业从历年实现的利润中提取或形成的留存于企业的内部积累。因此，留存收益来源于企业生产经营活动所实现的利润（或亏损）。留存收益是所有者权益的组成部分，包括盈余公积和未分配利润两类。盈余公积，是指企业按照有关规定从净利润中提取的留存利润，其性质是对企业利润用途的指定，保证企业留有一定的积累，限制企业过分分配，以维护债权人的利益，促进企业的经营和发展。公司制企业的盈余公积包括法定盈余公积和任意盈余公积。法定盈余公积，是指企业按照规定的比例从净利润中提取的盈余公积。任意盈余公积，是指企业按照股东会或股东大会决议提取的盈余公积。未分配利润，是指企业实现的净利润经过弥补亏损、提取盈余公积和向投资者分配利润后留存在企业的、历年结存的利润。

留存收益构成图

企业提取的盈余公积经批准可用于弥补亏损、转增资本或发放现金股利或利润等。

按照《公司法》有关规定，公司制企业应按照净利润（扣减弥补以前年度亏损，下同）的10%提取法定盈余公积。非公司制企业法定盈余公积的提取比例可超过净利润的10%。法定盈余公积累计额已达注册资本的50%时，可以不再提取。值得注意的是，如果以前年度未分配利润有盈余（即年初未分配利润余额为正数），在计算提取法定盈余公积的基数时，不应包括企业年初未分配利润；如果以前年度有亏损（即年初未分配利润余额为负数），应先弥补以前年度亏损再提取盈余公积。

公司制企业可根据股东（大）会的决议提取任意盈余公积。非公司制企业经类似权力机构批准，也可提取任意盈余公积。法定盈余公积和任意盈余公积的区别在于其各自计提的根据不同，前者以国家的法律法规为依据，后者由企业的权力机构自行决定。

【请注意】盈余公积不论是弥补亏损，还是转增资本，均属于所有者权益内部组成成分的转换，不会导致所有者权益总额的变动。

二、盈余公积核算

（一）盈余公积核算的账户设置

为了反映盈余公积的形成及使用情况，企业应设置“盈余公积”账户。该账户属于所有者权益类账户，具体账户结构如下：

借方　　　　　　盈余公积	贷方
按规定用途使用的盈余公积数额	按一定标准提取的盈余公积数额
	企业盈余公积的结余数额

【请注意】该账户可设置“法定盈余公积”和“任意盈余公积”明细账户进行明细核算。

（二）盈余公积业务的账务处理

1.提取盈余公积

企业按照规定提取盈余公积时，应通过“利润分配”和“盈余公积”等账户核算。盈余公积包括法定盈余公积和任意盈余公积。法定盈余公积，按照规定比例10%从净利润（扣减弥补以前年度亏损后）中提取。任意盈余公积，主要是公司制企业按照股东会或股东大会的决议提取，其他企业也可根据需要提取任意盈余公积。

【提示】(1) 累计额已达注册资本的50%时可以不再提取；(2) 在计算提取法定盈余公积的基数时，不应包括企业年初未分配利润；(3) 如果以前年度有亏损，应先弥补以前年度亏损再提取盈余公积。

【做中学10-15】2021年12月30日，时达公司实现净利润5 000 000元，年初未分配利润为0。经股东大会批准，时达公司按净利润的10%提取法定盈余公积。假定不考虑其他因素。时达公司应编制如下会计分录：

借：利润分配——提取法定盈余公积　　　　500 000

　　贷：盈余公积——法定盈余公积　　　　　　500 000

2.盈余公积补亏

【做中学10-16】经股东大会批准，中天公司用以前年度提取的盈余公积弥补当年亏损，当年弥补亏损的数额为600 000元。假定不考虑其他因素。中天公司应编制如下会计分录：

借：盈余公积　　　　600 000

　　贷：利润分配——盈余公积补亏　　　　600 000

【提示】根据税法、公司法等有关规定，企业弥补亏损的方法有三种：一是企业可用发生亏损后连续5年内实现的税前利润递延弥补；二是当企业发生的亏损在连续5年内仍不足弥补的，需用以后年度的税后利润来弥补；三是经投资者审议后用盈余公积弥补亏损。

3.盈余公积转增资本

【做中学10-17】因扩大经营规模需要，经股东大会批准，天美股份有限公司将盈余公积400 000元转增股本。假定不考虑其他因素。天美股份有限公司应编制如下会计分录：

借：盈余公积　　　　400 000

　　贷：股本　　　　400 000

4.用盈余公积发放现金股利或利润

【做中学10-18】2020年12月31日，中盛公司的股本为50 000 000元（每股面值为

1元），可供投资者分配的利润为5 000 000元，盈余公积为20 000 000元。2021年3月20日，股东大会批准了2020年度的利润分配方案，按每10股2元发放现金股利。中盛公司共需要分派10 000 000元现金股利，其中动用可供投资者分配的利润5 000 000元、盈余公积5 000 000元。假定不考虑其他因素。

中盛公司应编制如下会计分录：

（1）宣告发放现金股利时：

借：利润分配——应付现金股利	5 000 000	
盈余公积	5 000 000	
贷：应付股利		10 000 000

（2）支付股利时：

借：应付股利	10 000 000	
贷：银行存款		10 000 000

三、利润分配核算

（一）利润分配核算概述

利润分配，是指企业根据国家有关规定和企业章程、投资者协议等，对企业当年可供分配的利润所进行的分配。

可供分配的利润 = 当年实现的净利润（或净亏损）+ 年初未分配利润（或－年初未弥补亏损）+ 其他转入

根据《公司法》等有关规定，利润分配的顺序依次是：

利润分配程序图

1.弥补以前年度亏损

公司的法定公积金不足以弥补以前年度亏损的，在依照规定提取法定公积金之前，应当先用当年利润弥补亏损。

2.提取法定盈余公积

按照《公司法》有关规定，公司制企业应按照净利润（扣减弥补以前年度亏损，下同）的10%提取法定盈余公积，非公司制企业法定盈余公积的提取比例可超过净利润的10%。

3.提取任意盈余公积

公司制企业可根据股东大会的决议提取任意盈余公积。非公司制企业经类似权力机构批准，也可提取任意盈余公积。

4.向投资者分配利润或支付股利

公司弥补亏损和提取盈余公积后所余税后利润，有限责任公司股东按照实缴的出资比例分取红利，股份有限公司按照股东持有的股份比例分配股利，但股份有限公司章程规定不按持股比例分配的除外。

（二）利润分配核算的账户设置

为了反映、核算和监督企业利润的分配（或亏损的弥补）和年终结转等业务，企业应设置“利润分配”账户。该账户属于所有者权益类账户，是“本年利润”账户的调整账户，具体账户结构如下：

借方	利润分配　　　　　　贷方
①年终从“本年利润”账户转入的本年净亏损 ②提取法定盈余公积 ③提取任意盈余公积 ④向投资者分配利润等	①年终从“本年利润”账户转入的本年净利润 ②用盈余公积补亏的数额 ③年终从“提取法定盈余公积”“提取任意盈余公积”“应付现金股利或利润”等所属明细账户转入的余额
企业累积未弥补的亏损数额	企业累积未分配的利润数额

【请注意】该账户可设置“提取法定盈余公积”“提取任意盈余公积”“应付现金股利或利润”“盈余公积补亏”“未分配利润”等明细账户进行明细核算。

利润分配的核算程序图

（三）利润分配业务的账务处理

1.未分配利润

未分配利润，是指企业实现的净利润经过弥补亏损、提取盈余公积和向投资者分配利润后留存在企业的、历年结存的利润。从数量上看，未分配利润等于期初未分配利润，加上本年实现的净利润，减去提取的盈余公积和利润分配以后的余额。这一数额即为“利润分配——未分配利润”账户的贷方余额，如果该账户年末为借方余额，则反映历年未弥补的亏损。年度终了，企业应将全年实现的净利润或发生的净亏损，自“本年利润”账户转入“利润分配——未分配利润”账户，并将“利润分配”账户所属其他明细账户的余额，转入“未分配利润”明细账户。结转后，“利润分配——未分配利润”账户如为贷方余额，表示累积未分配的利润数额；如为借方余额，则表示累积未弥补的亏损数额。

未分配利润与盈余公积不同，它没有指定特定用途，既可以用于扩大企业生产经营，也可以用于弥补亏损，还可以参与下年度的利润分配。相对于所有者权益的其他部分来说，企业对于未分配利润的使用有较大的自主权。

【做中学10-19】时达公司年初未分配利润为0，本年实现净利润2 000 000元，本年提取法定盈余公积200 000元，宣告发放现金股利800 000元，假定不考虑其他因素。时达公司应编制如下会计分录：

（1）结转净利润时：

借：本年利润　　2 000 000

　　贷：利润分配——未分配利润　　2 000 000

如企业当年发生亏损，则应借记“利润分配——未分配利润”账户，贷记“本年利润”账户。

（2）提取法定盈余公积、宣告发放现金股利时：

借：利润分配——提取法定盈余公积　　200 000

　　　　　　——应付现金股利　　800 000

　　贷：盈余公积——法定盈余公积　　200 000

　　　　应付股利　　800 000

（3）将“利润分配”账户所属其他明细账户的余额结转至“未分配利润”明细账户时：

借：利润分配——未分配利润　　1 000 000
　　贷：利润分配——提取法定盈余公积　　200 000
　　　　　　　——应付现金股利　　800 000

结转后，如果“未分配利润”明细账户的余额在贷方，表示累积未分配的利润；如果余额在借方，则表示累积未弥补的亏损。在本例中，“利润分配——未分配利润”明细账户的余额在贷方，为1 000 000元（本年利润2 000 000－提取法定盈余公积200 000－应付现金股利800 000），即为时达公司本年年末的累积未分配利润。

2.弥补亏损

企业发生亏损时，应由企业自行弥补。弥补亏损的渠道主要有以下三条：

（1）用以后年度税前利润弥补。按照现行税收制度的规定，企业发生亏损时，可以用以后年度实现的税前利润弥补，但税前利润弥补亏损的期间为连续5年。

（2）用以后年度税后利润弥补。企业发生的亏损经过5年未足额弥补，尚未弥补的亏损应用所得税后的利润弥补。

（3）以盈余公积弥补。企业以提取的盈余公积弥补亏损时，应当由公司董事会提议，并经股东大会批准。

企业以当年实现的利润弥补以前年度亏损时，不需要进行专门的会计处理。因为，企业在年末结账时，将实现的利润结转至“利润分配——未分配利润”账户的贷方，结转后自然抵减了借方的未弥补亏损。税前利润与税后利润弥补亏损的会计处理相同，两者的区别只是所计算的应交所得税不同。税法规定允许税前利润补亏的，亏损可以作为应税所得的调整数；而以税后利润补亏的，不能调整应税所得。

任务实施

针对“任务布置”中的经济业务，相关处理程序如下：

第一步，召开股东会。召开股东会，按公司经营情况对法定盈余公积和任意盈余公积进行计提，并决定向投资者分配现金股利。

第二步，计提盈余公积。按股东会决议计提法定盈余公积和任意盈余公积。

第三步，计提应付股利。按股东会决议计提应发放的800万元现金股利。

第四步，发放现金股利。按股东会决议的发放日期，向投资者发放现金股利。

请写出相关经济业务的会计分录。

案例分析

【请思考】上市发行股票是企业筹集资金的唯一渠道吗？不同的渠道有哪些不同？

阿里为何在美国上市？

据媒体报道，阿里在美国上市，最多融资243亿美元，相当于1 300亿元人民币。如此优秀的公司，为什么不选择在A股市场上市？同样的还有百度、腾讯，好公司的股票总是不让A股市场投资者买。专栏媒体人士认为，一方面，阿里融资规模巨大，在A股市场当前的政策下除了央企巨头，民营企业想融到如此巨大的金额难度非常大；另一方面，A股市场目前仍是审核制，阿里这样的巨头想上市，IPO排队等个几年不说，还得让着有背景的国企，真正上市不知要等到何时。

现在国内互联网有三大巨头，分别是百度、阿里和腾讯，被业内人士合称为BAT，其他中小互联网公司，要么被这些巨头收购，要么和巨头合作，可以想象，这三大巨头是多么强大。它们还有一个共同的特点，就是都不在A股市场上市。众所周知，由于A股市场散户投资者众多，科技网络股平均市盈率高于国际主要股市，故发行价理应高于其他股市，同时这三大巨头的财务报表根本不需要造假就能超过A股市场的发行要求，故其完全符合A股IPO的标准。于是可以推断，它们不在A股市场上市，是出于主观原因。

资料来源：佚名. 阿里为何在美国上市？［EB/OL］.［2014－09－16］. http://biz.zjol.com.cn/system/2014/09/16/020258470.shtml.

【思维导图】请根据本项目内在知识点的逻辑关系，制作思维导图。

项目十
案例分析

项目十一

收入核算

【学习目标】

1. 收入的确认原则
2. 收入确认的前提条件
3. 收入确认和计量的步骤
4. 委托代销业务的会计处理
5. 商业折扣、现金折扣和销售退回的会计处理
6. 期间履约业务的界定
7. 合同履约成本、合同取得成本的会计处理
8. 树立诚实守信、廉洁自律、客观公正、爱岗敬业、坚持准则、提高技能的职业素养
9. 初步具有一定的创新创业能力、分析解决实际问题能力、信息技术应用能力、沟通表达能力、团队合作能力以及终身学习能力

【政策依据】

《企业会计准则——基本准则》
《企业会计准则第14号——收入》
《企业会计准则——应用指南》
《企业内部控制应用指引第9号——销售业务》

思政引导

瑞幸咖啡虚构收入

2020年4月，瑞幸咖啡自曝财务造假，受到广泛关注，市场监管总局迅速成立专案组，对瑞幸咖啡涉嫌虚假交易等不正当竞争行为开展调查。

经统计，2019年4月至12月，当事人及瑞幸北京公司在多家第三方公司的帮助下，采用“个人及企业刷单造假”“API企业客户交易造假”，虚增收入，通过开展虚假交易、伪造银行流水、建立虚假数据库、伪造卡券消费记录等手段，累计制作虚假咖啡卡券订单1.23亿单。同时，当事人及瑞幸北京公司与多家第三方公司开展虚假交易，通过虚构原材料采购、外卖配送业务、虚增劳务外包业务、虚构广告业务等方式虚增成本支出，平衡业绩利润数据。通过资金不断循环，实现营业收入大幅虚增。

瑞幸咖啡崩盘的直接原因就是营销额造假。在我国古代的晋商、徽商中，坚持真实、信誉是最基本的发展基础，抛弃了这个基础，再高的大楼都会崩塌。瑞幸咖啡的这次事件，不仅影响所有的加盟商、供应商，甚至还影响投资商，最重要的是会给所有希望上市的中国企业造成负面影响。

所以在职场中，坚持真实、拒绝造假是对待工作最基本的态度。在向上发展的过程中，可能会有失衡还有扭曲，但是造假者永远都是害人害己，不能心存侥幸。

资料来源：第1财经．因不正当竞争，瑞幸咖啡等五家公司被罚200万元［EB/OL］．［2020-10-12］．https：//www.yicai.com/news/100795797.html.

思考：作为企业利润的主要来源，你觉得企业可以在哪些方面提高产品的竞争实力，从而提高企业营业收入？

项目导读

在市场经济条件下，收入作为影响利润指标的重要因素，越来越受到企业和投资者等会计信息使用者的重视。作为企业利润的主要来源，收入的确认与计量直接关系到财务报表中利润信息的准确性。

收入，是指企业在日常活动中形成的、会导致所有者权益增加的、与所有者投入资本无关的经济利益的总流入。收入按企业从事日常活动的性质不同，分为销售商品收入、提供劳务收入和让渡资产使用权收入。收入按企业经营业务的主次不同，分为主营业务收入和其他业务收入。主营业务收入，是指企业为完成其经营目标所从事的经常性活动所实现的收入，如工业企业生产并销售产品、商业企业销售商品、咨询公司提供咨询服务、软件公司为客户开发软件、安装公司提供安装服务、商业银行对外贷款等实现的收入。其他业务收入，是指企业为完成其经营目标所从事的与经常性活动相关的活动实现的收入。例如，工业企业对外出售不需用的原材料、对外转让无形资产使用权等所形成的经济利益的总流入，也构成企业的收入。

企业发生的既不属于经常性活动也不属于与经常性活动相关的其他活动，如工业企业报废固定资产等形成的经济利益的流入不属于收入，应当作为利得确认为营业外收入。

收入可以按交易性质和在经营业务中的主次进行分类，具体如图 11-1 所示。

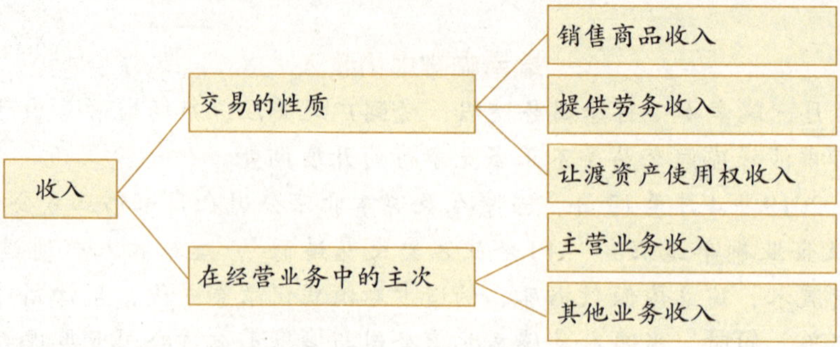

图 11-1 收入的分类

项目列报

本项目在利润表中的列示信息见表 11-1。

表 11-1 本项目在利润表中的列示信息

项目	本期金额	上期金额
一、营业收入（根据“主营业务收入”和“其他业务收入”账户的发生额分析填列）		
减：营业成本（根据“主营业务成本”和“其他业务成本”账户的发生额分析填列）		
税金及附加（根据“税金及附加”账户的发生额分析填列）		
⋮		
二、营业利润		
⋮		

任务一　在某一时点履行履约义务确认收入

任务布置

2021 年 1 月 21 日，华盛公司销售给上海机械公司 1 500 吨线材，开出的增值税专用发票上注明的销售价格为 540 万元，增值税为 70.2 万元，款项尚未收到；该批产品的成本为 350 万元，华盛公司已将线材发出，纳税义务已发生。

任务：请会计张红做出相关账务处理。

相关原始凭证：

（1）公司与上海机械公司签订的销售合同；

（2）经销售部门确认后仓库开具的发货单；

（3）给上海机械公司开具的增值税专用发票两联。

业务产生：将公司所生产的产品线材1 500吨销售给上海机械公司，形成一笔销售业务，财务部门按合同条款收款，并结转成本。

知识准备

一、收入概述

收入是指企业在日常活动中形成的、会导致所有者权益增加的、与所有者投入资本无关的经济利益的总流入。

（一）收入确认的原则

1. 确认收入的时间

企业应当在履行了合同中的履约义务，即在客户取得相关商品控制权时确认收入。

2. 取得商品控制权的要素

取得相关商品控制权包括三个要素：

（1）客户有能力主导该商品的使用，即客户在其活动中有权使用该商品，或者能够允许或阻止其他方使用该商品。

（2）客户能够获得商品几乎全部的经济利益。商品的经济利益是指商品的潜在现金流量，既包括现金流入的增加，也包括现金流出的减少。

（3）客户必须拥有现时权利，能够主导该商品的使用并从中获得几乎全部经济利益；如果客户只能在未来的某一期间主导该商品的使用并从中获益，则表明其尚未取得该商品的控制权。

【提示】本项目所称的客户是指与企业订立合同以向该企业购买其日常活动产出的商品并支付对价的一方（买方）；所称的商品包括商品和服务。

（二）收入确认的前提条件

企业与客户之间的合同同时满足下列条件的，企业应当在客户取得相关商品控制权时确认收入：

（1）该合同明确了合同各方与所转让的商品相关的权利和义务；

（2）该合同有明确的与所转让的商品相关的支付条款；

（3）合同各方已批准该合同并承诺将履行各自义务；

（4）该合同具有商业实质，即履行该合同将改变企业未来现金流量的风险、时间分布或金额；

（5）企业因向客户转让商品而有权取得的对价很可能收回。

【提示】本项目的收入适用于所有与客户之间的合同。适用收入准则的特殊情形：

企业以存货换取客户的存货、固定资产、无形资产以及长期股权投资等，按照本项目进行会计处理。但下列各项除外：

（1）企业对外出租资产收取的租金；（适用租赁准则）

（2）进行债权投资收取的利息；（适用金融工具准则）

（3）进行股权投资取得的现金股利；（适用金融工具准则和长期股权投资准则）

（4）保险合同取得的保费收入等。（适用保险合同准则）

（三）收入确认和计量的步骤

收入确认和计量的步骤包括：识别与客户订立的合同；识别合同中的单项履约义务；确定交易价格；将交易价格分摊至各单项履约义务；履行各单项履约义务时确认收入。

1.识别与客户订立的合同

合同有书面形式、口头形式以及其他形式。

2.识别合同中的单项履约义务

例如，企业与客户签订合同，向其销售商品并提供安装服务。

（1）若该安装服务简单，除该企业外其他供应商也可以提供此类安装服务，该合同中销售商品和提供安装服务为两项单项履约义务。

（2）若该安装服务复杂且商品需要按客户定制要求修改，则合同中销售商品和提供安装服务合并为单项履约义务。

3.确定交易价格

交易价格是指企业因向客户转让商品而预期有权收取的对价金额，不包括企业代第三方收取的款项（如增值税）以及企业预期将退还给客户的款项。

合同条款所承诺的对价，可能是固定金额、可变金额或两者兼有。例如，甲公司与客户签订合同为其建造一栋厂房，约定的价款为100万元，4个月完工，交易价格就是固定金额100万元；假如合同中约定若提前1个月完工，客户将额外奖励甲公司10万元，甲公司对合同估计工程提前1个月完工的概率为95%，则甲公司预计有权收取的对价为110万元，因此交易价格包括固定金额100万元和可变金额10万元，总计为110万元。

4.将交易价格分摊至各单项履约义务

当合同中包含两项或多项履约义务时，需要将交易价格分摊至各单项履约义务；分摊的方法是在合同开始日，按照各单项履约义务所承诺商品的单独售价（企业向客户单独销售商品的价格）的相对比例，将交易价格分摊至各单项履约义务。

例如，企业与客户签订合同，向其销售A、B、C三件产品，不含增值税的合同总价款为10 000元。A、B、C产品的不含增值税单独售价分别为5 000元、3 500元和7 500元，合计16 000元。按照交易价格分摊原则分摊如下：

（1）A产品应当分摊的交易价格为3 125元（5 000÷16 000 × 10 000）；

（2）B产品应当分摊的交易价格为2 187.5元（3 500÷16 000 × 10 000）；

（3）C产品应当分摊的交易价格为4 687.5元（7 500÷16 000 × 10 000）。

5.履行各单项履约义务时确认收入

当企业将商品转移给客户，客户则取得了相关商品的控制权，意味着企业履行了合同履约义务，此时，企业应确认收入。企业将商品控制权转移给客户，可能是在某一时段内（即履行履约义务的过程中）发生的，也可能是在某一时点（即履约义务完成时）发生的。

首先判断履约义务是否满足在某一时段内履行的条件，如不满足，则该履约义务属于在某一时点履行的履约义务。

对于在某一时点履行的履约义务，企业应当在客户取得相关商品控制权的时点确认收入。

（1）企业已将该商品实物转移给客户，即客户已实物占有该商品。

（2）客户已接受该商品。

（3）企业已将该商品的法定所有权转移给客户，即客户已经拥有该商品的法定所有权。

（4）企业已将该商品所有权上的主要风险和报酬转移给客户，即客户已取得该商品所有权上的主要风险和报酬。

（5）企业就该商品享有现时收款权利，即客户就该商品负有现时付款义务。

（6）其他表明客户已取得商品控制权的迹象。

二、一般销售商品业务收入的账户设置

企业销售商品满足收入确认条件时，应当按照从购货方已收或应收合同或协议价款的公允价值确定销售商品收入金额。企业在确定商品销售收入时，不考虑各种预计可能发生的现金折扣、销售折让。现金折扣在实际发生时计入当期财务费用，销售折让在实际发生时冲减当期销售收入。

为了核算销售商品、提供劳务等主营业务收入的增减变动情况，企业应当设置“主营业务收入”账户。该账户属于损益类账户，具体账户结构如下：

借方　　主营业务收入　　贷方

销货退回、销售折让对销售收入的冲减额	①已实现的商品销售收入 ②提供劳务实现的收入

【请注意】期末，应将该账户的余额结转至“本年利润”账户的贷方，结转后该账户应无余额。该账户可按照主营业务的种类进行明细核算。

为了核算企业在销售商品、提供劳务及让渡资产使用权等日常活动中发生的实际成本，企业应当设置“主营业务成本”账户。该账户属于损益类账户，具体账户结构如下：

借方　　主营业务成本　　贷方

售出商品或劳务的成本	销售退回的商品或劳务的成本

【请注意】期末，应将该账户的余额结转至“本年利润”账户的借方，结转后该账户应无余额。该账户可按照主营业务的种类进行明细核算。

为了核算企业日常活动中应负担的税金及附加，包括企业经营活动中发生的消费税、城市维护建设税、资源税和教育费附加等相关税费，企业应当设置“税金及附加”账户。该账户属于损益类账户，具体账户结构参见项目八。

【请注意】期末，应将“税金及附加”账户的余额结转至“本年利润”账户的借方，结转后该账户应无余额。

三、一般销售商品业务收入的账务处理

销售商品收入的会计处理主要涉及一般销售商品业务、已经发出商品但不符合收入确认条件的销售业务、销售折让、销售退回、采用支付手续费方式委托代销商品等情况。

（一）一般销售商品业务

企业销售商品在符合收入确认的条件时，按照已收或应收合同或协议价款的公允价值确定销售商品收入的金额，并结转对应的销售成本。确认本期实现的商品销售收入时，应按实际收到或应收的价款，借记“银行存款”“应收账款”“应收票据”等账户，按实现的销售收入，贷记“主营业务收入”账户，按专用发票上注明的增值税税额，贷记“应交税费——应交增值税（销项税额）”账户。同时，借记“主营业务成本”“存货跌价准备”（销售存货所对应的跌价准备）账户，贷记“库存商品”账户。

【做中学11-1】时达公司向中天公司销售商品一批，售价为100万元，增值税13万元；收到商业承兑汇票一张，票面金额为113万元，期限为6个月。该批商品已经发出，时达公司代垫运输费2万元，款项尚未收到，该批商品成本为80万元。时达公司应编制如下会计分录：

（1）确认收入时：

借：应收票据	1 130 000	
贷：主营业务收入		1 000 000
应交税费——应交增值税（销项税额）		130 000

（2）代垫款项尚未收到时：

借：应收账款	20 000	
贷：银行存款		20 000

（3）结转成本时：

借：主营业务成本	800 000	
贷：库存商品		800 000

（二）商业折扣、现金折扣、销售折让和销售退回业务

企业销售商品收入的金额通常按照从购货方已收或应收的合同或协议价款确定。在确定销售商品收入的金额时，应注意区分商业折扣、现金折扣和销售折让及不同的账务处理方法。

1.商业折扣

商业折扣，是指企业为促进商品销售而给予的价格扣除。例如，企业为鼓励客户多买商品可能规定，购买10件以上商品给予客户9折的折扣（或10%off），或客户每买10

件送1件。此外，企业为了尽快出售一些残次、陈旧的商品，也可能降价（即打折）销售。

商业折扣在销售时即已发生，并不构成最终成交价格。企业销售商品涉及商业折扣的，应当按照扣除商业折扣后的金额确定销售商品收入金额。

2.现金折扣

现金折扣，是指债权人为鼓励债务人在规定的期限内付款而向债务人提供的债务扣除。现金折扣一般用符号“折扣率/付款期限”表示，例如，“2/10，1/20，N/30”表示：销货方允许客户最长的付款期限为30天，如果客户在10天内付款，销货方可按商品售价给予客户2%的折扣；如果客户在10天至20天内付款，销货方可按商品售价给予客户1%的折扣；如果客户在21天至30天内付款，将不能享受现金折扣。

现金折扣发生在企业销售商品之后，企业销售商品后现金折扣是否发生以及发生多少要视买方的付款情况而定，企业在确认销售商品收入时不能确定现金折扣金额。因此，企业销售商品涉及现金折扣的，应当按照扣除现金折扣前的金额确定销售商品收入金额。现金折扣实际上是企业为了尽快回笼资金而发生的理财费用，应在实际发生时计入当期财务费用。

在计算现金折扣时，还应注意销售方式是按不包含增值税的价款提供现金折扣，还是按包含增值税的价款提供现金折扣。两种情况下购买方享有的折扣金额不同。如：销售价格为1 000元的商品，增值税税额为130元，如不包含增值税，按1%折扣率计算，则购买方享有的现金折扣金额为10元；如果购销双方约定计算现金折扣时一并考虑增值税，则购买方享有的现金折扣金额为11.3元。

【做中学11-2】2021年1月10日，时达公司赊销一批商品，单位成本为10元，共20 000件。由于是大批量销售，所以给予客户10%的商业折扣。公司适用的增值税税率为13%。时达公司应编制如下会计分录：

（1）实现收入时：

借：应收账款	203 400	
贷：主营业务收入		180 000
应交税费——应交增值税（销项税额）		23 400

（2）收到款项时：

借：银行存款	203 400	
贷：应收账款		203 400

【做中学11-3】2021年5月8日，时达公司赊销一批商品，单位成本为10元，共20 000件。由于是大批量销售，所以给予客户10%的商业折扣。同时，增加优惠条件“2/10，1/20，N/30”。确认收入时，时达公司应编制如下会计分录：

借：应收账款	203 400	
贷：主营业务收入		180 000
应交税费——应交增值税（销项税额）		23 400

【做中学11-4】沿用【做中学11-3】的资料，2021年5月10日，时达公司收到客户回款时（假定现金折扣不考虑增值税），应编制如下会计分录：

借：银行存款　　199 800
　　财务费用　　3 600
　　贷：应收账款　　203 400

【做中学11-5】沿用【做中学11-3】的资料，2021年5月20日，时达公司收到客户回款时（假定现金折扣不考虑增值税），应编制如下会计分录：

借：银行存款　　201 600
　　财务费用　　1 800
　　贷：应收账款　　203 400

【做中学11-6】沿用【做中学11-3】的资料，2021年5月30日，时达公司收到客户回款时（假定现金折扣不考虑增值税），应编制如下会计分录：

借：银行存款　　203 400
　　贷：应收账款　　203 400

3. 销售折让

销售折让，是指企业因售出商品质量不符合要求等原因而在售价上给予的减让。企业将商品销售给买方后，如买方发现商品在质量、规格等方面不符合要求，可能要求卖方在价格上给予一定的减让。

现金折扣、商业折扣比较图

销售折让如发生在确认销售收入之前，则应在确认销售收入时直接按扣除销售折让后的金额确认；已确认销售收入的售出商品发生销售折让，且不属于资产负债表日后事项的，应在发生时冲减当期销售商品收入，如按规定允许扣减增值税税额，还应冲减已确认的应交增值税销项税额。

【做中学11-7】2021年5月12日，时达公司赊销一批商品给A客户，开出的增值税专用发票上注明的价款为50 000元，增值税税额为6 500元，该批商品的成本为12 000元。时达公司应编制如下会计分录：

（1）销售实现时：

借：应收账款　　56 500
　　贷：主营业务收入　　50 000
　　　　应交税费——应交增值税（销项税额）　　6 500
借：主营业务成本　　12 000
　　贷：库存商品　　12 000

客户收到货物后，发现部分商品质量不符合合同要求，但尚可使用，故提出10%的折让要求，时达公司经调查后确认情况属实，同意给予相应折让，开出红字增值税专用发票。

（2）发生销售折让时：

借：主营业务收入　　5 000
　　贷：应收账款　　5 650
　　　　应交税费——应交增值税（销项税额）　　650

（3）实际收到款项时：

借：银行存款　　50 850

贷：应收账款　50 850

【做中学11-8】沿用【做中学11-7】的资料，假定发生销售折让前，因该项销售在货款收回上存在不确定性，时达公司未确认该批商品的销售收入，纳税义务也未发生；发生销售折让后2个月，A客户承诺近期付款。时达公司应编制如下会计分录：

（1）发出商品时：

借：发出商品　12 000

　　贷：库存商品　12 000

（2）A客户承诺付款，时达公司确认销售收入时：

借：应收账款　50 850

　　贷：主营业务收入　45 000

　　　　应交税费——应交增值税（销项税额）　5 850

借：主营业务成本　12 000

　　贷：发出商品　12 000

（3）实际收到款项时：

借：银行存款　50 850

　　贷：应收账款　50 850

4.销售退回

企业销售商品除了可能发生销售折让外，还有可能发生销售退回。已确认销售收入的售出商品发生销售退回的，除属于资产负债表日后事项外，企业收到退回的商品时，应退回货款或冲减应收账款，并冲减主营业务收入和增值税销项税额，借记“主营业务收入”账户，按允许扣减的当期销项税额，借记“应交税费——应交增值税（销项税额）”账户，按已付或应付的金额，贷记“应收账款”“银行存款”“应付账款”等账户；按退回商品的成本，借记“库存商品”账户，贷记“主营业务成本”账户。如果该项销售已发生现金折扣，应同时调整相关财务费用的金额。

【做中学11-9】时达公司在2021年6月1日向中天公司销售一批商品，开出的增值税专用发票上注明的售价为5 000元，增值税税额为650元。该批商品的成本为2 600元。为及早收回货款，时达公司和中天公司约定的现金折扣条件为“2/10，1/20，N/30”。中天公司在2021年6月10日支付货款。2021年7月5日，该批商品因质量问题被中天公司退回，时达公司当日支付有关退货款。假定在计算现金折扣时不考虑增值税。时达公司应编制如下会计分录：

（1）2021年6月1日，销售实现时：

借：应收账款　5 650

　　贷：主营业务收入　5 000

　　　　应交税费——应交增值税（销项税额）　650

借：主营业务成本　2 600

　　贷：库存商品　2 600

（2）2021年6月10日，收到货款时：

借：银行存款　　5 550
　　财务费用（5 000×2%）　　100
　　贷：应收账款　　　　5 650

（3）2021年7月5日，发生销售退回时：

借：主营业务收入　　5 000
　　应交税费——应交增值税（销项税额）　　650
　　贷：银行存款　　　　5 550
　　　　财务费用　　　　100

借：库存商品　　2 600
　　贷：主营业务成本　　　　2 600

（三）商品已经发出但不能确认收入的处理

如果企业售出商品不符合（如钱收不到）销售商品收入确认的相关条件（最主要的是对价“很可能收回”的条件），不应确认收入，而应将发出商品的成本记入“发出商品”账户。通过“发出商品”核算已发出但客户未取得商品控制权的成本。委托方在发出商品时，应在收到受托方开出的代销清单时确认收入，同时将应支付的代销手续费计入销售费用。

【做中学11-10】2021年3月1日服装生产商海天公司（增值税一般纳税人）委托银泰商场（增值税一般纳税人）代销10套西装，每套售价0.2万元，每套成本0.1万元。双方约定：海天公司按售价的10%向银泰商场支付手续费。截至3月底，银泰商场共销售西装5套，总售价为1万元，增值税税额为0.13万元，款已收。3月底，海天公司收到银泰商场的代销清单，海天公司开具增值税专用发票给银泰商场，发票注明价款为1万元，增值税税额为0.13万元，款未收。银泰商场开具代销手续费增值税专用发票给海天公司，价款0.1万元，税额0.006万元。同时，银泰商场支付扣除手续费及其增值税税额后的代销款给海天公司，海天公司收到款项，存入银行。请编制委托方的会计分录。

（1）发出商品时：

借：发出商品　　10 000
　　贷：库存商品　　　　10 000

（2）收到代销清单时：

①借：应收账款　　11 300
　　贷：主营业务收入　　　　10 000
　　　　应交税费——应交增值税（销项税额）　　　　1 300

②借：主营业务成本　　5 000
　　贷：发出商品　　　　5 000

③借：销售费用　　1 000
　　　应交税费——应交增值税（进项税额）　　60
　　贷：应收账款　　　　1 060

（3）收到款项时：

借：银行存款　　10 240

贷：应收账款　　　　10 240

四、其他业务收入的账务处理

企业在日常活动中还可能发生对外销售不需用的原材料、随同商品对外销售单独计价的包装物等业务。企业销售原材料、包装物等存货也视同商品销售，其收入确认和计量原则比照商品销售处理。企业销售原材料、包装物等存货实现的收入以及结转的相关成本，通过“其他业务收入”“其他业务成本”账户核算。

为了核算企业除主营业务活动以外的其他经营活动实现的收入，包括销售材料、出租包装物和商品、出租固定资产、出租无形资产等实现的收入，企业应当设置“其他业务收入”账户。该账户属于损益类账户，具体账户结构如下：

借方　　其他业务收入	贷方
期末转入“本年利润”账户的其他业务收入	企业实现的各项其他业务收入

【请注意】该账户可按照其他业务种类进行明细核算。

为了核算企业除主营业务活动以外的其他经营活动所产生的成本，包括销售材料的成本、出租固定资产的折旧额、出租无形资产的摊销额、出租包装物的成本或摊销额，企业应当设置“其他业务成本”账户。该账户属于损益类账户，具体账户结构如下：

借方　　其他业务成本	贷方
企业结转或发生的其他业务成本	期末转入“本年利润”账户的其他业务成本

【请注意】该账户可按照其他业务种类进行明细核算。

【做中学 11-11】时达公司销售原材料一批，开出的增值税专用发票上注明的售价为 10 000 元，增值税税额为 1 300 元，款项已由银行收妥。该批原材料的实际成本为 9 000 元。时达公司应编制如下会计分录：

（1）取得原材料销售收入时：

借：银行存款　　　　11 300

　　贷：其他业务收入　　　　10 000

　　　　应交税费——应交增值税（销项税额）　　　　1 300

（2）结转已销原材料的实际成本时：

借：其他业务成本　　　　9 000

　　贷：原材料　　　　9 000

任务实施

针对“任务布置”中的经济业务，相关处理程序如下：

第一步，签订销售合同。公司向上海机械公司销售1 500吨线材，与该公司签订销售合同。

第二步，仓库发货。按销售合同的要求，仓库办理1 500吨线材的出库手续，并开具发货单。

第三步，财务开票。根据审核无误的单据开具增值税专用发票，并加盖发票专用章。

第四步，结转成本。按该批线材的实际成本结转销售成本。

请写出相关经济业务的会计分录。

任务二　在某一时段内履行履约义务确认收入

任务布置

2021年6月3日，华盛公司与东海公司签订一项安装工程合同，工期为8个月。合同约定总安装费为1 000万元。合同约定，东海公司需分三次向华盛公司支付安装费。第一次为签订合同时，预付合同总金额的20%；第二次为2021年11月30日，预付合同总金额的60%；第三次为安装结束验收合格时，支付剩余安装费。截至2021年11月30日，发生的安装成本为210万元，估计还需要发生安装费390万元。华盛公司提供的劳务交易结果能够可靠估计，采用完工百分比法确认收入，按已发生成本占估计总成本的比例确认完工进度。

任务：请会计张红做出相关账务处理。

相关原始凭证：请调查，此项业务会涉及哪些原始凭证，列在下面。

（1）____；

（2）____；

（3）____。

业务产生：公司与东海公司签订一项为期8个月的安装工程合同，形成一笔提供劳务业务，财务部门按签订的合同条款进行收款，并结转成本。

知识准备

一、在某一时段内履行履约义务确认收入概述

对于在某一时段内履行的履约义务，企业应当在该段时间内按照履约进度确认收入，履约进度不能合理确定的除外。

（一）履约义务的确认

满足下列条件之一的，属于在某一时段内履行的履约义务：

（1）客户在企业履约的同时即取得并消耗企业履约所带来的经济利益。

（2）客户能够控制企业履约过程中在建的商品。

（3）企业履约过程中所产出的商品具有不可替代用途，且该企业在整个合同期间内有权就累计至今已完成的履约部分收取款项。

（二）履约进度的计算

企业应当考虑商品的性质，采用实际测量的完工进度、评估已实现的结果、时间进度、已完工或交付的产品等产出指标，或采用投入的材料数量、花费的人工工时或机器工时、发生的成本和时间进度等投入指标确定恰当的履约进度，并且在确定履约进度时，应当扣除那些控制权尚未转移给客户的商品和服务。

当履约进度不能合理确定时，企业已经发生的成本预计能够得到补偿的，应当按照已经发生的成本金额确认收入，直到履约进度能够合理确定为止。

（三）收入金额的计量

资产负债表日，企业按照合同的交易价格总额乘以履约进度扣除以前会计期间累计已确认的收入后的金额，确认当期收入。

二、在某一时段内履行履约义务确认收入的账户设置

（一）“合同取得成本”账户

“合同取得成本”账户，属于成本类账户，该账户核算企业为取得合同发生的、预期能够收回的增量成本（主要指业务费或佣金）。其具体账户结构如下：

借方　　合同取得成本	贷方
企业发生各项合同取得成本	摊销的合同取得成本
尚未结转的合同取得成本	

【请注意】该账户可按合同进行明细核算。

（二）“合同履约成本”账户

“合同履约成本”账户，属于成本类账户，该账户核算企业为履行当前或预期取得的合同所发生的、不属于其他企业会计准则规范范围且按照收入准则应当确认为一项资产的成本。其具体账户结构如下：

借方　　合同履约成本	贷方
企业发生各项合同履约成本	摊销的合同履约成本
尚未结转的合同履约成本	

【请注意】该账户可按“服务成本”“工程施工”进行明细核算。

（三）“合同资产”账户

“合同资产”账户，属于资产类账户，该账户核算企业已向客户转让商品而有权收取对价的权利，且该权利取决于时间流逝之外的其他因素（如履行合同中的其他履约义务），企业除承担信用风险外，还可能承担其他风险，如履约风险等。它是“应收账款”的前序账户。其具体账户结构如下：

借方	合同资产 贷方
企业在客户实际支付合同对价之前或者该对价到期应付之前，因已转让商品而有权收取对价的金额	企业取得无条件收款权的金额
企业已向客户转让商品而有权收取的对价金额	

【请注意】该账户可按合同进行明细核算。

（四）“合同负债”账户

“合同负债”账户，属于负债类账户，该账户核算企业已收或应收客户对价而应向客户转让商品的义务。在收入准则范围内，该账户替代“预收账款”和“递延收益”账户。其具体账户结构如下：

借方	合同负债 贷方
企业向客户转让商品时冲销的金额	企业向客户转让商品之前，已经收到或已经取得无条件收取合同对价权利的金额
	期末借方余额或贷方余额，反映企业在向客户转让商品之前，已经收到的合同对价或已经取得的无条件收取合同对价权利的金额

【请注意】该账户可按合同进行明细核算。

（五）相关减值准备账户

企业应设置“合同取得成本减值准备”“合同履约成本减值准备”“合同资产减值准备”等账户核算合同相关资产发生减值的业务。

合同履约成本减值准备的具体账户结构如下：

借方	合同履约成本减值准备 贷方
转回已计提的资产减值准备金额	与合同履约成本有关的资产发生的减值
	企业已计提但尚未转销的合同履约成本减值准备

【请注意】该账户可按合同进行明细核算。

三、在某一时段内履行履约义务确认收入的账务处理

对于在某一时段内履行的履约义务，企业应当在该段时间内按照履约进度确认收入，履约进度不能合理确定的除外。

【做中学11-12】东海公司装修服务适用的增值税税率为9%。2021年12月1日，东海公司与中天公司签订一项为期3个月的装修合同，合同约定装修价款为500 000元，增值税税额为45 000元，装修费用每月末按完工进度支付。

2021年12月31日，经专业测量师测量后，确定该项劳务的完工进度为25%；中天公司按完工进度支付价款及相应的增值税税款。截至2021年12月31日，东海公司为完成该合同累计发生劳务成本100 000元（假定均为装修人员薪酬），估计还将发生劳务成本300 000元。假定该业务属于东海公司的主营业务，全部由其自行完成；该装修服务构成单项履约义务，属于在某一时段内履行的履约义务；东海公司按照实际测量的完工进度确定履约进度。

东海公司应编制如下会计分录：

（1）实际发生劳务成本100 000元：

借：合同履约成本　100 000

　　贷：应付职工薪酬　100 000

（2）2021年12月31日确认劳务收入并结转劳务成本：

2021年12月31日确认的劳务收入＝500 000×25%－0＝125 000（元）

借：银行存款　136 250

　　贷：主营业务收入　125 000

　　　　应交税费——应交增值税（销项税额）　11 250

借：主营业务成本　100 000

　　贷：合同履约成本　100 000

【做中学11-13】沿用【做中学11-12】的资料。2022年1月31日，经专业测量师测量后，确定该项劳务的完工进度为70%；中天公司按完工进度支付价款同时支付对应的增值税税款。2022年1月，东海公司为完成该合同发生劳务成本180 000元（假定均为装修人员薪酬），为完成该合同估计还将发生劳务成本120 000元。东海公司应编制如下会计分录：

（1）实际发生劳务成本180 000元：

借：合同履约成本　180 000

　　贷：应付职工薪酬　180 000

（2）2022年1月31日确认劳务收入并结转劳务成本：

2022年1月31日确认的劳务收入＝500 000×70%－125 000＝225 000（元）

借：银行存款　245 250

　　贷：主营业务收入　225 000

　　　　应交税费——应交增值税（销项税额）　20 250

借：主营业务成本　180 000

　　贷：合同履约成本　180 000

【做中学11-14】沿用【做中学11-12】的资料。2022年2月28日，装修完工；中天公司验收合格，按完工进度支付价款同时支付对应的增值税税款。2022年2月，为完成该合同发生劳务成本120 000元（假定均为装修人员薪酬）。东海公司应编制如下会计分录：

（1）实际发生劳务成本120 000元：

借：合同履约成本　120 000

　　贷：应付职工薪酬　120 000

（2）2022年2月28日确认劳务收入并结转劳务成本：

2022年2月28日确认的劳务收入＝500 000－125 000－225 000＝150 000（元）

借：银行存款　163 500

　　贷：主营业务收入　150 000

　　　　应交税费——应交增值税（销项税额）　13 500

借：主营业务成本　120 000

　　贷：合同履约成本　　120 000

【做中学11-15】中信公司经营一家健身俱乐部。2022年1月1日，某客户与中信公司签订合同，成为中信公司的会员，并向中信公司支付会员费3 600元（不含税价），可在未来的12个月内在该俱乐部健身，且没有次数的限制。该业务适用的增值税税率为6%。中信公司于每月末确认收入时开具增值税专用发票并收到税款。

该履约义务属于在某一时段内履行的履约义务，并且该履约义务在会员的会籍期间内随时间的流逝而被履行。因此，中信公司按照直线法确认收入，每月应当确认的收入为300元（3 600÷12）。

中信公司应编制如下会计分录：

（1）2022年1月1日收到会员费时：

借：银行存款　　3 600

　　贷：合同负债　　3 600

中信公司在向客户转让商品之前产生一项负债，即合同负债。

（2）2022年1月31日确认收入，开具增值税专用发票并收到税款时：

借：合同负债　　300

　　银行存款　　18

　　贷：主营业务收入　　300

　　　　应交税费——应交增值税（销项税额）　　18

2022年2月至2022年12月，每月确认收入同上。

任务实施

针对“任务布置”中的经济业务，请写出相关处理程序。

（1）____；

（2）____；

（3）____。

请写出相关经济业务的会计分录。

任务三　合同成本

任务布置

2021年5月29日，华盛公司和湘中公司达成协议，允许湘中公司经营连锁店，华盛公司向湘中公司收取特许权使用费60万元。其中提供家具、柜台等收费20万元，其成本为18万元；提供初始服务，如帮助选址、培训人员、广告等收费30万元，发生成本20万元；提供后续服务收费10万元，发生成本5万元。假定款项在协议开始时一次付清。

任务：请会计张红做出相关账务处理。

相关原始凭证：请调查，此项业务会涉及哪些原始凭证，列在下面。

（1）＿＿＿＿＿＿＿＿＿＿＿＿＿＿＿＿＿＿＿＿＿＿＿＿＿＿＿＿＿＿；

（2）＿＿＿＿＿＿＿＿＿＿＿＿＿＿＿＿＿＿＿＿＿＿＿＿＿＿＿＿＿＿；

（3）＿＿＿＿＿＿＿＿＿＿＿＿＿＿＿＿＿＿＿＿＿＿＿＿＿＿＿＿＿＿。

业务产生：此项经济业务是如何产生的，列在下面。

＿＿＿＿＿＿＿＿＿＿＿＿＿＿＿＿＿＿＿＿＿＿＿＿＿＿＿＿＿＿＿＿

＿＿＿＿＿＿＿＿＿＿＿＿＿＿＿＿＿＿＿＿＿＿＿＿＿＿＿＿＿＿＿＿

＿＿＿＿＿＿＿＿＿＿＿＿＿＿＿＿＿＿＿＿＿＿＿＿＿＿＿＿＿＿＿＿

知识准备

一、合同成本

企业在与客户建立合同关系过程中发生的成本主要有合同取得成本和合同履约成本。

（一）合同取得成本概述

（1）企业为取得合同发生的增量成本预期能够收回的，应作为合同取得成本确认为一项资产。

增量成本是指企业不取得合同就不会发生的成本，也就是企业发生的与合同直接相关，但又不是所签订合同的对象或内容（如建造商品或提供服务）本身所直接发生的费用。例如销售佣金等，如果销售佣金等预期可通过未来的相关服务收入予以补偿，该销售佣金（即增量成本）应在发生时确认为一项资产，即合同取得成本。

【提示】聘请外部律师进行尽职调查的费用、为投标发生的差旅费、年终奖不属于合同取得成本，计入当期损益。

（2）企业取得合同发生的增量成本已经确认为资产的，应当采用与该资产相关的商品收入确认相同的基础进行摊销，计入当期损益。为简化实务操作，该资产摊销期限不超过一年的，可以在发生时计入当期损益。

（3）企业为取得合同发生的、除预期能够收回的增量成本之外的其他支出，例如，无论是否取得合同均会发生的差旅费、投标费、为准备投标资料发生的相关费用等，应当在发生时计入当期损益，除非这些支出明确由客户承担。

（二）合同取得成本的基本账务处理

（1）发生相关费用时，借记“合同取得成本”（销售提成、佣金）、“管理费用”（差旅费、投标费、为准备投标资料发生的相关费用）、“销售费用”（销售奖金等）账户，贷记“银行存款”账户。

（2）每期确认收入，摊销合同取得成本时，借记“应收账款”“银行存款”“销售费用”（每期应摊销金额）等账户，贷记“合同取得成本”（每期应摊销金额 = 总合同取得成本÷期数）、“主营业务收入”（本期应确认收入 = 总不含税收入÷期数）、“应交税费——应交增值税（销项税额）”等账户。

【做中学 11-16】长龙公司是一家咨询公司，通过竞标赢得一个服务期为5年的客户，该客户每年末支付含税咨询费1 908 000元。为取得与该客户的合同，长龙公司聘请外部律师进行尽职调查，支付相关费用15 000元，为投标而发生的差旅费为10 000元，支付销售人员佣金50 000元。长龙公司预期这些支出未来均能够收回。此外，长龙公司根据其年度销售目标、整体盈利情况及个人业绩等，向销售部门经理支付年度奖金10 000元。

（1）支付相关费用时：

借：合同取得成本　　50 000
　　管理费用　　25 000
　　销售费用　　10 000
　　贷：银行存款　　85 000

（2）确认服务收入（结转营业成本略），每月摊销佣金时：

服务收入 = 1 908 000÷（1 + 6%）÷12 = 150 000（元）

销售佣金摊销额 = 50 000÷5÷12 = 833.33（元）

借：应收账款　　159 000
　　贷：主营业务收入　　150 000
　　　　应交税费——应交增值税（销项税额）　　9 000

借：销售费用　　833.33
　　贷：合同取得成本　　833.33

（三）合同履约成本概述

合同履约成本是指企业为履行当前或预期取得的合同所发生的、属于《企业会计准则第14号——收入》（2018）规范范围并且按照该准则应当确认为一项资产的成本。

企业为履行合同可能会发生各种成本，在确认收入的同时应当对这些成本进行分析，属于《企业会计准则第14号——收入》（2018）规范范围且同时满足下列条件的，应当作为合同履约成本确认为一项资产：

（1）该成本与一份当前或预期取得的合同直接相关。具体见表11-2。

表11-2　与一份当前或预期取得的合同直接相关的成本

①与合同直接相关的成本	直接人工
	直接材料
	制造费用或类似费用
②明确由客户承担的成本以及仅因该合同而发生的其他成本	如支付给分包商的成本、机械使用费、设计和技术援助费用、施工现场二次搬运费、生产工具和用具使用费、检验试验费、工程定位复测费、工程点交费用、场地清理费等

（2）该成本增加了企业未来用于履行（包括持续履行）履约义务的资源。

（3）该成本预期能够收回。

【提示】企业应当在下列支出发生时，将其计入当期损益。具体见表11-3。

表11-3　一般计入当期损益的情形

以下一般计入当期损益	说明
管理费用	除非这些费用明确由客户承担
非正常消耗的直接材料、直接人工和制造费用（或类似费用）	这些支出为履行合同发生，但未反映在合同价格中
与履约义务中已履行（包括已全部履行或部分履行）部分相关的支出	即该支出与企业过去的履约活动相关
无法在尚未履行的与已履行（或已部分履行）的履约义务之间区分的相关支出	

资产负债表方面：合同履约成本（或合同取得成本）的列报，不超过一年的，在报表中列示为存货；一年以上的，在报表中列示为其他非流动资产。

（四）合同履约成本的基本账务处理

每期发生合同履约成本时，借记“合同履约成本”账户，贷记“应付职工薪酬”“银行存款”等账户。每期末及完工确认劳务收入并摊销合同履约成本时，借记“银行存款”账户，贷记“主营业务收入”“应交税费——应交增值税（销项税额）”账户，同时借记“主营业务成本”“其他业务成本”（当月成本）账户，贷记“合同履约成本”账户。

【提示】涉及增值税的，还应进行相应的处理。

【做中学11-17】长龙公司经营一家酒店，该酒店是长龙公司的自有资产。2021年12月长龙公司计提与酒店经营直接相关的酒店、客房以及客房内的设备家具等折旧120 000元、酒店土地使用权摊销费用65 000元。经计算，当月确认房费、餐饮等服务含税收入424 000元，全部存入银行。

长龙公司经营酒店主要是通过提供客房服务赚取收入，而客房服务的提供直接依赖于酒店物业（包含土地）以及家具等相关资产，这些资产折旧和摊销属于长龙公司为履行与客户的合同而发生的合同履约成本。已确认的合同履约成本在收入确认时应予以摊销，计入营业成本。长龙公司应编制如下会计分录：

（1）12月确认资产的折旧费、摊销费：

借：合同履约成本	185 000	
贷：累计折旧		120 000
累计摊销		65 000

（2）12月确认酒店服务收入并摊销合同履约成本：

借：银行存款	424 000	
贷：主营业务收入		400 000
应交税费——应交增值税（销项税额）		24 000
借：主营业务成本	185 000	
贷：合同履约成本		185 000

任务实施

针对“任务布置”中的经济业务，请写出相关处理程序。

（1）____；

（2）____；

（3）____。

请写出相关经济业务的会计分录。

思政园地

本项目主要讲解了企业收入的确认与计量问题，对于企业来说，为了获得良好的经济效益，可选择的路径除了开源，还有节流。节流，即节约开支。其实小到个人，大到企业，对这些主体来说，节约就是收入，而浪费就是支出。对于一个国家来说也是同样的道理。古有名言“历览前贤国与家，成由勤俭破由奢”，强调的就是节俭对于个人修身立业和国家长治久安的重要作用。而如今节俭被越来越多的人摒弃，奢靡反而受到追捧。奢靡之风绝非小事，不仅大量浪费国家和人民的宝贵钱财，而且成为消极腐败现象得以滋长蔓延的温床，严重侵蚀党的肌体，削弱党的凝聚力、战斗力。

当代大学生要树立正确的消费观念，倡导文明消费。树立正确的消费观，首先要理解和掌握正确的消费观的深刻含义，并用它指导自己的消费行为，既有益于个人，也有益于社会，将促进个人的健康发展和社会的可持续发展。

首先，要量入为出，适度消费。消费支出应该与自己的收入相适应，自己的收入既包括当前的收入水平，也包括对未来收入的预期，也就是要考虑收入能力这个动态因素。在自己经济承受能力之内，应该提倡积极、合理的消费而不能超前消费，也不能抑制消费，否则，一方面，会影响个人生活质量；另一方面，也会影响社会生产的发展。

其次，要避免盲从，理性消费。在消费中我们要尽量避免一些不健康的消费心理的影响，坚持从个人实际需要出发，理性消费。

再次，要树立绿色消费理念。绿色消费就是指以保护消费者健康和节约资源为主旨，符合人的健康和环境保护标准的各种消费行为的总称，核心是可持续性消费。

最后，要弘扬勤俭节约、艰苦奋斗的中华传统美德。勤俭节约、艰苦奋斗是我国的传统美德，是一种民族精神，而不是一种具体的消费行为。作为精神，它永远都不会过时。

案例分析

【请思考】巴菲特会从哪些方面分析营业收入增长率？

巴菲特如何分析营业收入

巴菲特分析利润表的第一个指标，在第一行，就是营业收入。

营业收入是利润表的第一个指标，也是最重要的一个指标。之所以说最重要，是因为营业收入是所有盈利的基础，是分析财务报表的起点。你到任何一所大学学习财务，分析预测公司未来的盈利，起点都是分析预测营业收入。我们一般只看营业收入一年的短期增长率，而巴菲特更关注的是长期增长率，他要看过去5年到10年甚至20年营业收入增长率是多少。

巴菲特收购R.C.Willey家具商场时，他发现CEO比尔1954年接手时年营业收入只有25万美元，1999年增长到3.42亿美元，45年增长1 367倍。

巴菲特收购Helzberg钻石商店时，研究了其财务报表后发现，这家公司从1915年创立时不过是堪萨斯市的一家商店，然而到1994年已发展成在全美23个州拥有134家分店的集团，营业收入也从1974年的1 000万美元增长到1984年的5 300万美元，1994年又增长到2.82亿美元。

巴菲特会从两个方面分析营业收入增长率：

第一，营业收入增长率与盈利增长率比较，分析其增长的含金量。

营业收入只是手段，企业的真正目的是盈利。收入增长率与税前利润增长率比较，如果营业收入增长得很快，但利润增长得并不快，这可能就有问题了。巴菲特最喜欢的是税前利润比营业收入增长得快。

巴菲特关注营业收入，但更关注其含金量。他如此讽刺那些过于偏重收入规模增长的大企业：大部分机构，包括商业机构及其他机构，衡量自己或者被别人衡量，以及激励下属管理人员，所使用的标准绝大部分是营业收入规模大小。问问那些名列财富500强的大公司的经理人，他们的公司排名第几位，他们回答的排名数字肯定是营业收入排名。他们可能根本都不知道，如果营业收入财富500强企业根据盈利能力进行排名，自己的公司会排名在第几位。

第二，营业收入增长率与市场占有率增长比较，分析竞争优势的变化。

巴菲特非常重视公司营业收入增长的同时，市场占有率有没有同步提高。衡量市场占有率，一是用营业收入，二是用销量。

巴菲特在1993年致股东的信中说：“以营业收入衡量，可口可乐占全球软饮料市场的44%，吉列占全球剃须刀片市场的60%。”

巴菲特旗下的Fruit of the Loom在男士内衣市场上占有明显优势，根据Wal-Mart、Target等大卖场的统计，市场份额从2002年的44.2%提高到48.7%，已接近一半。在大卖场女士内衣市场的份额从2002年的13.7%上升到2005年的24.7%，提高近一倍。

如果公司营业收入增幅相当大，但市场占有率下降，反而说明，公司营业收入增长率低于行业增长水平。相反，如果行业销售大幅下滑，公司销售照样大幅增长，市场占有率肯定会大幅提升。1990年，珠宝行业销售惨淡，巴菲特旗下的Borsheim珠宝店营业收入却上涨18%。

巴菲特强调，投资的关键是分析一家公司的竞争优势，尤其是竞争优势的可持续性。分析公司的市场占有率增长情况，是分析其持续竞争优势的一个重要方面。

巴菲特对营业收入增长的分析非常细致，他还会分析很多指标，以确定销售收入的效率，比如同店营业收入增长率、每平方米营业收入增长率、不同产品及不同的地区对营业收入增长的贡献等。

资料来源：刘建位. 巴菲特如何分析营业收入［EB/OL］.［2009 - 10 - 31］. http://finance.qq.com/a/20091031/000739.htm.

【思维导图】请根据本项目内在知识点的逻辑关系，制作思维导图。

项目十一
案例分析

项目十二

成本费用核算

【学习目标】

1. 掌握营业成本的组成内容及核算
2. 掌握税金及附加的内容及核算
3. 掌握期间费用的内容及核算
4. 树立诚实守信、廉洁自律、客观公正、爱岗敬业、坚持准则、提高技能的职业素养
5. 初步具有一定的创新创业能力、分析解决实际问题能力、信息技术应用能力、沟通表达能力、团队合作能力以及终身学习能力

【政策依据】

《企业会计准则——基本准则》
《企业会计准则第14号——收入》
《企业会计准则——应用指南》
《企业产品成本核算制度》

思政引导

保险公司虚列成本费用开支

2021年2月24日，中国人寿前员工在社交平台实名举报称，中国人寿保险股份有限公司嫩江支公司存在保费造假、骗保套钱谋取私利、虚假增员、虚列费用、套取公司奖励及费用等问题。一时之间，中国人寿被送上了热搜榜单。

所谓虚列费用，是指以报销虚假的大量不符合实际的公杂费、差旅费、业务招待费等方式，违规套取资金费用或挪作他用，甚至为本单位以外的其他单位和个人报销费用从而扩大经营成本。

虚列费用问题在保险行业并不是新鲜事，从近些年监管部门开出的罚单来看，可谓屡罚屡犯，沉疴难治。保险公司虚列费用问题突出，原因有二：一方面是市场化竞争加剧，不少保险公司获客困难。为了获取客户，一些保险公司甘冒违法违规风险，虚列费用以套取费用贴补渠道资金，从而提升销售业绩。另一方面存在一些经营管理人员为了谋取私利，不惜铤而走险意图中饱私囊。

虚列费用危害不轻。一方面导致保险公司财务经营数据严重失实并使得公司经营面临严重的监管风险；另一方面增加了保险公司成本，导致盈利水平下降，不利于保险公司通过完善服务等方式来提高自身竞争力。同时，虚列费用还扰乱了保险市场，加剧了行业竞争，极易诱发从业人员道德风险。

资料来源：搜狐新闻. 中国人寿被实名举报，虚列费用套取资金是保险业“重灾区”[EB/OL].［2021-03-03］. https: //www.sohu.com/a/453809747_120943459.

思考：请结合案例并查阅相关资料，从企业内部财务制度方面谈谈如何防范虚列费用现象的发生？

项目导读

费用包括企业日常活动所产生的经济利益的总流出，主要指企业为取得营业收入进行产品销售等营业活动所发生的营业成本、税金及附加和期间费用。企业为生产产品、提供劳务等发生的可归属于产品成本、劳务成本等的费用，应当在确认销售商品收入、提供劳务收入等时，将已销售商品、已提供劳务的成本确认为营业成本（包括主营业务成本和其他业务成本）。

期间费用是指企业日常活动发生的不能计入特定核算对象的成本，而应计入发生当期损益的费用。期间费用在发生时直接计入当期损益。期间费用包括销售费用、管理费用和财务费用。

项目列报

本项目在资产负债表中的列示信息见表12-1。

表 12-1　本项目在资产负债表中的列示信息

资　产	期末余额	负债和所有者权益（或股东权益）	期末余额
流动资产：			
⋮			
存货［="原材料"+"在途物资"+"材料采购"+"委托加工物资"+"周转材料"+"生产成本"+"库存商品"+（-）"材料成本差异"+"发出商品"+"委托代销商品"+"受托代销商品"-"受托代销商品款"-"存货跌价准备"+（-）"商品进销差价"］			
⋮			

本项目在利润表中的列示信息见表 12-2。

表 12-2　本项目在利润表中的列示信息

项　目	本期金额	上期金额
一、营业收入		
减：营业成本（根据"主营业务成本"和"其他业务成本"账户的发生额分析填列）		
税金及附加（根据"税金及附加"账户的发生额分析填列）		
销售费用（根据"销售费用"账户的发生额分析填列）		
管理费用（根据"管理费用"账户的发生额分析填列）		
财务费用（根据"财务费用"账户的发生额分析填列）		
⋮		
二、营业利润		
⋮		

任务一　生产成本核算

任务布置

2021年6月30日，华盛公司生产的圆钢、螺纹钢、线材三种产品中，根据"发料凭证汇总表"的记录，基本生产车间共耗用铁精粉5 000 000元（其中，2 000 000元用于生产圆钢，2 000 000元用于生产螺纹钢，1 000 000元用于生产线材），车间管理部门领用铁精粉30 000元。

任务：请会计张红做出相关账务处理。

相关原始凭证：

（1）会计统计自制的发料凭证汇总表；

（2）各车间部门向仓库领取的领料单。

业务产生：各生产车间为制造圆钢、螺纹钢、线材三种产品而向仓库领取生产所消耗的原材料铁精粉，计算每月各产品的生产成本。

知识准备

一、生产成本概述

生产成本，是指企业在生产产品过程中所发生的材料费用、职工薪酬等，以及不能直接计入而按一定标准分配计入的各种间接费用。产品生产成本核算是对生产经营过程中实际发生的成本、费用进行计算，并进行相应的账务处理，最后计入本月各种产品生产成本，按成本项目反映完工产品和月末在产品成本的过程。

二、生产成本核算的账户设置

为了核算生产成本的发生和结转情况，企业应设置“生产成本”账户。该账户属于成本类账户，具体账户结构如下：

借方　　　　　　　　　　生产成本　　　　　　　　　　贷方

企业发生的各项直接材料、直接人工和制造费用	期末生产完工并验收入库的产品、自制材料、自制工具的实际成本
企业尚未加工完成的在产品成本	

【请注意】账户可按照基本生产成本和辅助生产成本项目进行明细核算。

为了核算为进行工业性生产而发生的各项间接费用，企业应设置“制造费用”账户。该账户属于成本类账户，具体账户结构如下：

借方　　　　　　　　　　制造费用　　　　　　　　　　贷方

企业发生的各项制造费用	按一定的分配方法和分配标准将制造费用在各成本计算对象间的分配结转

【请注意】该账户可按照不同生产车间、部门和费用项目进行明细核算。

三、生产成本业务的账务处理

企业发生的各项生产费用，能确定由某一成本计算对象负担的，应当按照所对应的产品成本项目类别，直接计入产品成本计算对象的生产成本；由几个成本计算对象共同负担的，应当选择合理的分配标准分配计入。

生产费用的归集和分配图

（一）生产成本的归集与分配

对于发生的能直接归属于特定成本计算对象的直接材料、直接人工等直接费用，直接计入生产成本，借记“生产成本”账户，贷记“银行存款”“原材料”“应付职工薪酬”等账户。

对于无法直接判断其应归属的成本计算对象的间接费用，先在制造费用中归集，借记“制造费用”账户，贷记“银行存款”“原材料”“应付职工薪酬”“累计折旧”等账户。月度终了，再采用一定的方法在各成本计算对象之间进行分配，计入各成本计算对象的成本，借记“生产成本”账户，贷记“制造费用”账户。

（二）生产费用在完工产品与在产品间的分配

企业在生产过程中发生的生产费用，经过在各种产品之间进行分配和归集之后，应计入本月各种产品的成本，都已集中反映在“生产成本”账户及其所属各种产品成本明细账中。为了计算产品成本，还需要加上期初在产品费用，然后将其在本期完工产品和期末在产品之间进行分配，计算出本月产成品成本。

（三）完工产品成本的结转

在计算出当期完工产品成本后，对验收入库的产成品，应结转成本。结转本期完工产品成本时，借记“库存商品”等账户，贷记“生产成本”账户。

完工产品和在产品的成本分配图

【做中学12-1】时达公司生产甲、乙两种产品，2021年5月20日根据“发料凭证汇总表”的记录，基本生产车间共耗用材料500 000元（其中，300 000元用于生产甲产品，200 000元用于生产乙产品），车间管理部门领用材料3 000元。根据“工资结算汇总表”结算本月应付基本生产车间生产工人工资为112 000元（其中，生产甲产品工人的工资为70 000元，生产乙产品工人的工资为42 000元），应付车间管理人员工资为15 000元。假定甲、乙产品本月无其他耗费，均于本月末完工入库，且无月初在产品成本和月末在产品成本。假定本月制造费用18 000元，经分配，计入甲产品成本10 000元，计入乙产品成本8 000元。根据完工产品成本汇总表，本月甲产品完工成本为380 000元，乙产品完工成本为250 000元。时达公司应编制如下会计分录：

（1）领用原材料时：

借：生产成本——甲产品	300 000	
——乙产品	200 000	
制造费用	3 000	
贷：原材料		503 000

（2）分配工资时：

借：生产成本——甲产品	70 000	
——乙产品	42 000	
制造费用	15 000	
贷：应付职工薪酬		127 000

（3）分配制造费用时：

借：生产成本——甲产品	10 000	
——乙产品	8 000	

贷：制造费用 18 000

(4) 结转本月完工产品成本时：

借：库存商品——甲产品 380 000

——乙产品 250 000

贷：生产成本——甲产品 380 000

——乙产品 250 000

任务实施

针对“任务布置”中的经济业务，相关处理程序如下：

第一步，领料单统计。根据车间在仓库为生产各产品领用的原材料，统计出每月具体领用数量。

第二步，自制发料凭证汇总表。按照领料单统计的数量，结合材料的采购成本，按生产产品分类汇总所耗的原材料。

第三步，结转生产成本。根据发料凭证汇总表的数据，结转各车间生产产品的材料成本。

请写出相关经济业务的会计分录。

任务二 营业成本核算

任务布置

2021年6月30日，华盛公司当月实际应交增值税为4 500 000元，应交消费税为1 000 000元，适用的城市维护建设税税率为7%，教育费附加的征收率为3%。

任务：请会计张红做出相关账务处理。

相关原始凭证：自制的计提税金明细表。

业务产生：每月月底按照应缴纳的增值税、消费税，计提城市维护建设税与教育费附加。

知识准备

一、营业成本概述

营业成本，是指企业为生产产品、提供劳务等发生的可归属于产品成本、劳务成本等的费用。应当在确认销售商品收入、提供劳务收入等时，将已销售商品、已提供劳务的成本等计入当期损益。营业成本包括主营业务成本和其他业务成本。

主营业务成本，是指企业销售商品、提供劳务等经常性活动所发生的成本。企业一般在确认销售商品、提供劳务等主营业务收入时，或在月末，将已销售商品、已提供劳务的成本转入主营业务成本。

其他业务成本，是指企业确认的除主营业务活动以外的其他经营活动所发生的支出。其他业务成本包括销售材料的成本、出租固定资产的折旧额、出租无形资产的摊销额、出租包装物的成本或摊销额等。

税金及附加，是指企业经营活动应负担的相关税费，包括消费税、城市维护建设税、教育费附加、资源税、环境保护税、土地增值税、房产税、车船税、城镇土地使用税、印花税、耕地占用税、契税、车辆购置税等。

消费税是对生产、委托加工及进口应税消费品（主要指烟、酒、高档化妆品、高档次及高能耗的消费品）征收的一种税。消费税的计税方法主要有从价定率、从量定额及从价定率和从量定额复合计税三种。从价定率是根据商品销售价格和规定的税率计算应交消费税；从量定额是根据商品销售数量和规定的单位税额计算应交的消费税；复合计税是两者的结合。

城市维护建设税（以下简称城建税）和教育费附加是对从事生产经营活动的单位和个人，以其实际缴纳的增值税、消费税为依据，按纳税人所在地适用的不同税率计算征收的一种税。

资源税是对在我国境内开采国家规定的矿产资源和生产用盐单位、个人征收的一种税，按应税数量和规定的单位税额计算。如开采石油、煤炭、天然气企业需按开采的数量计算缴纳资源税。

房产税、车船税、城镇土地使用税、印花税等也在“税金及附加”账户中核算。

二、营业成本核算的账户设置

为了核算企业因销售商品、提供劳务或让渡资产使用权等日常活动而发生的实际成本，企业应当设置“主营业务成本”“其他业务成本”“税金及附加”账户。

三、营业成本业务的账务处理

（一）主营业务成本

企业应根据本月销售各种商品、提供各种劳务等的实际成本，计算应结转的主营业务成本，借记本账户，贷记“库存商品”“劳务成本”账户。采用计划成本或售价核算库存商品的，平时的营业成本按计划成本或售价结转，月末，还应结转本月销售商品应分摊的产品成本差异或商品进销差价。期末，应将本账户的余额转入“本年利润”账户，结转后本账户应无余额。

【做中学12-2】2021年5月20日，时达公司向乙公司销售一批产品，开出的增值税专用发票上注明的价款为100 000元，增值税税额为13 000元。时达公司已收到乙公司支付的款项113 000元，并将提货单送交乙公司。该批产品的成本为50 000元。时达公司应编制如下会计分录：

（1）销售实现时：

借：银行存款　113 000

　贷：主营业务收入　100 000

　　应交税费——应交增值税（销项税额）　13 000

借：主营业务成本　50 000

　贷：库存商品　50 000

（2）期末，将主营业务成本结转至本年利润时：

借：本年利润　50 000

　贷：主营业务成本　50 000

【做中学12-3】2021年6月10日，时达公司销售甲产品100件，单价为1 000元，单位成本为600元，增值税专用发票上注明的价款为100 000元，增值税税额为13 000元，购货方尚未付款，销售成立。当月20日，因产品质量问题购货方退货。时达公司应编制如下会计分录：

（1）销售产品时：

借：应收账款　113 000

　贷：主营业务收入　100 000

　　应交税费——应交增值税（销项税额）　13 000

借：主营业务成本　60 000

　贷：库存商品——甲产品　60 000

（2）发生销售退回时：

借：主营业务收入　100 000

　应交税费——应交增值税（销项税额）　13 000

　贷：应收账款　113 000

借：库存商品——甲产品　60 000

　贷：主营业务成本　60 000

【做中学12-4】2021年6月末，时达公司计算的已销售甲、乙、丙三种产品的实际成本分别为10 000元、20 000元和25 000元。该公司月末结转已销甲、乙、丙产品成本时，应编制如下会计分录：

借：主营业务成本　55 000

　贷：库存商品——甲产品　10 000

　　　　　——乙产品　20 000

　　　　　——丙产品　25 000

【做中学12-5】时达公司商品销售价格不含增值税，确认销售收入时逐笔结转销售成本。2020年6月份，时达公司发生如下经济业务：

（1）6月2日，向乙公司销售电子产品A，销售价款为6 000 000元，实际成本为5 400 000元。产品已发出，款项已存入银行。销售前，该产品已计提跌价准备50 000元。

电子产品A销售实现时：

借：银行存款　6 780 000

贷：主营业务收入 6 000 000

应交税费——应交增值税（销项税额） 780 000

借：主营业务成本 5 350 000

存货跌价准备 50 000

贷：库存商品 5 400 000

【请注意】企业结转销售成本时，对于已计提存货跌价准备的，借记“存货跌价准备”账户，贷记“主营业务成本”“其他业务成本”等账户。

（2）6月8日，收到丙公司退回的电子产品B并验收入库，当日支付退货款项并收到税务机关出具的“开具红字增值税专用发票通知单”。该批产品系当年3月份售出并已确认销售收入，销售价格为2 000 000元，实际成本为1 200 000元。

电子产品B发生退货时：

借：主营业务收入 2 000 000

应交税费——应交增值税（销项税额） 260 000

贷：银行存款 2260 000

借：库存商品 1 200 000

贷：主营业务成本 1 200 000

（3）6月30日，将本公司生产的电子产品C作为福利发放给生产工人，市场销售价格为900 000元，实际成本为400 000元。假定除上述资料外，不考虑其他相关因素。根据上述资料，时达公司应当编制如下会计分录：

发放福利时：

借：应付职工薪酬 1 017 000

贷：主营业务收入 900 000

应交税费——应交增值税（销项税额） 117 000

借：主营业务成本 400 000

贷：库存商品 400 000

【请注意】将自产、委托加工的货物用于集体福利或个人消费，视同销售，即按照市场销售价格确认收入，确认增值税销项税额，并结转成本。

【做中学12-6】6月5日，时达公司向乙公司销售商品一批，开出的增值税专用发票上注明的价款为600 000元，增值税税额为78 000元，销售商品的实际成本为450 000元。提货单和增值税专用发票已交购货方，并收到购货方开出的银行承兑汇票。时达公司应编制如下会计分录：

借：应收票据 678 000

贷：主营业务收入 600 000

应交税费——应交增值税（销项税额） 78 000

借：主营业务成本 450 000

贷：库存商品 450 000

期末，将主营业务成本结转至本年利润时：

借：本年利润 450 000

贷：主营业务成本　450 000

（二）其他业务成本

企业发生其他业务成本时，借记“其他业务成本”账户，贷记“原材料”“周转材料”“累计折旧”“累计摊销”“应付职工薪酬”“银行存款”等账户；期末，企业应借记“本年利润”账户，贷记“其他业务成本”账户。

【做中学12-7】2021年6月2日，时达公司销售一批原材料，开具的增值税专用发票上注明的售价为10 000元，增值税税额为1 300元，款项已由银行收妥。该批原材料的实际成本为5 000元。时达公司应编制如下会计分录：

（1）销售实现时：

借：银行存款　11 300

　贷：其他业务收入　10 000

　　应交税费——应交增值税（销项税额）　1300

借：其他业务成本　5 000

　贷：原材料　5 000

（2）期末，将其他业务成本结转至本年利润时：

借：本年利润　5 000

　贷：其他业务成本　5 000

【做中学12-8】2021年6月1日，时达公司将自行开发完成的无形资产出租给另一家公司，该无形资产的成本为360 000元，双方约定的租赁期限为10年，时达公司每月应摊销3 000元（360 000÷10÷12）。时达公司应编制如下会计分录：

（1）每月摊销无形资产成本时：

借：其他业务成本　3 000

　贷：累计摊销　3 000

（2）期末，将其他业务成本结转至本年利润时：

借：本年利润　3 000

　贷：其他业务成本　3 000

【做中学12-9】2021年5月22日，时达公司销售产品一批，不含税售价为50 000元，随同产品出售但单独计价的包装物为1 000个，普通发票上注明的单价为10元，款项尚未收到，成本为1 200元。

假设不考虑材料成本差异，时达公司应编制如下会计分录：

（1）确认收入时：

借：应收账款　66 500

　贷：主营业务收入　50 000

　　其他业务收入　8 850

　　应交税费——应交增值税（销项税额）　7650

（2）结转出售包装物成本时：

借：其他业务成本　1 200

　贷：周转材料——包装物　1 200

(3) 期末，将其他业务成本结转至本年利润时：

借：本年利润　　1 200

　贷：其他业务成本　　1 200

(三) 税金及附加

企业按规定计算确定的与经营活动相关的税费，借记“税金及附加”账户，贷记“应交税费”等账户。企业收到返还的消费税等原记入“税金及附加”账户的各种税费，应按实际收到的金额，借记“银行存款”账户，贷记“税金及附加”账户。期末，应将该账户余额转入“本年利润”账户，结转后该账户应无余额。

【提示】印花税不通过”应交税费“账户核算，发生时直接借记“税金及附加”账户，贷记“银行存款”账户。

【做中学 12-10】中兴化妆品生产企业为增值税一般纳税人，2020年1月15日，向某大型商场销售高档化妆品一批，开具增值税专用发票取得不含税销售额300 000元。该企业应编制如下会计分录：

(1) 销售收入实现时：

借：银行存款　　339 000

　贷：主营业务收入　　300 000

　　应交税费——应交增值税（销项税额）　　39 000

(2) 计算应交消费税时：

应交消费税 = 300 000 × 15% = 45 000（元）

借：税金及附加　　45 000

　贷：应交税费——应交消费税　　45 000

(3) 缴纳消费税时：

借：应交税费——应交消费税　　45 000

　贷：银行存款　　45 000

【做中学 12-11】2021年6月，时达公司当月实际应交增值税为350 000元，应交消费税为150 000元。该公司适用的城建税税率为7%，教育费附加的征收率为3%。

时达公司应编制与城建税、教育费附加有关的会计分录如下：

(1) 计算应交城建税和教育费附加时：

应交城建税 =（350 000 + 150 000）× 7% = 35 000（元）

应交教育费附加 =（350 000 + 150 000）× 3% = 15 000（元）

借：税金及附加　　50 000

　贷：应交税费——应交城市维护建设税　　35 000

　　　　　——应交教育费附加　　15 000

(2) 实际缴纳城建税和教育费附加时：

借：应交税费——应交城市维护建设税　　35 000

　　　　——应交教育费附加　　15 000

　贷：银行存款　　50 000

【做中学 12-12】2021年6月，时达公司一幢房产的原值为200万元，已知房产税税率为1.2%，当地规定的房产原值扣除比例为30%。

（1）计算应交房产税时：

应交房产税 = 2 000 000 ×（1 − 30%）× 1.2% = 16 800（元）

借：税金及附加　　16 800

　　贷：应交税费——应交房产税　　16 800

（2）缴纳房产税时：

借：应交税费——应交房产税　　16 800

　　贷：银行存款　　16 800

任务实施

针对“任务布置”中的经济业务，相关处理程序如下：

第一步，计算增值税、消费税。

根据本月销售业务以及取得的发票，月底计算出本月应缴纳的增值税和消费税。

第二步，计提城建税、教育费附加。

按照本月计算的增值税、消费税，根据城建税税率与教育费附加的征收率，计提本月应缴纳的税费。

请写出相关经济业务的会计分录。

任务三　期间费用核算

2021年6月30日，华盛公司计提公司管理部门固定资产折旧5000 000元，摊销公司管理部门用无形资产成本800 000元，以银行存款支付广告费700 000元。

任务：请会计张红做出相关账务处理。

相关原始凭证：

（1）月底自制的固定资产月度折旧表；

（2）月底自制的无形资产月度摊销表；

（3）支付广告费的发票；

（4）支付广告费的银行回单。

业务产生：每月月底公司对固定资产、无形资产都必须按公司制定的方法与年限计提折旧与摊销。

知识准备

一、期间费用概述

期间费用，是指企业本期发生的、不能直接或间接归入营业成本，而是直接计入当期损益的各项费用，包括管理费用、销售费用和财务费用等。费用的构成如图12-1所示。

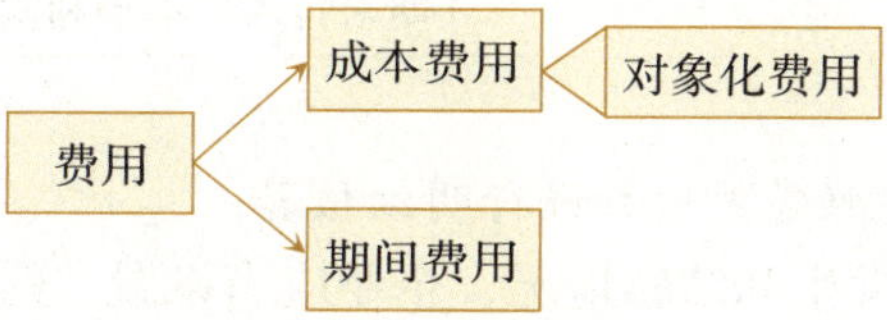

图12-1　费用的构成

制造费用不属于期间费用，因为制造费用可能包含在存货成本中，如果存货未出售则不影响当期损益。

管理费用，是指企业为组织和管理生产经营发生的各种费用，包括企业在筹建期间内发生的开办费、董事会和行政管理部门在企业的经营管理中发生的以及应由企业统一负担的公司经费（包括行政管理部门职工工资及福利费、物料消耗、低值易耗品摊销、办公费和差旅费等）、行政管理部门负担的工会经费、董事会费（包括董事会成员津贴、会议费和差旅费等）、聘请中介机构费、咨询费（含顾问费）、诉讼费、业务招待费、技术转让费、研究费用等。企业生产车间（部门）和行政管理部门发生的固定资产修理费用等后续支出，也作为管理费用核算。

销售费用，是指企业销售商品和材料、提供劳务的过程中发生的各种费用，包括保险费、包装费、展览费和广告费、商品维修费、预计产品质量保证损失、运输费、装卸费等以及为销售本企业商品而专设的销售机构（含销售网点、售后服务网点等）的职工薪酬、业务费、折旧费等经营费用。企业发生的与专设销售机构相关的固定资产修理费用等后续支出也属于销售费用。销售费用是与企业销售商品活动有关的费用，但不包括销售商品本身的成本和劳务成本。销售商品的成本属于主营业务成本，提供劳务的成本属于劳务成本。

财务费用，是指企业为筹集生产经营所需资金等而发生的筹资费用，包括利息支出（减利息收入）、汇兑损益以及相关的手续费、企业发生的现金折扣等。

二、期间费用核算的账户设置

为了核算管理费用的发生和结转情况，企业应设置“管理费用”账户。该账户属于损益类账户，具体账户结构如下：

借方	管理费用　　　　　　　　贷方
企业发生的各项管理费用	期末转入“本年利润”账户的管理费用

【请注意】该账户可按照费用项目进行明细核算。

为了核算销售费用的发生和结转情况，企业应当设置“销售费用”账户。该账户属于损益类账户，具体账户结构如下：

借方	销售费用　　　　　　　　贷方
企业发生的各项销售费用	期末转入“本年利润”账户的销售费用

【请注意】该账户可按照费用项目进行明细核算。

为了核算财务费用的发生和结转情况，企业应当设置“财务费用”账户。该账户属于损益类账户，具体账户结构如下：

借方	财务费用　　　　　　　　贷方
企业发生的各项财务费用	①本期发生的应冲减的财务费用（利息收入、汇兑收益） ②期末转入“本年利润”账户的财务费用

【请注意】该账户可按照费用项目进行明细核算。

三、期间费用业务的账务处理

（一）管理费用

企业在筹建期间发生的开办费，包括人员工资、办公费、培训费、差旅费、印刷费、注册登记费等，借记“管理费用”账户，贷记“银行存款”账户；企业行政管理部门人员的职工薪酬，借记“管理费用”账户，贷记“应付职工薪酬”账户；企业行政管理部门发生的办公费、水电费、差旅费等以及企业发生的业务招待费、咨询费、研究费用等其他费用，借记“管理费用”账户，贷记“银行存款”“研发支出”等账户。期末，应将“管理费用”账户余额转入“本年利润”账户，借记“本年利润”账户，贷记“管理费用”账户。

【做中学12-13】时达公司2021年6月5日为拓展产品销售市场发生业务招待费50 000元，取得的增值税专用发票上注明的增值税税额为3 000元，已用银行存款支付价款和税款。该公司应编制如下会计分录：

借：管理费用——业务招待费	50 000	
应交税费——应交增值税（进项税额）	3 000	
贷：银行存款		53 000

【做中学12-14】时达公司2021年6月22日就一项产品出口问题向有关专家进行政策咨询，以银行存款支付咨询费10 000元。该公司应编制如下会计分录：

借：管理费用——咨询费 10 000

贷：银行存款 10 000

【做中学12-15】时达公司的行政部门2021年6月份共发生费用300 000元。其中：生产车间管理人员薪酬200 000元，行政部门专用办公设备折旧费45 000元，诉讼费38 000元，企业咨询费17 000元。时达公司应编制如下会计分录：

借：管理费用 300 000

贷：应付职工薪酬 200 000

累计折旧 45 000

银行存款 55 000

【做中学12-16】时达公司2021年6月30日将上述业务“管理费用”账户余额转入“本年利润”账户。时达公司应编制如下会计分录：

借：本年利润 360 000

贷：管理费用 360 000

（二）销售费用

企业发生销售费用时，借记“销售费用”账户，贷记“库存现金”“银行存款”“应付职工薪酬”“累计折旧”等账户；期末，应将“销售费用”账户余额转入“本年利润”账户，借记“本年利润”账户，贷记“销售费用”账户。

费用、成本核算流程图

【做中学12-17】时达公司2021年6月12日销售一批产品，取得的增值税专用发票上注明的运输费为7 000元，增值税税额为630元，取得的增值税普通发票上注明的装卸费价税合计为3 000元，上述款项均用银行存款支付。时达公司应编制如下会计分录：

借：销售费用 10 000

应交税费——应交增值税（进项税额） 630

贷：银行存款 10 630

【做中学12-18】时达公司2021年6月30日将上述业务发生的销售费用余额转入“本年利润”账户。时达公司应编制如下会计分录：

借：本年利润 10 000

贷：销售费用 10 000

（三）财务费用

企业发生各项财务费用时，借记“财务费用”账户，贷记“银行存款”等账户；企业发生利息收入、汇兑收益时，应冲减财务费用。月终，企业应将借方归集的财务费用全部转入“本年利润”账户的借方，计入当期损益，期末结转后，该账户无余额。

【做中学12-19】时达公司2021年6月10日用银行存款支付银行承兑汇票手续费400元。时达公司应编制如下会计分录：

借：财务费用——手续费 400

贷：银行存款 400

【做中学12-20】2021年6月30日，时达公司将上述业务“财务费用”账户余额转入“本年利润”账户。时达公司应编制如下会计分录：

借：本年利润 400

　　贷：财务费用 400

任务实施

针对“任务布置”中的经济业务，相关处理程序如下：

第一步，计算本月固定资产折旧。根据本月公司的固定资产情况，按公司制定的固定资产折旧方法与年限，计算本月的折旧额，编制固定资产月度折旧表。

第二步，计算本月无形资产摊销。根据本月公司的无形资产情况，按公司确定的无形资产摊销年限，计算本月的摊销额，编制无形资产月度摊销表。

第三步，支付广告费。公司为宣传产品而以银行存款支付广告费。

请写出相关经济业务的会计分录。

案例分析

【请思考】面对这个庞大的机构以及20多万名员工，顺丰公司都有哪些管理工作？哪些费用支出？费用高了，利润就少，顺丰公司的会计如何帮助公司降低庞大的管理费用？

顺丰快递掌门人王卫的管理秘诀

王卫谦和低调，他介绍自己17岁离开学校，做过搬运工、清洁工，23岁创办顺丰，2014年20岁的顺丰已有21万名员工，快递部分年收入就有200多亿元，顺丰航空件的数量占国内货物空运量的17%。在这么漂亮的数字面前，王卫只是淡淡一句“运气还好啊”。

王卫的管理秘诀。一是，练好内功，先要平衡“五行”。王卫介绍了顺丰管理理论体系，五年战略计划下的经营五元素“质量、品牌、市场占有率、利润与抗风险”。王卫说：“犹如金木水火土是双生双克的关系，必须保持平衡，在某一环节上投入过多就会打破平衡。”而在五元素下还有极为细致层层分解的五元素行动方案，由每个部门制订与执行。二是，靠心法四诀，避免“走火入魔”。王卫说，顺丰管理理论体系只是企业管理的外功，练外功的同时还得有心法，要不然就会“走火入魔”。王卫的心法四诀包括：有爱心，与员工有同理心；有舍心，与员工慷慨分享；有狠心，出于爱与舍对员工严格要求；有恒心，长期坚持这样做下去。王卫的心法四诀包含了对生意的参透与对人性的领悟。

资料来源：佚名．顺丰快递掌门人王卫的管理秘诀［EB/OL］．［2014－02－19］．http：//edu.ifeng.com/shangxueyuan/ceo/detail_2014_02/19/33977529_0.shtml.

【思维导图】请根据本项目内在知识点的逻辑关系，制作思维导图。

项目十二
案例分析

项目十三

利润核算

【学习目标】

1. 掌握利润的构成及其主要内容
2. 掌握营业外收入、营业外支出的核算内容及账务处理
3. 掌握应交所得税、所得税费用的计算及账务处理
4. 熟悉本年利润的结转方法及账务处理
5. 树立依法纳税、纳税光荣的道德理念，准确核算企业应交税费，并足额按期缴纳，不偷税、漏税、欠税
6. 树立诚实守信、廉洁自律、客观公正、爱岗敬业、坚持准则、提高技能的职业素养
7. 初步具有一定的创新创业能力、分析解决实际问题能力、信息技术应用能力、沟通表达能力、团队合作能力以及终身学习能力

【政策依据】

《企业会计准则——基本准则》
《企业会计准则第18号——所得税》
《企业会计准则——应用指南》
《中华人民共和国企业所得税法实施条例》
《小企业会计准则》

思政引导

影视和直播行业的偷漏税现象

继2018年范冰冰被认定偷逃漏税之后，2021年影视演员郑爽又因涉嫌签订“阴阳合同”、拆分收入获取“天价片酬”、偷逃税等问题被上海市税务局第一稽查局调查。2021年8月，上海市税务局第一稽查局已查明郑爽偷税逃税细节，并依法作出对郑爽追缴税款、加收滞纳金并处罚款共计2.99亿元的处理决定。2022年，“直播带货一姐”薇娅的工作室因为偷逃税款被罚13.41亿元，罚款金额之多刷新了纪录。经查，薇娅在2019年至2020年期间，通过隐匿个人收入、虚构业务转换收入性质虚假申报等方式偷逃税款6.43亿元，其他少缴税款0.6亿元。杭州市税务局稽查局依据相关法律法规，对薇娅追缴税款、加收滞纳金并处罚款，共计13.41亿元。

不管是影视演员范冰冰、郑爽，还是主播薇娅，作为公众人物，她们承担着重大的社会责任，应该以身作则。她们偷税漏税的违法行为给社会造成了不良影响，也让广大依法纳税的劳动者感到愤怒。

资料来源：腾讯新闻. 薇娅到底是怎么偷税的？真相来了［EB/OL］.［2022-01-22］. https://new.qq.com/omn/20220122/20220122A01RF200.html.

思考：谈谈你对影视圈以及直播行业偷税漏税现象的看法。

项目导读

企业作为独立核算的经济实体，其经营的目的就是以自身的经营收入来抵补发生的成本费用，从而实现盈利。企业只有获得尽可能多的利润，才能在激烈的市场竞争中谋求生存和发展。

利润，是指企业在一定会计期间的经营成果。利润包括收入减去费用后的净额、直接计入当期利润的利得和损失等。未计入当期利润的利得和损失扣除所得税影响后的净额计入其他综合收益项目。净利润与其他综合收益的合计金额为综合收益总额。利得是指由企业非日常活动所形成的、会导致所有者权益增加的、与所有者投入资本无关的经济利益的流入。损失是指由企业非日常活动所形成的、会导致所有者权益减少的、与向所有者分配利润无关的经济利益的流出。

（一）营业利润

营业利润，是指企业在一定会计期间日常活动取得的收入减去费用后的净额。用计算公式表示如下：

$$\text{营业利润}=\text{营业收入}-\text{营业成本}-\text{税金及附加}-\text{销售费用}-\text{管理费用}-\text{研发费用}-\text{财务费用}-\text{信用减值损失}-\text{资产减值损失}+\text{公允价值变动收益}(-\text{公允价值变动损失})+\text{投资收益}(-\text{投资损失})+\text{净敞口套期收益}(-\text{净敞口套期损失})+\text{其他收益}+\text{资产处置收益}(-\text{资产处置损失})$$

其中：营业收入是指企业经营业务所确认的收入总额，包括主营业务收入和其他业务收入。营业成本是指企业经营业务所发生的实际成本总额，包括主营业务成本和其他业务成本。资产减值损失是指企业计提各项资产减值准备所形成的损失。公允价值变动收益（损失）是指企业交易性金融资产等公允价值变动形成的应计入当期损益的利得（损失）。投资收益（损失）是指企业以各种方式对外投资所取得的收益（发生的损失）。

（二）利润总额

利润总额，为税前会计利润，是企业营业利润加营业外收入减营业外支出后的金额。用计算公式表示如下：

利润总额＝营业利润＋营业外收入－营业外支出

其中：营业外收入是指企业发生的与其日常活动无直接关系的各项利得。营业外支出是指企业发生的与其日常活动无直接关系的各项损失。

（三）净利润

净利润，为税后利润，是利润总额减去所得税费用后的净额。用计算公式表示如下：

净利润＝利润总额－所得税费用

其中：所得税费用是指企业确认的应从当期利润总额中扣除的所得税金额。

项目列报

本项目在资产负债表中的列示信息见表13-1。

表13-1　本项目在资产负债表中的列示信息

资　产	期末余额	负债和所有者权益（或股东权益）	期末余额
流动资产：		流动负债：	
⋮		⋮	
		应交税费（＝“应交税费”，期末转为债权的，以“－”号填列）	
		⋮	
非流动资产：		非流动负债：	
⋮		⋮	
递延所得税资产（＝“递延所得税资产”）		递延所得税负债（＝“递延所得税负债”）	
⋮		⋮	

本项目在利润表中的列示信息见表13-2。

表13-2 本项目在利润表中的列示信息

项目	本期金额	上期金额
一、营业收入		
减：营业成本		
税金及附加		
销售费用		
管理费用		
研发费用		
财务费用		
加：其他收益		
投资收益（损失以“－”号填列）		
净敞口套期收益（损失以“－”号填列）		
公允价值变动收益（损失以“－”号填列）		
信用减值损失（损失以“－”号填列）		
资产减值损失（损失以“－”号填列）		
资产处置收益（损失以“－”号填列）		
二、营业利润（亏损以“－”号填列）		
加：营业外收入		
减：营业外支出		
三、利润总额（亏损总额以“－”号填列）		
减：所得税费用		
四、净利润（净亏损以“－”号填列）		
五、其他综合收益的税后净额		
六、综合收益总额		
七、每股收益		

营业收入＝主营业务收入＋其他业务收入

营业成本＝主营业务成本＋其他业务成本

营业利润＝营业收入－营业成本－税金及附加－销售费用－管理费用－研发费用－财务费用＋其他收益＋投资收益（－损失）＋净敞口套期收益（－损失）＋公允价值变动收益（－损失）－信用减值损失－资产减值损失＋资产处置收益（－损失）

利润总额＝营业利润＋营业外收入－营业外支出

净利润＝利润总额－所得税费用

其他收益：主要是指与企业日常活动相关，除冲减相关成本费用以外的政府补助。

净利润与其他综合收益的税后净额的合计金额为综合收益总额。

任务一　营业外收支核算

任务布置

华盛公司生产一种先进的模具产品，按照国家相关规定，该公司的这种产品适用增值税先征后返政策，按实际缴纳增值税税额的70%返还。2021年5月，该公司实际缴纳增值税税额3 000 000元。2021年6月，该公司实际返还的增值税税额为2 100 000元。

任务：请会计张红做出相关账务处理。

相关原始凭证：请调查，此项经济业务会涉及哪些原始凭证，列在下面。

（1）____；

（2）____；

（3）____。

业务产生：请调查，此项经济业务是如何产生的，列在下面。

____

____

____

知识准备

一、营业外收支概述

营业外收支，是指企业发生的与日常活动无直接关系的各项收支，这些收入和支出的偶发性很强，前后不发生联系，而且每项收入和支出往往是彼此孤立的。收入没有相应的成本和费用，支出没有相应的收入。在企业经营活动中，难免会遇到一些与企业经营无直接关系的经济业务，如发生自然灾害、非常事项或其他客观因素造成的财产损失，以及其他各种意外的收入和支出等。营业外收支虽然与企业生产经营活动没有多大关系，但从企业主体来考虑，同样带来收入或形成支出，从而增加或减少利润，对企业的利润总额及净利润产生影响。

二、营业外收支核算的账户设置

为了核算营业外收入的取得及结转情况，企业应设置“营业外收入”账户。该账户属于损益类账户，具体账户结构如下：

借方	营业外收入 贷方
期末转入“本年利润”的营业外收入	本期发生的与日常经营活动无直接关系的各项利得

【请注意】该账户可按照营业外收入项目进行明细核算。

为了核算营业外支出的发生及结转情况，企业应设置“营业外支出”账户。该账户属于损益类账户，具体账户结构如下：

借方	营业外支出 贷方
本期发生的与日常经营活动无直接关系的各项损失	期末转入“本年利润”的营业外支出

【请注意】该账户可按照营业外支出项目进行明细核算。

三、营业外收支业务的账务处理

（一）营业外收入

营业外收入，是指企业确认的与其日常活动无直接关系的各项利得。营业外收入并不是企业经营资金耗费所产生的，实际上是经济利益的净流入，不需要与有关的费用进行配比。

营业外收入主要包括非流动资产毁损报废收益（指因自然灾害等发生毁损、已丧失使用功能而报废非流动资产所产生的清理收益）、与企业日常活动无关的政府补助、盘盈利得（主要指现金溢余无法查明原因部分）、捐赠利得、债务重组利得等。

盘盈利得，是指企业对现金等资产清查盘点时发生盘盈，报经批准后计入营业外收入的金额。

罚没利得，是指企业取得的各项罚款，在弥补由于违反合同或协议而造成的经济损失后的罚款净收益。

捐赠利得，是指企业接受捐赠产生的利得。

非货币性资产交换利得、债务重组利得的确认和会计处理分别参照《企业会计准则第7号——非货币性资产交换》《企业会计准则第12号——债务重组》的有关规定。

1.营业外收入日常的账务处理

企业确认与其日常活动无直接关系的各项利得时，借记“固定资产清理”（自然灾害等非正常原因毁损报废固定资产净收益）、“待处理财产损溢”（现金溢余无法查明原因）、“应付账款”（确实无法支付）等账户，贷记“营业外收入”账户。

【做中学13-1】时达公司结转固定资产报废清理的净收益8 000元。时达公司应编制如下会计分录：

借：固定资产清理　　8 000

　　贷：营业外收入——非流动资产毁损报废收益　　8 000

【做中学13-2】2021年6月30日，时达公司在库存现金清查中盘盈200元现金，按管理权限报经批准后转入营业外收入。时达公司应编制如下会计分录：

（1）发现盘盈时：

借：库存现金　　200

　　贷：待处理财产损溢　　200

（2）经批准转入营业外收入时：

借：待处理财产损溢　　200

　　贷：营业外收入　　200

2.营业外收入期末的账务处理

期末，企业应将“营业外收入”账户的余额转入“本年利润”账户，借记“营业外收入”账户，贷记“本年利润”账户。结转后该账户应无余额。

【做中学13-3】2021年6月30日，时达公司本期营业外收入总额为180 000元，期末结转本年利润。时达公司应编制如下会计分录：

借：营业外收入　　180 000

　　贷：本年利润　　180 000

（二）营业外支出

营业外支出，是指企业发生的与其日常活动无直接关系的各项损失，主要包括非流动资产毁损报废损失（指因自然灾害等发生毁损、已丧失使用功能而报废非流动资产所产生的清理损失）、捐赠支出、盘亏损失（经批准计入营业外支出的）、非常损失（自然灾害等原因导致的）、罚款支出（行政罚款、税务罚款、其他违法或违背合同而支付的罚款、违约金、赔偿金等）、债务重组损失等。

盘亏损失，主要指对财产清查盘点中盘亏的资产，查明原因并报经批准计入营业外支出的损失。

非常损失，指企业对于因客观因素（如自然灾害等）造成的损失，扣除保险公司赔偿后应计入营业外支出的净损失。

罚款支出，指企业支付的行政罚款、税务罚款，以及其他违反法律法规、合同协议等而支付的罚款、违约金、赔偿金等支出。

1.营业外支出日常的账务处理

企业发生与其日常活动无直接关系的各项损失时，借记“营业外支出”账户，贷记“固定资产清理”（自然灾害等非正常原因固定资产毁损报废净损失）、“待处理财产损溢”（资产盘亏净损失）、“库存商品”（对外捐赠，成本价）、“应交税费——应交增值税（销项税额）”（对外捐赠视同销售 = 计税价或公允价或市场价 × 税率）、“银行存款”（支付罚款、违约金等）等账户。

【做中学13-4】时达公司用银行存款支付税款滞纳金30 000元，应编制如下会计分录：

借：营业外支出　　30 000

　　贷：银行存款　　30 000

2.营业外支出期末的账务处理

期末，将“营业外支出”账户余额转入“本年利润”账户，借记“本年利润”账户，贷记“营业外支出”账户。结转后该账户应无余额。

【做中学13-5】2021年6月30日，时达公司本期营业外支出总额为840 000元，期末结转至本年利润，应编制如下会计分录：

借：本年利润　　840 000

　　贷：营业外支出　　840 000

任务实施

针对“任务布置”中的经济业务，请写出相关处理程序。

（1）______________________________；

（2）______________________________；

（3）______________________________。

请写出相关经济业务的会计分录。

任务二　所得税费用核算

任务布置

2020年1月31日，华盛公司取得营业收入6 000万元，发生营业成本3 600万元、税金及附加120万元、管理费用180万元（其中业务招待费10万元）、销售费用30万元（其中广告费20万元）、财务费用15万元、资产减值损失20万元、公允价值变动收益30万元、营业外收入100万元、营业外支出50万元（其中工商罚款23.1万元），适用的企业所得税税率为25%，递延所得税资产期初余额10万元、期末余额30万元，递延所得税负债期初余额20万元、期末余额50万元。除以上资料外，不考虑其他因素。

任务：请会计张红做出相关账务处理。

相关原始凭证：计提所得税表。

业务产生：企业每月按利润表的数据计算企业所得税，并按季度预缴税款。

知识准备

一、所得税费用概述

所得税，是以税法为依据，以课税为目的，以企业在一定期间内的生产经营所得和其他所得为课税对象的税种。在我国境内的所有企业，只要有应税所得，都应按规定缴纳企业所得税。所得税费用，是指应从当期利润总额中扣除的所得税金额。由于所得税法规与企业会计准则是基于不同目的，遵循不同原则分别制定的，因此，两者在收入和费用确认原则、资产和负债的计量标准等方面存在着一定的差异，导致企业在一定期间按税法规定计算的应纳税所得额与按企业会计准则要求确认的会计利润往往不一致。我国企业会计准则规定，对于所得税费用的确认，应采用资产负债表债务法。在资产负债表债务法下，所得税费用包括当期所得税费用和递延所得税费用两个部分，其中，当期所得税，是指当期应交所得税。递延所得税包括递延所得税资产和递延所得税负债。递延所得税资产，是指以未来期间很可能取得用来抵扣可抵扣暂时性差异的应纳税所得额为限确认的一项资产。递延所得税负债，是指根据应纳税暂时性差异计算的未来期间应付所得税的金额。资产负债表债务法核算的基本程序如图13-1所示。

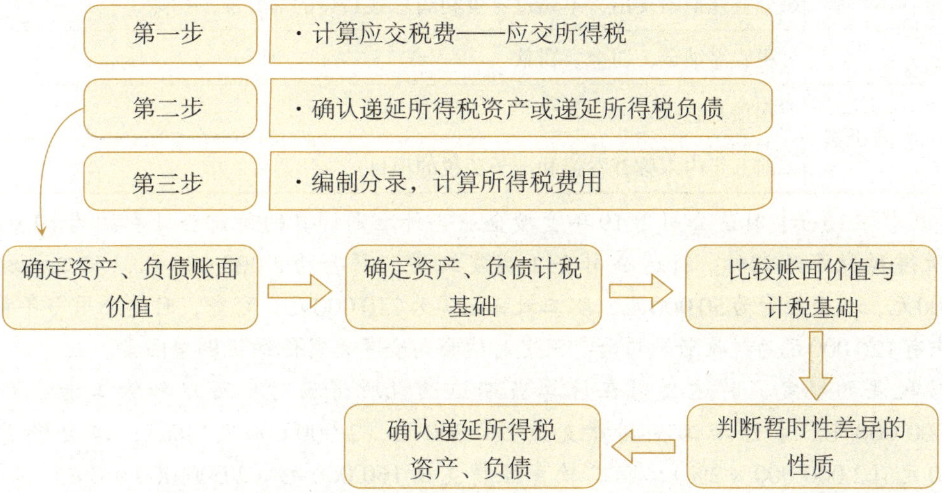

图13-1　资产负债表债务法核算的基本程序

（一）当期所得税费用

应交所得税是指企业按照税法规定计算确定的针对当期发生的交易和事项，应交给税务部门的所得税金额，即当期应交所得税。应纳税所得额是在企业税前会计利润（即利润总额）的基础上调整确定的，其计算公式如下：

应纳税所得额 = 税前会计利润 + 纳税调整增加额 − 纳税调整减少额

当期所得税费用 = 当期应交所得税 = 应纳税所得额 × 当期适用的所得税税率

纳税调整增加额主要包括税法规定允许扣除项目中，企业已计入当期费用但超过税法规定扣除标准的金额（如超过税法规定标准的职工福利费、工会经费、职工教育经费、业务招待费、公益性捐赠支出、广告费和业务宣传费等），以及企业已计入当期损失但税法规定不允许扣除项目的金额（如税收滞纳金、罚金、罚款）。

纳税调整减少额主要包括按税法规定允许弥补的亏损和准予免税的项目，如前五年内未弥补亏损和国债利息收入等，见表13-3。

表13-3 纳税调整项目

项目	核算内容
纳税调整增加额	1.职工福利费支出，不超过工资薪金总额14%的部分准予扣除
	2.工会经费支出，不超过工资薪金总额2%的部分准予扣除
	3.职工教育经费支出，不超过工资薪金总额8%的部分准予扣除，超过部分准予结转以后纳税年度扣除
	4.业务招待费支出，按照发生额的60%扣除，但最高不得超过当年销售收入的5‰部分准予扣除
	5.广告费和业务宣传费支出，不超过当年销售收入15%的部分准予扣除，超过部分准予结转以后纳税年度扣除
	6.公益性捐赠支出，不超过年度利润总额12%的部分准予扣除
	7.税收滞纳金、罚金、罚款
纳税调整减少额	1.国债利息收入
	2.前五年内未弥补亏损和准予免税的项目

【做中学13-6】时达公司2019年度按企业会计准则计算的税前会计利润为19 800 000元，所得税税率为25%。时达公司全年实发工资、薪金为2 000 000元，职工福利费为300 000元，工会经费为50 000元，职工教育经费为210 000元；经查，时达公司当年营业外支出中有120 000元为税收滞纳罚金。假定时达公司全年无其他纳税调整因素。

按税法的规定，时达公司在计算当期应纳税所得额时，可以扣除工资、薪金支出2 000 000元，扣除职工福利费支出280 000元（2 000 000×14%），工会经费支出40 000元（2 000 000×2%），职工教育经费支出160 000元（2 000 000×8%）。时达公司有两种纳税调整因素：一是已计入当期费用但超过税法规定标准的费用支出；二是已计入当期营业外支出但按税法规定不允许扣除的税收滞纳金。这两种因素均应调整增加应纳税所得额。时达公司当期所得税计算如下：

纳税调整数=（300 000－280 000）+（50 000－40 000）+（210 000－160 000）+120 000=200 000（元）

应纳税所得额=19 800 000+200 000=20 000 000（元）

当期所得税费用=应交所得税=20 000 000×25%=5 000 000（元）

借：所得税费用　　5 000 000

　贷：应交税费——应交所得税　　5 000 000

【做中学13-7】时达公司2020年全年利润总额（即税前会计利润）为10 200 000元，其中包括本年收到的国债利息收入200 000元。适用的所得税税率为25%。假定时达公司全年无其他纳税调整因素。

按照税法的有关规定，企业购买国债的利息收入免交所得税，即在计算应纳税所得额时可将其扣除。时达公司当期所得税计算如下：

应纳税所得额 = 10 200 000 − 200 000 = 10 000 000（元）

当期所得税费用 = 应交所得税 = 10 000 000 × 25% = 2 500 000（元）

借：所得税费用　　2 500 000

　贷：应交税费——应交所得税　　2 500 000

（二）递延所得税

递延所得税，是指由于资产、负债的账面价值与其计税基础不同产生的暂时性差异而确认的所得税费用。

1.暂时性差异

暂时性差异，是指资产或负债的账面价值与其计税基础之间的差异。资产的计税基础，是指企业收回资产账面价值的过程中，计算应纳税所得额时按照税法的规定可以自应税经济利益中抵扣的金额，即某一项资产在未来期间计税时可以税前扣除的金额。负债的计税基础，是指负债的账面价值减去未来期间计算应纳税所得额时按照税法的规定可予扣除的金额。

由于资产、负债的账面价值与其计税基础不同，产生了在未来收回资产或清偿负债的期间内，应纳税所得额增加或减少并导致未来期间应交所得税增加或减少的情况。暂时性差异根据其对未来期间应纳税额影响的不同，分为应纳税暂时性差异和可抵扣暂时性差异。

（1）应纳税暂时性差异。应纳税暂时性差异，是指在确定未来收回资产或清偿负债期间的应纳税所得额时，将导致产生应税金额的暂时性差异。该差异在未来期间转回时会增加转回期间的应纳税所得额，增加未来期间的应交所得税。在该差异产生当期，应当确认相关的递延所得税负债。应纳税暂时性差异通常产生于下列情况：

①资产的账面价值大于其计税基础。一项资产的账面价值代表企业在持续使用及最终出售该资产时取得的经济利益的总额，而计税基础代表的是一项资产在未来期间可予税前扣除的金额。资产账面价值大于其计税基础，说明该项资产未来期间产生的经济利益不能全部在所得税税前扣除，而两者之间的差额需要纳税，从而产生应纳税暂时性差异。

②负债的账面价值小于其计税基础。一项负债的账面价值代表的是企业预计在未来期间清偿该项负债时的经济利益流出，而其计税基础代表的是账面价值在扣除税法规定未来期间允许税前扣除的金额之后的差额。因负债账面价值与其计税基础不同产生的暂时性差异，实质上是税法规定就该负债在未来期间可以税前抵扣的金额为负数，即应在未来期间应纳税所得额的基础上调增，增加未来期间的应纳税所得额和应交所得税，从而产生应纳税暂时性差异。

（2）可抵扣暂时性差异。可抵扣暂时性差异，是指在确定未来收回资产或清偿负债期间的应纳税所得额时，将导致产生可抵扣金额的暂时性差异。该差异在未来期间转回时会减少转回期间的应纳税所得额，减少未来期间的应交所得税。可抵扣暂时性差异通常产生于下列情况：

①资产的账面价值小于其计税基础。这种情形表明，资产在未来期间产生的经济利益少，按照税法的规定允许税前扣除的金额多，则企业在未来期间可以减少应纳税所得

额，形成可抵扣暂时性差异。

②负债的账面价值大于其计税基础。因负债账面价值与计税基础不同产生的暂时性差异，实质上是税法规定就该负债在未来期间可以税前抵扣的金额。一项负债的账面价值大于其计税基础，意味着未来期间按照税法的规定与该负债相关的全部或部分支出可以自未来应税经济利益中扣除，减少未来期间的应纳税所得额和应交所得税，形成可抵扣暂时性差异。

【做中学13-8】时达公司2021年12月取得某项固定资产，原价为200万元，预计使用10年，会计上采用直线法计提折旧，预计净残值为零。假设税法规定类似固定资产采用加速折旧法计提的折旧可在税前扣除，计税时采用双倍余额递减法计提折旧，净残值为零。

2022年12月31日：

该固定资产的账面价值 = 200 − 20 = 180（万元）

该固定资产的计税基础 = 200 − 200 × 20% = 160（万元）

该项固定资产在2022年年末的账面价值180万元与其计税基础160万元之间产生了20万元的差额，属于应纳税暂时性差异。

【做中学13-9】时达公司2021年12月销售商品且提供售后服务，确认190万元的销售费用，同时计入预计负债，当年度未发生任何维修支出。税法规定，有关商品售后服务相关的费用在实际发生时允许税前扣除。

2021年12月31日：

该预计负债的账面价值 = 190万元

该预计负债的计税基础 = 190 − 190 = 0

该项预计负债在2021年年末的账面价值190万元与其计税基础0之间产生了190万元的差额，属于可抵扣暂时性差异。

2.递延所得税资产与递延所得税负债

递延所得税资产产生于可抵扣暂时性差异，一般按照可抵扣暂时性差异和转回期间的税率计算确定。其计算公式为：

递延所得税资产 = 可抵扣暂时性差异 × 适用税率

递延所得税负债产生于应纳税暂时性差异，一般按照应纳税暂时性差异和转回期间的税率计算确定。其计算公式为：

递延所得税负债 = 应纳税暂时性差异 × 适用税率

3.递延所得税

递延所得税，即递延所得税资产及递延所得税负债的当期发生额，但不包括直接计入所有者权益的交易或事项及企业合并（商誉）的所得税影响。用公式表示即为：

$$\text{递延所得税} = \left(\text{期末递延所得税负债} - \text{期初递延所得税负债}\right) - \left(\text{期末递延所得税资产} - \text{期初递延所得税资产}\right)$$

（三）所得税费用

企业根据企业会计准则的规定，计算确定的当期所得税和递延所得税之和，即为应从当期利润总额中扣除的所得税费用，即：

$$所得税费用 = 当期所得税 + 递延所得税$$

二、所得税费用核算的账户设置

为了核算和监督企业所得税的上缴和结转等情况，企业应设置“所得税费用”“递延所得税资产”“递延所得税负债”“应交税费——应交所得税”等账户。

（一）“所得税费用”账户

该账户属于损益类账户，核算企业按规定应从当期利润中扣除的所得税费用。具体账户结构如下：

借方　　所得税费用	贷方
从当期损益中扣除的所得税费用	期末转入本年利润的所得税费用

【请注意】该账户期末结转后无余额，可按“当期所得税费用”“递延所得税费用”进行明细核算。

（二）“递延所得税资产”账户

该账户属于资产类账户，核算企业确认的可抵扣暂时性差异产生的递延所得税资产，以及根据税法的规定可用以后年度税前利润弥补的亏损及税款抵减产生的所得税资产。具体账户结构如下：

借方　　递延所得税资产	贷方
当期递延所得税资产的发生金额	当期递延所得税资产的转回金额
企业确认的递延所得税资产	

【请注意】该账户可按可抵扣暂时性差异的项目进行明细核算。

（三）“递延所得税负债”账户

该账户属于负债类账户，核算企业确认的应纳税暂时性差异产生的递延所得税负债。具体账户结构如下：

借方　　递延所得税负债	贷方
当期递延所得税负债的转回金额	当期递延所得税负债的发生金额
	企业确认的递延所得税负债

【请注意】该账户可按应纳税暂时性差异的项目进行明细核算。

（四）“应交税费——应交所得税”账户

该账户属于负债类账户，核算企业应交未交的企业所得税。具体账户结构如下：

借方　　应交税费——应交所得税	贷方
企业已缴纳的所得税	期末尚未缴纳的所得税
多交或尚未抵扣的税费	尚未缴纳的税费

三、所得税费用业务的账务处理

每月月末，企业应借记“所得税费用”“递延所得税资产”（或贷）账户；贷记“应交税费——应交所得税”“递延所得税负债”（或借）账户。期末，应将“所得税费用”账户的余额转入“本年利润”账户，借记“本年利润”账户，贷记“所得税费用”账户，结转后本账户应无余额。

【做中学13-10】沿用【做中学13-6】的资料，时达公司递延所得税负债年初数为400 000元，年末数为500 000元，递延所得税资产年初数为250 000元，年末数为200 000元。时达公司所得税费用计算如下：

递延所得税 =（500 000 − 400 000）−（200 000 − 250 000）= 150 000（元）

所得税费用 = 当期所得税 + 递延所得税 = 5 000 000 + 150 000 = 5 150 000（元）

时达公司应编制如下会计分录：

借：所得税费用	5 150 000	
贷：应交税费——应交所得税		5 000 000
递延所得税负债		100 000
递延所得税资产		50 000

任务实施

针对“任务布置”中的经济业务，相关处理程序如下：

第一步，计算税前利润。根据公司的经营情况，计算税前利润。

第二步，确定调增与调减。根据所得税汇算清缴原则，把招待费、广告费、减值损失等项目做好调增与调减，计算出调整后的应纳税所得额。

第三步，计算递延税款。根据调整项目，计算出递延税款。

请写出相关经济业务的会计分录。

任务三　本年利润核算

任务布置

2022年1月，华盛公司各有关损益类账户结转前余额见表13-4。该企业采用表结法，月末一次结转损益类账户，所得税税率为25%。公司每月按会计利润计算应交所得税，并确定所得税费用，年度根据所得税汇算清缴再进行调整。公司预计会持续盈利，以后年度能够获得足够的应纳税所得额。

表 13-4　　损益类账户余额表

2022 年 1 月 31 日　　单位：万元

账户名称	借或贷	结账前余额
主营业务收入	贷	5 800
其他业务收入	贷	200
公允价值变动损益	贷	30
投资收益	贷	60
营业外收入	贷	100
主营业务成本	借	3 200
其他业务成本	借	400
税金及附加	借	120
销售费用	借	30
管理费用	借	180
财务费用	借	15
资产减值损失	借	20
营业外支出	借	50

任务：请会计张红做出相关账务处理。

相关原始凭证：期末损益类账户余额结转可不附原始凭证。

业务产生：请调查，此项经济业务是如何产生的，列在下面。

知识准备

一、结转本年利润概述

会计期末结转本年利润的方法有表结法和账结法两种。

（一）表结法

在表结法下，各损益类账户每月月末只需结计出本月发生额和月末累计余额，不结转到“本年利润”账户，只有在年末时才将全年累计余额结转入“本年利润”账户。但每月月末要将损益类账户的本月发生额合计数填入利润表的本月数栏，同时将本月末累计余额填入利润表的本年累计数栏，通过利润表计算反映各期的利润（或亏损）。在表结法下，年中损益类账户无须结转入“本年利润”账户，从而减少了转账环节和工作量，同时并不影响利润表的编制及有关损益指标的利用。

（二）账结法

在账结法下，每月月末均需编制转账凭证，将在账上结计出的各损益类账户的余额结转入“本年利润”账户。结转后“本年利润”账户的本月余额反映当月实现的利润或发生的亏损，“本年利润”账户的本年余额反映本年累计实现的利润或发生的亏损。在账结法下，各月均可通过“本年利润”账户提供当月及本年累计的利润（或亏损）额，但增加了转账环节和工作量。

二、本年利润核算的账户设置

为了反映一定时期内利润的形成及使用和监督本年度净利润（或净亏损）情况，企业应设置“本年利润”账户。该账户属于所有者权益类账户，具体账户结构如下：

借方　　　　本年利润　　　　贷方

借方	贷方
①期末从“主营业务成本”“其他业务成本”“税金及附加”“销售费用”“管理费用”“财务费用”“资产减值损失”“营业外支出”“所得税费用”“信用减值损失”等账户转入的金额 ②期末从“公允价值变动损益”“投资收益”“资产处置损益”账户转入的净损失	①期末从“主营业务收入”“其他业务收入”“营业外收入”“其他收益”等账户转入的金额 ②期末从“公允价值变动损益”“投资收益”“资产处置损益”账户转入的净收益
年终结转前期末余额：反映企业年初到本期末累计发生的净亏损	年终结转前期末余额：反映企业年初到本期末累计实现的净利润

【请注意】该账户是一个汇总类账户。

三、本年利润业务的账务处理

会计期末，企业应将“主营业务收入”“其他业务收入”“营业外收入”“其他收益”等账户的余额分别转入“本年利润”账户的贷方，将“主营业务成本”“其他业务成本”“税金及附加”“销售费用”“管理费用”“财务费用”“资产减值损失”“营业外支出”“所得税费用”“信用减值损失”等账户的余额分别转入“本年利润”账户的借方。企业还应将“公允价值变动损益”“投资收益”“资产处置损益”账户的净收益转入“本年利润”账户的贷方，将“公允价值变动损益”“投资收益”“资产处置损益”账户的净损失转入“本年利润”账户的借方。结转后“本年利润”账户如为贷方余额，表示当年实现的净利润；如为借方余额，表示当年发生的净亏损。

年度终了，企业还应将“本年利润”账户的本年累计余额转入“利润分配——未分配利润”账户。如“本年利润”为贷方余额，借记“本年利润”账户，贷记“利润分配——未分配利润”账户；如为借方余额，作相反的会计分录。结转后“本年利润”账户应无余额。

【做中学13-11】时达公司2021年有关损益类账户的年末余额见表13-5，该企业采用表结法年末一次结转损益类账户，所得税税率为25%。

表13-5　　损益类账户余额表　　单位：元

账户名称	借或贷	结账前余额
主营业务收入	贷	6 000 000
其他业务收入	贷	700 000
其他收益	贷	150 000
投资收益	贷	900 000
营业外收入	贷	50 000
资产处置损益	贷	100 000
主营业务成本	借	4 000 000
其他业务成本	借	400 000
税金及附加	借	80 000
销售费用	借	500 000
管理费用	借	770 000
财务费用	借	300 000
营业外支出	借	250 000

时达公司2021年年末结转本年利润应编制如下会计分录：

(1）将各损益类账户年末余额结转入“本年利润”账户。

①结转各项收入、利得类账户：

借：主营业务收入　6 000 000
　　其他业务收入　700 000
　　其他收益　150 000
　　投资收益　900 000
　　资产处置损益　100 000
　　营业外收入　50 000
　　贷：本年利润　7 900 000

②结转各项费用、损失类账户：

借：本年利润　6 300 000
　　贷：主营业务成本　4 000 000
　　　　其他业务成本　400 000
　　　　税金及附加　80 000
　　　　销售费用　500 000
　　　　管理费用　770 000
　　　　财务费用　300 000
　　　　营业外支出　250 000

（2）经过上述结转后，“本年利润”账户的贷方发生额合计7 900 000元减去借方发生额合计6 300 000元，即为税前会计利润1 600 000元。

（3）计算并结转所得税费用。

假设时达公司2021年国债利息收入30万元，税收滞纳金罚款10万元，企业所得税税率25%。假设不存在其他纳税调整因素。

应纳税所得额＝160＋10－30＝140（万元）

应交所得税＝140×25%＝35（万元）

①确认所得税费用：

借：所得税费用　　350 000

　贷：应交税费——应交所得税　　350 000

②将所得税费用结转入“本年利润”账户：

借：本年利润　　350 000

　贷：所得税费用　　350 000

（4）将“本年利润”账户年末余额125万元转入“利润分配——未分配利润”账户。

借：本年利润　　1 250 000

　贷：利润分配——未分配利润　　1 250 000

任务实施

针对“任务布置”中的经济业务，相关处理程序如下：

第一步，计算损益类账户余额。

根据公司本月的业务情况，统计出损益类账户的余额数据。

第二步，结转至本年利润。

将损益类账户余额结转至本年利润。

请写出相关经济业务的会计分录。

案例分析

【请思考】当企业实际亏损的时候，虚造盈利给企业带来的好处是什么？企业实现的利润都用来做什么？有利润一定要进行利润分配吗？

东芝做假账多出1 518亿日元利润

日本企业在2015年事件频出，东芝造假该是诸多事件中最为引人注目的一个。

东芝有140年的历史，2008年以后持续地做假账，让企业凭空多出了1 518亿日元（约合人民币80亿元）的利润。东芝的问题最集中地表露出了日本企业目前的困境。

140年中，东芝也曾经出现过因被别国恶意抹黑而遭受名誉重大损失的情形，但这次不是谁在抹黑东芝，而是东芝自己，它不得不承认，过去7年里在账务上做了假。

2013年8月，田中总裁对电视事业部明确地说："电视业务要是做不出盈利的话，这个部门就要废掉，这不是吓唬你们。""动用一切手段实现盈利！"在日本所有公司都不能让电视业务获利的时候，田中总裁严令东芝必须盈利。

半导体算是东芝投资很大的业务，但半导体需要不断追加投资，能隔几年投入数十亿美元的企业不多。不进行投资，就会在生产技术上落后于人。东芝的半导体说是盈利了，但实际上长年处于潜亏的状态。

核电就更不用说了。2011年的大地震，几乎让日本失去了扩建核电站的可能性，去国外建核电站，需要国家的支持。在已经失落了20年的日本，国家能给企业在核电上的支持不多。

想要保持盈利，实际上非常困难。日本综合电机企业发生亏损，已是司空见惯。

资料来源：陈言．东芝2008年后持续做假账：凭空多出1 518亿日元利润［EB/OL］．［2015-07-27］．http：//www.ceweekly.cn/2015/0727/120920.shtml.

【思维导图】请根据本项目内在知识点的逻辑关系，制作思维导图。

项目十三
案例分析

项目十四

财务报表编制

【学习目标】

1. 掌握财务报告、财务报表的组成
2. 掌握资产负债表的内容、结构及其编制
3. 掌握利润表的格式、内容及其编制
4. 了解现金流量表的格式、内容及其编制
5. 掌握所有者权益变动表的格式、内容
6. 熟悉所有者权益变动表的编制
7. 熟悉附注的概念及其主要披露项目
8. 了解财务报告的目标和财务报表的分类
9. 了解资产负债表、利润表、现金流量表和所有者权益变动表的作用
10. 树立诚实守信、廉洁自律、客观公正、爱岗敬业、坚持准则、提高技能的职业素养
11. 初步具有一定的创新创业能力、分析解决实际问题能力、信息技术应用能力、沟通表达能力、团队合作能力以及终身学习能力

【政策依据】

《企业会计准则——应用指南》
《企业会计准则第30号——财务报表列报》
《企业会计准则第31号——现金流量表》
《企业会计准则第32号——中期财务报告》
《企业内部控制应用指引第14号——财务报告》

思政引导

乐视网连续10年财务造假

2021年4月12日，乐视网发布公告称，因财务造假、欺诈发行等违法行为，乐视网被处以2.406亿元罚款，乐视网实控人贾跃亭被罚款2.412亿元。

经北京证监局查明，乐视网、贾跃亭等存在五项违法事实：

一是乐视网于2007年至2016年连续10年财务造假，其报送、披露的申请首次公开发行股票并上市（简称IPO）相关文件及2010年至2016年年报存在虚假记载；

二是乐视网未按规定披露关联方交易；

三是乐视网未披露为乐视网控股等公司提供担保事项；

四是乐视网未如实披露贾某芳、贾跃亭向上市公司履行借款承诺的情况；

五是乐视网2016年非公开发行股票行为构成欺诈发行。

乐视网10年共虚增收入18.7亿元，共虚增利润17.3亿元。自2007年起，乐视网就虚增收入和利润，且虚增数额逐年递增。2010年上市后，乐视网继续造假，2015年，乐视网虚增利润占当期披露利润总额的516.32%。

参与造假的乐视网创始人贾跃亭、时任乐视网财务总监杨丽杰被终身禁入证券市场，乐视网高管刘弘、吴孟10年禁入证券市场，贾跃民8年禁入证券市场。

曾经在互联网界轰动一时的乐视网和贾跃亭，10年造假后以被罚款、被禁入市场落下帷幕。

资料来源：新浪财经．乐视网造假案还有3大疑问待解［EB/OL］.［2021-04-15］. https://finance.sina.com.cn/stock/relnews/cn/2021-04-15/doc-ikmyaawa9732248.shtml.

思考：乐视网的财务报告是否遵循了财务报表编制要求？为了确保会计信息质量，财会人员应保持怎样的职业操守？

项目导读

财务报告，是指企业对外提供的反映企业某一特定日期的财务状况和某一会计期间的经营成果、现金流量等会计信息的文件。财务报告包括财务报表和其他应当在财务报告中披露的相关信息和资料。

财务报告的目标，是向财务报告使用者提供与企业财务状况、经营成果和现金流量等有关的会计信息，反映企业管理层受托责任的履行情况，有助于财务报告使用者做出经济决策。财务报告使用者通常包括投资者、债权人、政府及其有关部门和社会公众等。

财务报表是对企业财务状况、经营成果和现金流量的结构性表述。一套完整的财务报表至少应当包括资产负债表、利润表、现金流量表、所有者权益（或股东权益，下同）变动表以及附注。资产负债表、利润表和现金流量表分别从不同角度反映企业的财务状况、经营成果和现金流量。

高质量的会计信息是保证会计决策有用的基石。从诸多企业经营的历史来看，不讲究诚信原则的企业，虽然可能暂时成功，但是无法长期地保持竞争力。所以，财务报表所揭示的会计信息应遵循企业会计准则和公认会计原则的基本要求。为了充分发挥会计信息的作用，确保信息质量，各会计主体单位必须按照一定的程序、方法和要求，编报合法、真实和公允的财务报表。

（1）为了确保财务报表编报的及时性，政府有关部门对各单位财务报表编报时间做出了明确的规定。

（2）企业应当以持续经营为基础，根据实际发生的交易和事项进行确认和计量，在此基础上编制财务报表。企业不应以附注披露代替确认和计量。

（3）财务报表项目的列报应当在各个会计期间保持一致，不得随意变更，除非会计准则要求改变，或主体的经营性质发生重大变化，改变后的列报能够提供更可靠、更相关的信息。

（4）企业应当考虑报表项目的重要性。财务报表某项目的省略或错报会影响使用者据此做出经济决策的，则该项目具有重要性。重要性应当根据企业所处的环境，从项目的性质和金额大小两方面予以判断。

（5）当期财务报表的列报，至少应当提供所有列报项目的上一可比期间的比较数据，以及与理解当期财务报表相关的说明。

（6）企业应当在所编制的财务报表中的显著位置至少披露下列内容：①编报企业的名称；②资产负债表日或财务报表涵盖的会计期间；③人民币金额单位；④财务报表是合并财务报表的，应予以标明。

此外，企业在列报财务报表时，应严格遵守资产、负债、所有者权益、收入和费用的定义和确认标准，如实反映企业的交易与其他经济事项，真实而公允地反映企业的财务状况、经营成果以及现金流量。在必要的情况下，企业还可以通过附注的形式来补充说明财务报表的内容以及财务报表不能反映的内容，进一步提高财务报表的真实性与公允性。

财务报告分类图

任务一 资产负债表编制

任务布置

中兴股份有限公司为增值税一般纳税人，适用的增值税税率为13%，所得税税率为25%；原材料采用实际成本法进行核算。该公司2020年12月31日的资产负债表见表14-1。其中，“其他货币资金”账户的期末余额为625 460元，“预付账款”账户的期末余额为904 000元，“应收票据”账户的期末余额为1 267 800元，“应收账款”账户的期末余额为2 400 000元，“坏账准备”账户的期末余额为5 400元，其他资产均未计提减值准备。“固定资产”账户的期末余额为6 600 000元，“累计折旧”账户的期末余额为1 800 000元。“无形资产”账户的期末余额为4 100 000元，“累计摊销”账户的期末余额为3 620 000元。“在建工程”账户的期末余额为5 538 762元。

表14-1 资产负债表 会企01表

编制单位：中兴股份有限公司 2020年12月31日 单位：元

资产	期末余额	上年年末余额	负债和所有者权益（或股东权益）	期末余额	上年年末余额
流动资产：			流动负债：		
货币资金	8 437 800		短期借款	2 136 000	
交易性金融资产	90 000		交易性金融负债	0	
衍生金融资产	0		衍生金融负债	0	
应收票据	1 476 000		应付票据	1 200 000	
应收账款	2 394 600		应付账款	4 736 800	
应收款项融资	0		预收款项	0	
预付款项	936 000		合同负债	0	
其他应收款	30 000		应付职工薪酬	1 652 000	
存货	15 480 000		应交税费	219 600	
合同资产	0		其他应付款	300 000	
持有待售资产	0		持有待售负债	0	
一年内到期的非流动资产	0		一年内到期的非流动负债	6 000 000	
其他流动资产	0		其他流动负债	0	
流动资产合计	28 844 400		流动负债合计	16 244 400	
非流动资产：			非流动负债：		
债权投资	0		长期借款	3 600 000	
其他债权投资	0		应付债券	0	
长期应收款	0		其中：优先股	0	
长期股权投资	1 500 000		永续债	0	
其他权益工具投资			租赁负债	0	
其他非流动金融资产			长期应付款	0	
投资性房地产	0		预计负债	0	
固定资产	4 800 000		递延收益	0	
在建工程	9 000 000		递延所得税负债	0	
生产性生物资产	0		其他非流动负债	0	
油气资产	0		非流动负债合计	3 600 000	
使用权资产	0		负债合计	19 844 400	

续表

资产	期末余额	上年年末余额	负债和所有者权益（或股东权益）	期末余额	上年年末余额
无形资产	5 400 000		所有者权益（或股东权益）:		
开发支出	0		实收资本（或股本）	30 000 000	
商誉	0		其他权益工具	0	
长期待摊费用	0		其中：优先股	0	
递延所得税资产	0		永续债	0	
其他非流动资产	1 200 000		资本公积	0	
非流动资产合计	21 900 000		减：库存股	0	
			其他综合收益	0	
			专项储备	0	
			盈余公积	600 000	
			未分配利润	300 000	
			所有者权益（或股东权益）合计	30 900 000	
资产总计	50 744 400		负债和所有者权益（或股东权益）总计	50 744 400	

法定代表人：　　　　主管会计：　　　　制表：　　　　报出日期：　　年　月　日

2021年，中兴股份有限公司发生如下经济业务：

（1）1月5日，收到原材料一批，实际成本为800 000元，增值税进项税额为104 000元。材料已验收入库，货款已于上月预付。

（2）1月3日，用银行汇票支付采购材料价款，公司收到开户银行转来的银行汇票多余款收账通知，通知上填写的多余款为3 960元，支付材料价款及运费共550 000元，支付增值税进项税额71 500元，材料已验收入库。

（3）1月5日，从银行借入3年期借款6 000 000元用于建造办公楼，借款已存入银行账户。

（4）2月15日，销售A产品10 000件给甲公司，开出的增值税专用发票上注明的销售价款为4 000 000元，增值税销项税额为520 000元。折扣条件为“2/10，1/20，N/30”，当日收到款项并存入银行。销售产品的实际成本为2 500 000元。

（5）2月25日，购入不需安装的设备一台，收到的增值税专用发票上注明的设备价款为600 000元，增值税进项税额为78 000元，支付包装费和运费3 000元。款项均以银行存款支付，设备已交付使用。

（6）2月28日，当年2月15日销售给甲公司的A产品600件有质量问题，经双方协商退回。用银行存款支付退货款项，退回的A产品验收入库，并按规定开出红字增值税专用发票。

（7）3月15日，公司将要到期的一张面值为1 200 000元的无息银行承兑汇票（不含增值税），连同解讫通知和进账单交银行办理转账。收到银行盖章退回的进账单一联。款项银行已收妥。

（8）4月1日，公司将交易性金融资产（全部为股票投资）兑现99 000元，该投资的成本为78 000元，公允价值变动为增值12 000元，处置收益为9 000元，不考虑增值税。

（9）5月10日，公司出售一项专利技术，售价为250 000元，款项存入银行。该项专利技术实际成本为500 000元，累计摊销额为380 000元，未计提减值准备。

（10）5月25日，购入工程物资一批用于建造办公楼，收到的增值税专用发票上注明的物资价款和增值税进项税额合计为565 000元，另支付其他相关费用15 000元，款项已通过银行转账支付。

（11）5月27日，建造工程应付工程人员工资1 200 000元，福利费168 000元。

（12）6月5日，取得交易性金融资产（股票投资），价款为618 000元，交易费用为12 000元，已用银行存款支付。

（13）6月5日，公司出售一台不需用设备，收到价款1 800 000元。该设备原价为2 400 000元，已提折旧900 000元。该项设备已由购入单位运走，不考虑相关税费。

（14）6月25日，一项工程完工，交付生产使用，已办理竣工手续，固定资产入账价值为8 106 762元。

（15）6月30日，用银行存款支付广告费、产品展览费120 000元。

（16）11月30日，支付工资3 200 000元，其中包括在建工程人员工资1 200 000元。

（17）11月，总共将1 000 000元原材料投入生产。

（18）11月30日，分配应支付的职工工资2 000 000元（不包括在建工程应负担的工资）。其中，生产人员工资1 790 000元，车间管理人员工资60 000元，行政管理部门人员工资90 000元，专设销售机构人员工资60 000元。

（19）11月30日，实际发生职工福利费280 000元（不包括在建工程应负担的福利费）。其中，生产工人福利费250 600元，车间管理人员福利费8 400元，行政管理部门人员福利费12 600元，专设销售机构人员福利费8 400元。

（20）11月30日，以银行存款支付生产车间水电费540 000元。

（21）12月15日，计提无形资产摊销360 000元。计提固定资产折旧600 000元，其中，生产车间计提折旧480 000元，管理部门计提折旧120 000元。计提固定资产减值准备180 000元。

（22）12月25日，结转上述制造费用。

（23）12月25日，计算并结转本期完工产品成本4 129 000元。期初没有在产品，本期生产的产品全部完工入库。

（24）12月25日，公司采用商业承兑汇票结算方式销售产品一批，开出的增值税专用发票上注明的销售价款为1 500 000元，增值税销项税额为195 000元，收到1 695 000元的商业承兑汇票一张，产品实际成本为900 000元。

（25）12月26日，公司将上述商业承兑汇票到银行办理贴现，贴现息为120 000元。

（26）12月26日，提取本期长期借款利息1 260 000元，其中在建工程应负担1 200 000元，其余计入当期损益，长期借款为分期付息借款。

（27）12月26日，支付长期借款利息1 260 000元及本金6 000 000元

（28）12月28日，公司本期产品销售应缴纳的教育费附加为15 000元。

（29）12月29日，用银行存款缴纳增值税500 000元、教育费附加15 000元。

（30）12月29日，上年度销售产品一批，开出的增值税专用发票上注明的销售价款为60 000元，增值税销项税额为7 800元，购货方开出商业承兑汇票。本期由于购货方发生财务困难，无法按合同的规定偿还债务，经双方协议，公司同意购货方用产品抵偿该应收票据。用于抵债的产品市价为48 000元，适用的增值税税率为13%。

（31）12月31日，持有的交易性金融资产的公允价值为630 000元。

（32）12月31日，除计提固定资产减值准备180 000元造成固定资产账面价值与其计税基础存在差异外，不考虑其他项目的所得税费用影响。企业按照税法的规定计算确定应交所得税及递延所得税。

（33）12月31日，将各收支账户余额结转至“本年利润”账户。

（34）12月31日，将“本年利润”账户的余额转入“利润分配——未分配利润”账户，同时将“利润分配”账户各明细账户的余额转入“未分配利润”明细账户。

（35）12月31日，按照净利润的10%提取法定盈余公积。

（36）12月31日，用银行存款缴纳当年应交所得税。

请根据上述经济业务，编制相应的会计分录并编制中兴股份有限公司2021年12月31日的资产负债表。

知识准备

一、资产负债表概述

资产负债表，是反映企业在某一特定日期的财务状况的报表。资产负债表是静态报表。通过资产负债表，可以了解企业拥有或控制的经济资源及其分布情况；可以了解企业未来需要偿付的债务数额以及清偿时间；可以了解企业现有的投资者在企业资产总额中所占的份额，据以判断企业资本保值增值情况以及对负债的保障程度。同时，通过对资产负债表项目金额及其相关比率（流动比率、资产负债率）的分析，可以帮助报表使用者全面了解企业的财务状况，分析企业的债务偿还能力，从而为未来的经济决策提供信息。

（一）资产负债表的组成

资产负债表一般由表头、表体两部分组成。

（1）表头部分应列明报表名称、编制单位名称、资产负债表日、报表编号和计量单位；

（2）表体部分是资产负债表的主体，列示了用以说明企业财务状况的各个项目。

（二）资产负债表的表体格式

资产负债表的表体格式一般有两种：报告式资产负债表和账户式资产负债表。

（1）报告式资产负债表是上下结构，上半部分列示资产各项目，下半部分列示负债和所有者权益各项目。

（2）账户式资产负债表是左右结构，左边列示资产各项目，反映全部资产的分布及存在状态；右边列示负债和所有者权益各项目，反映全部负债和所有者权益的内容及构成情况。

【提示】不管采取什么格式，资产各项目的合计一定等于负债和所有者权益各项目的合计。

（三）账户式资产负债表

我国企业的资产负债表采用账户式结构。账户式资产负债表分左右两方，左方为资产项目，大体按资产的流动性大小排列，流动性大的排在前面，流动性小的排在后面。右方为负债及所有者权益项目，一般按要求清偿时间的先后顺序排列。在企业清算之前不需要偿还的所有者权益项目排在后面。

账户式资产负债表中的资产各项目的合计等于负债和所有者权益各项目的合计，即资产负债表左方和右方平衡。因此，通过账户式资产负债表，可以反映资产、负债、所有者权益之间的内在关系，即“资产 = 负债 + 所有者权益”。

二、资产负债表的编制说明

资产负债表的格式见表14-2。

表14-2　　资产负债表　　会企01表

编制单位：　　年　月　日　　单位：元

资产	期末余额	上年年末余额	负债和所有者权益（或股东权益）	期末余额	上年年末余额
流动资产：			流动负债：		
货币资金			短期借款		
交易性金融资产			交易性金融负债		
衍生金融资产			衍生金融负债		
应收票据			应付票据		
应收账款			应付账款		
应收款项融资			预收款项		
预付款项			合同负债		
其他应收款			应付职工薪酬		
存货			应交税费		
合同资产			其他应付款		
持有待售资产			持有待售负债		
一年内到期的非流动资产			一年内到期的非流动负债		

续表

资产	期末余额	上年年末余额	负债和所有者权益（或股东权益）	期末余额	上年年末余额
其他流动资产			其他流动负债		
流动资产合计			流动负债合计		
非流动资产：			非流动负债：		
债权投资			长期借款		
其他债权投资			应付债券		
长期应收款			其中：优先股		
长期股权投资			永续债		
其他权益工具投资			租赁负债		
其他非流动金融资产			长期应付款		
投资性房地产			预计负债		
固定资产			递延收益		
在建工程			递延所得税负债		
生产性生物资产			其他非流动负债		
油气资产			非流动负债合计		
使用权资产			负债合计		
无形资产			所有者权益（或股东权益）：		
开发支出			实收资本（或股本）		
商誉			其他权益工具		
长期待摊费用			其中：优先股		
递延所得税资产			永续债		
其他非流动资产			资本公积		
非流动资产合计			减：库存股		
			其他综合收益		
			专项储备		
			盈余公积		
			未分配利润		
			所有者权益（或股东权益）合计		
资产总计			负债和所有者权益（或股东权益）总计		

（一）资产负债表项目的填列方法

资产负债表的各项目均需填列“上年年末余额”和“期末余额”两栏。

资产负债表的“上年年末余额”栏内各项数字，应根据上年年末资产负债表的“期末余额”栏内所列数字填列。

【提示】如果上年度资产负债表规定的各个项目的名称和内容与本年度不相一致，应按照本年度的规定对上年年末资产负债表各项目的名称和数字进行调整，填入“上年年末余额”栏内。

（二）“期末余额”栏填列

资产负债表各项目“期末余额”栏的填列方法见表 14-3。

表 14-3 资产负债表各项目“期末余额”栏的填列方法

填列方法		资产负债表项目举例
直接填列	根据总账账户余额填列	“短期借款”“实收资本”“资本公积”等项目
间接填列	根据几个总账账户余额计算填列	“货币资金”等项目
	根据有关明细账户余额计算填列	（1）“应付账款”项目： 应付账款＝应付账款（贷）＋预付账款（贷） （2）“预收款项”项目： 预收款项＝应收账款（贷）＋预收账款（贷） （5）“开发支出”项目：根据“研发支出——资本化支出”明细账户余额 （3）“应付职工薪酬”项目：根据明细账户余额计算填列 （4）“未分配利润”项目：根据“利润分配——未分配利润”明细账户余额填列 （5）“一年内到期的非流动资产”项目＝下一年到期的“长期应收款”减去相应的“未实现融资收益”＋下一年到期的“债权投资”减去相应的“债权投资减值准备”＋下一年到期的“长期待摊费用”账户余额 （6）“一年内到期的非流动负债”项目：根据各非流动负债项目中下一年到期的部分填列，如长期借款中将于一年内到期的部分
	根据总账账户和明细账户的期末余额分析计算填列	（1）“长期借款”项目：需要根据“长期借款”账户余额扣除“长期借款”账户所属明细账户中反映的将在资产负债表日起一年内到期且企业不能自主地将清偿义务展期的长期借款部分计算填列 【注意】“长期借款”账户所属的明细账户中将在一年内到期的长期借款的金额应记入“一年内到期的非流动负债”项目 （2）“其他非流动资产”项目 （3）“其他非流动负债”项目
	根据有关总账账户与其备抵账户抵销后的净额填列	（1）“固定资产”项目＝固定资产－累计折旧－固定资产减值准备±固定资产清理 （2）“无形资产”项目＝无形资产－累计摊销－无形资产减值准备 （3）“在建工程”项目＝在建工程－在建工程减值准备＋工程物资－工程物资减值准备 （4）“应收账款”项目＝（应收账款＋预收账款）明细账借方余额－坏账准备 （5）“预付款项”项目＝（应付账款＋预付账款）明细账借方余额－坏账准备 （6）“其他应收款”项目＝其他应收款＋应收股利＋应收利息－坏账准备 （7）“持有待售资产”项目＝持有待售资产－持有待售资产减值准备 （8）“长期股权投资”项目＝长期股权投资－长期股权投资减值准备 【注意】“其他应付款”项目＝其他应付款＋应付股利＋应付利息
	综合运用上述填列方法分析填列	“存货”项目，应根据“材料采购”“原材料”“库存商品”“周转材料”“委托加工物资”“发出商品”“生产成本”“受托代销商品”等账户的期末余额合计数，减去“受托代销商品款”“存货跌价准备”等账户期末余额后的净额填列。材料采用计划成本核算，以及库存商品采用计划成本核算或售价核算的企业，还应按加或减材料成本差异、商品进销差价后的金额填列

三、资产负债表各主要项目的内容和填列方法

（一）“货币资金”项目

本项目反映企业在生产经营过程中处于货币形态的经营资金，包括库存现金、银行存款和其他货币资金，是企业资产中流动性较强的一种资产。本项目应根据“库存现金”“银行存款”“其他货币资金”三个总账账户期末余额的合计数填列。

【做中学14-1】2021年12月1日，时达公司“库存现金”账户余额为0.1万元，“银行存款”账户余额为100.9万元，“其他货币资金”账户余额为99万元；本月销售货物收到银行汇票10万元，收到银行承兑汇票20万元，采购货物开出30万元银行汇票，开具40万元商业承兑汇票并交付。计算时达公司2021年12月31日资产负债表中“货币资金”项目的“期末余额”。

货币资金＝（0.1＋100.9＋99）＋10－30＝180（万元）

（二）“交易性金融资产”项目

本项目根据“交易性金融资产”账户余额填列。

（三）“应收票据”项目

本项目反映企业收到的未到期收款也未向银行贴现的商业承兑汇票和银行承兑汇票等应收票据余额，减去已计提的坏账准备后的净额。已向银行贴现和已背书转让的应收票据不包括在本项目内。本项目应根据“应收票据”总账账户期末余额减去“坏账准备”账户中有关应收票据计提的坏账准备期末余额后的金额填列。

（四）“应收账款”项目

本项目反映企业因销售商品、提供劳务等而应向购货单位和接受劳务单位收取的各种款项，减去已计提的坏账准备后的净额。本项目应根据“应收账款”和“预收账款”两个账户所属各明细账户的期末借方余额合计，减去“坏账准备”账户中有关应收账款计提的坏账准备期末余额后的金额填列。如“应收账款”账户所属明细账户期末有贷方余额，应在“预收款项”项目内填列。其计算公式如下：

$$\begin{array}{c}\text{“应收账}\\\text{款”项目}\end{array}=\sum\begin{array}{c}\text{“应收账款”账户所属各}\\\text{有关明细账户的期末借方余额}\end{array}+\sum\begin{array}{c}\text{“预收账款”账户所属各}\\\text{有关明细账户的期末借方余额}\end{array}-\begin{array}{c}\text{“坏账准备”账户中有关}\\\text{应收账款计提部分的期末余额}\end{array}$$

【做中学14-2】时达公司2021年12月31日结账后“应收账款”账户所属各明细账户的期末借方余额合计为450 000元，贷方余额合计为220 000元，对应收账款计提的坏账准备为50 000元，假定“预收账款”账户所属明细账户无借方余额。

2021年12月31日资产负债表中的“应收账款”项目金额＝450 000－50 000＝400 000（元）

（五）“预付款项”项目

本项目反映企业按照购货合同的规定预付给供应单位的款项，减去已计提的坏账准备后的净额。本项目应根据“预付账款”和“应付账款”两个账户所属各明细账户的期末借方余额合计，减去“坏账准备”账户中有关预付账款计提的坏账准备期末余额后的金额填列。如“预付账款”账户所属有关明细账户期末有贷方余额，应在“应付账款”

项目内填列。其计算公式如下：

$$\text{“预付款项”项目}=\sum\text{“应付账款”账户所属各有关明细账户的期末借方余额}+\sum\text{“预付账款”账户所属各有关明细账户的期末借方余额}-\text{“坏账准备”账户中有关预付账款计提部分的期末余额}$$

【做中学 14-3】时达公司 2021 年 12 月 31 日，“应付账款”总账账户贷方余额为 1 250 万元，其中“应付账款——中天公司”明细账户贷方余额为 1 255 万元，“应付账款——东海公司”明细账户借方余额为 5 万元。“预付账款”总账账户借方余额为 5 万元，其中“预付账款——中信公司”明细账户借方余额为 20 万元，“预付账款——华成公司”明细账户贷方余额为 15 万元。不考虑其他因素，计算该公司 2021 年 12 月 31 日资产负债表中“预付款项”项目期末余额。

“预付款项” = “预付账款”和“应付账款”账户所属明细账户的期末借方余额合计数
= 5 + 20 = 25（万元）

（六）“其他应收款”项目

本项目反映企业除应收票据及应收账款、预付账款等经营活动以外的其他各种应收、暂付的款项。本项目应根据“应收利息”“应收股利”“其他应收款”总账账户的期末余额，减去“坏账准备”账户中有关其他应收款计提的坏账准备期末余额后的金额填列。

【做中学 14-4】时达公司 2021 年 12 月 31 日，“其他应收款”账户借方余额为 1 000 万元，“应收利息”账户借方余额为 200 万元，“应收股利”账户借方余额为 150 万元，“坏账准备”中有关其他应收款计提的坏账金额为 60 万元。不考虑其他因素，计算该公司 2021 年 12 月 31 日资产负债表中“其他应收款”项目金额。

资产负债表中“其他应收款”项目金额 = 1 000 + 200 + 150 − 60 = 1 290（万元）

（七）“存货”项目

“存货”项目，应根据“材料采购”“原材料”“库存商品”“周转材料”“委托加工物资”“发出商品”“生产成本”“受托代销商品”等账户的期末余额合计数，减去“受托代销商品款”“存货跌价准备”等账户期末余额后的净额填列。材料采用计划成本核算，以及库存商品采用计划成本核算或售价核算的企业，还应按加或减材料成本差异、商品进销差价后的金额填列。

【做中学 14-5】时达公司 2021 年 12 月 31 日有关账户余额如下：“发出商品”账户借方余额为 800 万元，“生产成本”账户借方余额为 300 万元，“原材料”账户借方余额为 100 万元，“工程物资”账户借方余额为 300 万元，“委托加工物资”账户借方余额为 200 万元，“材料成本差异”账户的贷方余额为 25 万元，“存货跌价准备”账户贷方余额为 100 万元，“受托代销商品”账户借方余额为 400 万元，“受托代销商品款”账户贷方余额为 400 万元。计算时达公司 2021 年 12 月 31 日资产负债表中“存货”项目“期末余额”的列报金额。

2021 年 12 月 31 日资产负债表中的“存货”项目金额 = 800 + 300 + 100 + 200 − 25 − 100 + 400 − 400 = 1 275（万元）

（八）“持有待售资产”项目

本项目根据“持有待售资产”账户扣除“持有待售资产减值准备” 账户余额填列。

（九）“一年内到期的非流动资产”项目

本项目反映企业自资产负债表日起一年内变现的非流动资产。本项目应根据有关账户的期末余额分析填列。

（十）“其他流动资产”项目

本项目反映企业除以上流动资产项目外的其他流动资产。本项目应根据有关账户的期末余额填列。其他流动资产价值较大的，应在附注中披露其内容和金额。

（十一）“债权投资”项目

本项目根据下一年不到期的“债权投资”扣除相应的“债权投资减值准备”账户余额填列。

（十二）“长期应收款”项目

本项目反映企业持有的长期应收款的可收回金额。本项目应根据“长期应收款”账户的期末余额，减去相应的“未确认融资收益”账户和“坏账准备”账户所属相关明细账户期末余额后的金额填列。

（十三）“长期股权投资”项目

本项目反映企业不准备在1年内（含1年）变现的各种股权性质的投资的账面余额，减去减值准备后的净额。本项目应根据“长期股权投资”账户的期末余额，减去提取的“长期股权投资减值准备”账户的期末余额后的金额填列。

（十四）“固定资产”项目

本项目反映企业的固定资产的净值，应根据“固定资产”账户的期末余额，减去“累计折旧”和“固定资产减值准备”账户的期末余额后的金额，以及“固定资产清理”账户的期末余额填列。

（十五）“在建工程”项目

“在建工程”项目应根据“在建工程”账户的期末余额，减去“在建工程减值准备”账户期末余额后的金额，加上“工程物资”账户的期末余额，减去“工程物资减值准备”账户的期末余额后的金额填列。

【做中学14-6】2021年12月31日，时达公司“固定资产”账户借方余额为5 000万元，“累计折旧”账户贷方余额为2 000万元，“固定资产减值准备”账户贷方余额为500万元，“固定资产清理”账户借方余额500万元；“在建工程”账户借方余额20万元，“工程物资”账户借方余额30万元。计算时达公司2021年12月31日资产负债表中“固定资产”项目和“在建工程”项目“期末余额”的列报金额。

固定资产 = 5 000 − 2 000 − 500 + 500 = 3 000（万元）

在建工程 = 20 + 30 = 50（万元）

（十六）“无形资产”项目

本项目反映企业持有的各项无形资产的净值。本项目应根据“无形资产”账户的期末余额，减去“累计摊销”“无形资产减值准备”等账户期末余额后的金额填列。

【做中学14-7】2021年12月31日，时达公司“无形资产”账户借方余额为800万元，“累计摊销”账户贷方余额为200万元，“无形资产减值准备”账户贷方余额为100万元。计算时达公司2021年12月31日资产负债表中“无形资产”项目“期末余额”的列报金额。

无形资产＝800－200－100＝500（万元）

（十七）“开发支出”项目

本项目反映企业开发无形资产过程中发生的、能够资本化形成无形资产成本的支出。本项目应根据“研发支出”账户中所属的“资本化支出”明细账户的期末余额填列。

（十八）“长期待摊费用”项目

本项目反映企业尚未摊销的摊销期限在1年以上（不含1年）的各种费用，如租入固定资产改良支出、大修理支出以及摊销期限在1年以上（不含1年）的其他待摊费用。本项目根据“长期待摊费用”账户余额扣掉下一年到期的部分后填列。

（十九）“递延所得税资产”项目

本项目反映企业确认的递延所得税资产。本项目应根据“递延所得税资产”账户期末余额分析填列。

（二十）“其他非流动资产”项目

本项目反映企业除以上资产以外的其他长期资产。本项目应根据“其他非流动资产”账户余额减去1年内（含1年）收回的金额。

（二十一）“短期借款”项目

本项目反映企业向银行或其他金融机构等借入尚未归还的1年以下（含1年）的借款。本项目应根据“短期借款”总账账户期末余额填列。

【做中学14-8】2021年12月31日，时达公司“短期借款”账户的余额如下所示：银行质押借款10万元，信用借款40万元。

2021年12月31日，时达公司资产负债表中“短期借款”项目“期末余额”的列报金额＝10＋40＝50（万元）

（二十二）“应付票据”项目

本项目应根据“应付票据”账户的期末余额分析填列。

【做中学14-9】2021年12月31日，时达公司“应付票据”账户的余额如下所示：25万元的银行承兑汇票，10万元的商业承兑汇票。

2021年12月31日，时达公司资产负债表中“应付票据”项目“期末余额”的列报金额＝25＋10＝35（万元）

（二十三）“应付账款”项目

本项目反映企业购买原材料、商品和接受劳务等而应付给供应单位的款项。本项目应根据“应付账款”和“预付账款”账户所属各有关明细账户的期末贷方余额合计填列。

其计算公式如下：

$$\text{“应付账款”项目} = \sum \text{“应付账款”账户所属各有关明细账户的期末贷方余额} + \sum \text{“预付账款”账户所属各有关明细账户的期末贷方余额}$$

（二十四）“预收款项”项目

本项目反映企业按合同的规定预收的款项。本项目应根据“预收账款”和“应收账款”账户所属各有关明细账户的期末贷方余额合计填列。其计算公式如下：

$$\text{“预收款项”项目} = \sum \begin{matrix}\text{“应收账款”账户所属各有关}\\ \text{明细账户的期末贷方余额}\end{matrix} + \sum \begin{matrix}\text{“预收账款”账户所属各有关}\\ \text{明细账户的期末贷方余额}\end{matrix}$$

（二十五）“应付职工薪酬”项目

本项目反映企业根据有关规定应付给职工的短期薪酬、离职后福利、辞退福利和其他长期职工福利。本项目应根据“应付职工薪酬”账户所属各明细账户的期末贷方余额分析填列。外商投资企业按规定从净利润中提取的职工奖励及福利基金，也在本项目列示。

（二十六）“其他应付款”项目

本项目反映企业所有应付和暂收其他单位和个人的款项。本项目应根据“其他应付款”“应付利息”“应付股利”账户的期末余额填列。

（二十七）“一年内到期的非流动负债”项目

本项目反映企业非流动负债中将于资产负债表日后1年内到期部分的金额，如将于1年内偿还的长期借款。本项目应根据“长期借款”等有关账户的期末余额分析计算填列。

（二十八）“其他流动负债”项目

本项目反映企业除以上流动负债以外的其他流动负债。本项目应根据有关账户的期末余额填列。其他流动负债价值较大的，应在附注中披露其内容及金额。

（二十九）“长期借款”项目

本项目反映企业借入尚未归还的1年以上（不含1年）的各项借款。本项目根据“长期借款”总账账户余额扣除“长期借款”账户所属的明细账户中将在1年内到期且企业不能自主地将清偿义务展期的长期借款后的金额计算填列。

【做中学14-10】时达公司2021年12月31日“长期借款”账户余额为155万元，其中自乙银行借入的5万元借款将于1年内到期，时达公司不具有自主展期清偿的权利，则资产负债表中“长期借款”项目的列报金额为：

长期借款＝长期借款－1年内到期金额＝155－5＝150（万元）

“一年内到期的非流动负债”＝5万元

（三十）“应付债券”项目

本项目反映企业发行的尚未偿还的各种长期债券摊余价值。本项目应根据“应付债券”账户的期末余额，减去将于1年内偿还的应付债券后的金额填列。

（三十一）“长期应付款”项目

本项目反映企业除长期借款和应付债券以外的其他各种长期应付款。本项目应根据“长期应付款”账户的期末余额，减去“未确认融资费用”账户期末余额，再减去将于1年内到期的非流动负债的金额后的差额填列。如“长期应付款”账户的期末余额中有将于1年内（含1年）到期的长期应付款，应在“一年内到期的非流动负债”项目内单独反映。

（三十二）"预计负债"项目

本项目反映企业计提的各种预计负债的期末余额。本项目应根据"预计负债"账户的期末余额填列。

（三十三）"递延所得税负债"项目

本项目反映企业确认的递延所得税负债。本项目应根据"递延所得税负债"账户期末余额分析填列。

（三十四）"其他非流动负债"项目

本项目反映企业除长期借款、应付债券等项目以外的其他非流动负债。本项目应根据有关账户的期末余额填列。其他非流动负债项目应根据有关账户期末余额减去将于1年内（含1年）到期偿还数后的余额分析填列。非流动负债各项目中将于1年内（含1年）到期的非流动负债，应在"一年内到期的非流动负债"项目内反映。其他非流动负债金额较大的，应在附注中披露其内容和金额。

（三十五）"实收资本（或股本）"项目

本项目反映企业各投资者实际投入的资本（或股本）总额。本项目应根据"实收资本（或股本）"账户的期末余额填列。

（三十六）"资本公积"项目

本项目反映企业资本公积的期末余额。本项目应根据"资本公积"账户的期末余额填列。其中"库存股"项目按"库存股"账户余额填列。

（三十七）"其他综合收益"项目

本项目反映企业其他综合收益的期末余额。本项目应根据"其他综合收益"账户的期末余额填列。

（三十八）"盈余公积"项目

本项目反映企业盈余公积的期末余额。本项目应根据"盈余公积"账户的期末余额填列。

（三十九）"未分配利润"项目

本项目反映企业尚未分配的利润。本项目平时应根据"本年利润"和"利润分配"账户的余额计算填列；年终应根据"利润分配——未分配利润"明细账户余额填列。如为未弥补的亏损，在本项目内以"-"号填列。

任务实施

针对"任务布置"中的经济业务，请写出相关处理程序。

（1）____；

（2）____；

（3）____。

请完成"任务布置"中中兴股份有限公司2021年相关经济业务的账务处理，并编制中兴股份有限公司2021年12月31日的资产负债表。

任务二 利润表编制

任务布置

请根据任务一“任务布置”中的经济业务，编制中兴股份有限公司2021年度的利润表。

知识准备

一、利润表概述

利润表，是反映企业在一定会计期间（月份、季度、年度）经营成果的财务报表。利润表是动态报表，通过利润表，可以反映企业在一定会计期间的收入、费用、利润（或亏损）的数额、构成情况；是考核企业管理人员绩效的重要依据；可以帮助报表使用者全面了解企业的经营成果，分析企业的获利能力及盈利增长趋势，判断企业未来的发展趋势，从而为其做出经济决策提供依据。

利润表一般包括表首、正表两部分。其中，表首概括说明报表名称、编制单位、编制日期、报表编号、货币名称、计量单位等内容。利润表的报表编号为“会企02表”；正表是利润表的主体，反映形成经营成果的各个项目和计算过程。正表的格式一般有两种：单步式和多步式。单步式利润表是将当期所有的收入列在一起，将所有的费用列在一起，两者相减得出当期净损益。多步式利润表是通过对当期的收入、费用、支出项目按性质加以归类，按利润形成的主要环节列示一些中间性利润指标，如营业利润、利润总额、净利润，分步计算当期净损益。普通股或潜在普通股已公开交易的企业，以及正处于公开发行普通股或潜在普通股过程中的企业，还应当在利润表中列示每股收益信息。在我国，利润表采用多步式结构。利润表的具体格式见表14-4。

表14-4 利润表 会企02表

编制单位： ____年__月 单位：元

项目	本期金额	上期金额
一、营业收入		
减：营业成本		
税金及附加		
销售费用		
管理费用		
研发费用		

续表

项目	本期金额	上期金额
财务费用		
其中：利息费用		
利息收入		
加：其他收益		
投资收益（损失以“－”号填列）		
其中：对联营企业和合营企业的投资收益		
以摊余成本计量的金融资产终止确认收益（损失以“–”号填列）		
净敞口套期收益（损失以“－”号填列）		
公允价值变动收益（损失以“－”号填列）		
信用减值损失（损失以“－”号填列）		
资产减值损失（损失以“－”号填列）		
资产处置收益（损失以“－”号填列）		
二、营业利润（亏损以“－”号填列）		
加：营业外收入		
减：营业外支出		
三、利润总额（亏损总额以“－”号填列）		
减：所得税费用		
四、净利润（净亏损以“－”号填列）		
五、其他综合收益的税后净额		
（一）不能重分类进损益的其他综合收益		
1. 重新计量设定受益计划变动额		
2. 权益法下不能转损益的其他综合收益		
……		
（二）将重分类进损益的其他综合收益		
……		
六、综合收益总额		
七、每股收益：		
（一）基本每股收益		
（二）稀释每股收益		

二、利润表的编制说明

（一）“上期金额”栏填列

利润表中“上期金额”栏内各项数字，应根据上期利润表“本期金额”栏内所列数字填列，如果上期利润表与本期利润表规定的项目名称和内容不相一致，应对上期利润表各项目的名称和数字按本期的规定进行调整，填入本表“上期金额”栏内。

（二）“本期金额”栏填列

“本期金额”栏内各项数字，除“基本每股收益”和“稀释每股收益”项目外，应当按照相关账户的发生额分析填列。

利润表的项目填列方法见表14-5。

表14-5 利润表

编制单位： ____年____月 单位：元

项 目	填列方法
一、营业收入	=“主营业务收入”+“其他业务收入”
减：营业成本	=“主营业务成本”+“其他业务成本”
税金及附加	消费税+城市维护建设税+教育费附加+资源税+土地增值税+房产税+车船税+城镇土地使用税+印花税
销售费用	=“销售费用”
管理费用	=“管理费用”
研发费用	根据“管理费用”账户下的“研发费用”明细账户的发生额以及“管理费用”账户下“无形资产摊销”明细账户的发生额分析填列
财务费用	=“财务费用”
其中：利息费用	
利息收入	
加：其他收益	=“其他收益”
投资收益（损失以“-”号填列）	=“投资收益”
其中：对联营企业和合营企业的投资收益	
以摊余成本计量的金融资产终止确认收益（损失以“-”号填列）	
净敞口套期收益（损失以“-”号填列）	
公允价值变动收益（损失以“-”号填列）	=“公允价值变动损益”
信用减值损失（损失以“-”号填列）	=“信用减值损失”
资产减值损失（损失以“-”号填列）	=“资产减值损失”
资产处置收益（损失以“-”号填列）	=“资产处置损益”
二、营业利润（亏损以“-”号填列）	推算认定
加：营业外收入	=“营业外收入”
减：营业外支出	=“营业外支出”
三、利润总额（亏损总额以“-”号填列）	推算认定
减：所得税费用	=“所得税费用”
四、净利润（净亏损以“-”号填列）	推算认定
五、其他综合收益的税后净额	略
六、综合收益总额	“四”+“五”
七、每股收益：	略
（一）基本每股收益	
（二）稀释每股收益	

三、利润表项目的填列方法

第一步，计算营业利润。

$$\text{营业利润}=\text{营业收入}-\text{营业成本}-\text{税金及附加}-\text{销售费用}-\text{管理费用}-\text{研发费用}-\text{财务费用}+\text{其他收益}\pm\text{投资收益（投资损失）}+\text{净敞口套期收益（净敞口套期损失）}+\text{公允价值变动收益（公允价值变动损失）}-\text{资产减值损失}-\text{信用减值损失}+\text{资产处置收益（资产处置损失）}$$

第二步，计算利润总额。

利润总额 = 营业利润 + 营业外收入 − 营业外支出

第三步，计算净利润（或净亏损）。

净利润 = 利润总额 − 所得税费用

第四步，以净利润（或净亏损）和其他综合收益的税后净额为基础，计算综合收益总额。

第五步，以净利润（或净亏损）为基础，计算每股收益。

【做中学 14-11】时达公司 2021 年度“财务费用”账户的发生额如下所示：银行长期借款利息支出 400 万元，银行短期借款利息支出 90 万元，银行存款利息收入合计 8 万元，银行手续费支出合计 18 万元，试计算时达公司 2021 年度利润表中“财务费用”项目“本期金额”的列报金额。

财务费用项目 = 400 + 90 − 8 + 18 = 500（万元）

【做中学 14-12】时达公司 2021 年度各项资产的减值损失的发生额如下所示：存货跌价准备合计 85 万元，坏账损失合计 15 万元，固定资产减值损失合计 174 万元，无形资产减值损失合计 26 万元，试计算时达公司 2021 年度利润表中“资产减值损失”项目“本期金额”的列报金额。

资产减值损失 = 85 + 174 + 26 = 285（万元）

信用减值损失 = 15 万元

【做中学 14-13】时达公司 2021 年度“投资收益”账户的发生额如下所示：按权益法核算的长期股权投资收益合计 290 万元，按成本法核算的长期股权投资收益合计 200 万元，处置长期股权投资发生的投资损失合计 500 万元。

时达公司 2021 年度利润表中“投资收益”项目“本期金额”的列报金额 = 290 + 200 − 500 = −10（万元）

【做中学 14-14】2021 年 3 月时达公司结账前各账户余额见表 14-6。

根据上述资料，编制时达公司 2021 年 3 月份利润表（见表 14-7）。

表 14-6　　3月份结账前各账户余额表　　单位：元

账户名称	借方发生额	贷方发生额
主营业务收入		1 000 000
主营业务成本	600 000	
其他业务收入		500 000
其他业务成本	300 000	
投资收益		300 000
税金及附加	16 000	
公允价值变动损益		200 000
销售费用	100 000	
管理费用（无研发费用）	84 000	
资产处置损益		250 000
其他收益		150 000
财务费用	20 000	
营业外收入		100 000
资产减值损失	10 000	
营业外支出	70 000	
所得税费用	300 000	

表 14-7　　利润表　　会企02表

编制单位：时达公司　　2021年3月　　单位：元

项　目	金　额
一、营业收入	1500 000
减：营业成本	900 000
税金及附加	16 000
销售费用	100 000
管理费用	84 000
研发费用	—
财务费用	20 000
其中：利息费用	
利息收入	
加：其他收益	150 000
投资收益（损失以“－”号填列）	300 000

续表

项　目	金　额
其中：对联营企业和合营企业的投资收益	
以摊余成本计量的金融资产终止确认收益（损失以“-”号填列）	
净敞口套期收益（损失以“-”号填列）	
公允价值变动收益（损失以“-”号填列）	200 000
信用减值损失（损失以“-”号填列）	
资产减值损失（损失以“-”号填列）	-10 000
资产处置收益（损失以“-”号填列）	250 000
二、营业利润（亏损以“-”号填列）	1 270 000
加：营业外收入	100 000
减：营业外支出	70 000
三、利润总额（亏损总额以“-”号填列）	1 300 000
减：所得税费用	300 000
四、净利润（净亏损以“-”号填列）	1 000 000
五、其他综合收益的税后净额	—
六、综合收益总额	1 000 000
七、每股收益：	
（一）基本每股收益	
（二）稀释每股收益	

任务实施

针对“任务布置”中的经济业务，请写出相关处理程序。

（1）____；

（2）____；

（3）____。

请完成“任务布置”中要求编制的中兴股份有限公司2021年度利润表。

任务三　所有者权益变动表编制

任务布置

请根据任务一“任务布置”中的经济业务，编制中兴股份有限公司2021年度所有者权益变动表。

知识准备

一、所有者权益变动表概述

所有者权益变动表，是指反映构成所有者权益的各组成部分当期增减变动情况的财务报表。所有者权益变动表是动态报表，可以为报表使用者提供所有者权益总量增减变动的信息，以及所有者权益增减变动的结构性信息，能够让报表使用者理解所有者权益增减变动的根源。

所有者权益变动表在一定程度上体现了企业的综合收益。综合收益，是指企业在某一期间与所有者之外的其他方面进行交易或发生其他事项所引起的净资产变动。综合收益的构成包括两部分：净利润和直接计入所有者权益的利得和损失。其中，前者是企业已实现并已确认的收益，后者是企业未实现但根据企业会计准则已确认的收益。用计算公式表示如下：

综合收益 = 收入 − 费用 + 直接计入当期损益的利得和损失

二、所有者权益变动表结构

（一）所有者权益变动表列示的项目

在所有者权益变动表上，企业至少应当单独列示反映下列信息的项目：

（1）综合收益总额；

（2）会计政策变更和前期差错更正的累积影响金额；

（3）所有者投入资本和向所有者分配利润等；

（4）提取的盈余公积；

（5）实收资本、其他权益工具、资本公积、其他综合收益、专项储备、盈余公积、未分配利润等的期初和期末余额及其调节情况。

（二）所有者权益变动表以矩阵的形式列示

所有者权益变动表的纵向列示导致所有者权益变动的交易或事项，即所有者权益变动的来源，对一定时期所有者权益的变动情况进行全面反映；横向按照所有者权益各组成部分（即实收资本、其他权益工具、资本公积、库存股、其他综合收益、盈余公积、未分配利润等）及其总额列示交易或事项对所有者权益的影响。

所有者权益变动表的格式见表14–8。

表 14-8

所有者权益变动表

会企04表

编制单位：　　　　　　　　____年度　　　　　　　　单位：元

项目	本年金额												上年金额											
	实收资本(或股本)	其他权益工具			资本公积	减：库存股	其他综合收益	专项储备	盈余公积	未分配利润	所有者权益合计		实收资本(或股本)	其他权益工具			资本公积	减：库存股	其他综合收益	专项储备	盈余公积	未分配利润	所有者权益合计	
		优先股	永续债	其他										优先股	永续债	其他								
一、上年年末余额																								
加：会计政策变更																								
前期差错更正																								
其他																								
二、本年年初余额																								
三、本年增减变动金额（减少以“-”号填列）																								
（一）综合收益总额																								
（二）所有者投入和减少资本																								
1.所有者投入的普通股																								
2.其他权益工具持有者投入资本																								
3.股份支付计入所有者权益的金额																								
4.其他																								
（三）利润分配																								
1.提取盈余公积																								
2.对所有者（或股东）的分配																								
3.其他																								
（四）所有者权益内部结转																								
1.资本公积转增资本（或股本）																								
2.盈余公积转增资本（或股本）																								
3.盈余公积弥补亏损																								
4.设定受益计划变动额结转留存收益																								
5.其他综合收益结转留存收益																								
6.其他																								
四、本年年末余额																								

三、所有者权益变动表的编制说明

（一）所有者权益变动表项目的填列方法

（1）所有者权益变动表各项目均需填列“本年金额”和“上年金额”两栏。

所有者权益变动表“上年金额”栏内各项数字，应根据上年度所有者权益变动表“本年金额”栏内所列数字填列。上年度所有者权益变动表规定的各个项目的名称和内容同本年度不一致的，应对上年度所有者权益变动表各项目的名称和数字按照本年度的规定进行调整，填入所有者权益变动表的“上年金额”栏内。

（2）所有者权益变动表“本年金额”栏内各项数字一般应根据“实收资本（或股本）”“其他权益工具”“资本公积”“库存股”“其他综合收益”“专项储备”“盈余公积”“利润分配”“以前年度损益调整”等账户及其明细账户的发生额分析填列。

（二）所有者权益变动表的主要项目说明

1.“会计政策变更”“前期差错更正”项目

这两项分别反映企业采用追溯调整法处理的会计政策变更的累积影响金额和采用追溯重述法处理的会计差错更正的累积影响金额。

2.“本年增减变动金额”项目

（1）“综合收益总额”项目，反映净利润和其他综合收益扣除所得税影响后的净额相加后的合计金额。

（2）“所有者投入和减少资本”项目，反映企业当年所有者投入的资本和减少的资本。

（3）“所有者投入的普通股”项目，反映企业接受投资者投入形成的实收资本（或股本）和资本溢价（或股本溢价）。

（4）“利润分配”项目，反映企业当年的利润分配金额。

（5）“所有者权益内部结转”项目，反映企业构成所有者权益的组成部分之间当年的增减变动情况。

①“资本公积转增资本（或股本）”项目，反映企业当年以资本公积转增资本或股本的金额。

②“盈余公积转增资本（或股本）”项目，反映企业当年以盈余公积转增资本或股本的金额。

③“盈余公积弥补亏损”项目，反映企业当年以盈余公积弥补亏损的金额。

任务实施

针对“任务布置”中的经济业务，请写出相关处理程序。

（1）____；

（2）____；

（3）____。

请完成“任务布置”中要求编制的中兴股份有限公司2021年度所有者权益变动表。

任务四 现金流量表编制

任务布置

请根据任务一“任务布置”中的经济业务，编制中兴股份有限公司2021年度现金流量表。

知识准备

一、现金流量表概述

现金流量表，是反映企业在一定会计期间现金和现金等价物流入和流出的财务报表。现金流量表是动态报表，通过现金流量表，可以了解企业现金流量的影响因素；了解企业净利润的质量；评价企业的支付能力、偿债能力和周转能力；预测企业未来现金流量，为其决策提供有力依据。

现金，是指企业库存现金以及可以随时用于支付的存款，包括库存现金、银行存款和其他货币资金（如银行汇票存款、银行本票存款、信用卡存款、信用证保证金存款和存出投资款）等，但不包括不能随时支取的定期存款。

现金等价物，是指企业持有的期限短、流动性强、易于转换为已知金额现金、价值变动风险很小的投资。期限短，一般是指从购买日起三个月内到期。现金等价物通常包括三个月内到期的债券投资等。

现金流量，是指企业在某一期间内现金和现金等价物的流入和流出的数量。我国《企业会计准则第31号——现金流量表》，根据企业业务活动的性质和现金流量的来源，将企业一定期间产生的现金流量分为三类：经营活动产生的现金流量、投资活动产生的现金流量和筹资活动产生的现金流量。经营活动，是指企业投资活动和筹资活动以外的所有交易和事项，包括销售商品或提供劳务、购买商品或接受劳务、收到的税费返还、支付职工薪酬、支付的各项税费、支付广告费用等。投资活动，是指企业长期资产的购建和不包括在现金等价物范围内的投资及其处置活动，包括取得和收回投资、购建和处置固定资产、购买和处置无形资产等。筹资活动，是指导致企业资本及债务规模和构成发生变化的活动，包括发行股票或接受投入资本、分派现金股利、取得和偿还银行借款、发行和偿还公司债券等。

现金流量表一般包括表首、正表和补充资料三部分。其中，表首部分列示报表名称、编制单位、编制日期、报表编号、货币名称、计量单位等内容。现金流量表的正表是现金流量表的基本部分，主要反映现金流量的分类和每一类现金流量的流入量和流出量；补充资料是对正表部分的补充，可以起到与主表进行核对，全面揭示企业的理财活动的作用。

现金流量表采用报告式结构，以“现金流入－现金流出＝现金流量净额”为基础，采取多步式，分别经营活动、投资活动和筹资活动，分项报告企业的现金流入量和流出量，最后汇总反映企业在某一期间现金及现金等价物的净增加额。我国企业现金流量表的具体格式参见表1-5。

二、现金流量表的编制说明

现金流量表的编制就是根据资产负债表和利润表、会计核算记录和业务发生情况进行的重分类，因此，编制现金流量表的过程就是将权责发生制下的会计资料调整为收付实现制下的现金流量的过程。现金流量信息要求分别经营活动、投资活动和筹资活动进行报告。

（一）直接法和间接法

现金流量表常见的编制方法有直接法和间接法。企业应当采用直接法反映经营活动产生的现金流量。现金流量表补充资料采用间接法反映经营活动产生的现金流量，是对现金流量表中采用直接法反映的经营活动现金流量的核对和补充说明。直接法，是指通过现金收入和现金支出的主要类别列示经营活动的现金流量的方法。采用直接法编制经营活动产生的现金流量时，一般以利润表中的营业收入为起算点，调整与经营活动有关的项目增减变动，然后计算出经营活动的现金流量。采用直接法具体编制现金流量表时，可以采用工作底稿法或T形账户法，也可以根据有关账户记录分析填列。间接法，是指以净利润为起算点，调整不涉及现金的收入、费用、营业外收支等有关项目，据此计算并列报经营活动产生的现金流量的方法。

现金流量表的编制方法如图14-1所示。

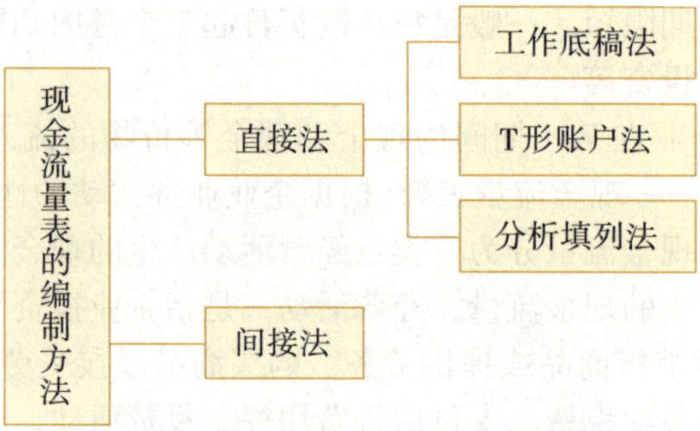

图14-1　现金流量表的编制方法

（二）工作底稿法

工作底稿法，是以工作底稿为手段，以利润表和资产负债表数据为基础，结合有关账户的账簿记录（主要是有关的明细资料和备查账簿），对利润表项目和资产负债表项目逐一进行分析，并编制调整分录，从而编制现金流量表的一种方法。现金流量表工作底稿的设计格式见表14-9。

表14-9　现金流量表工作底稿

项　目	期初数	调整分录		期末数
		借　方	贷　方	
一、资产负债表项目				
借方项目				
货币资金				
贷方项目				
⋮				
二、利润表项目	—			
营业收入	—			
⋮	—			
三、现金流量表项目	—			
（一）经营活动产生的现金流量	—			
⋮	—			
调整分录借贷合计	—			

工作底稿法的编制程序如下：

第一步，将资产负债表的期初数和期末数过入工作底稿的期初数栏和期末数栏。

第二步，对当期业务进行分析并编制调整分录。编制调整分录时，要以利润表项目为基础，从“营业收入”开始，结合资产负债表项目逐一进行分析。在调整分录中，有关现金和现金等价物的事项，并不直接借记或贷记现金，而是分别记入“经营活动产生的现金流量”“投资活动产生的现金流量”“筹资活动产生的现金流量”有关项目，借记表示现金流入，贷记表示现金流出。

第三步，将调整分录过入工作底稿中的相应部分。

第四步，核对调整分录，借方、贷方合计数均已经相等，资产负债表项目期初数加减调整分录中的借贷金额以后，也等于期末数。

第五步，根据工作底稿中的现金流量表项目部分编制正式的现金流量表。

（三）T形账户法

T形账户法，是以T形账户为手段，以利润表和资产负债表为基础，结合有关账户的记录，对现金流量表的每一个项目进行分析并编制调整分录，通过T形账户编制现金流量表的一种方法。

T形账户法的编制程序如下：

第一步，为所有非现金项目（包括资产负债表项目和利润表项目）分别开设T形账户，并将各自的期末期初变动数过入各该账户。如果项目的期末数大于期初数，则将差额过入和项目余额相同的方向；反之，过入相反的方向。

第二步，开设一个大的“现金及现金等价物”T形账户，每边分为经营活动、投资活动和筹资活动三个部分，左边登记现金流入，右边登记现金流出。与其他账户一样，过入期末期初变动数。

第三步，以利润表项目为基础，结合资产负债表分析每一个非现金项目的增减变动，并据此编制调整分录。

第四步，将调整分录过入各T形账户，并进行核对，该账户借贷相抵后的余额与原先过入的期末期初变动数应当一致。

第五步，根据大的“现金及现金等价物”T形账户编制正式的现金流量表。

（四）分析填列法

分析填列法，是直接根据资产负债表、利润表和有关会计账户明细账的记录，分析计算出现金流量表各项目的金额，并据以编制现金流量表的一种方法。

三、现金流量表各主要项目的内容和填列方法

（一）现金流量表正表项目的填列说明

1.经营活动产生的现金流量

（1）“销售商品、提供劳务收到的现金”项目。本项目反映企业销售商品、提供劳务实际收到的现金（包括增值税销项税额）。本项目可以根据“库存现金”“银行存款”“应收账款”“应收票据”“预收账款”“主营业务收入”“其他业务收入”等账户的记录分析填列。

根据账户记录分析计算该项目的金额，用计算公式表示如下：

销售商品、提供劳务收到的现金＝当期销售商品、提供劳务收到的现金＋当期收回前期的应收账款和应收票据＋当期预收的款项＋当期收回前期核销的坏账损失－当期销售退回支付的现金

【做中学14-15】时达公司本期销售一批商品，开出的增值税专用发票上注明的销售价款为2 800 000元，增值税销项税额为364 000元，以银行存款收讫；应收票据期初余额为270 000元，期末余额为60 000元；应收账款期初余额为1 000 000元，期末余额为400 000元；年度内核销的坏账损失为20 000元。另外，本期因商品质量问题发生退货，已经通过银行转账支付30 000元。

时达公司本期销售商品、提供劳务收到的现金计算如下：

本期销售商品收到的现金	3 164 000
加：本期收到前期的应收票据（270 000－60 000）	210 000
本期收到前期的应收账款（1 000 000－400 000－20 000）	580 000
减：本期因销售退回支付的现金	30 000
本期销售商品、提供劳务收到的现金	3 924 000

（2）“收到的税费返还”项目。本项目反映企业收到返还的各种税费，包括收到的

增值税、消费税、关税、所得税、教育费附加等各种税费返还款。本项目可以根据“库存现金”“银行存款”“营业外收入”“其他应收款”等账户的记录分析填列。

（3）“收到其他与经营活动有关的现金”项目。本项目反映企业除了上述各项目以外所收到的其他与经营活动有关的现金，如罚款收入、经营租赁收到的租金、流动资产损失中由个人赔偿的现金等。若某项流入金额较大，应单独列示。本项目可以根据“库存现金”“银行存款”“营业外收入”等账户的记录分析填列。

（4）“购买商品、接受劳务支付的现金”项目。本项目反映企业购买材料、商品、接受劳务实际支付的现金（包括增值税进项税额）。本项目可以根据“库存现金”“银行存款”“应付账款”“应付票据”“预付账款”“主营业务成本”“其他业务成本”等账户的记录分析填列。

根据账户记录分析计算该项目的金额，用计算公式表示如下：

购买商品、接受劳务支付的现金＝当期购买商品、接受劳务支付的现金＋当期支付前期的应付账款和应付票据＋当期预付的款项－当期因购货退回收到的现金

【做中学14-16】时达公司本期购买原材料，收到的增值税专用发票上注明的价款为150 000元，增值税进项税额为19 500元，款项已通过银行转账支付；本期支付应付票据100 000元；用银行汇票支付材料价款、收到银行转来银行汇票多余款收账通知，余款为2 340元，材料及运费为99 800元，其相应的增值税为12 974元；购买工程物资支付150 000元，货款已通过银行转账支付。

时达公司计算本期购买商品、接受劳务支付的现金如下：

本期购买原材料支付的价款	150 000
本期购买原材料支付的增值税进项税额	19 500
本期购买材料支付的价款	99 800
本期购买材料支付的增值税进项税额	12 974
加：本期支付的应付票据	100 000
购买商品、接受劳务支付的现金	382 274

（5）“支付给职工以及为职工支付的现金”项目。本项目反映企业实际支付给职工以及为职工支付的现金，包括工资、奖金、各种津贴和补贴等职工薪酬，以及为职工支付的其他费用。企业代扣代缴的职工个人所得税，也在本项目反映。本项目不包括支付给离退休人员的各项费用及支付给在建工程人员的薪酬。支付给离退休人员的费用，在“支付其他与经营活动有关的现金”项目中反映；支付的在建工程人员的薪酬，在“购建固定资产、无形资产和其他长期资产支付的现金”项目中反映。本项目可以根据“应付职工薪酬”“库存现金”“银行存款”等账户的记录分析填列。

根据账户记录分析计算该项目的金额，用计算公式表示如下：

支付给职工以及为职工支付的现金＝本期产品成本及管理费用、销售费用中的职工薪酬（除非货币性薪酬）＋应付职工薪酬项目（除在建工程人员薪酬）（期初余额－期末余额）

（6）“支付的各项税费”项目。本项目反映企业按规定支付的各种税费，包括企业本期发生本期支付、前期发生本期支付和本期预缴的各种税费，但不包括计入固定资产

价值、实际支付的耕地占用税，也不包括本期退回的增值税、所得税。本项目可以根据“应交税费”“库存现金”“银行存款”等账户的记录分析填列。

（7）“支付其他与经营活动有关的现金”项目。本项目反映企业除上述各项外，支付的其他与经营活动有关的现金。本项目可以根据“库存现金”“银行存款”“管理费用”“营业外支出”等账户的记录分析填列。

2.投资活动产生的现金流量

（1）“收回投资收到的现金”项目。本项目反映企业出售、转让或到期收回除现金等价物以外的对其他企业的权益工具、债务工具和合营中的权益等投资收到的现金，不包括收回债务工具实现的投资收益、处置子公司及其他营业单位收到的现金净额。本项目可根据“债权投资”“其他债权投资”“其他权益工具投资”“长期股权投资”“库存现金”“银行存款”等账户的记录分析填列。

【做中学14-17】时达公司某项权益性投资本金为5 000 000元，公司出售该投资，收回的全部投资金额为4 800 000元；某项债权性投资本金为3 500 000元，公司出售该投资，收回的全部投资金额为4 100 000元，其中600 000元是债券利息。

时达公司计算本期收回投资收到的现金如下：

收回权益性投资金额	4 800 000
加：收回债权性投资本金	3 500 000
收回投资收到的现金	8 300 000

（2）“取得投资收益收到的现金”项目。本项目反映企业除现金等价物以外对其他企业的权益工具、债务工具和合营中的权益投资分回的现金股利和利息等。现金等价物范围内的债权性投资，其利息收入在本项目反映。股票股利不在本项目反映。本项目可以根据“库存现金”“银行存款”“投资收益”等账户的记录分析填列。

（3）“处置固定资产、无形资产和其他长期资产收回的现金净额”项目。本项目反映企业出售、报废固定资产、无形资产和其他长期资产收到的现金（包括因资产毁损收到的保险赔偿款），减去为处置这些资产而支付的有关费用后的净额。如所收回的现金净额为负数，则应在“支付其他与投资活动有关的现金”项目反映。本项目可以根据“固定资产清理”“库存现金”“银行存款”等账户的记录分析填列。

（4）“处置子公司及其他营业单位收到的现金净额”项目。本项目反映企业处置子公司及其他营业单位所取得的现金，减去相关处置费用以及子公司及其他营业单位持有的现金和现金等价物后的净额。本项目可以根据“长期股权投资”“银行存款”“库存现金”等账户的记录分析填列。

（5）“收到其他与投资活动有关的现金”项目。本项目反映企业除上述各项目外，收到的其他与投资活动有关的现金流入。本项目可以根据“应收股利”“应收利息”“银行存款”“库存现金”等账户的记录分析填列。

（6）“购建固定资产、无形资产和其他长期资产支付的现金”项目。本项目反映企业本期购买或建造固定资产、取得无形资产和其他长期资产实际支付的现金，不包括为购建固定资产而发生的借款利息资本化部分，以及融资租入固定资产支付的租赁费。本项目可以根据“固定资产”“在建工程”“无形资产”“库存现金”“银行存款”等账户的记录分析填列。

(7)“投资支付的现金”项目。本项目反映企业取得除现金等价物以外的对其他企业的权益工具、债务工具和合营中的权益投资所支付的现金，以及支付的佣金、手续费等附加费用。本项目可以根据“债权投资”“其他债权投资”“其他权益工具投资”“长期股权投资”“库存现金”“银行存款”等账户的记录分析填列。

(8)“取得子公司及其他营业单位支付的现金净额”项目。本项目反映企业购买子公司及其他营业单位购买出价中以现金支付的部分，减去子公司及其他营业单位持有的现金和现金等价物后的净额。本项目可以根据“长期股权投资”“库存现金”“银行存款”等账户的记录分析填列。

(9)“支付其他与投资活动有关的现金”项目。本项目反映企业除上述各项以外所支付的其他与投资活动有关的现金流出。本项目可以根据“应付股利”“应付利息”“银行存款”“库存现金”等账户的记录分析填列。

3.筹资活动产生的现金流量

(1)“吸收投资收到的现金”项目。本项目反映企业以发行股票、债券等方式筹集资金实际收到的款项，即发行收入减去直接支付给金融企业的佣金、手续费、宣传费、咨询费、印刷费等发行费用后的净额。本项目可以根据“实收资本（或股本）”“库存现金”“银行存款”等账户的记录分析填列。

(2)“取得借款收到的现金”项目。本项目反映企业举借各种短期、长期借款实际收到的现金。本项目可以根据“短期借款”“长期借款”“库存现金”“银行存款”等账户的记录分析填列。

(3)“收到其他与筹资活动有关的现金”项目。本项目反映企业除上述各项目外收到的其他与筹资活动有关的现金流入，如接受现金捐赠等。若某项流入金额较大，应单独列示。本项目可以根据“银行存款”“库存现金”“营业外收入”等账户的记录分析填列。

(4)“偿还债务支付的现金”项目。本项目反映企业偿还债务本金所支付的现金，包括偿还金融企业的借款本金、偿付企业到期的债券本金等，不包括企业支付的借款利息和债券利息。本项目可以根据“短期借款”“长期借款”“应付债券”“库存现金”“银行存款”等账户的记录分析填列。

(5)“分配股利、利润或偿付利息支付的现金”项目。本项目反映企业实际支付的现金股利、支付给其他投资单位的利润或用现金支付的借款利息、债券利息等。本项目可以根据“应付股利”“应付利息”“财务费用”“库存现金”“银行存款”等账户的记录分析填列。

(6)“支付其他与筹资活动有关的现金”项目。本项目反映企业除上述各项目外支付的其他与筹资活动有关的现金流出，如捐赠现金支出、融资租入固定资产支付的租赁费等。若某项流出金额较大，应单独列示。本项目可以根据“营业外支出”“长期应付款”“银行存款”“库存现金”等账户的记录分析填列。

4. 汇率变动对现金及现金等价物的影响

本项目反映企业外币现金流量以及境外子公司的现金流量折算为记账本位币时，所采用的现金流量发生日的即期汇率或按照系统合理的方法确定的、与现金流量发生日即期汇率近似的汇率折算的记账本位币金额与“现金及现金等价物净增加额”中的外币现金净增加额按期末即期汇率折算的记账本位币金额之间的差额。

本项目金额可采用简化方法倒挤得出，即通过现金流量表补充资料中“现金及现金等价物净增加额”数额与现金流量表中“经营活动产生的现金流量净额”“投资活动产生的现金流量净额”“筹资活动产生的现金流量净额”三项之和比较，其差额即为“汇率变动对现金及现金等价物的影响”项目的金额。

（二）现金流量表补充资料项目的填列说明

在我国，企业还应采用间接法反映企业经营活动产生的现金流量情况，在补充资料中披露将净利润（利润表中的“净利润”金额）调节为经营活动现金流量、不涉及现金收支的重大投资和筹资活动、现金及现金等价物净变动情况等信息，以对现金流量表中采用直接法反映的企业经营活动产生的现金流量进行核对和补充说明。

1. 将净利润调节为经营活动现金流量

采用间接法列报经营活动产生的现金流量时，需要对四大类项目进行调整：一是实际没有支付现金的费用；二是实际没有收到现金的收益；三是不属于经营活动的损益；四是经营性应收应付项目的增减变动。

（1）“资产减值准备”项目，根据“资产减值损失”账户的记录分析填列。

【做中学 14-18】时达公司“资产减值损失”账户各明细账户累计发生额分别为：“计提的存货跌价准备”18 000元，“计提的固定资产减值准备”50 000元。由此，“资产减值准备”项目填报的金额为68 000元（18 000 + 50 000）。

（2）“固定资产折旧”项目，根据“累计折旧”账户的贷方发生额分析填列。

（3）“无形资产摊销”和“长期待摊费用摊销”项目，可以根据“累计摊销”“长期待摊费用”账户的贷方发生额分析填列。

（4）“处置固定资产、无形资产和其他长期资产的损失”项目，根据“营业外收入”“营业外支出”等账户所属有关明细账户的记录分析填列。如为净收益，以“－”号填列。

（5）“固定资产报废损失”项目，根据“营业外收入”“营业外支出”等账户所属有关明细账户的记录分析填列。

（6）“公允价值变动损失”项目，根据“公允价值变动损益”账户的发生额分析填列。如为持有损失，在将净利润调节为经营活动现金流量时，应当加回；如为持有利得，在将净利润调节为经营活动现金流量时，应当扣除。

（7）“财务费用”项目，根据“财务费用”账户的借方发生额分析填列。如为收益，以“－”号填列。

（8）“投资损失”项目，根据利润表中“投资收益”项目的数字填列。如为投资收益，以“－”号填列。

（9）“递延所得税资产减少”项目，根据资产负债表“递延所得税资产”项目期初、期末余额分析填列。

（10）“递延所得税负债增加”项目，根据资产负债表“递延所得税负债”项目期初、期末余额分析填列。

（11）“存货的减少”项目，根据资产负债表中“存货”项目的期初数、期末数之间的差额填列；期末数大于期初数的差额，以“-”号填列。如果存货的增减变化过程属于投资活动，如在建工程领用存货，应当将这一因素剔除。

【做中学14-19】时达公司某年资产负债表中列示“存货”项目期末余额为120 000元，上年年末余额为100 000元，其中本期因厂房扩建工程领用了企业所生产的产品，成本为50 000元。

由此，“存货的减少”项目的填报金额为30 000元（100 000-120 000+50 000）。

（12）“经营性应收项目的减少”项目，根据有关账户的期初、期末余额分析填列。如为增加，以“-”号填列。

（13）“经营性应付项目的增加”项目，根据有关账户的期初、期末余额分析填列。如为减少，以“-”号填列。

2. 不涉及现金收支的重大投资和筹资活动

本项目反映企业一定期间内影响资产或负债但不形成该期现金收支的所有投资和筹资活动的信息。

企业应当在补充资料中披露不涉及当期现金收支、但影响企业财务状况或在未来可能影响企业现金流量的重大投资和筹资活动，主要包括：债务转为资本，反映企业本期转为资本的债务金额；一年内到期的可转换公司债券，反映企业一年内到期的可转换公司债券的本息；融资租入固定资产，反映企业本期融资租入的固定资产。

3. 现金及现金等价物净变动情况

本项目反映企业在一定会计期间现金及现金等价物的期末余额减去期初余额后的净增加额（或净减少额），是对现金流量表中“现金及现金等价物净增加额”项目的补充说明。本项目的金额应与现金流量表“现金及现金等价物净增加额”项目的金额核对相符。

现金流入流出图

【做中学14-20】沿用任务一和任务二的资料。时达公司其他有关资料如下：

（1）交易性金融资产不属于现金等价物；本期购入A股票作为交易性金融资产，以银行存款200 000元支付买价（不考虑相关税费）；本期出售交易性金融资产B股票，取得价款192 000元，该交易性金融资产的成本为180 000元，出售价款已存入银行。期末交易性金融资产因公允价值变动确认公允价值变动收益40 000元。

（2）应收账款、应收票据、预收账款的增减变动仅与产成品的销售有关，且均以银行存款结算；采用备抵法核算坏账损失，坏账准备（应收账款）年初余额为23 700元，本年计提坏账准备3 580元。销售产成品均开出增值税专用发票。

（3）材料的增减变动均与购买材料或生产产品消耗材料有关。年初存货均为外购材料；年末存货仅为外购材料、库存产成品和发出商品（产品成本）。其中，库存产成品和发出商品成本为529 920元；外购材料成本为193 680元；存货跌价准备为13 600元

（均为本年计提）。年末库存产成品和发出商品成本中，原材料为264 960元，职工薪酬（均为货币性薪酬）为185 472元，制造费用为79 488元（其中折旧费为42 500元，其余均为以货币资金支付的其他制造费用）。本年主营业务成本均为已销产成品的成本，其中原材料为1 575 000元，职工薪酬（均为货币性薪酬）为1 102 500元，制造费用为472 500元（其中折旧费为252 500元，其余均为以货币资金支付的其他制造费用）。

（4）营业收入中，主营业务收入均为销售产品收入，其他业务收入均为销售材料收入。

（5）工程物资的增减变动均与购买工程物资和在建工程领用工程物资有关，购买工程物资均以现金支付。本期增加的在建工程支出中，领用工程物资147 600元，支付工程款120 000元，资本化利息为55 000元。

（6）1月1日，以银行存款135 530元购置设备一台，不需要安装，当日即投入使用。

（7）4月2日，出售一台管理用固定资产，该固定资产账面原价为85 000元，已计提折旧20 000元；以银行存款支付清理费用15 000元，收到变价收入116 380元，该固定资产已清理完毕。固定资产折旧年初余额为137 040元，本年计提折旧304 000元。

（8）无形资产本期摊销额为36 000元。

（9）借入短期借款450 000元，偿还短期借款200 000元；借入长期借款600 000元，偿还长期借款300 000元；长期借款年末余额中包括已计提确认的长期借款利息55 000元。

（10）应付票据、应付账款、预付账款的增减变动均与购买材料有关，均以银行存款结算。本期购买原材料均取得增值税专用发票。应交税费余额均为应交增值税。本年应交增值税借方发生额为643 100元，其中购买材料发生进项税额262 700元；已交税金为380 400元；贷方发生额为651 100元，均为销售产品和材料发生的增值税销项税额。

（11）应付职工薪酬（货币性薪酬）年初数、年末数均与投资活动和筹资活动无关，本年确认的职工薪酬均与投资活动和筹资活动无关。

（12）销售费用包括职工薪酬（货币性薪酬）52 000元，均以货币资金结算或形成应付债务。其中折旧费用为3 000元，其余均以银行存款支付。

（13）管理费用包括职工薪酬（货币性薪酬）65 000元，均以货币资金结算或形成应付债务。其中折旧费用6 000元，无形资产摊销36 000元，其余均以银行存款支付。

（14）财务费用包括以银行存款支付的银行转账结算手续费4 100元和短期借款利息费用20 000元。

（15）投资收益中，包括出售交易性金融资产取得的收益12 000元；从被投资单位B股份有限公司分得的现金股利56 200元，款项已存入银行，时达公司对B股份有限公司的长期股权投资采用成本法核算。

（16）营业外收入均为处置固定资产的利得，营业外支出均为以现金捐赠给灾区的款项。

（17）本年利润分配如下：提取10%的法定盈余公积20 700元；分配现金股利142 000元；均以银行存款支付。

（18）除上述所给资料外，有关债权债务的增减变动均以货币资金结算。

根据以上资料，时达公司2021年度现金流量表见表14-10。

表14-10　现金流量表

编制单位：时达公司　2021年度　单位：元

项目	本期金额	上期金额
一、经营活动产生的现金流量：		
销售商品、提供劳务收到的现金	4 510 200	
收到的税费返还	0	
收到其他与经营活动有关的现金	0	
经营活动现金流入小计	4 510 200	
购买商品、接受劳务支付的现金	2 229 540	
支付给职工以及为职工支付的现金	1 398 632	
支付的各项税费	502 110	
支付其他与经营活动有关的现金	344 708	
经营活动现金流出小计	4 474 990	
经营活动产生的现金流量净额	35 210	
二、投资活动产生的现金流量：		
收回投资收到的现金	192 000	
取得投资收益收到的现金	56 200	
处置固定资产、无形资产和其他长期资产收回的现金净额	101 380	
处置子公司及其他营业单位收到的现金净额	0	
收到其他与投资活动有关的现金	0	
投资活动现金流入小计	349 580	
购建固定资产、无形资产和其他长期资产支付的现金	498 930	
投资支付的现金	200 000	
取得子公司及其他营业单位支付的现金净额	0	
支付其他与投资活动有关的现金	0	
投资活动现金流出小计	698 930	
投资活动产生的现金流量净额	-349 350	
三、筹资活动产生的现金流量：		
吸收投资收到的现金	0	
取得借款收到的现金	1 050 000	
收到其他与筹资活动有关的现金	0	
筹资活动现金流入小计	1 050 000	
偿还债务支付的现金	500 000	
分配股利、利润或偿付利息支付的现金	162 000	
支付其他与筹资活动有关的现金	0	
筹资活动现金流出小计	662 000	
筹资活动产生的现金流量净额	388 000	
四、汇率变动对现金及现金等价物的影响	0	
五、现金及现金等价物净增加额	73 860	
加：期初现金及现金等价物余额	452 040	
六、期末现金及现金等价物余额	525 900	

任务实施

针对“任务布置”中的经济业务，请写出相关处理程序。

（1）____；

（2）____；

（3）____。

请完成“任务布置”中要求编制的中兴股份有限公司2021年度现金流量表。

任务五 附 注

任务布置

请上网了解一家上市公司2021年度财务报表，尤其了解附注的具体内容。

知识准备

一、附注概述

附注，是指对在资产负债表、利润表、现金流量表和所有者权益变动表等报表中列示项目的文字描述或明细资料，以及对未能在这些报表中列示项目的说明等。

附注是财务会计报告的重要组成部分，是对财务报表的补充说明，有助于企业财务报表使用者理解和使用会计信息。附注主要起到两方面的作用：

第一，附注的披露，是对资产负债表、利润表、现金流量表和所有者权益变动表列示项目含义的补充说明，以帮助财务报表使用者更准确地把握其含义。例如，通过阅读附注中披露的固定资产折旧政策的说明，使用者可以掌握报告企业与其他企业在固定资产折旧政策上的异同，以便进行更准确的比较。

第二，附注提供了对资产负债表、利润表、现金流量表和所有者权益变动表中未列示项目的详细或明细说明。例如，通过阅读附注中披露的各类存货增减变动情况，财务报表使用者可以了解资产负债表中未单列的存货分类信息。

【请注意】通过附注与资产负债表、利润表、现金流量表和所有者权益变动表列示项目的相互参照关系，以及对未能在报表中列示项目的说明，可以使财务报表使用者全面了解企业的财务状况、经营成果和现金流量情况。

二、附注的内容

附注应当披露财务报表的编制基础，相关信息应当与资产负债表、利润表、现金流量表和所有者权益变动表等报表中列示的项目相互参照。

企业应当按照如下顺序披露附注的内容：

（一）企业的基本情况

（1）企业的注册地、组织形式和总部地址；

（2）企业的业务性质和主要经营活动；

（3）母公司以及集团最终母公司的名称；

（4）财务报告的批准报出者和财务报告批准报出日或者以签字人及其签字日期为准；

（5）营业期限有限的企业，还应当披露有关其营业期限的信息。

（二）财务报表的编制基础

财务报表的编制基础是指财务报表是在持续经营基础上还是在非持续经营基础上编制的。企业一般在持续经营基础上编制财务报表，清算、破产属于非持续经营基础。

（三）遵循企业会计准则的声明

企业应当声明编制的财务报表符合企业会计准则的要求，真实、完整地反映了企业的财务状况、经营成果和现金流量等有关信息，以此明确企业编制财务报表所依据的制度基础。

（四）重要会计政策和会计估计

企业应当披露采用的重要会计政策和会计估计，不重要的会计政策和会计估计可以不披露。在披露重要会计政策和会计估计时，企业应当披露重要会计政策的确定依据和财务报表项目的计量基础，以及会计估计所采用的关键假设和不确定因素。

会计政策的确定依据，主要是指企业在运用会计政策过程中所作的对报表中确认的项目金额最具影响的判断，有助于使用者理解企业选择和运用会计政策的背景，增加财务报表的可理解性。财务报表项目的计量基础，是指企业计量该项目采用的是历史成本、重置成本、可变现净值、现值还是公允价值，这直接影响使用者对财务报表的理解和分析。

在确定报表中确认的资产和负债的账面价值过程中，企业有时需要对不确定的未来事项在资产负债表日对这些资产和负债的影响加以估计，如企业预计债权投资未来现金流量采用的折现率和假设。这类假设的变动对这些资产和负债项目的金额的确定影响很大，有可能会在下一个会计年度内做出重大调整，因此，强调这一披露要求，有助于提高财务报表的可理解性。

（五）会计政策和会计估计变更以及差错更正的说明

企业应当按照会计政策、会计估计变更和差错更正会计准则及其应用指南的规定，披露会计政策和会计估计变更以及差错更正的有关情况。

（六）报表重要项目的说明

企业对报表重要项目的说明，应当按照资产负债表、利润表、现金流量表、所有者权益变动表及其项目列示的顺序，采用文字和数字描述相结合的方式进行披露。报表重要项目的明细金额合计应当与报表项目金额相衔接，主要包括以下重要项目：

1. 以公允价值计量且其变动计入当期损益的金融资产

企业应当披露以公允价值计量且其变动计入当期损益的金融资产的账面价值，并分别反映交易性金融资产和在初始确认时指定为以公允价值计量且其变动计入当期损益的金融资产。对于指定为以公允价值计量且其变动计入当期损益的金融资产，应当披露下列信息：

（1）指定的金融资产的性质；

（2）初始确认时对上述金融资产做出指定的标准；

（3）如何满足运用指定的标准。

2. 应收款项

企业应当披露应收款项的账龄结构和客户类别以及期初、期末账面余额等信息。

3. 存货

企业应当披露下列信息：

（1）各类存货的期初和期末账面价值；

（2）确定发出存货成本所采用的方法；

（3）存货可变现净值的确定依据，存货跌价准备的计提方法，当期计提的存货跌价准备的金额，当期转回的存货跌价准备的金额，以及计提和转回的有关情况；

（4）用于担保的存货账面价值。

4. 长期股权投资

企业应当披露下列信息：

（1）对控制、共同控制、重大影响的判断；

（2）对投资性主体的判断及主体身份的转换；

（3）企业集团的构成情况；

（4）重要的非全资子公司的相关信息；

（5）对使用企业集团资产和清偿企业集团债务的重大限制；

（6）纳入合并财务报表范围的结构化主体的相关信息；

（7）企业在其子公司的所有者权益份额发生变化的情况；

（8）投资性主体的相关信息；

（9）合营安排和联营企业的基础信息；

（10）重要的合营企业和联营企业的主要财务信息；

（11）不重要的合营企业和联营企业的汇总财务信息；

（12）与企业在合营企业和联营企业中权益相关的风险信息；

（13）未纳入合并财务报表范围的结构化主体的基础信息；

（14）与权益相关资产和负债的账面价值和最大损失敞口；

（15）企业是结构化主体的发起人但在结构化主体中没有权益的情况；

（16）向未纳入合并财务报表范围结构化主体提供支持的情况；

（17）未纳入合并财务报表范围结构化主体的额外信息披露。

5.投资性房地产

企业应当披露下列信息：

（1）投资性房地产的种类、金额和计量模式；

（2）采用成本模式的，投资性房地产的折旧或摊销，以及减值准备的计提情况；

（3）采用公允价值模式的，公允价值的确定依据和方法，以及公允价值变动对损益的影响；

（4）房地产转换情况、理由，以及对损益或所有者权益的影响；

（5）当期处置的投资性房地产及其对损益的影响。

6.固定资产

企业应当披露下列信息：

（1）固定资产的确认条件、分类、计量基础和折旧方法；

（2）各类固定资产的使用寿命、预计净残值和折旧率；

（3）各类固定资产的期初和期末原价、累计折旧额及固定资产减值准备累计金额；

（4）当期确认的折旧费用；

（5）对固定资产所有权的限制及其金额和用于担保的固定资产账面价值；

（6）准备处置的固定资产名称、账面价值、公允价值、预计处置费用和预计处置时间等。

7.无形资产

企业应当披露下列信息：

（1）无形资产的期初和期末账面余额、累计摊销额及减值准备累计金额。

（2）使用寿命有限的无形资产，其使用寿命的估计情况；使用寿命不确定的无形资产，其使用寿命不确定的判断依据。

（3）无形资产的摊销方法。

（4）用于担保的无形资产账面价值、当期摊销额等情况。

（5）计入当期损益和确认为无形资产的研究开发支出金额。

8.应付职工薪酬

企业应当披露与短期职工薪酬相关的下列信息：

（1）应当支付给职工的工资、奖金、津贴和补贴及其期末应付未付金额；

（2）应当为职工缴纳的医疗保险费、工伤保险费和生育保险费等社会保险费及其期末应付未付金额；

（3）应当为职工缴存的住房公积金及其期末应付未付金额；

（4）为职工提供的非货币性福利及其计算依据；

（5）依据短期利润分享计划提供的职工薪酬金额及其计算依据；

（6）其他短期薪酬。

企业应当披露所设立或参与的设定提存计划的性质，计算缴费金额的公式或依据，当期缴费金额以及应付未付金额。

企业应当披露与设定受益计划有关的下列信息：

（1）设定受益计划的特征及与之相关的风险；

（2）设定受益计划在财务报表中确认的金额及其变动；
（3）设定受益计划对企业未来现金流量金额、时间和不确定性的影响；
（4）设定受益计划义务现值所依赖的重大精算假设及有关敏感性分析的结果。

企业应当披露支付的因解除劳动关系所提供的辞退福利及其期末应付未付金额。

企业应当披露提供的其他长期职工福利的性质、金额及其计算依据。

9.应交税费

企业应当披露应交税费的构成及期初、期末账面余额等信息。

10.短期借款和长期借款

企业应当披露短期借款、长期借款的构成及期初、期末账面余额等信息。对于期末逾期借款，应分别贷款单位、借款金额、逾期时间、年利率、逾期未偿还原因和预期还款期等进行披露。

11.应付债券

企业应当披露应付债券的构成及期初、期末账面余额等信息。

12.长期应付款

企业应当披露长期应付款的构成及期初、期末账面余额等信息。

13.营业收入

企业应当披露营业收入的构成及本期、上期发生额等信息。

14.公允价值变动收益

企业应当披露公允价值变动收益的来源及本期、上期发生额等信息。

15.投资收益

企业应当披露投资收益的来源及本期、上期发生额等信息。

16.资产减值损失

企业应当披露各项资产的减值损失及本期、上期发生额等信息。

17.营业外收入

企业应当披露营业外收入的构成及本期、上期发生额等信息。

18.营业外支出

企业应当披露营业外支出的构成及本期、上期发生额等信息。

19.所得税费用

企业应当披露下列信息：
（1）所得税费用（收益）的主要组成部分；
（2）所得税费用（收益）与会计利润关系的说明。

20.其他综合收益

企业应当披露下列信息：
（1）其他综合收益各项目及其所得税影响；
（2）其他综合收益各项目原计入其他综合收益、当期转出计入当期损益的金额；
（3）其他综合收益各项目的期初和期末余额及其调节情况。

21.政府补助

企业应当披露下列信息：

（1）政府补助的种类、金额和列报项目；
（2）计入当期损益的政府补助金额；
（3）本期退回的政府补助金额及原因。

22.借款费用

企业应当披露下列信息：
（1）当期资本化的借款费用金额；
（2）当期用于计算确定借款费用资本化金额的资本化率。

（七）或有和承诺事项、资产负债表日后非调整事项、关联方关系及其交易等需要说明的事项

（八）有助于财务报表使用者评价企业管理资本的目标、政策及程序的信息

任务实施

针对“任务布置”，请写出相关处理程序。
（1）____；
（2）____；
（3）____。

案例分析

【请思考】自有股市以来，上市公司造假案从未间断过，为什么上市公司如此看中财务报表中的数据呢？财务报表中的数据可以随便编吗？

金亚科技曝多项财务数据造假　虚构货币资金2.21亿元

金亚科技2016年1月18日发布一则公告，称经过7个月的自查，在2014年年报中，包括货币资金、应收账款、其他非流动资产、未分配利润、营业收入、净利润等9项会计账户存在重大会计误差，其中销售回款和采购付款会计处理有误，2014年度货币资金由3.45亿元调整为1.24亿元，调减2.21亿元；根据销售合同确认营业收入、营业成本、应收账款时未遵循谨慎性会计原则，当期虚增营业收入3 033.17万元，虚增净利润1 931.11万元，其他应收款则调增2.35亿元。

资料来源：佚名. 金亚科技曝多项财务数据造假　虚构货币资金2.21亿元［EB/OL］.［2016－01－19］. http：//www.tibet.cn/news/china/1453166554938.shtml.

【思维导图】请根据本项目内在知识点的逻辑关系，制作思维导图。

项目十四
案例分析

参考文献

[1] 财政部会计资格评价中心. 初级会计实务 [M]. 北京：中国财政经济出版社，2022.
[2] 陈强. 财务会计实务 [M]. 4版. 北京：高等教育出版社，2021.
[3] 陈强，王颖毅，罗丽娟. 财务会计实务 [M]. 4版. 北京：清华大学出版社，2021.
[4] 陈强. 初级会计实务 [M]. 北京：人民邮电出版社，2016.